Politik & Co.

Sozialkunde
für das Gymnasium

Rheinland-Pfalz

herausgegeben
von Hartwig Riedel

für die Jahrgangsstufen 9 und 10

bearbeitet von
Erik Müller
Stephan Podes
Hartwig Riedel
Martina Tschirner

C.C. Buchner Bamberg

Politik & Co. neu

Sozialkunde für das Gymnasium Rheinland-Pfalz
Herausgegeben von Hartwig Riedel

Bearbeitet von Erik Müller, Stephan Podes, Hartwig Riedel und Martina Tschirner

Dieser Titel ist auch als digitale Ausgabe unter www.ccbuchner.de erhältlich.

2. Auflage, 1. Druck 2016
Alle Drucke dieser Auflage sind, weil untereinander unverändert, nebeneinander benutzbar.
Dieses Werk folgt der reformierten Rechtschreibung und Zeichensetzung. Ausnahmen bilden Texte, bei denen künstlerische, philologische oder lizenzrechtliche Gründe einer Änderung entgegenstehen.

© 2016 C.C.Buchner Verlag, Bamberg

Das Werk und seine Teile sind urheberrechtlich geschützt. Jede Nutzung in anderen als den gesetzlich zugelassenen Fällen bedarf der vorherigen schriftlichen Einwilligung des Verlags. Das gilt insbesondere auch für Vervielfältigungen, Übersetzungen und Mikroverfilmungen.
Hinweis zu § 52 a UrhG: Weder das Werk noch seine Teile dürfen ohne eine solche Einwilligung einge-scannt und in ein Netzwerk eingestellt werden. Dies gilt auch für Intranets von Schulen und sonstigen Bildungseinrichtungen.

Redaktion: Stephanie Gebhardt
Satz und grafische Gestaltung: Wildner + Designer GmbH, Fürth
Druck und Bindung: creo Druck & Medienservice GmbH, Bamberg

www.ccbuchner.de

ISBN 978-3-661-**71049**-5

Zur Arbeit mit dem Buch

Der reformierte Lehrplan für den gesellschaftswissenschaftlichen Bereich im Fach Sozialkunde stellt mit der Kompetenzorientierung die Ergebnisse von Lernprozessen in den Vordergrund. Das Schulbuch Politik & Co. wurde deshalb neu konzipiert. Schülerinnen und Schüler soll es motivieren und befähigen, sich als mündige Bürger in unserer Demokratie zu beteiligen und diese mitzugestalten. Lehrerinnen und Lehrer möchte es bei der Vermittlung von Sach-, Methoden-, Urteils- und Kommunikationskompetenzen unterstützen.

Zum Aufbau des Buches

Basis- 🅑, **Erweiterungs-** 🅔 **und Vertiefungsinhalte** 🅥 sind im Inhaltsverzeichnis durch die entsprechenden Icons **klassifiziert**.

Die **Auftaktseiten** jedes Kapitels sind als ansprechende Bildcollage gestaltet. Die Aufgabenstellungen dazu dienen der **Lernstandserhebung** und der Annäherung an das Thema. Zu erwerbende **Kompetenzen werden für jedes Kapitel ausformuliert** und machen den Schülerinnen und Schülern transparent, über welches Wissen und Können sie am Ende des Kapitels verfügen sollten.

Durch die Arbeit mit dem **Materialienteil** können die Schülerinnen und Schüler die Sach-, Methoden-, Urteils- und Kommunikationskompetenzen schrittweise erwerben und sinnvoll miteinander verknüpfen. Die authentischen Quellen (Zeitungsartikel, Bilder, Karikaturen, Grafiken ...) wurden sorgfältig ausgewählt und um verständliche Autorentexte ergänzt.

Die **differenzierten Aufgabenstellungen** ermöglichen ein selbständiges Erschließen der auf **Doppelseiten** übersichtlich präsentierten Themen. Sie beziehen sich häufig auf konkrete Problemlösungen oder Entscheidungssituationen und fördern so die Nachhaltigkeit des Lernens. **Angebote zur Binnendifferenzierung** ermöglichen es der Lehrkraft, auch heterogenen Lerngruppen gerecht zu werden. Zusatzaufgaben sind mit einem ➕ gekennzeichnet. Hilfen mit einem ✓.

Da fachspezifische Methodenkompetenzen unabdingbar für die Erschließung des Sachwissens sind, werden sie auf deutlich hervorgehobenen **Methodenseiten** ausführlich erklärt. Sie sind immer auf konkrete Inhalte bezogen.

Die Rubrik **„Was wir wissen – was wir können"** dient der Sicherung der Kompetenzen. Das grundlegende Sachwissen des Kapitels wird auf der Seite „Was wir wissen" für Schülerinnen und Schüler übersichtlich und verständlich zusammengefasst. Die Seite „Was wir können" beinhaltet Angebote zur Überprüfung des Sachwissens.
Als Neuerung finden sich zu einigen Materialien in der Randspalte QR- bzw. Mediencodes, über die unterhaltsame und verständliche **Erklärfilme zu wichtigen Grundbegriffen** direkt abgerufen werden können. Den Mediencode bitte einfach auf der Seite www.ccbuchner.de in die Suchmaske eingeben und Film starten.

Ein **Glossar** zum Nachschlagen wichtiger Grundbegriffe und ein **Register** zum Auffinden von Querverweisen sind wichtige Hilfsmittel und erleichtern das selbständige Arbeiten mit dem Buch.

Hinweis: Materialien ohne Quellenangaben sind vom Bearbeiter verfasst.

Inhalt

1 Mitwirkung in Schule und Gemeinde **8**

1.1 Mitwirkung in der Schule **10**
- Ⓑ Wer soll Klassensprecher werden? 10
- Ⓑ Wie wird der Klassensprecher gewählt? 12
- Ⓑ Wie können Schüler ihre Interessen vertreten? 14
- Ⓔ Wie können wir Konflikte in der Klasse lösen? 18

1.2 Politik in der Gemeinde **22**
- Ⓑ Ein Streitfall in der Gemeinde – Bürger mischen sich ein 22
- Ⓑ Welche Aufgaben hat die Gemeinde? 26
- Ⓔ Brauchen wir (mehr) direkte Demokratie in der Gemeinde? 28
- Ⓔ Wie funktioniert eine Gemeinde? 30
- Ⓑ Jugendvertretungen – mehr Mitbestimmung für Jugendliche? 32
- Ⓥ Wie kommen die Politiker ins Rathaus? 34
- Ⓥ Wählen mit 16 – soll das Wahlalter gesenkt werden? 36
- Ⓑ Übersichtlich soll es sein – der Haushalt einer Gemeinde 38

2 Familie in Gesellschaft und Staat **44**

Leben in der Familie **46**
- Ⓑ Wie Familien heute leben 46
- Ⓑ Welche Aufgaben hat die Familie? 52
- Ⓑ Erziehung – eine wichtige Aufgabe der Familie 54
- Ⓥ Was bedeutet Armut? 56
- Ⓑ Wie hilft der Staat den Familien? 58
- Ⓔ Fördert der Staat die Vereinbarkeit von Familie und Beruf? 62

3 Leben in der Mediengesellschaft **66**

3.1 Medien in unserem Alltag **68**
- Ⓑ Welche Medien bestimmen unseren Alltag? 68
- Ⓑ Das Internet – sind wir in Zukunft immer online? 70
- Ⓔ Fernsehen – wandern die Zuschauer ins Web? 72
- Ⓑ Was geht im Internet? 74
- Ⓑ Weiß das Netz alles über dich? 76
- Ⓑ Mobbing – eine Form von Gewalt 78

3.2 Medien in der Demokratie **82**
- Ⓑ Welche Rolle spielen die Medien in der Demokratie? 82
- Ⓑ Presse- und Meinungsfreiheit – ein hohes Gut 84
- Ⓥ Medienkonzentration und Medienmacht – Gefahr für die Meinungsfreiheit? ... 86
- Ⓔ Medien zwischen Information und Sensation 88
- Ⓥ Mehr Internet – mehr Demokratie? 90

4 Wirtschaft und Wirtschaftsordnung 94

4.1 Jugendliche als Konsumenten 96
- Ⓑ Das Grundproblem – knappe Güter und grenzenlose Bedürfnisse 96
- Ⓑ Knappe Güter – wie handeln wir? 98
- Ⓑ Wie beeinflusst uns Werbung? 100
- Ⓑ Ist die Marke wichtig? 104
- Ⓔ Wie wichtig sind Verbraucherinformationen? 106
- Ⓑ Umweltschutz – ein wichtiger Aspekt der Kaufentscheidung? 108
- Ⓑ Wie teuer ist billig? 110
- Ⓑ Jugendliche in der Schuldenfalle? 112

4.2 Wie viel Staat braucht die Marktwirtschaft? 118
- Ⓑ Der Markt – vom Wirken der unsichtbaren Hand 118
- Ⓑ Marktformen und Wettbewerb 124
- Ⓑ Wie lassen sich Wirtschaftsordnungen vergleichen? 126
- Ⓑ Die Soziale Marktwirtschaft – Geburt eines Erfolgsmodells 128
- Ⓑ Die Soziale Marktwirtschaft – was zeichnet sie aus? 130
- Ⓑ Wirtschaftspolitik – wie soll der Staat eingreifen? 132

4.3 Herausforderungen für die Soziale Marktwirtschaft: Ökologie – Gerechtigkeit – Globalisierung 140
- Ⓑ Welches Wachstum brauchen wir? 140
- Ⓔ Soziale Marktwirtschaft in der Bewährung 146
- Ⓥ Chancen und Risiken der Globalisierung 152

4.4 Arbeitsmarkt im Wandel 158
- Ⓑ Konfliktfall Lohn – wie verlaufen Tarifverhandlungen? 158
- Ⓑ Wie verändert sich die Wirtschaft? 162
- Ⓑ Wie verändert sich die Arbeitswelt? 164

5 Die politische Ordnung der Bundesrepublik Deutschland 170

5.1 Beteiligungsmöglichkeiten in unserer Demokratie 172
- Ⓑ Politik lebt vom Mitmachen 172
- Ⓔ Jugendliche und (Partei-) Politik 174
- Ⓑ Parteien – vertreten sie unsere Interessen? 176
- Ⓑ Wählen – warum eigentlich? 180
- Ⓑ Welches Wahlsystem soll es sein? 182
- Ⓑ Wahlkampf – beflügelt er die Demokratie? 186
- Ⓑ Rechtsextremismus in Deutschland – ein Problem? 189
- Ⓑ Die wehrhafte Demokratie – Schutz der Grundrechte 191

5.2 Der politische Entscheidungsprozess 196
- Ⓑ Wie wird die Regierung gebildet? 196
- Ⓔ Was heißt regieren? 198

Ⓔ Wer kontrolliert die Regierung?		201
Ⓑ Wie frei ist ein Abgeordneter?		204
Ⓑ Wie arbeitet der Deutsche Bundestag?		207

5.3 Das Zusammenwirken der Verfassungsorgane im Gesetzgebungsprozess **214**

Ⓑ Das Problem – Energiesicherheit in Deutschland		214
Ⓑ Das neue Atomgesetz in der Diskussion		216
Ⓑ Wie verläuft der Gesetzgebungsprozess?		218
Ⓑ Der Bundesrat im Gesetzgebungsverfahren		221
Ⓥ Der Bundespräsident – Makler oder Mahner in der Politik?		222
Ⓥ Die Gewaltenteilung		224
Ⓥ Das Bundesverfassungsgericht – Hüter der Verfassung oder Ersatzgesetzgeber?		226

5.4 Das Land Rheinland-Pfalz im föderalen System **232**

Ⓑ Sitzenbleiben in der Schule – eine Frage der Leistung oder des Bundeslandes?		232
Ⓑ Warum gibt es den Föderalismus in Deutschland?		234
Ⓑ Politik für Rheinland-Pfalz – Wir machen's einfach?		236
Ⓑ Der Landtag in Rheinland-Pfalz		238

6 Recht und Rechtsprechung 242

6.1 Jugendliche vor dem Gesetz 244

Ⓑ Rechte und Pflichten von Jugendlichen		244
Ⓑ Eine Tat – viele Folgen		246
Ⓑ Recht und Gerechtigkeit in Gerichtsverfahren		250
Ⓑ Unterschiede zwischen zivil- und strafrechtlicher Verantwortlichkeit		252
Ⓑ Zivil- und Strafprozess im Vergleich		254
Ⓑ Welchen Sinn hat Strafe?		256
Ⓔ Wirkt Strafe? Strafvollzug zwischen Sühne und Resozialisierung		258
Ⓔ Alternative Strafmethoden		260

6.2 Unsere Rechtsordnung 264

Ⓑ Welche Rechte hat ein Mensch?		264
Ⓑ Alltag ohne Menschenrechte		268
Ⓑ Grundrechte und Grundgesetz		270
Ⓑ Grundrechte im Widerstreit – wie darf der Staat handeln?		272
Ⓑ Welche Aufgaben hat das Recht?		274
Ⓥ Wie ist unsere Rechtsordnung aufgebaut?		276
Ⓑ Das Jugendschutzgesetz – wie werden Jugendliche in der Öffentlichkeit geschützt?		278

7 Politik in der Europäischen Union 282

7.1 Die Europäische Union – „in Vielfalt geeint"? 284

Ⓑ Leben in Europa – gibt es eine europäische Jugend?		284
Ⓑ Warum gibt es die Europäische Union?		286
Ⓑ Die Europäische Union – eine Friedensgemeinschaft?		290

V Eine gemeinsame Außen- und Sicherheitspolitik für die EU
am Beispiel des Ukraine-Konflikts 292
B Gibt es Grenzen europäischer Einigung? 296

7.2 Wie demokratisch ist die EU? 302

B Wer entscheidet in der EU – der lange Weg der EU-Gesetzgebung 302
B Braucht Europa mehr Beteiligung seiner Bürger? 308

7.3 Aktuelle Herausforderungen der EU 312

E Der Euro – (k)eine Erfolgsgeschichte? 312
E Wohin steuert die Währungsunion? 316
E Migration nach Europa – Herausforderungen für die
nationale und europäische Politik 318
E Scheitert die EU an der Flüchtlingspolitik? 322

8 Frieden und Sicherheit 326

8.1 Bedrohungen für den Weltfrieden 328

B Terrorismus – der neue Krieg 328
B Gescheiterte Staaten als Sicherheitsrisiko? Der Fall Somalia 330

8.2 Wie kann der Friede gesichert werden? 334

B Welche Rolle soll die NATO im Syrienkonflikt spielen? 334
B Die NATO – ein Verteidigungsbündnis mit Zukunft? 336
B Die Vereinten Nationen – Garant für den Weltfrieden? 340
E Die Bundeswehr – eine Bilanz zum Afghanistaneinsatz 344
V Der Internationale Strafgerichtshof – Chance für Frieden und Gerechtigkeit? 349

Kleines Politiklexikon 354

Register 360

Methoden

Demokratie im Klassenzimmer – der Klassenrat 16
Mit einfachen Modellen arbeiten – Konflikte analysieren 24
Eine Expertenbefragung durchführen 40
Mit Zahlen, Statistiken und Schaubildern umgehen 50
Gemeinsame Urteilsbildung mit „Placemat" 63
Werbung analysieren 103
Haushalt und Betrieb im einfachen Wirtschaftskreislauf 114
Preisbildung im Modell: „Preis-Mengen-Diagramm" 121
Parteien im Internet – einen Steckbrief erstellen 179
Ein politisches Urteil fällen 184
Dimensionen des Politischen unterscheiden (Politikdimensionen-Rallye) 210
Wie man politische Prozesse analysieren kann – der Politikzyklus 220
Vorbereitung und Auswertung eines Gerichtsbesuchs 249
Karikaturen interpretieren – Wie groß soll das europäische Haus werden? 299
Analyse eines internationalen Konflikts 348

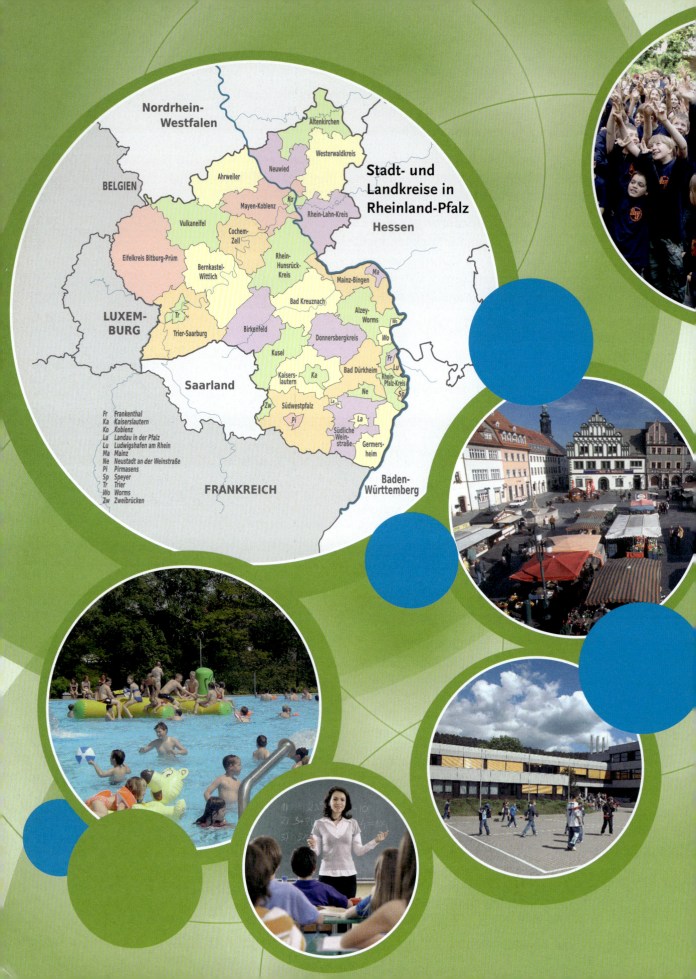

Mitwirkung in Schule und Gemeinde

Politik heißt mitbestimmen und mitgestalten. Viele Entscheidungen in der Schule und der Gemeinde sind beeinflussbar und veränderbar – wenn du es willst. Dazu musst du natürlich deine Interessen formulieren, Farbe bekennen, dich mit anderen zusammentun und auseinandersetzen. So kannst du wünschenswerte Ziele verwirklichen oder wenigstens Veränderungen erreichen.

 ## Kompetenzen

Am Ende dieses Kapitels solltest du Folgendes können:
- verschiedene Formen der Mitwirkung in der Schule beschreiben
- am Beispiel von Klassensprecherwahlen und SV-Arbeit Möglichkeiten demokratischer Interessenvertretung erklären
- Konfliktsituationen regelgeleitet klären
- Chancen und Möglichkeiten politischer Einflussnahme auf Schul- und Gemeindeebene nennen und beurteilen
- darstellen, wie Politik in der Gemeinde funktioniert
- Aufgabenbereiche und Finanzen einer Gemeinde erläutern
- Angemessenheit des Wahlalters beurteilen

Was weißt du schon?
- Nenne jeweils drei Möglichkeiten, wie du
  a) das Schulleben mitgestalten und
  b) Einfluss auf die Politik in deiner Gemeinde nehmen kannst.
  Sammelt anschließend eure Ergebnisse.

1.1 Mitwirkung in der Schule

Wer soll Klassensprecher werden?

M 1 Die Situation nach den Ferien

Am ersten Tag nach den Sommerferien kommt Herr Busse, der Deutschlehrer der 9c, der auch Klassenlehrer ist, pünktlich in den Unterricht. Er begrüßt die Schülerinnen und Schüler, prüft, ob alle anwesend sind, erkundigt sich, wie es ihnen nach den Ferien geht, und stellt die Inhalte für den Deutschunterricht vor. Bevor er mit dem Unterricht beginnen kann, meldet sich Silke und erinnert an die anstehenden Wahlen zum Klassensprecher bzw. zur Klassensprecherin. Der neu in die Klasse gekommene Schüler Jan wendet sofort selbstbewusst ein, dass er seine neue Mitschülerinnen und Mitschüler noch nicht kennt. Da könne er gar nicht wissen, wer für das Amt geeignet sei. Herr Busse weist die Schülerinnen und Schüler auf das streng geregelte Verfahren hin: erst die Wahl und dann der Unterricht! Im Übrigen sei die Aufgabe des Klassensprechers oder der Klassensprecherin nicht so wichtig. Wichtig sei, dass man gut untereinander auskomme und daher sei es am günstigsten, wenn Lukas sich noch einmal bereit fände, das Amt zu übernehmen. Dann könne man sich die Wahl auch sparen. Die Unterrichtszeit im kommenden Schuljahr sei äußerst knapp. Auf den Einwand von Jan geht Herr Busse gar nicht ein.

M 2 Mitwirkung in der Schule

§ 31 Vertretungen für Schülerinnen und Schüler

(1) Bei der Verwirklichung des Bildungs- und Erziehungsauftrags der Schule wirken die Schülerinnen und Schüler durch ihre Vertretungen eigenverantwortlich mit. [...]

(4) Vertretungen für Schülerinnen und Schüler sind die Klassenversammlung, die Versammlung der Klassensprecherinnen und Klassensprecher sowie die Versammlung der Schülerinnen und Schüler. Sonstige Vertretungen werden nach Bedarf gebildet.

§ 32 Klassenversammlung

(1) Die Klassenversammlung hat die Aufgabe, in allen Fragen, die sich bei der Arbeit der Klasse ergeben, zu beraten und zu beschließen; sie fördert die Zusammenarbeit in der Klasse. Die Klassenleiterin oder der Klassenleiter unterrichtet die Klassenversammlung über Angelegenheiten, die für die Klasse von Bedeutung sind.

(2) Die Klassenversammlung besteht aus den Schülerinnen und Schülern der Klasse. Sie wählt aus ihrer Mitte die Klassensprecherin oder den Klassensprecher; diese oder dieser vertritt die Belange der Klasse gegenüber der Schule.

Schulgesetz (SchulG) für Rheinland-Pfalz, vom 30.3.2004

M 3 Kandidatenprofile

Phung ist eine sehr gute, aber auch stille Schülerin. Sie ist selten im Unterricht aktiv, schreibt aber ausschließlich Einsen und Zweien. Sie ist sehr freundlich zu allen und bekommt immer gute Noten. Sie lässt auch andere in der Klassenarbeit und von ihren Hausaufgaben abschreiben. Phung ist zwar schüchtern, kommt aber mit allen gut aus. Ihre Schwester ist die Schülersprecherin.

Tim ist ein hervorragender Schüler in Sport und Englisch. Seine Mutter ist Amerikanerin und Tim verbringt meistens die Ferien bei Verwandten in Chicago. Er hat immer die neueste Kleidung und tolle technische Geräte, gibt aber überhaupt nicht damit an. Tim ist sehr großzügig und lädt zu seinem Geburtstag die ganze Klasse zu sich nach Hause ein. Wenn es Konflikte in der Klasse gibt, dann versucht Tim sich immer neutral zu verhalten, so kommt er mit allen gut aus.

Philipp ist ein recht guter Schüler, der sich in allen Fächern stark beteiligt. Vor allem die Lehrer mögen Philipp, weil er sehr zuverlässig ist und den Unterricht trägt. Wenn jemand krank geworden ist, wird Philipp beauftragt, die Hausaufgaben zu übermitteln. Viele Schüler bewundern ihn, weil er im örtlichen Sportverein ein erfolgreicher Fußballspieler ist, der auch bei überregionalen Turnieren eingesetzt wird. Die Schule geht bei Philipp aber trotzdem immer vor.

Lea ist eine mittelmäßige Schülerin, die aber in Diskussionen und bei der Projektarbeit sehr engagiert ist. Sie kleidet sich sehr lässig und hat guten Kontakt zu den älteren Schülerinnen und Schülern. In Konfliktfällen setzt sie sich sehr entschlossen für Schwächere ein. Einige Lehrer mögen Lea nicht sehr, weil sie häufig im Unterricht Musik hört oder Zeitung liest. Es wird auch behauptet, dass Lea raucht.

Aufgaben

1. Setzt euch mit der Meinung des Klassenlehrers Busse (M 1) auseinander, und notiert das Ergebnis.
2. Bearbeitet die folgenden Aufgaben zu M 3 nach dem Placemat-Verfahren (siehe Abbildung).
   a) Jeder schreibt in sein Feld, welchen der vier Klassensprecher-Kandidaten er wählen würde. Begründet eure Wahl, indem ihr die Eigenschaften notiert, die für euch wichtig sind. Notiert weitere Eigenschaften, die ein Klassensprecher eurer Auffassung nach haben sollte. Dreht das Blatt dann solange, bis alle die Notizen der anderen Gruppenmitglieder gelesen haben.
   b) Einigt euch dann in der Gruppe auf drei Eigenschaften, die ein Klassensprecher auf jeden Fall haben sollte. Diese schreibt ihr in das Mittelfeld des Blattes. Stellt das Ergebnis der Klasse vor.

Das Placemat („Platzdeckchen")

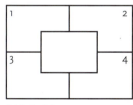

(Vgl. S. 63)

Wie wird der Klassensprecher gewählt?

M 4 Wie wird gewählt?

Die Wahl des Klassensprechers und des Stellvertreters wird in den ersten vier Wochen nach Unterrichtsbeginn im neuen Schuljahr durchgeführt. Alle Wahlberechtigten haben bei jeder Wahl eine Stimme. Die Wahlperiode beträgt ein Schuljahr. Das Stimmrecht kann von den Wahlberechtigten nur persönlich ausgeübt werden. Abwesende Wahlberechtigte sind wählbar, wenn ihre schriftliche Zustimmung zur Kandidatur der Wahlleiterin oder dem Wahlleiter vorliegt.

Die Wahlleiterin oder der Wahlleiter stellt fest, wie viele Wahlberechtigte anwesend sind und erläutert das Wahlverfahren. Sie oder er nimmt die Wahlvorschläge entgegen, prüft die Wählbarkeit der vorgeschlagenen Schülerinnen und Schüler und gibt deren Namen bekannt. Anwesende vorgeschlagene Schülerinnen und Schüler erklären, ob sie bereit sind, zu kandidieren.

Die Wahlen sind grundsätzlich geheim. Bei geheimer Wahl erhalten die Wahlberechtigten für jeden Wahlgang einen Stimmzettel. Stimmzettel, aus denen der Wille der Wählerinnen und Wähler nicht eindeutig hervorgeht, sind ungültig. Eine offene Wahl findet nur statt, wenn alle anwesenden Wahlberechtigten zustimmen. Bei offener Wahl wird durch Handzeichen gewählt. Über jeden Wahlvorschlag wird gesondert abgestimmt.

Gewählt ist, wer die meisten gültigen Stimmen erhalten hat. Bei Stimmengleichheit findet eine Stichwahl statt. Ergibt die Stichwahl keine Entscheidung, entscheidet das Los.

Nach: LandesschülerInnenvertretung Rheinland Pfalz, Du hast Recht. Die rechtlichen Grundlagen der SV-Arbeit, Mainz o. J., S. 33 ff.

M 5 Grundsätze einer freien Wahl

1. Allgemeine Wahl: Alle Mitglieder der Gemeinschaft (Klasse, Schule, Land u. a.) sind wahlberechtigt, wenn sie die Voraussetzungen (Anmeldung, Wohnsitz, Alter) erfüllen. Niemand darf aus sozialen, politischen oder wirtschaftlichen Gründen ausgeschlossen werden.

2. Freie Wahl: Niemand darf zu einer bestimmten Wahlentscheidung gezwungen oder gedrängt werden. Nach der Wahl darf niemand wegen seiner Entscheidung benachteiligt werden.

3. Unmittelbare Wahl: Die Wähler geben ihre Stimme direkt für die Kandidaten oder Parteien ab. Es darf niemand dazwischen eingesetzt werden, z. B. „Wahlmänner", die dann deine Stimme für dich weitergeben.

4. Gleiche Wahl: Alle Wahlberechtigten haben gleich viele Stimmen. Jede Stimme zählt gleich viel.

5. Geheime Wahl: Jeder muss seine Stimme so abgeben können, dass niemand anderes feststellen kann, wie er gewählt hat.

M 6 Aufgaben des Klassensprechers

Welche Aufgaben sollte die Klassensprecherin oder der Klassensprecher wahrnehmen? Was sollte der Klassensprecher nicht sein? Die Klasse 9c hat dazu eine Liste verfasst.

Der Klassensprecher
- vertritt die Interessen der Schüler der Klasse;
- gibt Anregungen, Vorschläge und Wünsche einzelner Schüler oder der ganzen Klasse an Lehrer, Schulleiter oder Elternvertreter weiter;
- trägt Beschwerden und Kritik den Lehrern oder dem Schulleiter vor;
- unterstützt einzelne Schüler in der Wahrnehmung ihrer Rechte;
- vermittelt bei Streit unter Schülern;
- vermittelt bei Schwierigkeiten zwischen Klasse und Lehrer;
- leitet die Klassenschülerversammlung und beruft sie ein;
- leitet die Diskussion und sorgt dafür, dass Beschlüsse auch ausgeführt werden;
- nimmt an den Sitzungen des Schülerrates teil und informiert die Klasse darüber;
- wirkt bei Aufgaben mit, die der Schülerrat sich selber stellt;
- …

Der Klassensprecher darf nicht
- der verlängerte Arm des Klassenlehrers sein;
- der Aufpasser in der Pause sein;
- derjenige sein, der alles alleine machen soll;
- der Streber der Klasse sein;
- derjenige sein, der alle Probleme lösen kann;
- derjenige sein, der alle Dummheiten der Klasse mitmacht;
- ein „Supergenie" sein, das alle Ideen liefern soll;
- einer sein, den man wählt und dann im Stich lässt;
- einer sein, der nur mit dem Lehrer redet, wenn er Kritik anbringen muss;
- …

Nach: ZippZapp, Das Praxisbuch für SMV- und Jugendarbeit

Aufgaben

1. Fertigt in Partnerarbeit eine „Checkliste" für den Ablauf der Wahl an. Die Liste sollte in der richtigen Reihenfolge der einzelnen Handlungsschritte angelegt an. Berücksichtigt auch, worauf ihr achten müsst, damit die einzelnen Wahlrechtsgrundsätze (M 5) eingehalten sind.
2. Führt in der Klasse eine komplette Klassensprecherwahl nach dem Verfahren in M 4 durch. Es kandidieren die Schülerinnen und Schüler der 9c (Phung, Philipp, Tim, Lea).
3. Wählt aus M 6 drei Aufgaben aus, die euch besonders wichtig erscheinen, und begründet eure Entscheidung.

Wie können Schüler ihre Interessen vertreten?

M 7 Geht das so?

Pia möchte in der fristgerecht beantragten Klassenversammlung über einen Beschluss des Schülervorstands informieren. Frau Müller, ihre Klassenlehrerin, möchte aber lieber Englischunterricht machen, da bald eine Klassenarbeit bevorsteht.

Ayshe hat sich in letzter Zeit sehr für die SV engagiert und dabei immer wieder auch gegen seinen Klassenlehrer durchgesetzt. Der hat ihr jüngst mit der Begründung eine schlechte mündliche Note gegeben, sie engagiere sich ja wohl mehr außerhalb des Unterrichts.

Die Kurse in der Oberstufe sind dieses Jahr eigenartig zusammengestellt. Markus, Mitglied des Schulvorstands, möchte wissen, warum das so ist. Der Schulleiter hat gerade keine Zeit und antwortet: „Das hat schon seine Gründe."

Der Schulvorstand möchte im Schulausschuss mit darüber abstimmen, ob die Ganztagsschule eingeführt werden soll. Der Schulleiter entgegnet, Schüler hätten im Schulausschuss leider kein Stimmrecht.

Die SV verteilt auf einer schulischen Veranstaltung eine Zeitung, die Karikaturen von Schülern und Lehrern enthält. Manche Schüler und Lehrer fühlen sich ungerecht behandelt und auch die beratende Lehrkraft sieht die Karikaturen zum ersten Mal. Der Schulleiter verbietet die Verteilung in der Schule.

M 8 Grundlagen der Schülermitwirkung

Auszüge aus der Verwaltungsvorschrift

Benachteiligungsverbot für Vertretungen für Schülerinnen und Schüler. Wegen der Tätigkeit als Vertretung
5 für Schülerinnen und Schüler darf keine Schülerin und kein Schüler benachteiligt werden. [...]

2 Arbeit der Vertretung für Schülerinnen und Schüler in der Schule
10 2.1 Informationspflichten der Schule
Der Vorstand der Vertretung für Schülerinnen und Schüler wird über alle die Schülerschaft betreffenden Belange informiert und in die Entscheidungsfindung einbezogen, Ent- 15 sprechendes gilt auch für die Klassen-, Kurs- und Stufensprecherinnen und -sprecher. Mindestens alle 4 Wochen soll ein gemeinsames Gespräch zwischen dem Vorstand der Vertre- 20 tung für Schülerinnen und Schüler, der Schulleiterin oder dem Schulleiter und der Verbindungslehrerin oder dem Verbindungslehrer stattfinden.

Die Schulleitung unterrichtet die Versammlung der Klassensprecherinnen und Klassensprecher über alle die Schülerinnen und Schüler betreffenden Vorschriften (Rundschreiben, Verwaltungsvorschriften, Verordnungen, Gesetze) und erläutert sie.

2.2 Klassenversammlung

Die Klassenversammlung, die eine Besprechung über schulische und unterrichtliche Fragen wünscht, erhält hierzu auf Antrag eine Wochenstunde während der allgemeinen Unterrichtszeit als Stunde der Vertretung für Schülerinnen und Schüler (SV–Stunde); der Antrag ist bei der Klassenleiterin oder dem Klassenleiter zu stellen. Jede Klasse kann in der Regel einmal im Monat eine solche Unterrichtsstunde erhalten. Die Klassensprecherin oder der Klassensprecher bereitet die SV-Stunde vor und leitet sie in der Regel in Anwesenheit einer Lehrkraft, im begründeten Fall zeitweise auch ohne Anwesenheit einer Lehrkraft. [...]

2.6 Konferenzteilnahme

An allen Konferenzen, mit Ausnahme der Zeugnis- und Versetzungskonferenzen, können die Schülersprecherin oder der Schülersprecher bzw. der Vorstand der Vertretung für Schülerinnen und Schüler und die weiteren Schülervertreterinnen und Schülervertreter im Schulausschuss mit beratender Stimme teilnehmen und Angelegenheiten zur Sprache bringen, die zur Zuständigkeit der Konferenz gehören.

Aufgaben, Wahl und Verfahrensweise der Vertretungen für Schülerinnen und Schüler, Verwaltungsvorschrift des Ministeriums für Bildung, Wissenschaft, Jugend und Kultur vom 1.3.2007

Schulgesetz

§ 36 – Schülerzeitungen

(1) Die Schülerinnen und Schüler haben das Recht im Rahmen der durch das Grundgesetz und die Verfassung für Rheinland-Pfalz garantierten Meinungs- und Pressefreiheit Schülerzeitungen herauszugeben und auf dem Schulgelände zu vertreiben. Die eine Schülerzeitung herausgebenden Schülerinnen und Schüler entscheiden darüber, ob diese in ihrer alleinigen Verantwortung oder im Rahmen einer schulischen Veranstaltung erscheint. Eine Zensur findet nicht statt.

(3) Erfolgt die Herausgabe der Schülerzeitung im Rahmen einer schulischen Veranstaltung, so arbeiten die Schülerinnen und Schüler mit der beratenden Lehrkraft zusammen, die von ihnen gewählt wird. Sie berät und unterstützt die Schülerinnen und Schüler. Die Schulleiterin oder der Schulleiter kann den Vertrieb einer Schülerzeitung als schulische Veranstaltung auf dem Schulgelände verbieten, wenn der Inhalt der Schülerzeitung die Grenzen der Meinungs- und Pressefreiheit überschreitet oder gegen den Erziehungs- und Bildungsauftrag der Schule verstößt.

Schulgesetz vom 30.3.2004

Arbeitet arbeitsteilig in Gruppen. Jede Gruppe prüft einen Fall.

Aufgabe

Überprüfe mithilfe der Auszüge aus der Verwaltungsvorschrift und dem Schulgesetz, ob gegen Rechte oder Interessen der Schüler verstoßen wurde. Begründe deine Entscheidung mit den entsprechenden Regelungen (M 7, M 8).

Methode

M 9 Demokratie im Klassenzimmer – der Klassenrat

1. Klassenrat – was ist das?

Der Klassenrat ist ein Rat aller Schüler einer Klasse. Im Klassenrat können alle Fragen behandelt werden, die die Klasse betreffen: gemeinsame Projekte und Ausflüge, aktuelle Ereignisse, Konflikte, positive und negative Aspekte des Klassen- und Schullebens. Der Klassenrat ist kein Gremium, das die Interessen der Klasse „verwaltet", sondern ein lebendiges Diskussionsforum, an dem alle Mitglieder der Klasse gleichberechtigt teilnehmen. Er ist ein Instrument für mehr Demokratie in der Klasse. Der Klassenrat unterscheidet sich auch von einzelnen SV-Stunden, in denen aktuelle Fragen und Probleme besprochen werden, denn der Klassenrat findet regelmäßig statt, z. B. wöchentlich oder alle zwei Wochen.

Damit diese regelmäßigen Sitzungen gut funktionieren, müsst ihr in eurer ersten Sitzung klären, mit welcher Mehrheit (einfache Mehrheit oder z. B. 2/3 Mehrheit) ihr Beschlüsse im Klassenrat fassen wollt und ab welcher Personenzahl der Klassenrat beschlussfähig ist.

Beispiel für eine Wandzeitung

2. Wie funktioniert der Klassenrat?

Sitzung vorbereiten

Hängt im Vorfeld der Sitzung eine Wandzeitung aus, auf die jeder aus der Klasse seine Wünsche, Themen, Probleme oder Ängste notieren kann, die im Klassenrat besprochen werden sollen. Ihr müsst daraus dann eine Tagesordnung für den Klassenrat erstellen, d. h. eine Liste der Punkte, die in dieser Sitzung besprochen werden sollen. Bei Problemen in der Klasse können Wünsche auch anonym an die Vorbereitungsgruppe übergeben werden.

Sitzung durchführen

Die Sitzungen des Klassenrates finden immer im Sitzkreis statt, damit ihr offen miteinander diskutieren könnt. Der Diskussionsleiter eröffnet die Sitzung und gibt die Themen der Tagesordnung bekannt. Nun können sich alle zu den einzelnen Punkten äußern. Achtet in der Diskussion unbedingt darauf, dass die Diskussionsregeln eingehalten werden. Wenn die Diskussion beendet ist, könnt ihr über die einzelnen Punkte abstimmen.

Diskussionsregeln

- Jeder hat Rederecht.
- Jeder, der etwas im Klassenrat sagen will, muss sich melden. Führt dazu eine Rednerliste.
- Jeder darf ausreden.
- Jede Meinung muss respektiert werden.
- Es darf keine Beleidigungen und persönlichen Angriffe geben.
- Die Gesprächspartner müssen sich immer direkt ansprechen.
- Im Klassenrat sollte nicht über Abwesende gesprochen werden.

- Betroffene Schüler oder Lehrer dürfen zuerst Stellung nehmen und einen Vorschlag zur Lösung des Problems machen, bevor der Klassenrat darüber diskutiert.

Sitzung nachbereiten

Die Protokollanten sammeln die Ergebnisse der Klassenratssitzung und fertigen ein Protokoll an, das sich jeder Schüler anschauen darf. Wenn es Probleme in der Klasse oder im Unterricht gab, dann könnt ihr – auch mithilfe des Protokolls – in der folgenden Sitzung darüber sprechen, ob eure Maßnahmen, die ihr beschlossen habt, erfolgreich waren oder nicht.

Wenn ihr erste Erfahrungen mit dem Klassenrat gesammelt habt, dann solltet ihr eine Sitzung abhalten, in der ihr über Chancen, Möglichkeiten, Vor- und Nachteile des Klassenrates diskutiert.

Welche Ämter müssen für den Klassenrat besetzt werden?

Da der Klassenrat ein Rat aller Schüler einer Klasse ist, gibt es kein Amt, das immer von der gleichen Person ausgeführt wird. Jeder sollte im Laufe eines Schuljahres verschiedene Ämter ausüben. Einigt euch dabei auf Regeln, wie die Ämter verteilt werden.

- *Die Vorbereitungsgruppe:* Die Vorbereitungsgruppe wertet die Wandzeitung aus und bereitet die Tagesordnung vor.
- *Der Diskussionsleiter:* Ein Schüler aus der Vorbereitungsgruppe übernimmt die Diskussionsleitung und achtet darauf, dass die Diskussionsregeln eingehalten werden.
- *Die Zeitwächter:* Sie achten darauf, dass sich die Teilnehmer an die Redezeit halten, und sie erinnern zehn Minuten vor Ende der Stunde an die Zeit, damit ihr noch abstimmen könnt oder den Klassenrat in Ruhe beenden oder vertagen könnt.
- *Die Protokollanten:* Sie notieren die Beschlüsse des Klassenrats und fertigen zu Hause ein Protokoll an und heften es im Protokollordner ab.
- *Die Beobachter:* Sie notieren Störungen der Diskussionsregeln oder andere Probleme und bringen diese kurz vor Ende des Klassenrats zur Sprache.
- *Der Lehrer:* Er leitet zu Beginn den Klassenrat. Nach und nach übergibt er die Leitung an die Schüler. Auch der Lehrer ist Mitglied des Klassenrats und muss sich deshalb an die Diskussionsregeln halten.

Der Klassenrat entscheidet über alle Probleme und Fragen, die die Klasse betreffen.

Wie können wir Konflikte in der Klasse lösen?

M 10 Ein Konflikt in der Klasse

Zwischen Michael und Fatih gab es schon seit längerem Spannungen. Immer wieder hatte sich Fatih über Michael lustig gemacht, weil dieser einen kleinen Sprachfehler hatte, den sonst eigentlich keiner bemerkte. In der letzten Pause gerieten die beiden dann richtig aneinander. Dabei beschimpfte Michael seinen 10 Klassenkameraden mit den Worten „Du Scheiß-Ausländer".

M 11 Das Klassenklima

Ergänze den Fragebogen um weitere Aussagen zur Ermittlung des Klassenklimas.

	JA	NEIN
Ich fühle mich in meiner Klasse wohl		
Mitschüler lassen mich nicht zu Wort kommen		
Was ich sage oder mache, wird ständig von Mitschüler(innen) kritisiert		
Mitschüler wollen nicht mit mir zusammenarbeiten		
Ich werde von anderen wie Luft behandelt		
Mitschüler sprechen hinter meinem Rücken schlecht über mich		
Mitschüler machen mich vor anderen lächerlich		
Jemand macht mein Aussehen oder meine Kleidung lächerlich		
Ein Mitschüler droht mir mit körperlicher Gewalt		
Ich fühle mich von meinen Lehrern ernst genommen		
Ich bin schon häufiger von meinen Lehrern unfair behandelt worden		
...		

M 12 Wenn zwei sich streiten, ist das ein Fall für Annica

Annica ist Konfliktlotsin an ihrer Schule. Ihre Aufgabe: Streit schlichten und Frieden schaffen.
Annica ist 15 Jahre alt, sie geht in die 9. Klasse. Und manchmal kommt sie zu 5 spät zum Unterricht. Wie andere auch. Nur: Annica darf das. Die 15-Jährige ist seit einem halben Jahr eine sogenannte Konfliktlotsin oder Mediatorin, wie es in der Fachsprache heißt. Über- 10 setzt heißt das: Als Michael aus der 7. Klasse auf dem Schulhof seinen Klassenkameraden mit „Scheiß-Ausländer" anbrüllte und dazu die Faust reckte, hatte Annica ihren ersten Fall. Sie 15 sollte den Streit schlichten. Die Lehrer schickten die beiden Gegner zu ihr. Annica hatte an diesem Tag im Mai

Sprechstunde – im ehemaligen Erste-Hilfe-Zimmer. Jeden Tag wartet hier in der Pause ein Zweier-Team der Schlichter darauf, dass entweder zwei Streitende freiwillig kommen oder die Lehrer Druck machen. Die große Pause reichte für Michael und seinen Klassenkameraden nicht. Eine weitere Pause und eine Sitzung nach der Schule waren notwendig. Eineinhalb Stunden dauerte das Gespräch insgesamt, bis die beiden Jungs friedlich auseinandergingen – „jeder im Gefühl, gewonnen zu haben", sagt Annica. „Wir haben die Lösung dann schriftlich in einem Vertrag festgehalten. Das Wichtigste ist, dass wir uns neutral verhalten."

Nach: Matthias Eggert, fluter – Magazin der Bundeszentrale für politische Bildung, Heft 08/2003, S. 48 f.

M 13 Fünf Schritte zur Konfliktlösung

1. Schritt: Die Streitschlichter erklären den Streitenden wichtige Regeln. Dazu zählen:
- Wenn einer spricht, hört der andere ihm zu und unterbricht ihn nicht.
- Jeder sagt, was er denkt, offen und ehrlich.
- Beleidigungen sind strengstens verboten.

2. Schritt: Jeder erhält die Gelegenheit, die eigene Sicht des Streites ausführlich darzustellen. Bei Unklarheiten kann der Streitschlichter nachfragen.

3. Schritt: Der Schlichter fordert die Streitenden dazu auf, die Sichtweise des jeweils anderen einzunehmen und sich in dessen Gefühle zu versetzen. Beide sollen damit Verständnis füreinander entwickeln.

4. Schritt: Die Streitparteien entwickeln eigene Vorschläge zur Streitlösung und verständigen sich. Nur im Notfall bzw. auf Wunsch der jeweiligen Parteien können Vorschläge auch durch die Streitschlichter erfolgen.

5. Schritt: Die Lösung wird schriftlich festgehalten und von den Streitenden vertraglich besiegelt. Nach der Unterschrift reichen sich die ursprünglichen Kontrahenten zur Versöhnung die Hand.

Aufgaben

1. Nenne weitere typische Ursachen für Konflikte in der Klasse (M 10).
2. Ermittelt mithilfe des Fragebogens (anonym), wie das Klima in eurer Klasse ist. Wiederholt die Umfrage zu einem späteren Zeitpunkt und vergleicht die Ergebnisse (M 11).
3. Beschreibe die Arbeit eines Konfliktlosen (M 12).
4. Formuliert Vorschläge, wie der Streit zwischen Michael und Fatih gelöst werden könnte (M 10, M 13).
5. Arbeitet anschließend einen Streitschlichter-Vertrag für Michael und Fatih aus. Legt dazu genau fest, was in dem Vertrag stehen soll (M 13).

zu Aufgabe 4
Spielt das Streitschlichtungsverfahren in einem Rollenspiel nach.

Was wir wissen

Der Klassensprecher
M 2, M 4 – M 6

Schülerinnen und Schüler können ihre Interessen im Schulalltag durch unterschiedliche Gremien gegenüber Lehrern und Schulleitung wahrnehmen. Zu Beginn des Jahres wählt jede Klasse eine Klassensprecherin oder einen Klassensprecher und einen Stellvertreter. Er vertritt die Klasse gegenüber den Lehrkräften und gegebenenfalls gegenüber der Schulleitung. Der Klassensprecher muss kein Superstar sein. Er sollte aber eine ausgleichende Persönlichkeit sein und für die Klasse sprechen können. Die Versammlung der Klassensprecherinnen und Klassensprecher ist für alle Belange der Schülerinnen und Schüler zuständig, welche die Schule in ihrer Gesamtheit angehen. Die Schulleiterin oder der Schulleiter unterrichtet die Versammlung über Angelegenheiten, die für die Schule von allgemeiner Bedeutung sind.

Interessenvertretung in der Schule
M 7

Wichtigste Vertretungen für Schülerinnen und Schüler sind die Klassenversammlung, die Versammlung der Klassensprecherinnen und Klassensprecher sowie die Versammlung der Schülerinnen und Schüler. Die Versammlung der Klassensprecher (oder alternativ die Versammlung der Schüler) wählt die Schülersprecherin oder den Schülersprecher und deren bzw. dessen Stellvertreter. An allen Konferenzen und im Schulausschuss (mit Ausnahme der Zeugnis- und Versetzungskonferenzen) können die Schülersprecher und weitere Vertreter der Schülerschaft mit beratender Stimme teilnehmen und Angelegenheiten zur Sprache bringen, die in die Zuständigkeit der jeweiligen Gremien fallen.
Darüber hinaus besteht die Möglichkeit, seine Meinung zum Beispiel durch die Herausgabe einer Schülerzeitung zu vertreten.

Konflikte

Um seine Interessen wirksam vertreten zu können, sollte man seine Rechte kennen. Viele Konflikte lassen sich entschärfen, wenn man weiß, was erlaubt ist und was nicht. Pauschale Vorwürfe, Beleidigungen und Unterstellungen verhindern eine konstruktive Konfliktlösung. Positiv wirkt es sich aus, wenn man dem anderen zuhört, ihn ausreden lässt, kompromissbereit ist und respektvoll miteinander umgeht.

Streitschlichtung
M 12, M 13

Vielfach ist es sinnvoll, wenn bei schwierigen Konflikten neutrale Streitschlichter vermitteln. Sie versuchen in Gesprächen, das Problem genau zu benennen, damit die Streitparteien auf dieser Basis eine Lösung selbst erarbeiten können, die beide Seiten akzeptieren. Die Lösung sollte schriftlich festgehalten werden, damit sie mehr Verbindlichkeit erhält.

Was wir können

Begriffsreihen

1. Klassensprecher | Schülersprecher | Schulleiter | Schülerversammlung

2. Geheime Wahl | Meinungsumfrage | Stimmzettel | Kandidaten

3. Konflikt | Lösung | Streitschlichter | Eltern

4. Gewalt | Mobbing | Klassenklima | Pause

Aufgabe
Welcher Begriff passt nicht in die Reihe? Begründe deine Entscheidung.

Qual der Wahl

In der 9a stehen Wahlen zum Klassensprecher an. Frau Tönnes, die Lehrerin der 9a, gibt vor der Wahl bekannt, dass nur die Stimmen der Schülerinnen und Schüler gezählt werden, die im Fach Politik mindestens die Zeugnisnote „befriedigend" hatten. Die Stimmen derjenigen mit der Note „sehr gut" zählen doppelt. Sie schlägt vor, dass die Wahl der Einfachheit halber durch Handzeichen entschieden werden soll. Die Kandidaten werden an die Tafel geschrieben und nacheinander aufgerufen. Die Wunschkandidaten von Frau Tönnes werden mit einem kleinen Sternchen markiert. Die Lehrerin zählt dann die per Handzeichen abgegebenen Stimmen. Derjenige, der die meisten Stimmen erhalten hat, gewinnt die Wahl. Der mit der zweithöchsten Stimmenzahl wird zum Stellvertreter ernannt.

Aufgabe
Prüft in Partnerarbeit, welche der Wahlrechtsgrundsätze einer freien Wahl in diesem Beispiel verletzt wurden. Beschreibt, wie deren Einhaltung bei der Klassensprecherwahl sichergestellt werden kann.
Übertragt dazu die Tabelle in euer Heft.

Wahlrechtsgrundsätze	verletzt ja/nein	Begründung	Einhaltung sichern durch ...

1.2 Politik in der Gemeinde
Ein Streitfall in der Gemeinde – Bürger mischen sich ein

M 1 Freibad-Schließung droht

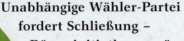

Viele Gemeinden können sich teure Freibäder nicht mehr leisten.

Unabhängige Wähler-Partei fordert Schließung – Bürgerinitiative gegründet

Große Aufregung herrscht in der 15.000 Einwohner zählenden Gemeinde Oberotterlingen. Die Fraktion der Unabhängigen Wähler-Partei (UWP) hatte in der letzten Sitzung der Gemeindevertretung die Schließung des Freibads gefordert. Nun formiert sich Widerstand bei den Einwohnern.
Als letzte Woche bekannt wurde, dass das beliebte Freibad saniert werden muss und die Stadt mit Kosten in Höhe von etwa 350.000 Euro rechnet, wurde in der Sitzung der Gemeindevertretung darüber beraten, wie das finanziert werden könne. Einig waren sich die Fraktionen darüber, dass über eine Erhöhung des Eintrittspreises dieser Betrag nicht aufgebracht werden kann. Auch der Landkreis wird sich an der Sanierung nicht beteiligen.
Die Fraktionen der Gemeindevertretung brachten unterschiedliche Lösungsvorschläge in die Diskussion ein. Der Gemeindevorstand schlug vor, durch den Verkauf von städtischen Wohnhäusern den notwendigen Betrag zu beschaffen.
Die UWP würde das Freibad gerne schließen, da der Unterhalt des Bades die Stadt jedes Jahr viel Geld koste und man dies dann für andere Zwecke nutzen könne.
Die anderen Fraktionen hatten noch keine abschließende Meinung geäußert, sind der Sanierung gegenüber aber eher zurückhaltend eingestellt.
Am nächsten Tag schlossen sich mehrere Oberotterlinger zusammen und gründeten eine Bürgerinitiative zur Erhaltung des Freibades.

M 2 Die Interessen der Betroffenen

Felix Martenstein, Bürgermeister von Oberotterlingen:
„Das Freibad ist ein Freizeitmagnet für die gesamte Region. So kommen im Sommer täglich einige hundert Besucher aus den umliegenden Gemeinden in unser Freibad. Deshalb muss es erhalten bleiben. Die Sanierung könnte finanziert werden, wenn wir die Eintrittspreise erhöhen und der Bau des neuen Abenteuerspielplatzes aufgeschoben würde."

Jutta Weber-Scheuermann, UWP-Vorsitzende:
„Der Erhalt des Freibades ist seit vielen Jahren ein großes Verlustge-

schäft für die Stadt. Mit dem gesparten Geld könnten andere, längst fällige Vorhaben realisiert werden. Ich denke da z.B. an die Renovierung der Schulgebäude."

Toni Sandronella, Eisdielenbesitzer:
„Von der hohen Besucherzahl des Freibades profitieren auch die örtlichen Restaurants, Cafés und Biergärten. Nach dem Schwimmbadbesuch kommen viele Gäste in die zahlreichen Gastronomiebetriebe. Bei einer Schließung müssten wir mit erheblichen finanziellen Einbußen rechnen."

Naomi Kerner, Vorsitzende der Naturschutzjugend Oberotterlingen:
„Natürlich hätte ich auch gerne ein Freibad in Oberotterlingen. Aber man sollte bedenken, dass die Vögel im angrenzenden Naturschutzgebiet durch das Verkehrsaufkommen und den Lärm beim Brüten erheblich gestört werden. Wozu zeichnet man ein Naturschutzgebiet aus, wenn die Natur dort doch nicht geschützt wird?"

Christina Prosinka, Gründerin der Bürgerinitiative „Pro-Freibad":
„Unsere Kinder haben im Sommer keine Möglichkeit, sich zu erfrischen. Das nächste Schwimmbad ist zwanzig Kilometer entfernt, ein Freibad gibt es in der näheren Umgebung überhaupt nicht. Nachdem von der Gemeindevertretung im letzten Jahr der Plan eines kommunalen Kinos abgelehnt wurde, muss die Stadt nun endlich beweisen, dass sie nicht immer auf Kosten der Kinder und Jugendlichen sparen will."

Bürgerinitiative
Ein von Parteien und Verbänden meist unabhängiger Zusammenschluss von Bürgern, die sich zu einer Aktionsgruppe zusammenfinden, um ein gemeinsames Ziel zu verfolgen. Meist richtet sich eine Bürgerinitiative gegen ein verkehrspolitisches Projekt (Bau einer Straße oder eines Flughafens) oder gegen die Bebauung von Naturschutzgebieten.
Im Unterschied zu politischen Parteien versuchen sie nicht, über Wahlen politische Macht zu erlangen.
Es gibt mehrere tausend Bürgerinitiativen in der Bundesrepublik Deutschland.

M 3 Ablaufmodell einer Bürgerinitiative

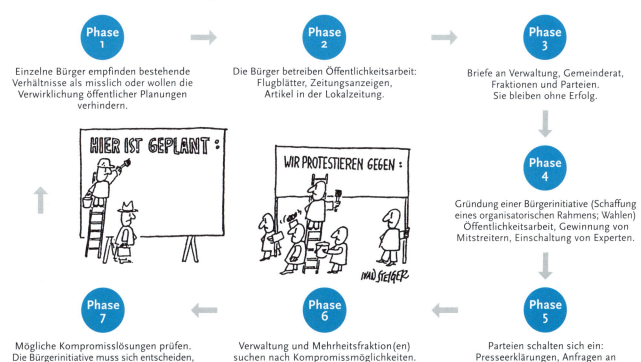

Horst Pötzsch, Die deutsche Demokratie, 4. Aufl., Bonn 2005, S. 48

Methode

M 4 Mit einfachen Modellen arbeiten – Konflikte analysieren

Die Menschen haben unterschiedliche Interessen und Wertvorstellungen. Dort, wo viele Menschen zusammen leben, kommt es deshalb immer wieder zu Konflikten. Natürlich ist nicht jeder Konflikt ein politischer Konflikt. Wenn sich zwei Nachbarn um einen Gartenzaun streiten, dann ist dies nicht von öffentlichem Interesse. Ein politischer Konflikt betrifft die Allgemeinheit viel stärker, z. B. wenn darüber entschieden werden muss, wofür die Gemeinde ihr Geld ausgeben soll oder man sich streitet, ob eine Straße gebaut werden soll oder nicht. Aufgabe der Politik ist es, für gesellschaftliche Konflikte eine gerechte und verbindliche Lösung zu finden, die von der Mehrheit akzeptiert werden kann. Die Konfliktlösung erfolgt so in geordneten Bahnen. Es kann hilfreich sein, Konflikte in einem Modell grafisch darzustellen. Ein Modell versucht, die Wirklichkeit vereinfacht abzubilden. Dabei wird nur das Wesentliche dargestellt, auf die Darstellung unwichtiger Einzelheiten wird verzichtet.

Folgende Leitfragen sollten beantwortet werden:

- Wer streitet sich mit wem? Welche unterschiedlichen Interessen haben die beteiligten Gruppen und welche Machtmittel haben sie zur Durchsetzung ihrer Interessen?
- Worum geht es? Worüber wird denn gestritten? Was ist das „Gut", das so umstritten ist?
- Wie kann der Streit gelöst werden? Bedarf der Streit einer allgemein verbindlichen Lösung? Wer darf eine Entscheidung treffen (z. B. der Bürgermeister oder die Gemeindevertretung)?
- Wie kann ein gerechter Interessenausgleich aussehen?

Schema eines Konfliktmodells:

Fall: Eine Gemeinde hat beschlossen, einen Skaterpark zu errichten. Nun wird gestritten, wo dieser errichtet werden soll. Ein Standort in einem Wohngebiet wird diskutiert.

Was darf in einem Wohngebiet gebaut werden?

Interessen der Skater
- Wollen einen Skaterpark haben
- Skaterpark soll zentral sein und gut zu erreichen
- Wollen nicht ins Industriegebiet abgeschoben werden

Interessen der Anwohner
- Wollen den Skaterpark nicht in ihrem Wohngebiet haben
- Wollen nicht gestört werden und ihre Ruhe haben
- Skaterpark soll ins Industriegebiet
- Haben Angst, dass ihre Häuser an Wert verlieren

Konflikt

Hier sind die finanziellen Mittel vorhanden. Es geht um die Frage des Standorts.

1.2 Politik in der Gemeinde

M 5 Was erwarten Jugendliche von ihrer Gemeinde?

„Von der Gemeinde erwarte ich, dass in die Schulen investiert wird. Wir Schüler wünschen uns moderne Gebäude, die auch gut mit modernen Medien ausgestattet sind, schließlich hängt unsere berufliche Zukunft ganz stark von unserer Schulbildung ab."
Markus (17)

„Unsere Gemeinde ist sehr klein und etwas ab vom Schuss. Ohne die Busverbindung in unsere Nachbarstadt wäre ich ganz schön vom Leben abgeschnitten, da meine Eltern mich nicht immer fahren können. Ich erwarte, dass die Gemeinde die Busverbindungen erhält."
Theresa (15)

„Mitbestimmen. Es ist nicht in Ordnung, dass die älteren Menschen immer das Sagen haben, denn sie kümmern sich nicht wirklich um die Interessen der Jugendlichen. Ich fordere, dass endlich ein Jugendparlament gegründet wird."
Acun (16)

M 6 Wie kann man sich einbringen?

einen Brief an den Bürgermeister oder die Gemeindevertretung schreiben	sich für einen Bürgerentscheid einsetzen	an einer Bürgerversammlung teilnehmen	ein Flugblatt verfassen
	ein Ehrenamt übernehmen	wählen gehen	Rechtsmittel einlegen
an einer Demonstration teilnehmen		Zeitung lesen	Bürgersprechstunden nutzen
einen Infostand organisieren	einer Partei beitreten	an einer Bürgerinitiative mitwirken	Leserbrief an die Zeitung schreiben
	Unterschriften sammeln		

Aufgaben

1. Zeichne ein Konfliktmodell wie in M 4 und fasse in einem Satz zusammen, wie die verschiedenen Beteiligten zur Freibadschließung stehen (M 1 – M 4).
2. Ordne die Beteiligten in „Entscheidungsträger" und „Betroffene" (M 2).
3. Erläutere, in welcher Phase sich die Bürgerinitiative „Pro Freibad" befindet (M 2, M 3).
4. Sammelt ausgehend von M 5 weitere Erwartungen, die ihr an eine „ideale Gemeinde" habt. Prüft anschließend, ob die Gemeinde für die genannten Aspekte zuständig ist (folgende Seiten) und überlegt, was ihr unternehmen könntet, um eure Ziele zu erreichen (M 6).
5. Lege eine Tabelle an und ordne die Beteiligungsformen den Kategorien a) „sich informieren", b) „seine eigene Meinung zum Ausdruck bringen" und c) „sich organisieren" zu. Welche Beteiligungsformen hältst du für besonders wirkungsvoll (M 6)?

○ Wende das Konfliktmodell auf einen aktuellen Streitfall aus deiner Gemeinde an. Recherchiere dazu in der Tageszeitung und im Internet.

○ Entwirf ein Flugblatt, mit dem du für bzw. gegen die Schließung des Freibades wirbst.

1. Mitwirkung in Schule und Gemeinde

Welche Aufgaben hat die Gemeinde?

M 7 Die Gemeinde betrifft uns

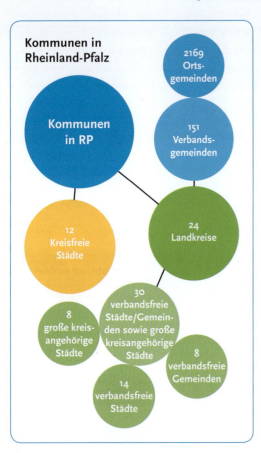

Jeder lebt in einer Stadt oder Gemeinde („Kommune") und nimmt täglich ihre Leistungen in Anspruch. Ob wir mit dem Bus fahren, zur Schule gehen, das Schwimmbad oder die Bibliothek besuchen – die Gemeinden regeln alle Angelegenheiten der örtlichen Gemeinschaft. So steht es im Grundgesetz. Rechtlich werden Gemeinden als Gebietskörperschaften bezeichnet. Die Landtage erlassen die Gemeindeordnungen, in denen die wichtigsten gesetzlichen Bestimmungen, wie z. B. das Wahlrecht oder die Rechte der Gemeindevertretung, festgelegt sind. Diese gelten auch für Städte. Das Land Rheinland-Pfalz setzt sich aus 12 kreisfreien Städten und 24 Landkreisen zusammen. Die Landkreise sind für die Aufgaben zuständig, die über das Gemeindegebiet hinausgehen (z. B. Krankenhäuser, Landstraßen). Es gibt 30 Städte und Gemeinden, die keiner Verbandsgemeinde angehören, davon 8 verbandsfreie Gemeinden, 14 verbandsfreie Städte und acht große kreisangehörige Städte. Darüber hinaus gibt es 151 Verbandsgemeinden mit 2.169 Ortsgemeinden.

In § 1 der rheinland-pfälzischen Gemeindeordnung wird die Gemeinde als „Grundlage und zugleich Glied des demokratischen Staates" bezeichnet.

M 8 Wofür ist die Gemeinde zuständig?

Die Gemeinde sorgt für Wasser und Energie, für Verkehrswege und deren Beleuchtung, kümmert sich um ein öffentliches Angebot für den Personennahverkehr; sie beseitigt Abwässer und Müll, baut Schulen, Kindergärten und Seniorenheime, unterhält Krankenhäuser und Friedhöfe, Gemeindehallen und Museen, Volkshochschulen und Theater. Sie bietet Freizeiteinrichtungen wie Parks und Schwimmbäder an. Die Gemeinde erschließt Gewerbegebiete und versucht, Betriebe zu gewinnen, die sich ansiedeln wollen. Auf diese Weise kümmert sie sich auch um Arbeitsplätze. Sie baut auch selbst Wohnungen. Einige dieser Aufgaben muss die Gemeinde erfüllen, bei anderen Aufgaben kann sie selbst entscheiden, ob sie dies möchte. Deshalb unterscheidet man:

Pflichtaufgaben		Freiwillige Aufgaben
Die Kommunen sind verpflichtet, die Grundversorgung der Bevölkerung mit öffentlichen Einrichtungen sicherzustellen. Zur Sicherstellung dieser Grundversorgung sind viele Aufgaben zu erledigen, die den Kommunen vom Bund oder dem Land gesetzlich auferlegt oder übertragen worden sind. Es gibt zwei **Arten von Pflichtaufgaben**:		Freiwillige Aufgaben sind Aufgaben, bei denen die Kommune selbst entscheidet, ob und in welcher Form sie tätig wird. Im Gegensatz zu den Pflichtaufgaben stellt sich die Kommune die freiwilligen Aufgaben selbst.
Die **„weisungsfreien Pflichtaufgaben"**, bei denen die Kommune nur darüber entscheiden kann, wie sie die Aufgaben erledigt.	Die Pflichtaufgaben zur **„Erfüllung nach Weisung"**, bei denen die Kommune keinen Entscheidungsspielraum hat, wie die Aufgaben erledigt werden sollen.	
z. B. Verkehrswege, öffentlicher Nahverkehr, Energie- und Wasserversorgung, Müllentsorgung, Katastrophenschutz ...	z. B. Einwohnermeldeangelegenheiten oder die Durchführung von Wahlen	z. B. Beratungsstellen, Museen, Bibliotheken, Jugendeinrichtungen Sportplätze, Freibäder, Freizeitangebote, Tierparks und vieles mehr

Aufgaben

1. Ordne die Bilder den einzelnen Aufgabenbereichen zu (M 7, M 8). Sammle weitere Aufgaben der Gemeinde und ordne sie den Aufgabentypen in M 8 zu.
2. Erstellt in Gruppen ein Porträt eurer Stadt / Gemeinde, und gestaltet dazu eine Wandzeitung. Die Wandzeitung könnt ihr auch mit selbst gemachten Fotos aus eurer Stadt / Gemeinde versehen.

Brauchen wir (mehr) direkte Demokratie in der Gemeinde?

M 9   Bürgerentscheid gegen Badschließung geplant

Mit einem Bürgerbegehren wollen die Gegner der geplanten Schließung des Hallen-Bewegungsbades in Bad Münster am Stein-Ebernburg mobil machen: Ein-
5 stimmig beschloss der „Arbeitskreis Bürgerbegehren/Bürgerentscheid", in dem mehrere Vereine vertreten sind, vor kurzem die Vorbereitung, die Fragestellung und die Begründung eines Bürgerbegeh-
10 rens, das Voraussetzung für die Durchführung eines Bürgerentscheides ist. Ziel ist es, die Schließung des Hallen-Bewegungsbades zu verhindern. Am Samstag, 11. August, wollen die Vereine auf
15 dem Goetheplatz ab 10 Uhr mit einem Informationsstand für ihr Anliegen werben, es besteht die Möglichkeit zum Gespräch und zur Unterschriftenabgabe. Der Bürgerentscheid ist ein in der Gemeindeordnung Rheinland-Pfalz vor- 20 gesehenes Verfahren, mit dem sich Bürgerinnen und Bürger gegen Entscheidungen ihrer Volksvertreter wenden können. Im „Arbeitskreis Bürgerbegehren/Bür- 25 gerentscheid" vertretenen sind der Förderverein Schwimmbad, die DLRG, das DRK, die Rheuma-Liga, der Turnverein, die IG Handel- und Gewerbe und der Ortsverein der SPD. 30

Kb, Wochenspiegel, 2.8.2012

M 10   Bürgerbegehren und Bürgerentscheid in Rheinland-Pfalz

Das Bürgerbegehren muss von mindestens 10 v. H. der bei der letzten Wahl zum Gemeinderat festgestellten Zahl der wahlberechtigten Einwohner unterzeichnet sein, jedoch

1. in Gemeinden mit bis zu 50.000 Einwohnern, höchstens von 3.000 Einwohnern,
2. in Gemeinden mit 50.001 bis 100.000 Einwohnern, höchstens von 6.000 Einwohnern,
3. in Gemeinden mit 100.001 bis 200.000 Einwohnern, höchstens von 12.000 Einwohnern,
4. in Gemeinden mit mehr als 200.000 Einwohnern, höchstens von 24.000 Einwohnern.

§ 17a Bürgerbegehren und Bürgerentscheid

(1) Die Bürger einer Gemeinde können über eine Angelegenheit der Gemein-
5 de einen Bürgerentscheid beantragen (Bürgerbegehren). Der Gemeinderat kann beschließen, dass über eine Angelegenheit der Gemeinde ein Bürgerentscheid stattfindet. [...]

(3) Das Bürgerbegehren ist schriftlich
10 bei der Gemeindeverwaltung einzureichen; richtet es sich gegen einen Beschluss des Gemeinderats, muss es innerhalb von vier Monaten nach der Beschlussfassung eingereicht sein. Es
15 muss die zu entscheidende Gemeindeangelegenheit in Form einer mit „Ja" oder „Nein" zu beantwortenden Frage, eine Begründung und einen nach den gesetzlichen Bestimmun-
20 gen durchführbaren Vorschlag für die Deckung der Kosten der begehr- ten Maßnahme enthalten sowie bis zu drei Personen benennen, die berechtigt sind, das Bürgerbegehren zu vertreten. [...] 25

(7) Bei einem Bürgerentscheid ist die gestellte Frage in dem Sinne entschieden, in dem sie von der Mehrheit der gültigen Stimmen beantwortet wurde, sofern diese Mehrheit mindestens 20 30 v. H. der Stimmberechtigten beträgt. Bei Stimmengleichheit gilt die Frage als mit „Nein" beantwortet. Ist die nach Satz 1 erforderliche Mehrheit nicht erreicht worden, hat der Ge- 35 meinderat über die Angelegenheit zu entscheiden. [...]

(8) Der Bürgerentscheid, der die nach Absatz 7 Satz 1 erforderliche Mehrheit erhalten hat, steht einem Be- 40 schluss des Gemeinderats gleich.

Gemeindeordnung (GemO) Rheinland-Pfalz in der Fassung vom 31. Januar 1994

M 11 Zwei Formen der Demokratie

Es gibt unterschiedliche Formen der Demokratie. Eine Form ist die **direkte Demokratie**, bei der das Volk (z. B. in Gestalt einer Volksversammlung) die Staatsgewalt unmittelbar (das heißt direkt) ausübt. Es entscheidet mit Volksabstimmungen („Plebiszit") über alle politisch wichtigen Anliegen, einschließlich der Wahl und Abwahl wichtiger Amtsträger in Staat und Gesellschaft.

Im Gegensatz zur direkten Demokratie wird die Herrschaft in der **repräsentativen Demokratie** mittelbar (das heißt indirekt) über vom Volk gewählte „Abgeordnete" ausgeübt. Diese sind „Repräsentanten" des Volkes und sollen für dieses in eigener Verantwortung zeitlich befristet handeln, wobei ihr Auftrag sich in regelmäßig stattfindenden Wahlen bewähren muss und erneuert werden kann.

Direkt-Demokratie unter freiem Himmel: Volksabstimmung im Schweizer Kanton Appenzell-Innerrhoden.

M 12 Kontrovers diskutiert: direkte Demokratie

> Demokratie heißt Regierung durch das Volk und für das Volk. Das Volk sollte also auch entscheiden können, wo es lang geht.

> Viele Leute sind überfordert mit der Entscheidung politischer Fragen. Sie haben nicht die Zeit, sich ausreichend zu informieren.

> Wenn Bürger selbst entscheiden (müssen) und dadurch direkt in die Verantwortung genommen werden, sind sie eher bereit, eventuelle negative Folgen zu ertragen.

> Aktuelle Stimmungslagen beeinflussen das Ergebnis. Was ist, wenn in einer Volksabstimmung kurz nach dem Bekanntwerden eines schweren Verbrechens die Einführung der Todesstrafe beschlossen wird?

> Politische Probleme sind kompliziert, sie lassen sich oft nicht einfach in eine Ja/Nein-Abstimmungsvorlage pressen.

> Volksabstimmungen reduzieren die Gefahr, dass die Politiker abheben und sich zu weit von den Bürgerinnen und Bürgern entfernen.

Eva Rothfuß, www.jugendnetz.de (12.6.2011)

Im Deutschen Bundestag stimmen die Abgeordneten über ein Gesetz ab.

Aufgaben

1. Stelle sämtliche Bedingungen dar, die für einen erfolgreichen Bürgerentscheid erfüllt sein müssen. Nimm anschließend zu dem Vorwurf Stellung, die „Hürden" für einen Bürgerentscheid seien zu hoch (M 9, M 10).
2. Diskutiert am Beispiel des Bürgerbegehrens gegen die Badschließung das Spannungsverhältnis von direkter und repräsentativer Demokratie (M 9 – M 12).

○ Recherchiert Informationen und Hintergründe zu aktuellen Bürgerentscheiden in Rheinland-Pfalz und stellt diese der Klasse vor.

Wie funktioniert eine Gemeinde?

M 13 Der Aufbau der Gemeinden

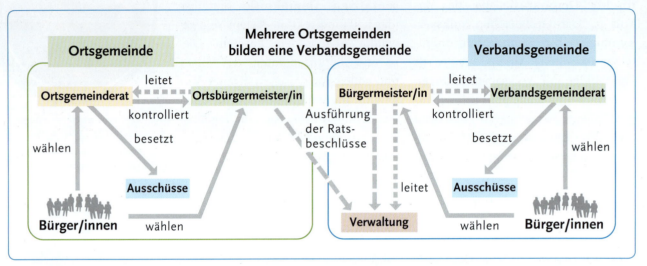

Autorengrafik

Gemeinden sind die Verwaltungseinheiten, die den Bürger am unmittelbarsten betreffen. Art. 28 Grundgesetz garantiert den Gemeinden das Selbstverwaltungsrecht. Alle Probleme vor Ort kann die Gemeinde selbst regeln, sofern nichts anderes gesetzlich bestimmt ist. Dörfer (und ihnen zugeordnete Höfe, Weiler und Ortsteile) haben als Ortsgemeinden allerdings nur eine begrenzte eigene Verwaltung. Verwaltungsinstanz der Dörfer sind die Verbandsgemeinden, zu denen sich Dörfer und kleinere Städte in den siebziger Jahren zusammengeschlossen haben.

M 14 Gemeinderat und Bürgermeister – wer lenkt die Gemeinde?

Die Gemeindeordnung beschreibt Aufgaben und Rechte der einzelnen Organe der Gemeinde.

§ 28
(1) Organe der Gemeinde sind der Gemeinderat und der Bürgermeister. Sie verwalten die Gemeinde nach den Bestimmungen dieses Gesetzes.
(2) Der Gemeinderat führt in den Städten die Bezeichnung Stadtrat. Der Bürgermeister führt in den kreisfreien und in den großen kreisangehörigen Städten die Amtsbezeichnung Oberbürgermeister, in den übrigen Gemeinden die Amtsbezeichnung des ihm übertragenen Amtes.

§ 29 Bildung des Gemeinderats, Zahl der Ratsmitglieder
(1) Der Gemeinderat besteht aus den gewählten Ratsmitgliedern und dem Vorsitzenden. Die Ratsmitglieder werden von den Bürgern der Gemeinde in allgemeiner, gleicher, geheimer, unmittelbarer und freier Wahl auf die Dauer von fünf Jahren gewählt. Das Nähere bestimmt das Kommunalwahlgesetz.

§ 32 Aufgaben des Gemeinderats

(1) Der Gemeinderat ist die Vertretung der Bürger der Gemeinde. Er legt die Grundsätze für die Verwaltung der Gemeinde fest und beschließt über alle Selbstverwaltungsangelegenheiten der Gemeinde, soweit er die Entscheidung nicht einem Ausschuss übertragen hat oder soweit nicht der Bürgermeister kraft Gesetzes zuständig ist oder der Gemeinderat ihm bestimmte Angelegenheiten zur Entscheidung übertragen hat. Der Gemeinderat überwacht die Ausführung seiner Beschlüsse.

§ 33 Unterrichtungs- und Kontrollrechte des Gemeinderats

(1) Der Gemeinderat ist vom Bürgermeister über alle wichtigen Angelegenheiten der Gemeinde, insbesondere über das Ergebnis überörtlicher Prüfungen zu unterrichten. Die Prüfungsmitteilungen sind den Ratsmitgliedern auf Verlangen auszuhändigen.

Gemeindeordnung (GemO) in der Fassung vom 31. Januar 1994

Der Bürgermeister – das Gemeindeoberhaupt

§ 36 Vorsitz

(1) Den Vorsitz im Gemeinderat führt der Bürgermeister.

§ 47 Stellung und Aufgaben des Bürgermeisters

(1) Der Bürgermeister leitet die Gemeindeverwaltung und vertritt die Gemeinde nach außen. Neben den ihm gesetzlich oder vom Gemeinderat übertragenen Aufgaben obliegen ihm

1. die Vorbereitung der Beschlüsse des Gemeinderats im Benehmen mit den Beigeordneten und der Beschlüsse der Ausschüsse, soweit er selbst den Vorsitz führt;
2. die Ausführung der Beschlüsse des Gemeinderats und der Ausschüsse;
3. die laufende Verwaltung;
4. die Erfüllung der Gemeinde gemäß § 2 übertragenen staatlichen Aufgaben.

§ 52 Amtszeit der Bürgermeister und Beigeordneten

(1) Die Amtszeit der hauptamtlichen Bürgermeister und Beigeordneten beträgt acht Jahre.

§ 53 Wahl der Bürgermeister

(1) Der Bürgermeister wird von den Bürgern der Gemeinde in allgemeiner, gleicher, geheimer, unmittelbarer und freier Wahl gewählt.

Gemeindeordnung (GemO) in der Fassung vom 31. Januar 1994

Sitzung des Stadtrats in Koblenz

Nehmt an einer öffentlichen Sitzung des Gemeinderats teil und verfasst einen Bericht dazu.

Aufgaben

1. Beschreibt die beiden Hauptorgane der Gemeinde: Gemeinderat und Bürgermeister.
   Achtet dabei auf folgende Aspekte (M 13, M 14):
   – Wie werden die beiden Organe besetzt?
   – Welche Aufgaben haben sie zu erfüllen?
2. Weder der Bürgermeister noch der Gemeinderat kann die Politik in einer Gemeinde alleine bestimmen. Erläutere das Zusammenspiel von Gemeinderat und Bürgermeister in der Beschlussfassung auf kommunaler Ebene (M 13, M 14).
3. „Der Bürgermeister ist der mächtigste Akteur auf kommunaler Ebene." Bewerte diese Aussage (M 13, M 14).

Jugendvertretungen – mehr Mitbestimmung für Jugendliche?

M 15 Warum kandidieren?

Ich möchte in den Jugendgemeinderat, weil ich meine Meinung sagen und den Jugendlichen Perspektiven zeigen möchte. Mir macht es Spaß, vor anderen Menschen zu sprechen.
Tamina Erkrad, 14 Jahre, Jacob-Haller-Realschule

Ich möchte mich im Jugendgemeinderat beteiligen, um Bolz-, Spiel- und Sportplätze für junge Menschen attraktiver zu machen und euer Ansprechpartner für Verbesserungsvorschläge zu werden.
Julia Roggensted, 14 Jahre, Neustadt-Gymnasium

Ich kandidiere für den Jugendgemeinderat, weil ich eure Interessen und Vorschläge gewissenhaft gegenüber der Stadt vertreten und mich für ganzjährige Freizeitangebote, z. B. eine Eisbahn, einsetzen werde.
Paolo Ricacelli, 16 Jahre, Neustadt-Gymnasium

Wir junge Menschen finden doch kein Gehör und die Politiker machen nur das, was die älteren Wähler wollen. Wir Jungen brauchen eine Stimme in der Gemeinde.
Jakob Erzberger, 11 Jahre, Jacob-Haller-Realschule

Namen und Aussagen fiktiv

M 16 Beteiligungsrechte von Kindern und Jugendlichen in der Gemeinde

§ 16c Beteiligung von Kindern und Jugendlichen
Die Gemeinde soll bei Planungen und Vorhaben, die die Interessen von Kindern und Jugendlichen berühren, diese in angemessener Weise beteiligen. Hierzu soll die Gemeinde über die in diesem Gesetz vorgesehene Beteiligung der Einwohner hinaus geeignete Verfahren entwickeln und durchführen.

Gemeindeordnung (GemO) Rheinland-Pfalz in der Fassung vom 31. Januar 1994

M 17 Junge Bürger mischen sich ein – der Jugendgemeinderat in Haßloch

Der Jugendgemeinderat vertritt die Belange der minderjährigen Einwohnerinnen und Einwohner durch Beratung, Anregung und Unterstützung der Organe der Gemeinde. Er soll Kinder und Jugendliche mit demokratischen Entscheidungsstrukturen vertraut machen und ihr Interesse an kommunaler Aufgabenstellung fördern. Dem Jugendgemeinderat obliegt außerdem die Anregung von Veranstaltungen und sonstigen Maßnahmen für Kinder und Jugendliche.

§ 1 Satzung zur Einrichtung einer Jugendvertretung in der Gemeinde Haßloch vom 26.05.1999

M 18 Aktionen des Jugendgemeinderats in Haßloch

HASSLOCH-MAGAZIN

Jugendgemeinderat entfernt rechte Parolen
Der Jugendgemeinderat will am Samstag, 5. Mai, unter dem Motto „Gemeinsam gegen rechts – Für ein Nazisticker-freies Haßloch" erneut ein Zeichen gegen Rechtsextremismus setzen und an diesem Nachmittag diskriminierende Aufkleber an Laternenmasten und auf öffentlichen Plätzen entfernen. Die Jugendlichen suchen noch weitere Mitstreiter, die sie bei dieser Aktion tatkräftig unterstützen wollen. Treffpunkt der Teilnehmer ist um 14 Uhr vor dem Rathaus. Reinigungsmittel werden gestellt, Getränke und wetterfeste Kleidung bringt jeder Teilnehmer selbst mit. (stbe)

HASSLOCH-MAGAZIN

Jugendgemeinderat Haßloch präsentiert

Hallenturnier
für alle Kinder & Jugendliche

Sonntag 21.04.

Kinder (bis JG '96): 09 Uhr
Jugend (ab JG '95 – '92): 14 Uhr

Neue Sporthalle
Raiffeisenstraße, Haßloch

HASSLOCH-MAGAZIN

Jugend hilft Senioren
Beim neuen „Senioren-Internetcafé" wollen die Jugendlichen älteren Mitbürgern den Umgang mit dem Web erleichtern. Als Tutoren im neuen „Internetcafé für Senioren" im Alten Feuerwehrhaus sollen die Jugendgemeinderäte auf Anfrage des Seniorenbeirats älteren Mitbürgern helfen, sich im Netz zurechtzufinden.

www.jugendgemeinderat-hassloch.de

Aufgaben

1. Diskutiert in der Klasse, was für bzw. gegen ein Engagement in einer Jugendvertretung spricht (M 15).
2. Erkläre, wie der Jugendgemeinderat Einfluss auf die Entscheidungen des Gemeinderats nehmen kann. Welche weiteren Modelle der Mitwirkung und Mitbestimmung sind denkbar (M 16, M 17)?
3. In M 18 sind Beispiele für Aktionen des Jugendgemeinderats in Hassloch genannt. Sammelt weitere mögliche Aktivitäten.
4. „Wer sich nicht einmischt, der verliert sein Recht, sich zu beschweren." Nimm Stellung zu dieser Aussage.

○ Ladet einen Vertreter eures (Jugend-)Gemeinderats in eure Klasse ein und befragt ihn, welche Gestaltungs- und Mitwirkungsmöglichkeiten ihr in der Gemeinde habt. (vgl. Methode Expertenbefragung, S. 40)

Wie kommen die Politiker ins Rathaus?

M 19 Um Stimmen werben

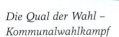

Die Qual der Wahl – Kommunalwahlkampf

Egal ob Bürgermeister oder Gemeinderäte – jeder, der ins Rathaus gelangen will, muss sich der Wahl durch die Bürgerinnen und Bürger einer Gemeinde stellen. Die verschiedenen Kandidaten kämpfen im Wahlkampf um Wählerstimmen. Dazu müssen sie die Wählerinnen und Wähler von sich und ihrem Programm überzeugen. Im Kommunalwahlkampf findet eine ganz intensive Auseinandersetzung über die politischen Streitfragen der Stadt oder Gemeinde statt. Die Bürgerinnen und Bürger können sich auf Wahlkampfveranstaltungen, durch Plakate oder Informationsstände der Parteien einen Überblick über die Kandidaten und ihre Einstellungen und Ziele verschaffen. Wahlkampf auf kommunaler Ebene zeichnet sich auch dadurch aus, dass die Persönlichkeit der Kandidaten eine sehr große Rolle spielt und Fragen der Parteizugehörigkeit oft nicht so wichtig sind. In kleinen Gemeinden kennt fast jeder die Kandidaten persönlich. Diese können direkt gewählt werden.

M 20 Kommunalwahl – wer die Wahl hat ...

Kumulieren und Panaschieren bei Kommunalwahlen
Bei Kommunalwahlen hat der Bürger ebenfalls große Partizipationsmöglichkeiten. Er verfügt nämlich über so viele Stimmen, wie Sitze zu vergeben sind. Er kann diese Stimmen der unveränderten Liste einer Partei oder Wählergemeinschaft geben, er kann sie aber auch als Einzelstimmen über die Wahlvorschläge mehrerer Parteien verteilen **(Panaschieren)** oder bis zu drei Stimmen an einzelne Bewerber vergeben **(Kumulieren)**. Auch dadurch kann er Einfluss auf die Kandidatenauswahl einer Partei oder Wählergemeinschaft nehmen.

Wer darf wählen und wer darf gewählt werden?
Ihre Stimme abgeben („aktives Wahlrecht") dürfen bei den Kommunalwahlen alle Unionsbürger, also alle Deutschen im Sinne des Art. 116 Abs. 1 des Grundgesetzes und alle Staatsangehörigen der übrigen Mitgliedstaaten der Europäischen Union, wenn sie das 18. Lebensjahr vollendet haben und seit mindestens drei Monaten im Wahlgebiet ihre Hauptwohnung haben.
Für die Wählbarkeit („passives Wahlrecht") zum Rats- oder Kreistagsmitglied gelten diese Wahlrechtsgrundsätze gleichermaßen. Die Kandidaten für eine Bürgermeister- oder Landratswahl müssen darüber hinaus am Tage der Wahl das 23. Lebensjahr vollendet haben und die Gewähr dafür bieten, dass sie jederzeit für die freiheitlich demokratische Grundordnung im Sinne des Grundgesetzes eintreten.

Wahl der Ortsvorsteher, Bürgermeister und Landräte
Sie werden durch Direktwahl gewählt. Gewählt ist, wer mehr als die Hälfte der abgegebenen gültigen Stimmen erhalten hat (absolute Mehrheit). Ist das keinem Bewerber gelungen, findet unter den beiden Kandidaten mit den meisten Stimmen eine Stichwahl statt, gewählt ist dann, wird die meisten Stimmen hat (relative Mehrheit).

Wahl der Rats- bzw.- Kreistagsmitglieder

Wie viele Stimmen haben die Wähler? Die Anzahl der Stimmen, die die Wähler auf dem Stimmzettel vergeben dürfen, ist von der Zahl der zu vergebenden Mandate, also von der Anzahl der Ratsmitglieder abhängig; sie schwankt bei den Gemeinderatswahlen zwischen 6 in Gemeinden bis zu 300 Einwohnern und 60 in den Großstädten mit mehr als 150.000 Einwohnern. Bei den Kreistagswahlen hat die Wählerin oder der Wähler entweder 34, 38, 42, 46 oder 50 Stimmen, je nach der Einwohnerzahl des Landkreises.

Landeswahlleiter, Kommunalwahlen in Rheinland-Pfalz, o. O., o. J.

Stimmzettel für die Wahl zum Gemeinderat der Gemeinde Musterdorf
am 7. Juni 2014
Sie haben 12 Stimmen ← Anzahl Ihrer Stimmen!

Sie können die Stimmen wie folgt abgeben:
- Sie können alle **12** Stimmen an Bewerberinnen/Bewerber eines oder mehrerer Wahlvorschläge vergeben, dabei können Sie einer Bewerberin/einem Bewerber – auch einer/einem mehrfach benannten Bewerberin/Bewerber – höchstens 3 Stimmen geben (kumulieren), [x] oder [x][x] oder [x][x][x].

oder
- Sie können, wenn Sie nicht alle **12** Stimmen einzeln vergeben wollen, in der Kopfleiste einen Wahlvorschlag ankreuzen ⓧ mit der Folge, dass die restlichen Stimmen den Bewerberinnen/Bewerbern des angekreuzten Wahlvorschlags zugute kommen.

oder
- Sie können auch nur den Wahlvorschlag, den Sie wählen wollen, in der Kopfleiste ankreuzen ⓧ mit der Folge, dass jeder/jedem aufgeführten Bewerberin/Bewerber eine Stimme zugeteilt wird; bei Mehrfachbenennungen erhalten dreifach aufgeführte Bewerberinnen oder Bewerber drei Stimmen, doppelt aufgeführte Bewerberinnen oder Bewerber zwei Stimmen.

Wahlvorschlag 1 Partei A A [x]			
1. Wagner, Helmut	x	x	
2. Krämer, Norbert			
3. Lottner, Klara	x		
4. Schwaab, Franz-Joseph			
5. Jäger, Ulrike	x		
6. Meckes, Albert			
7. Lehner, Hiltrud	x	x	x
8. Dr. Foohs, Ludwig			
9. Theobald, Jutta	x		
10. Häfner, Claudia			
11. Schuck, Stefanie	x		
12. Nastoff, Waltrud			

Wahlvorschlag 2 Partei B B ◯			
1. Vogt, Sieglinde			
Vogt, Sieglinde			
Vogt, Sieglinde			
2. Schreiber, Maria			
Schreiber, Maria			
3. Molitor, Hans			
Molitor, Hans			
4. Dr. Jung, Max			
5. Schmitz, Walter			
6. Engelmann, Gerda	x		
7. Fischer, Harald			
8. Bögler, Franz	x		

Wahlvorschlag 3 Wählergruppe C ◯			
1. Böhme, Josef			
Böhme, Josef			
Böhme, Josef			
2. Back, Marianne			
Back, Marianne	x		
Back, Marianne			
3. Glaser, Anna			
Glaser, Anna			
4. Dr. Schulz, Albert			
Dr. Schulz, Albert			
5. Kuhn, Petra			
Kuhn, Petra			

kumulieren = mehrere Stimmen – bis zu drei – an eine Bewerberin/einen Bewerber vergeben

Panaschieren = Stimmen an Bewerberinnen/Bewerber in unterschiedlichen Wahlvorschlägen vergeben

Aufgaben

1. Erläutere, warum die Kandidaten Wahlkampf betreiben (M 19).
2. Überprüft die folgenden Aussagen mithilfe von M 20:
   a) Wählen dürfen alle Einwohner einer Gemeinde, die mindestens 16 Jahre alt sind.
   b) Im Gegensatz zur Bundestagswahl muss man sich nicht für eine Partei entscheiden.
   c) Für jede Partei, die antritt, hat der Wähler eine Stimme.
   d) Kommunalwahlen sind oft Personenwahlen. Deswegen darf man auch einem Kandidaten drei Stimmen geben.

⊕ zu Aufgabe 2
Formuliere weitere Aussagen zum Kommunalwahlrecht und lasse sie von deinem Nachbarn prüfen.

⊕
Recherchiere im Internet oder direkt im Rathaus:
a) Wie viele Ratsmitglieder gibt es in eurer Gemeinde?
b) Welche Parteien und Wählergruppen sind in eurer Gemeinde vertreten?

Wählen mit 16 – soll das Wahlalter gesenkt werden?

M 21 Wahlrecht für 16-Jährige bei Kommunal- und Landtagswahlen?

Der 16-jährige Felix von Mülmann gibt am 22.5.2011 in Bremen seinen Stimmzettel für die Bürgerschaftswahl ab.

Jugendministerin Irene Alt fordert eine Wahlrechtsreform und die Absenkung des Wahlalters bei Kommunal- und Landtagswahlen in Rheinland-Pfalz auf 16 Jahre sowie die Stärkung der Jugendpartizipation. Entsprechende Anträge haben die Koalitionsfraktionen von SPD und Bündnis 90/Die Grünen eingebracht. „Jugendliche sind mit 16 Jahren alt genug, um politische Zusammenhänge zu begreifen und sie haben ein großes Interesse daran zu wählen und so politisch mitzubestimmen. Außerdem würde die Absenkung des Wahlalters vermutlich zu einer höheren Anerkennung politischer Institutionen führen", begründete Ministerin Alt ihre Forderung vor dem Landtag.

www.mifkif.rlp.de, 5.6.2013

Wahlalter international

ab 15	Iran
ab 16	Ecuador, Argentinien, Österreich, Brasilien, Nicaragua, Kuba, in Bosnien-Herzegowina, Slowenien, Kroatien bei Berufstätigkeit
ab 17	Osttimor, Sudan, Nordkorea Seychellen, Indonesien (für Verheiratete egal welchen Alters)
ab 18	fast weltweit
ab 20	Japan, Südkorea
ab 21	Fidschi, Gabun, Kuwait

M 22 Die Entwicklung des Wahlalters in Deutschland

Es war der 31. Juli des Jahres 1970, als die Abgeordneten des Deutschen Bundestages entschieden, das Mindestwahlalter, das bis dahin bei 21 Jahren lag, zu senken. Seitdem steht in Artikel 38 des Grundgesetzes: „Wahlberechtigt ist, wer das achtzehnte Lebensjahr vollendet hat." Die Geschichte der Demokratie ist auch eine Geschichte der Auseinandersetzung über das „richtige" Wahlalter. Trotz der Senkung des Wahlalters auf 18 Jahre blieb die Frage auf der politischen Tagesordnung und ist bis heute unterschiedlich geregelt. In einigen Bundesländern gibt es das Wahlrecht ab 16 auf kommunaler Ebene. Es wurde in Niedersachsen 1995 erstmals eingeführt. Anschließend haben weitere fünf der 16 Bundesländer das Wahlalter auf Gemeindeebene herabgesetzt. In Rheinland-Pfalz (Stand 2013) dürfen jedoch nach wie vor nur 18-Jährige über die Zusammensetzung der Gemeinderäte abstimmen und bei Direktwahlen mitentscheiden, wer neuer Bürgermeister wird. Auch bei Landtags-, Bundestags- und Europawahlen gilt nach wie vor bundesweit das Wahlrecht ab 18 Jahren – mit einer Ausnahme: In Bremen dürfen seit 2011 16- und 17-Jährige die Bürgerschaft (vergleichbar mit einer Landtagswahl) mitwählen. Als erster Staat in Europa hat unser Nachbar Österreich 2007 das Wahlalter generell auf 16 Jahre gesenkt – und damit gute Erfahrung gemacht. Die Diskussion um das richtige Wahlalter wird deshalb auch im Land Rheinland-Pfalz weitergehen.

M 23 Das Jugendwahlrecht in der Diskussion

Auch viele Erwachsene sind „politische Analphabeten" und leicht beeinflussbar. Warum sollte man von Jugendlichen höhere Qualifikationen fordern? Sie müssen heute schon sehr früh Entscheidungen treffen und Verantwortung übernehmen.

16-Jährige sind politisch unreif. Auch wenn sie heute einen höheren Bildungsstand haben als früher, sind sie noch nicht fähig, sich ein vernünftiges Urteil in einer Welt zu bilden, die immer komplizierter wird. Deshalb sind sie leicht manipulierbar.

Demokratie darf Jugendliche nicht ausschließen. Repräsentative Wahlstatistiken zeigen: Das Wahlverhalten von Erstwählern weicht nicht eklatant von dem anderer Bevölkerungsteile ab. Die Ausgrenzung fördert erst die Neigung zur Radikalität.

Jugendliche haben eine Abneigung gegen Parteien und Mandatsträger. Deshalb neigen sie zu politischem Extremismus. Das ist eine Gefahr für die Stabilität der Demokratie.

16- und 17-Jährige haben existenzielle Interessen, die von Erwachsenen wenig oder gar nicht vertreten werden. Außerdem erhalten Jugendliche ab dem 16. Lebensjahr eine Reihe von Rechten zugesprochen wie zum Beispiel Ehefähigkeit, Eidesfähigkeit usw.

Wer wählen will, der muss auch volljährig und strafmündig sein. Wer strafrechtlich nicht voll verantwortlich ist für sein Verhalten, kann auch nicht verantwortlich sein für das Schicksal des Staates.

Jugendliche stehen Parteien, Mandatsträgern und Wahlen ablehnend gegenüber. Ein früherer Zugang zu Wahlen trifft deshalb die Interessen der Jugendlichen nicht. Es ist sinnvoller, die von Jugendlichen favorisierten Elemente direkter Politik auszubauen und ihnen die Chance zu geben, in Jugendparlamenten oder Anhörungen etc. zu Wort zu kommen.

Jugendliche haben das Gefühl, nicht ernst genommen zu werden. Die Politikverdrossenheit unter jungen Menschen wird abnehmen, wenn sie durch das aktive Wahlrecht in die politische Entscheidungsfindung einbezogen werden: Wer weiß, dass er etwas bewirken kann, hat auch mehr Interesse an Politik.

Nach: Valentin Nann, fluter – Magazin der Bundeszentrale für politische Bildung, Heft 03/2002, S. 16 f.

Aufgaben

1. Wann ist ein Mensch „reif" für die Demokratie? Markiert im Klassenraum eine Strecke von 0 - 18 Jahren (z. B. vom Fenster bis zur Tür). Jeder von euch platziert sich dort, wo dieser Zustand seiner persönlichen Meinung nach erreicht ist. Begründet euren Standpunkt.
2. Beschreibe Stand und Entwicklung des Wahlalters in Deutschland (M 22).
3. Diskutiert, ob das Wahlalter generell auf 16 Jahre gesenkt werden sollte (M 21 – M 23).

zu Aufgabe 3
Stelle zunächst Pro- und Kontraargumente stichwortartig gegenüber. Ergänze gegebenenfalls weitere Argumente.

Übersichtlich soll es sein – der Haushalt einer Gemeinde

M 24   Der Haushaltsplan

Eine der wichtigsten Aufgaben des Rats einer Gemeinde ist es, zu entscheiden, wofür die Gemeinde ihr Geld ausgeben soll. Dabei berücksichtigen die Ratsmitglieder, welche Aufgaben die Gemeinde zu erfüllen hat. Natürlich braucht die Gemeinde dafür Geld. Damit Einnahmen und Ausgaben übersichtlich dargestellt werden können, beschließt der Rat einen **Haushalt**. Den wichtigsten Teil stellt der sogenannte **Ergebnishaushalt** dar. Darin werden die Erträge, also Einnahmen der Gemeinde übersichtlich aufgezeigt. Gleichzeitig werden die Aufwendungen, also Ausgaben der Gemeinde verdeutlicht. Eine Besonderheit des Ergebnishaushaltes sind die Abschreibungen. Besitzt die Gemeinde z. B. ein Gebäude, dann wird dieses jedes Jahr ein Stück weit abgenutzt: Fußböden werden matt, Fenster werden undicht und die Fassade wird schmutzig. Dies wieder in Ordnung zu bringen, kostet Geld. Und dieses Geld, das zur Renovierung in Zukunft aufgebracht werden muss, bezeichnet man als Abschreibung. Der Ergebnishaushalt zeigt also auch, welche Kosten in Zukunft auf die Gemeinde zukommen. Die Gemeinde erhält aus unterschiedlichen Quellen Geld. Zu den Steuereinnahmen zählen die Gewerbesteuer und die Grundsteuer, die direkt an die Gemeinden fließen. Sie erhalten aber auch einen Anteil an Steuern, die der Bund erhebt, so z. B. die Einkommenssteuer. Die Gemeinden erheben auch Gebühren, um den eigenen Finanzbedarf zu decken. So müssen Eltern Gebühren entrichten, wenn ihre Kinder den Kindergarten besuchen (öffentlich-rechtliche Entgelte). Vermietet die Gemeinde Räume oder erhebt sie Eintrittsgebühren, z. B. für Museen (privatrechtliche Gebühren), dann fließen auch diese Beträge in den Gemeindehaushalt. Den Einnahmen stehen natürlich jede Menge Ausgaben oder Aufwendungen gegenüber. Eine Gemeinde beschäftigt viele Menschen, die sich auf vielfältige Weise um die Angelegenheiten der Gemeinde kümmern: Sie arbeiten in der Verwaltung und den Ämtern, kümmern sich um die städtischen Anlagen und vieles mehr. Diese Menschen arbeiten in Gebäuden, die geheizt werden müssen. Sie fahren mit Fahrzeugen, die gewartet werden müssen. Diese Kosten fasst man unter Sach- und Dienstleistungen zusammen. Eine wichtige Aufgabe der Gemeinde ist es, sich um die sozialen Belange der Menschen zu kümmern. Wenn die Gemeinde Jugendhilfe leistet, dann kostet dies natürlich Geld. All diese Sozialleitungen werden unter dem Begriff „Transferaufwendungen" zusammengefasst. Addiert man nun alle Erträge und alle Aufwendungen, so kann man über den Ergebnishaushalt feststellen, ob eine Gemeinde Schulden macht oder einen Überschuss erwirtschaftet.

1.2 Politik in der Gemeinde

Der Ergebnishaushalt der Stadt Baselberg (in 1.000 €)

Erträge		Aufwendungen	
Steuern	45.785	Personal	25.569
Zuweisungen	28.279	Sach- und Dienstleistungen	13.795
Öffentlich-rechtliche Entgelte	10.031	Abschreibungen	10.658
Privatrechtliche Entgelte	3.402	Zinsen	1.399
Zinsen	269	Transferaufwendungen	35.345
Summe			

M 25 Was tun, wenn die Lage sich verschlechtert?

- Gewerbesteuer für die ortsansässigen Unternehmen erhöhen
- Sanierung der Konzerthalle verschieben
- Beim Sportplatz sparen: kein neuer Rasen
- Hundesteuer erhöhen
- Kindergartengebühren erhöhen (Öffentlich-rechtliche Gebühren)
- Einsparungen bei den Personalaufwendungen (z. B. durch kürzere Öffnungszeiten des Museums und der Bücherei)
- Außenanlagen beim Schulzentrum werden nicht neu gestaltet
- Bau der Umgehungsstraße erst in vier Jahren

Aufgaben

1. Berechne, ob die Gemeinde Baselberg im laufenden Haushaltsjahr Schulden macht oder ob sie einen Überschuss erwirtschaftet. Bearbeite dazu den Ergebnishaushalt (M 24).
2. Die Gemeinde Baselberg bekommt ein Problem: Aufgrund einer Wirtschaftskrise brechen die Einnahmen aus der Gewerbe- und der Einkommenssteuer ein. Die Gemeinde muss jetzt sparen oder mehr Geld einnehmen. Die möglichen Maßnahmen, die jetzt im Gemeinderat diskutiert werden, sind in M 25 aufgelistet.
Bildet Gruppen und versetzt euch in die Rolle von Ratsmitgliedern. Entscheidet euch, welche Maßnahmen getroffen werden sollen. Berücksichtigt dabei, welche Bevölkerungsgruppen von den einzelnen Maßnahmen am stärksten betroffen sind.

zu Aufgabe 1
Welche Abschreibungen muss eine Gemeinde noch berücksichtigen? Sammelt dazu weitere Beispiele.

Methode

M 26 Eine Expertenbefragung durchführen

Zum Thema Politik in der Gemeinde gibt es viele Experten, die fachkundig Auskunft geben und Interessantes berichten können: der Bürgermeister, (Jugend-)Gemeinderatsmitglieder, Vertreter der kommunalen Parteien, Mitarbeiter der Verwaltung, Gründer von Bürgerinitiativen oder Bürger, die sich für ein bestimmtes Thema einsetzen.

Die Expertenbefragung ermöglicht einen ganz konkreten und persönlichen Einblick in ein bestimmtes Aufgaben- und Arbeitsfeld und ist eine interaktive Form der Informationsrecherche – ihr könnt direkt nachfragen, wenn ihr etwas nicht verstanden habt und euch etwas besonders interessiert.

Leitfaden

1. Themenfindung und Expertenauswahl

Worüber wollt ihr euch informieren? Geht es um die konkrete Arbeit eines Bürgermeisters oder wollt ihr zu einem bestimmten Sachthema diskutieren?
Wer ist als Experte für dieses Thema geeignet? Stellt zusammen, wer persönliche Kontakte hat, und schreibt Anfragen an die entsprechenden Stellen.
Vereinbart Termin, Ort und Ablauf der Befragung.

2. Vorbereitung in der Klasse

Jeder Schüler formuliert im Vorfeld eine oder mehrere Fragen an den Experten. Diese werden zusammengetragen und sortiert. Macht vorher aus, wer die Fragen an den Experten stellt.
Bereitet den Ablauf der Befragung vor: Wo und in welcher Sitzordnung wird die Befragung durchgeführt? Wie wird sie aufgezeichnet (per Video, Tonband oder Mitschrift)?

3. Durchführung / Gesprächsverlauf

Begrüßt zunächst euren Gesprächspartner, erläutert Ziele und Ablauf des Gesprächs und stellt die Gesprächsteilnehmer kurz vor.
Nach den eröffnenden Fragen („Wir interessieren uns für ...", „Können Sie uns sagen ...?") ist es wichtig, auch Fragen zum Überblick über das Thema (wer, wo, was, wann, wie, wie viel ...) und zu genaueren Informationen („Können Sie das noch weiter ausführen?") zu stellen. Weitere Frageformen sind sogenannte offene Fragen („Warum / wie / wozu haben Sie das gemacht?"), Einschätzungen betreffende („Was halten Sie von ...", „Welche Erfahrungen haben Sie damit gemacht?") und Bewertungen („Wie beurteilen Sie ...?", „Was denken Sie ...?").
Wichtig ist, nachzufragen, wenn ihr etwas nicht verstanden habt.
Denkt am Ende der Befragung daran, euch beim Gast für sein Kommen zu bedanken. Ihr könnt auch ein kleines Präsent überreichen oder einen Dankesbrief schreiben, wenn es euch sehr gut gefallen hat.

4. Auswertung

Die Ergebnisse müssen zusammengefasst und bewertet werden. Hierbei helfen u. a. folgende Fragen:
Welche Informationen wurden gegeben? Gibt es neue Erkenntnisse?
Worüber wurde aus welchen Gründen nicht gesprochen?
Bleiben Informationslücken und können diese geschlossen werden?

Was wir wissen

Die Aufgaben einer Gemeinde sind umfassend und betreffen das tägliche Leben. Dazu gehören Pflichtaufgaben (z. B. Trinkwasserversorgung, Energieversorgung, Abfallentsorgung, Unterhalt von Straßen ...) und freiwillige Aufgaben (Freibäder, Sporthallen, Theater, Bibliotheken ...). Im Auftrag von Bund und Land muss die Gemeinde darüber hinaus als untere Verwaltungsbehörde staatliche Aufgaben erfüllen (Pass- und Meldewesen, Gesundheitsämter, Katastrophenschutz, Durchführung von Wahlen ...).

Aufgaben der Gemeinde
M 7, M 8

Demokratie lebt vom Engagement der Bürger. Auch Jugendliche haben viele Möglichkeiten, sich für ihre Belange einzusetzen. Sie können an öffentlichen Versammlungen, Fragestunden, Diskussionen und Anhörungen teilnehmen, Leserbriefe schreiben, an Bürgerinitiativen und Demonstrationen mitwirken oder für den Jugendgemeinderat kandidieren.

Die Gemeindeordnung in Rheinland-Pfalz räumt den Bürgern darüber hinaus Möglichkeiten der direkten Demokratie ein. So können die Bürger einer Gemeinde über einen Einwohnerantrag erreichen, dass der Gemeinderat sich mit einem Thema befasst oder einen Bürgerentscheid beantragen (Bürgerbegehren). Der Gemeinderat kann außerdem selbst beschließen, dass über eine Angelegenheit der Gemeinde ein Bürgerentscheid stattfindet.

Politische Beteiligung in der Gemeinde
M 3 – M 6, M 10 – M 12

Der Gemeinderat (in Städten: Stadtrat) ist das Hauptorgan der Gemeinde. Er entscheidet über wichtige Fragen, die die Gemeinde betreffen, z. B. über den Gemeindehaushalt und die Höhe der gemeindlichen Abgaben. Die Ratsmitglieder sind überwiegend ehrenamtlich tätig und werden von der wahlberechtigten Bevölkerung auf fünf Jahre gewählt.

Der Gemeinderat
M 13, M 14

Die Bürgermeisterin oder der Bürgermeister leitet die Gemeindeverwaltung. Er hat im Gemeinderat kraft seines Amtes Antrags-, Rede- und Stimmrecht. Der Bürgermeister informiert die Einwohner über wichtige Angelegenheiten der Gemeinde und repräsentiert die Gemeinde nach außen. Er wird auf acht Jahre von den stimmberechtigten Einwohnern direkt gewählt.

Der Bürgermeister
M 13, M 14

Auch auf kommunaler Ebene werben die verschiedenen Parteien und Kandidaten mit ihren Programmen um Wählerstimmen. Eine Besonderheit bei den Kommunalwahlen ist, dass man die Stimmen auf verschiedene Kandidaten (auch von unterschiedlichen Parteien) verteilen (panaschieren) oder einem Kandidaten bis zu drei Stimmen geben kann (kumulieren).

Kommunalwahlen
M 19, M 20

Um ihre Aufgaben zu finanzieren, brauchen die Gemeinden Geld. Sie sind berechtigt, Steuern, Verwaltungsgebühren, Benutzungsgebühren sowie Beiträge zu erheben. Zusätzlich erhalten sie Anteile aus dem Steueraufkommen von Bund und Land und zweckgebundene Zuweisungen. Der Haushalt einer Gemeinde gibt Auskunft über die Zusammensetzung der Einnahmen und Ausgaben.

Die Finanzen der Gemeinde
M 24, M 25

Was wir können

Rollenspiel zu einem Konflikt in der Gemeinde

Das Rollenspiel ist eine Methode, bei der Entscheidungssituationen auf der Grundlage vorgegebener Fakten nachgespielt werden können. Probleme oder Konflikte werden im Rollenspiel bearbeitet und es wird eine Lösung herbeigeführt. Zunächst werden die für das Spiel vorgesehenen Rollen verteilt (Gruppen) und auf Grundlage der Rollenkarten und der Spielsituation das wahrscheinliche Rollenverhalten der Spielteilnehmer erarbeitet. Die jeweilige Rollensituation wird innerhalb der Gruppen diskutiert, die Gruppenziele und -interessen festgelegt sowie Strategien zur Durchsetzung der Interessen erarbeitet. Die von den Gruppen bestimmten Spielteilnehmer schlüpfen dann in die definierten Rollen und spielen die gegebene Situation. Dabei halten sie sich an den beschriebenen Ablauf. Gespielt wird im Klassenraum, die Spielsituation sollte aber mit den gegebenen Mitteln so gut wie möglich nachempfunden werden. Für die Auswertung des Spiels werden Beobachter bestimmt. Am Ende steht die gemeinsame Auswertung des Rollenspiels: Wie wurden die Rollen ausgefüllt? Wie entwickelte sich der Spielverlauf? Wie ist das Ergebnis zu bewerten? ...

Ein Problem in der Gemeinde Beerenbach

Die Gemeinde Beerenbach hat ein Problem. Der Fußballplatz kann kaum noch genutzt werden und auch das Vereinsheim hat schon bessere Tage gesehen. Die Kosten sind beachtlich: 120.000 € müsste die Gemeinde aufbringen.
Gleichzeitig beklagen die örtlichen Handwerksbetriebe, dass sie sich vergrößern wollen, aber keine geeignete Gewerbeflächen finden. Sie haben bereits viele Gespräche mit dem Bürgermeister geführt und drohen nun offen, ihre Betriebe in eine andere Gemeinde zu verlagern. Auf die Gemeinde kommen für den Fall, dass sie das Gewerbegebiet erweitert, Ausgaben in Höhe von 220.000 € zu. Es stehen aber im Haushaltsjahr nur 250.000 € zur Verfügung und so kann die Gemeinde auf keinen Fall beide Projekte verwirklichen. Sportplatz oder Gewerbegebiet – heute findet die entscheidende Sitzung des Gemeinderates statt, in der über die beiden Projekte abgestimmt werden soll. Anwesend sind der Bürgermeister, die gewählten Gemeinderäte, Vertreter des Jugendparlaments und Vertreter der örtlichen Tageszeitung.

Vertreter des Jugendgemeinderats

Ihr seid die beiden Vertreter des Jugendgemeinderats und tretet für die Rechte der Jugendlichen ein. Macht euch mit den beiden Projekten vertraut und formuliert eine schriftliche Stellungnahme. Abstimmen dürft ihr nicht. Ihr könnt aber Kontakt zur örtlichen Presse aufnehmen.

Presse

Ihr seid Journalisten der örtlichen Zeitung. Die Leser eurer Zeitung haben den Streit in Beerenbach mit großem Interesse verfolgt. Täglich kommen neue Leserbriefe. Da die Sitzung des Rates öffentlich ist, könnt ihr die Debatte verfolgen und einen Bericht schreiben. Bei der anschließenden Pressekonferenz habt ihr die Möglichkeit, den Bürgermeister zu befragen. Formuliert anschließend einen Bericht, in dem ihr das Ergebnis und die Reaktionen der Betroffenen darstellt.

Was wir können

Bürgermeister

Du bist Bürgermeister und leitest die Sitzung des Rates. Du gehörst zwar der Partei des Wohlstands an, heute willst du dich aber erst einmal zurückhalten, um herauszufinden, wie die Stimmung im Rat ist. Die nächsten Bürgermeisterwahlen finden Anfang des kommenden Jahres statt.
Begrüße alle Anwesenden und stelle den Ablauf der Sitzung vor. Fasse noch einmal kurz die Problematik der heutigen Sitzung zusammen. Fordere zuerst die Vertreter des Jugendgemeinderats auf, ihren Standpunkt zu äußern. Anschließend haben die Vertreter der beiden Parteien die Möglichkeit, ihre Positionen zu äußern. Leite anschließend die Diskussion. Formuliere einen Antrag, was beschlossen werden soll, und führe die Abstimmung durch. Du selbst bist stimmberechtigt. Achte darauf, dass die Vertreter des Jugendgemeinderats nicht abstimmen dürfen. Verkünde das Ergebnis auf einer Pressekonferenz und beantworte die Fragen der Journalisten.

Partei des Wohlstands

Ihr seid die Vertreter der Partei des Wohlstands und entsendet vier Gemeinderäte. Nach vielen Gesprächen mit den örtlichen Handwerkern und Unternehmern seid ihr zum Ergebnis gekommen, dass Beerenbach dringend ein neues Gewerbegebiet braucht. Die Drohungen, dass die Unternehmen ins Nachbardorf abziehen könnten, nehmt ihr sehr ernst. Allerdings wisst ihr nicht, ob ihr euch in der Abstimmung durchsetzen könnt, obwohl ihr mit dem Bürgermeister über fünf Stimmen verfügt. Überlegt euch deshalb einen Kompromissvorschlag, den ihr in die Debatte einbringen könnt.

Partei der Jungen Familien

Ihr seid die Vertreter der Partei der Jungen Familien und entsendet vier Gemeinderäte. Nach vielen Gesprächen in der Nachbarschaft, in Schulen und Vereinen seid ihr zum Ergebnis gekommen, dass Beerenbach dringend neue Sportanlagen braucht. Die Drohungen, dass die Unternehmen ins Nachbardorf abziehen könnten, nehmt ihr nicht sehr ernst. Trotzdem formuliert ihr einen Kompromissvorschlag, den ihr in die Debatte einbringen könnt. Nur wenn ihr den Bürgermeister für eure Position gewinnen könnt, könnt ihr die Abstimmung für euch entscheiden.

Aufgaben
1. Analysiere den politischen Konflikt in der Gemeinde und stelle die Interessen der Beteiligten dar.
2. Erläutere, welche Möglichkeiten die verschiedenen Gruppen haben, Einfluss auf die Entscheidung zu nehmen.
3. Beurteile anschließend, wie die Chancen stehen, dass sie ihre Interessen durchsetzen können.
4. Formuliere mögliche Kompromissvorschläge zur Lösung des Konflikts.

Familie in Gesellschaft und Staat

Die Familie hat sich in den vergangenen Jahrzehnten deutlich verändert. Neben die „klassische" Vater-Mutter-Kinder-Familie sind viele andere Lebens- und Beziehungsformen mit und ohne Kinder getreten. Aber nicht nur die Familie und die Beziehungsformen erleben einen Wandel, auch die Gesellschaft verändert sich, weil immer weniger Kinder geboren werden und die Bevölkerung immer älter wird.

 ## Kompetenzen

Am Ende dieses Kapitels solltest du Folgendes wissen und können:
- die unterschiedlichen Formen des menschlichen Zusammenlebens innerhalb und außerhalb der Familie beschreiben
- die Aufgaben, die die Familie für den Einzelnen und die Gesellschaft übernimmt, erklären
- erklären, was Armut bedeutet
- erläutern, wie der Staat den Familien hilft und sie unterstützt

Was weißt du schon?
- Was bedeutet die Familie für euch? Schreibt die Begriffe auf Karteikarten, unterscheidet nach positiven und negativen Begriffen. Tauscht euch mit dem Tischnachbarn / der Tischgruppe darüber aus, welche Begriffe für euch die wichtigsten sind.
- Auf welchen Fotos der Collage sind Familien abgebildet? Begründet.

2. Familie in Gesellschaft und Staat

Leben in der Familie
Wie Familien heute leben

M 1   Ganz schön bunt und vielfältig

Leoni Hildebrandt (15) lebt mit ihrer Mutter, deren Freund und dessen 18-jährigem Sohn zusammen. Neben diesem Stiefbruder hat Leoni noch eine ältere Schwester, die zurzeit in England ist. Leonis Vater hat mit seiner neuen Lebensgefährtin eine kleine Tochter. Sie wohnen in einem Haus gegenüber. Leonis Mutter arbeitet als Bürokraft, ihr Vater fährt Taxi.

SPIEGEL: Ihr lebt in sehr unterschiedlichen Elternhäusern. Was hält eurer Meinung nach eine Familie zusammen?

5 **Leoni:** Liebe auf jeden Fall, bei allen Mitgliedern einer Familie. Das ist wichtig.

Lasse: Gemeinsamkeiten sind wichtig, und dass man sich auch mal strei-
10 tet, dass man miteinander über alles redet. Vertrauen und so was. Vor allem auch gegenseitiges Interesse.

SPIEGEL: Wie äußert sich das?

Lasse: Mein Vater spielt Fußball, er
15 geht zu den Spielen vom FC St. Pauli. Da hat er mich als Kind immer mitgenommen. Ich spiele Eishockey, da guckt er dann auch meistens zu und fiebert mit. So haben wir Sachen, über
20 die wir reden können.

Thorbjörn: Ich denke, man muss viel reden und auch Zeit miteinander verbringen. Jeder sollte Zeit für sich haben, aber wer alles alleine macht, ver-
25 steht sich mit anderen nicht wirklich gut. Dann hat es auch nicht mehr so viel mit Familie zu tun.

Leoni: Ja, die Eltern müssen schon nachhaken, was die Kinder machen,
30 mit welchen Leuten sie zu tun haben, die Freunde vielleicht auch kennen lernen, wenn es denn sein muss. Eltern sollten Kinder nicht zu sehr einengen, sie auch mal allein lassen, aber
35 sich doch sehr um sie kümmern und sie nicht vernachlässigen.

SPIEGEL: Aycan, deine Familie stammt aus Kurdistan, du hast viele

Lasse Koth (15) hat zwei ältere Brüder, der älteste ist schon von zu Hause ausgezogen. Lasses Eltern, ein Lehrer und eine Erzieherin, sind bald 18 Jahre verheiratet.

Thorbjörn Keppler (15) wächst als Einzelkind bei seiner Mutter auf, sie ist beim Kreis Dithmarschen angestellt. Thorbjörns Eltern sind geschieden. Seinen Vater, der in Mecklenburg-Vorpommern als Förster arbeitet, sieht er etwa alle zwei Wochen.

Geschwister. Hast du das Gefühl, dass die deutschen Familien weniger Zu- 40 sammenhalt haben als ihr?

Aycan: Nein, ich denke sogar manchmal, die haben mehr.

SPIEGEL: Woran machst du das fest?

Aycan: In deutschen Familien wird 45 sehr viel miteinander geredet. Wir sprechen auch miteinander, aber bei uns setzen sich nicht alle zusammen und diskutieren. Wir reden eher zu zweit. 50

SPIEGEL: Deine Mutter ist alleinerziehend, du bist das älteste von fünf Kindern. Wann habt ihr Zeit, euch zu unterhalten?

Aycan: Abends, wenn die anderen 55 schlafen. Dann sitzen wir vor dem Fernseher und reden [...]

SPIEGEL: Wie ist das bei euch anderen: Wann und worüber sprecht ihr mit euren Eltern? 60

Lasse: Wenn es Essen gibt, dann sitzen wir alle zusammen, und dann schnackt man, wie der Tag war. Dann lässt man ein bisschen Frust ab. [...]

SPIEGEL: Würdest du dir wünschen, 65 dass deine Eltern mehr mitreden?

Lasse: Nee, eher ein bisschen weniger.

SPIEGEL: Wo mischen sie sich denn ein?

Lasse: Schule, Freunde, Sport, was 70 auch immer. In wirklich alles.

SPIEGEL: Wie reagierst du darauf, wenn du eigentlich in Ruhe gelassen werden willst?

Lasse: Einfach genervt. [...] 75

Leoni: Mit meiner Mutter ist das

auch immer so. Immer wenn ich esse, kommt sie mit der Schule an. Das stört mich total, vor allem beim Essen. [...]

SPIEGEL: Leoni, [...] wie ist das bei dir in deiner Patchwork-Familie?

Leoni: Für mich ist meine Familie gar nicht ungewöhnlich.

SPIEGEL: Bist du in deinem Freundeskreis keine Ausnahme mit deinen Stief- und Halbgeschwistern?

Leoni: So habe ich das noch gar nicht gesehen. Für mich ist das eine ganz normale Familie. Wir hatten letztes Jahr auch mal ein Jahrestreffen mit der ganzen Verwandtschaft, darunter auch welche, die nur entfernt mit uns verwandt sind. Das waren über 50 Leute, meine Mutter hat das organisiert.

SPIEGEL: Hattest du bei den vielen Menschen das Gefühl, die sind meine Familie?

Leoni: Nein. Es war schon lustig, aber ich kenne die ja gar nicht.

SPIEGEL: Wer gehört für euch zur Familie?

Thorbjörn: Ich finde, es gibt drei verschiedene Familien. Einmal Frau, Mann, Kinder, dann Oma, Opa, Tanten, Cousins und Cousinen und schließlich noch alle, die mit einem verwandt sind.

SPIEGEL: Wie sehr hängt ihr an euren Großeltern?

Leoni: Sie sind mir sehr wichtig. Wenn mein Opa oder meine Oma Geburtstag haben, fahren wir hin und feiern mit denen.

Thorbjörn: Meine Oma und mein Opa wohnen auf dem Land, da bin ich total gerne.

Spiegel Spezial Nr. 4/2007, S. 80 - 83

Aycan Atug (16) kam mit ihrer Familie vor zehn Jahren aus Kurdistan nach Deutschland. Sie hat vier jüngere Geschwister. Vor sechs Jahren verließ der Vater die Familie, Aycan hat keinen Kontakt mehr zu ihm. Ihre Mutter ist alleinerziehend, sie arbeitet als Putzfrau in einem Hotel und spricht kaum Deutsch. (...) Aycan möchte in drei Jahren ihr Abitur machen.

M 2 Formen des Zusammenlebens

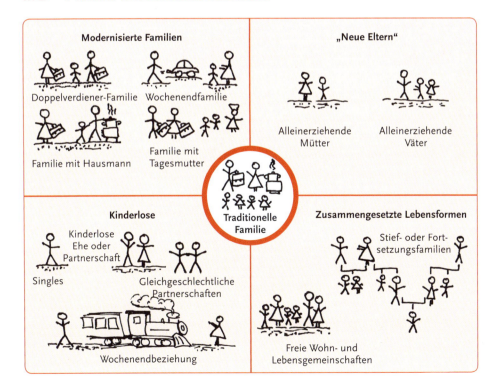

M 3 In welchen Familienformen wachsen Kinder heute auf?

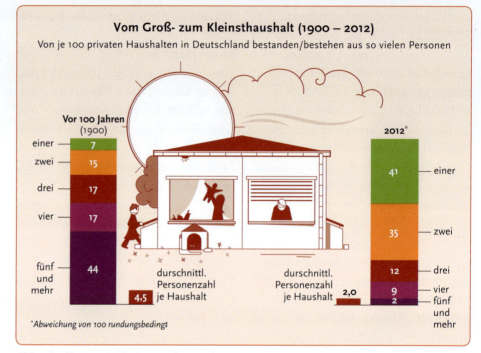

Globus Grafik 2121; Quelle: Statistisches Bundesamt

Von 100 Kindern leben in:
- Drei-Generationen-Familie: 3
- Ein-Kind-Kernfamilie: 13
- mit einem Elternteil: 10
- Zwei-Kind-Kernfamilie: 38
- Drei-(und mehr) Kind-Kernfamilie: 19
- Patchworkfamilie: 17

Kinder im Alter von 8–11 Jahren

Quelle: TNS Infratest, 2007

M 4 War früher alles besser?

Familie um 1900

Mitgift
Geld oder andere Vermögensgüter, die die Eltern der Tochter bei der Heirat mitgaben (Aussteuer).

Bei Griechen und Römern zählten Sklaven zur familia, wie sie in Rom hieß. Dieses Prinzip hielt sich in Europa bis in die Neuzeit: Zur Hausgemeinschaft, die gleichzeitig auch eine Wirtschaftsgemeinschaft war, gehörten Knechte und Mägde. Sie arbeiteten gemeinsam mit den Familienangehörigen, wohnten im selben Haus und unterstanden rechtlich dem Hausherrn. Der Begriff „Familie" tauchte erst Ende des 17. Jahrhunderts in der deutschen Alltagssprache auf. Erst im Laufe des 18. und 19. Jahrhundert setzte sich dann die Vorstellung einer Kernfamilie aus Vater, Mutter und Kindern durch.

In Nordwesteuropa sorgte das relativ hohe Heiratsalter für eine natürliche Geburtenkontrolle. Die war auch nötig, denn Kinder mussten versorgt werden: Mädchen brauchten eine Mitgift, Jungen ein Erbe. So gab es von der Antike bis ins 19. Jahrhundert hinein verschiedene Formen der „nachgeburtlichen Geburtenkontrolle": Kinder wurden ausgesetzt oder absichtlich vernachlässigt. Aus diesem Grund hatten uneheliche Kinder weniger Überlebenschancen, ebenso wie Spätgeborene in kinderreichen Familien.

Dass mehrere Generationen unter einem Dach zusammenlebten, war in Westeuropa eher selten. Zum einen lag das daran, dass die Menschen

Leben in der Familie

früher nicht so lange lebten und viele Eltern deshalb nie Großeltern wurden. Zum anderen gründeten verheiratete Paare im römischen Reich und in Nordwesteuropa oft einen eigenen Haushalt. Zahlen aus England zeigen, dass zwischen dem 16. und 18. Jahrhundert durchschnittlich 4,75 Personen in jedem Haushalt lebten, Eltern, Kinder und Bedienstete eingeschlossen. Erst im 20. Jahrhundert gab es häufig Drei- oder sogar Vier-Generationen-Haushalte.

ZEIT Wissen 01/2010, www.zeit.de

Familie heute

M 5 Wie hat sich die Familie verändert?

Schon oft wurde die traditionelle Kleinfamilie zum Auslaufmodell erklärt. Die Fakten scheinen eindeutig: Fast jeder fünfte Jugendliche zwischen 14 und 18 Jahren lebte 2008 bei Mutter oder Vater, wobei der Anteil der alleinerziehenden Mütter deutlich höher ist. [...] Noch immer werden drei Viertel aller Kinder und Jugendlichen bei Ehepaaren groß. Allerdings beinhaltet das neben der Normfamilie auch alternative Formen, zu denen neben Stief-, Adoptiv- und Pflegefamilien auch die Patchworkfamilie gehört. Aber auch die Regenbogenfamilie, also Familien, in denen Kinder bei zwei gleichgeschlechtlichen Eltern leben, oder die Mehrgenerationenfamilie lassen sich dazu zählen. Die Familie als solche hat sich nicht überlebt – wohl aber sind ihre Erscheinungsformen vielfältiger geworden. Nach der Familie kommt die Familie! Nur erscheint sie eben in facettenreichen Gewändern. Das kann der Einpersonenhaushalt, die Wohngemeinschaft, die kinderlose Ehe, die Fernbeziehung oder eine polyamore (viele liebende) Partnerschaft sein.

Patricia Wolf, Tagesspiegel, 4.4.2010

Aufgaben

1. Arbeite aus dem Gespräch der vier Jugendlichen heraus, was ihnen am Familienleben jeweils wichtig ist (M 1).
2. Stelle dar, welche Vorteile und welche Nachteile das Leben in den Familien der Jugendlichen deiner Auffassung nach mit sich bringen könnte (M 1).
3. Führt in der Schule eine anonyme Umfrage nach den Familienformen eurer Mitschüler durch und vergleicht die Ergebnisse mit M 2, M 3.
4. Wie hat sich das Zusammenleben der Menschen in den vergangenen hundert Jahren verändert?
   Formuliere Aussagesätze (M 3).
   Beispiel: „Im Jahr 1900 lebten in 44 von 100 Haushalten fünf und mehr Personen, 2012 lebten hingegen in zwei von 100 Haushalten fünf und mehr Personen."
5. Erläutere, wie sich die Bedeutung der Familie im Lauf der Zeit verändert hat (M 3 – M 5).

Methode

M 6 Mit Zahlen, Statistiken und Schaubildern umgehen

Interpretationen von Statistiken und Schaubildern

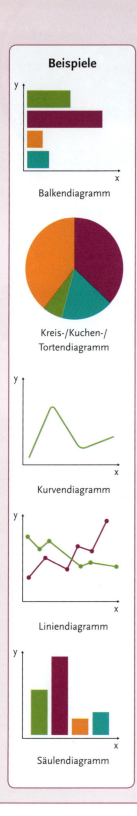

Beispiele

Balkendiagramm

Kreis-/Kuchen-/Tortendiagramm

Kurvendiagramm

Liniendiagramm

Säulendiagramm

Eine *Statistik* ist die systematische Sammlung und Ordnung von Informationen in Form von Zahlen. Diese Zahlen werden entweder in *Tabellen* oder optisch aufbereitet als *Diagramme* und *Schaubilder* ausgewertet und dargestellt. Statistiken helfen uns in vielen Alltagssituationen. So gibt es u. a. Statistiken zu den Bereichen Bevölkerung, Beschäftigung, Gesundheit, Kriminalität, Wohnungen, Verkehr, Wirtschaft. Aus diesen Statistiken können wichtige Erkenntnisse zum Beispiel für die Verkehrsplanung oder den Bau von Kindergärten und Schulen gezogen werden.

Die Zahlen oder auch Daten müssen nach strengen Regeln erhoben werden. Die meisten Daten sammelt das Statistische Bundesamt in Wiesbaden, das seine zusammengefassten Ergebnisse in den Statistischen Jahrbüchern veröffentlicht. Viele Daten stellt das Bundesamt aber auch ins Internet, wo sie unter www.destatis.de abgerufen werden können. Das Statistische Bundesamt ist zur Neutralität verpflichtet. Andere Organisationen, die Daten erheben und veröffentlichen, verfolgen möglicherweise auch eigene Interessen.

Weil Zahlen sehr abstrakt sind, stellt man sie gerne in Diagrammen dar. Es gibt unterschiedliche Formen von Diagrammen: *Kreis- oder Tortendiagramm, Säulendiagramm, Balkendiagramm, Kurvendiagramm.*

Zahlen kann man als *absolute* (genaue, gerundete) *Zahlen* oder als *Prozentzahlen* angeben.

Prozentzahlen verdeutlichen den Anteil an einer Gesamtmenge.

Auswertung und Interpretation

Beim Umgang mit Zahlen, Statistiken und Diagrammen ist Vorsicht geboten. Uns sollte immer bewusst sein, dass man mit der Unterstützung von Zahlenmaterial Tatsachen verfälscht darstellen kann. Häufig werden damit ganz bestimmte Interessen verfolgt. Dies gilt v. a. in der Wirtschafts- und Sozialstatistik. Deshalb ist es notwendig, nicht nur nach der Quelle einer Statistik zu fragen, sondern auch kritisch zu überprüfen, wie die Zahlen in einer grafischen Darstellung präsentiert wurden. Denn mit unterschiedlichen Darstellungen lassen sich bei denselben Zahlen durchaus unterschiedliche Wirkungen erzielen.

Folgende Punkte solltest du bei jeder Untersuchung von Datenmaterial besonders kritisch hinterfragen:

Wird die Quelle der Daten angegeben? Handelt es sich um eine seriöse Quelle – z. B. amtliche Stellen (Behörden, Statistisches Bundesamt, Ministerien usw.)? Besonders skeptisch sollte man bei Angaben wie „eigene Erhebung" sein.

- Aktualität der Daten
- Auswahl des Zeitraums
- Maßstab der Darstellung:
  Welcher Maßstab auf den Achsen ist gewählt und wie ist das Verhältnis der beiden Achsen zueinander? Ist die Einteilung auf den Achsen sinnvoll gewählt?

- Stimmen Überschrift und Text mit der Aussage des Datenmaterials überein?
- Verfolgt der Verfasser eine manipulative Absicht?

Arbeitsschritte

1. Beschreiben
- Woher stammen die Daten? Wer hat sie erfasst und veröffentlicht? (Quelle)
- Welcher Sachverhalt wird dargestellt? Wie lautet das Thema? Welcher Zeitraum wird dargestellt?
- Welche Darstellungsform wurde gewählt? (Säulen-, Balkendiagramm...?)
- Absolute oder relative Zahlen?

2. Auswerten
- Welche Entwicklung ist zu erkennen? (Dabei sind hohe und niedrige Werte, Trends, Veränderungen zu beachten!)

3. Erklären
- Erst wenn du das Diagramm / die Tabelle genau beschrieben und ausgewertet hast, kannst du versuchen, deine Aussagen zu erklären oder Schlussfolgerungen zu ziehen.

4. Bewerten
- Wurden die Zahlen sinnvoll im Diagramm umgesetzt? Wurden die Abstände auf den Achsen richtig gewählt?
- Sind die Zahlen noch aktuell?

Beispiel für eine Auswertung

Bei dem Schaubild mit der Überschrift „Vom Groß- zum Kleinsthaushalt" (M 3) handelt es sich um zwei Säulendiagramme. Dargestellt werden die Anteile unterschiedlicher Haushaltsgrößen an allen Haushalten (100 %) in Deutschland im Jahr 1900 und im Jahr 2012 in Prozent. (Hierbei handelt es sich um eine Sonderform des Säulendiagramms – die gestapelte Säule. Ein gestapeltes Säulendiagramm zeigt Wertanteile in vertikal gestapelten Rechtecken an.) Die Daten stammen vom Statistischen Bundesamt und wurden als Globus-Grafik veröffentlicht. Von je 100 Haushalten bestanden im Jahr 1900 sieben Prozent der Haushalte aus nur einer Person, im Jahr 2012 waren 41 % aller Haushalte Singlehaushalte. Gab es im Jahr 1900 nur 15 % Zwei-Personen-Haushalte, so waren es im Jahr 2012 35 %. Die Anzahl hat sich also gegenüber 1900 mehr als verdoppelt. Das bedeutet, dass in über 3/4 aller deutschen Haushalte nur ein oder zwei Personen leben. Während im Jahr 1900 in 44 % aller Haushalte noch fünf und mehr Personen lebten, so traf dies im Jahr 2012 noch gerade einmal auf zwei Prozent zu. Die durchschnittliche Haushaltsgröße betrug im Jahr 1900 4,5 Personen, 2012 hingegen nur noch 2,0 Personen. Damit hat sich die durchschnittliche Haushaltsgröße innerhalb von 100 Jahren mehr als halbiert. Die in Deutschland vorherrschende Lebensform ist der Ein- oder Zwei-Personen-Haushalt. Dies lässt sich zum Beispiel mit den Veränderungen in den Lebensformen (Zunahme von Ehescheidungen, Rückgang der Geburten), aber auch mit der Alterung der Gesellschaft insgesamt erklären. So werden die Menschen viel älter als früher und leben dann meistens nur noch zu zweit oder alleine und nicht wie zumeist vor 100 Jahren in der Familie ihrer Kinder.

Welche Aufgaben hat die Familie?

M 7 Wie wird man ein Mitglied der Gesellschaft?

Zunächst sorgt die Familie dafür, dass aus einem Säugling langsam ein Mitglied der Gesellschaft wird. Später wird diese Aufgabe auch von anderen übernommen. So wirken unterschiedlichste Einflüsse aus Nachbarschaft, Freundeskreis, Kindergarten, Schule, Fernsehen, Werbung usw. auf das Kind ein. Der Einfluss kann planvoll und beabsichtigt (Erziehung), aber auch unabsichtlich geschehen. Den gesamten Prozess, den ein Mensch durchläuft, um sei-
15 ne Persönlichkeit auszubilden und ein Mitglied in der Gesellschaft zu werden, nennt man **Sozialisation**. Während der Sozialisation werden uns Normen und Wertvorstellungen vermittelt, die für das Zusammenle-
20 ben innerhalb der Gesellschaft notwendig sind. Normen kann man als Regeln bezeichnen, die von den Mitgliedern der Gesellschaft akzeptiert werden müssen. Für den Ein-
25 zelnen können Normen aber auch Einschränkungen bedeuten. Wenn man die Regeln bricht, macht man sich unbeliebt oder wird vielleicht aus der Gruppe ausgeschlossen. Ihr
30 könnt das mit dem Sport vergleichen. Ein Fußballspiel zum Beispiel verläuft nach festen Regeln, an die sich alle Spieler halten müssen, denn sonst bricht Chaos aus. Fußballer, die
35 gegen die Regeln verstoßen oder sich beim Spiel unsportlich verhalten, werden vom Platz gestellt.

M 8 Soziale Rollen: „Die ganze Welt ist eine Bühne"

> „Die ganze Welt ist eine Bühne
> Und alle Frau'n und Männer bloße Spieler.
> Sie treten auf und gehen wieder ab,
> Sein Leben lang spielt einer manche Rollen,
> Durch sieben Akte hin."
>
> *William Shakespeare, Wie es euch gefällt (II 7)*

In der Umgangssprache gebrauchen wir sehr häufig den Begriff der Rolle. Mit den sprachlichen Bildern wird sehr schnell deutlich, was mit dem
5 soziologischen Begriff Rolle gemeint ist. Die soziale Rolle beschreibt unser eigenes Verhältnis zur Gesellschaft. Mit der Geburt betreten wir die „Bühne der Gesellschaft". Nach und
10 nach lernen wir, diesen oder jenen „Part" und damit unterschiedliche Rollen zu spielen. Manchmal müssen wir auch unterschiedliche Masken aufsetzen, um schließlich mit dem
15 Tod wieder von der Bühne abzutreten. Dann übernehmen andere unsere Rollen. Alles geschieht unter den kritischen Augen der Zuschauer und auch der Mitspieler. Jeder erwartet von uns, dass wir unseren Text ken-
20 nen. Jeder erwartet von uns etwas anderes. Die Rollen, die wir einnehmen, können ganz unterschiedlich sein. So sind wir Sohn oder Tochter, Freund oder Freundin, Mitglied im
25 Chor oder Torwart der Schulauswahl, Schülerin oder Schüler, freiwilliger Feuerwehrmann, Pfadfinderin usw. Aber nicht immer erfüllen wir auch die Erwartungen, die an uns formu-
30 liert werden, und so kann es dann zu einem Rollenkonflikt kommen.

Nach: Hans Peter Henecka, Grundkurs Soziologie, 9. Aufl., Konstanz 2009, S. 101 ff.

M 9 Die Leistungen der Familie

Auf die Leistungen der Familie wird das Augenmerk gerichtet, wenn man betrachtet, wie Familien und ihre Mitglieder ihre Aufgaben erfüllen. […]

Persönlicher Zusammenhalt und emotionale Zuwendung

Die Familie soll für Eltern und deren Kinder den Raum bieten, in dem sie in besonders engen und vertrauten Beziehungen sozialen Zusammenhalt und persönliche emotionale Zuwendung erfahren können. […] Gut funktionierende persönliche Beziehungen in Familien fördern nicht nur das individuelle Wohlbefinden und die seelische wie körperliche Gesundheit der Familienangehörigen, sondern ermöglichen es ihnen auch, sich als handlungsfähige, autonome Akteure in der modernen Gesellschaft erfolgreich zu behaupten. […]

Unterstützung im Alltag

Familien sind keine Produktionsgemeinschaften im klassischen Sinne mehr. Heute wird von dem Zusammenleben in einem Familienhaushalt erwartet, dass es eine effiziente Basis für die Alltagsorganisation und gegenseitige Hilfe der Menschen bietet. In dieser Hinsicht hat es Vorteile im Vergleich zum Alleinleben. Aufgaben können im Familienhaushalt (und darüber hinaus) aufgeteilt werden. Familienmitglieder, die füreinander einspringen, entlasten sich gegenseitig zeitlich und körperlich. […]

Fortpflanzung

Die Familie wird als die soziale Basis der Nachwuchssicherung angesehen, in Familien sollen nach Möglichkeit Kinder heranwachsen. In Erfüllung dieser Aufgabe leistet die Familie den physischen Erhalt der Gesellschaft. […]

Erziehung und soziale Integration der Kinder

Die Familie ist für die Erziehung und für grundlegende Bereiche der Bildung der Kinder verantwortlich. Für Kinder bietet sie den idealen Raum, in dem sie sich entwickeln und entfalten können. Der deutsche Sozialanthropologe und Soziologe Dieter Claessens hat dies in seinem Konzept der Sozialisation in sehr plastischer Weise beschrieben: Die erste Phase ist die „Soziabilisierung" als zweite, „soziokulturelle Geburt" des Menschen, in deren Verlauf den Kindern emotionale Grundlagen, erste Kategorien von Weltverstehen und -vertrauen sowie eine erste soziale Positionsbestimmung in dieser Welt vermittelt werden. Es folgt die Phase der „Enkulturation", in der die Heranwachsenden im Zusammenspiel mit Eltern und Bezugspersonen ihre spezifische individuelle Formung bzw. „sozio-kulturelle Prägung" erfahren und auf die Übernahme ihrer sozialen Rolle in der Gesellschaft vorbereitet werden.

Johannes Huinink, in: Informationen zur politischen Bildung (Heft 301), Familie und Familienpolitik, hg. von der Bundeszentrale für politische Bildung, Bonn 2009, S. 8 ff.

Aufgaben

1. Sozialisation ist ein lebenslanger Prozess. Finde Beispiele dafür, dass man auch als Erwachsener sozialisiert wird (M 7).
2. Nenne ausgehend von M 8 unterschiedliche Rollen, die du einnimmst. Unterscheide vorgegebene und selbst gewählte Rollen.
3. Erläutere, welche Leistungen die Familie für die Gesellschaft erbringt (M 9).

Erziehung – eine wichtige Aufgabe der Familie

M 10   Alles Erziehungssache?

Häufigstes Streitthema: Chaos im Kinderzimmer

Die 14-jährige Julia lebt mit ihrer Mutter in einer kleinen Wohnung. Da die Mutter vor Kurzem eine Vollzeit-Arbeitsstelle annehmen musste, vereinbarte sie mit Julia, dass diese bestimmte kleinere Aufgaben im Haushalt übernimmt. Das funktionierte bisher aber oft nicht, weil Julia die Aufträge vergaß, keine Lust dazu hatte oder so lange mit Freunden zusammen war, dass keine Zeit blieb, die Arbeit zu erledigen. Die Mutter kritisiert auch, dass Julia so unordentlich ist. Nicht nur in Julias Zimmer bricht regelmäßig das Chaos aus, sondern sie lässt auch im Wohnzimmer, das der Mutter als Schlafzimmer dienen muss, alles liegen. Die Mutter ist sehr sauer, wenn sie nach der Arbeit erst einmal eine halbe Stunde oder mehr aufräumen muss. [...] Als die Mutter ihrer Freundin ihr Leid klagt, hört sie von dieser: „Das ist Erziehungssache!"

Bernd Werdich, Bundeszentrale für politische Bildung (Hrsg.), Zeitlupe Nr. 30 / 1994, S. 9

Erziehung
So bezeichnet man alle zielgerichteten und absichtsvollen Maßnahmen, die Eltern, Lehrer u. a. unternehmen, um Heranwachsenden dabei zu helfen, selbständig handelnde und urteilende Persönlichkeiten zu werden. Dabei geht es um das Erlernen von Verhaltensregeln und die Übertragung von Gefühls- und Denkmustern der Gesellschaft.

Professor Kai-D. Bussmann von der juristischen Fakultät der Universität Halle-Wittenberg leitete die Studie „Gewaltfreie Erziehung" des Familienministeriums. Im Interview spricht er über den Wertewandel in der Erziehung.

M 11   Erziehungsmittel

Liebesentzug	unterstützen	drohen	strafen
Vorbild sein	schlagen	überzeugen	helfen
loben	fördern	tadeln	befehlen

M 12   Es muss ohne Gewalt gehen ...

sueddeutsche.de: [...] Was genau ist nun aber Gewalt und wo fängt sie an?
Bussmann: Das Gesetz sagt ganz eindeutig: Körperliche Bestrafungen sind unzulässig. Dazu gehört auch schon die Ohrfeige, der Klaps auf den Po ist hier die Grenze zur Gewalt. Früher war die Ohrfeige durch das Erziehungsrecht gerechtfertigt, heute ist es eine strafbare Körperverletzung. [...]
sueddeutsche.de: Welche Folgen ergeben sich für die Kinder, die seelische oder körperliche Gewalt zuhause erfahren mussten?
Bussmann: Jeder dritte Jugendliche, der aus einem gewaltbelasteten Elternhaus kommt, wird selbst verhaltensauffällig und gewalttätig. Die Jugendlichen zeigen meist schwere psychosoziale Verhaltensweisen wie Aggressivität, zugleich Ängstlichkeit und Kontaktarmut. Dabei gleichen die Jugendlichen doppelten Opfern: Sie sind in der Familie geschlagen worden und werden von anderen Jugendlichen wegen ihres Verhaltens ausgeschlossen.

Interview: Miriam Müller, Süddeutsche Zeitung, 23.3.2004

M 13 Streiten will gelernt sein – aus einem Ratgeber für Eltern

Gestritten wird überall: in der Ehe mit dem Partner, in der Familie mit den Kindern, im Bekanntenkreis mit Freunden und im Beruf mit Kollegen. Doch damit ein Streit sich positiv [...] auswirken kann, sind ein paar Grundregeln [...] zu berücksichtigen – und es ist auch ein gewisses Maß an Streit-„Kultur" notwendig. Insbesondere für Kinder ist die Art und Weise der Auseinandersetzung zwischen und mit den eigenen Eltern prägend und dient als gutes oder schlechtes Vorbild für die spätere, eigene Konfliktbewältigung.

Regeln für faires Streiten

1. Stell dich dem Konflikt und gehe die Probleme möglichst schnell an, denn Probleme, die runtergeschluckt werden, werden nur noch größer.
2. Wähle einen sinnvollen Zeitpunkt für die Aussprache, nicht unbedingt dann, wenn der andere gerade eine wichtigen Termin hat.
3. Überlege dir unbedingt schon vorher, was du sagen möchtest.
4. Versuche, Übertreibungen (z. B. mit Worten wie „nie" oder „immer") zu vermeiden. Sage also nicht „Nie habt ihr Zeit für mich!", besser: „Ich würde gerne mehr Zeit mit euch verbringen!".
5. Vorwürfe bringen nichts, formuliere besser konkrete Wünsche.
6. Sprich deine Gefühle an und formuliere „Ich-Botschaften".
7. Vergangenes sollte man nicht „aufwärmen".
8. Lass dein Gegenüber ausreden und zwinge dich dazu, ihm gut zuzuhören.
9. Merke: Es gibt in Konfliktsituationen nur selten eindeutig einen Schuldigen und keinen Sieger.

Nach: www.elternimnetz.de, 18.6.2009

Aus dem Bürgerlichen Gesetzbuch (BGB)

§ 1626 Elterliche Sorge, Grundsätze

(1) Die Eltern haben die Pflicht und das Recht, für das minderjährige Kind zu sorgen (elterliche Sorge). [...]

(2) Bei der Pflege und Erziehung berücksichtigen die Eltern die wachsende Fähigkeit und das wachsende Bedürfnis des Kindes zu selbständigem verantwortungsbewusstem Handeln. Sie besprechen mit dem Kind, soweit es nach dessen Entwicklungsstand angezeigt ist, Fragen der elterlichen Sorge und streben Einvernehmen an. [...]

§ 1631 Inhalt und Grenzen der Personensorge

(1) Die Personensorge umfasst insbesondere die Pflicht und das Recht, das Kind zu pflegen, zu erziehen, zu beaufsichtigen und seinen Aufenthalt zu bestimmen.

(2) Kinder haben ein Recht auf gewaltfreie Erziehung. Körperliche Bestrafungen, seelische Verletzungen und andere entwürdigende Maßnahmen sind unzulässig. [...]

Aufgaben

1. Wie sollte sich Julias Mutter deiner Meinung nach verhalten? Welche der genannten Erziehungsmittel sollte sie anwenden, auf welches verzichten (M 9, M 10)? Begründe deine Auswahl.
2. Erläutere, warum Kinder und Jugendliche aus gewaltbelasteten Elternhäusern „doppelte Opfer" sind (M 11).
3. Kann man mit einem Gesetz Gewalt in Familien verhindern? Beurteile, was mit dem Gesetz für eine gewaltfreie Erziehung erreicht werden kann (Randspalte).
4. Ergänze weitere Regeln, die für ein faires Streiten wichtig sind (M 13).

Was bedeutet Armut?

M 14   Gesichter der Armut

M 15   Armut sieht man nicht immer

Den Unterschied zwischen meinen Mitschülern und mir sieht man erst auf den zweiten Blick. Im Gegensatz zu mir haben sie ein iPhone oder benutzen im Unterricht ihr iPad. Bei uns an der Schule rennen schon 14-Jährige mit Gucci-Taschen herum. Viele fahren mit ihrem Roller oder sogar einem eigenen Auto zur Schule. Ich selbst bin anderthalb Stunden mit dem Zug unterwegs. Meine Mutter, meine Schwester und ich wohnen in einem Vorort von Frankfurt, weil dort die Mieten billiger sind.

Meine Schule liegt in einer wohlhabenden Gegend, dem Westend in Frankfurt. Dort mache ich nächstes Jahr mein Abitur. [...]

Armut bedeutet für mich, dass wir uns über alle Anschaffungen Gedanken machen müssen. Und nie Geld da ist, wenn es für mich drauf ankommt: für Austauschfahrten, Studienreisen oder bestimmte Ausflüge zum Beispiel. [...] Ich habe Freunde, die bereits viermal in Marokko waren. Das wird mir nicht passieren. Ich kann nur an den obligatorischen Klassenfahrten teilnehmen, weil die vom Amt übernommen werden. Ich muss dann jedes Mal einen so genannten Beihilfebogen ausfüllen und ihn vom Lehrer unterschreiben lassen. Das ist unangenehm, weil es die anderen oft mitkriegen. Manchmal vergleiche ich mich schon mit meinen Freunden, die mehr Geld haben, und bin dann traurig, weil mir so viel entgeht – eigene Bücher, Theaterbesuche, Filme auf DVD.

Hadija Haruna, fluter, Bundeszentrale für politische Bildung, Ausgabe 45, Winter 2012-2013, S. 14

M 16 Ab wann ist jemand arm?

Armut wird entweder als absolute oder als relative Armut berechnet. [...] Die Festlegung nationaler Armutsgrenzen wird jedoch von den verschiedenen Regierungen ganz unterschiedlich gehandhabt. Eine einheitliche Regelung gibt es nicht.

Durchschnittseinkommen
Das Durchschnittseinkommen für einen Haushalt (oder eine Einzelperson) wird berechnet, indem das Gesamteinkommen der Deutschen durch die Anzahl der Haushalte (oder der Einzelpersonen) dividiert wird. Das Durchschnittseinkommen ist also das arithmetische Mittel der Einkünfte.
In der Regel bezieht sich das Durchschnittseinkommen nicht auf das Bruttoeinkommen, sondern auf das Nettoeinkommen, also dasjenige Einkommen, das nach Abzug von Steuern und (Sozial-)Abgaben übrig bleibt. [...]

Medianeinkommen
Das deutsche Medianeinkommen – auch als mittleres Einkommen bezeichnet – ist im Unterschied zum Durchschnittseinkommen das Einkommen derjenigen Person, die genau in der Mitte stünde, wenn sich alle Personen in Deutschland mit ihren Einkommen in einer Reihe aufstellen würden. Personen zur Rechten dieser mittleren Person würden mehr als das Medianeinkommen dieser Person verdienen; Personen zur Linken würden weniger als das Medianeinkommen dieser Person verdienen.
Der Vorteil des Medianeinkommens gegenüber dem Durchschnittseinkommen ist, dass extrem hohe und extrem niedrige Einkommen nicht verzerrend wirken, wie das beim Durchschnittseinkommen der Fall ist. Mit anderen Worten: Der Medianwert ist im Vergleich zum Durchschnittswert sehr viel robuster gegenüber Ausreißern (extrem abweichenden Werten). So würde etwa eine Verdoppelung des Einkommens der reichsten Person zwar das Durchschnittseinkommen erhöhen, nicht aber das Medianeinkommen.

Kurt Bangert, www.armut.de, 11.6.2013

Folgende Armutsbegriffe werden unterschieden:

Absolute oder extreme Armut
Lebenssituationen, in denen Menschen (längerfristig) nicht über Mittel zum physischen Überleben verfügen (in Deutschland etwa Straßenkinder, Obdachlose)

Armutsgrenze
In Europa und in Deutschland werden die nationalen Armutsgrenzen durch einen Prozentsatz des Medianeinkommens errechnet. 60 % des nationalen Medianeinkommens gilt als die Armutsrisikogrenze. 50 % des nationalen Medianeinkommens gilt als die Armutsgrenze. Liegt das Medianeinkommen bei 1.500 Euro im Monat, so liegt die Armutsrisikogrenze bei 900 Euro und die Armutsgrenze bei 750 Euro.

Aufgaben

1. Ergänze den Satz: „Jemand ist arm, wenn ...". Die Bilder können dir Gedankenanstöße geben (M 14).
2. Lies den Fall der Abiturientin (M 15) und entscheide, ob sie und ihre Familienmitglieder in Armut leben (M 16).
3. Angenommen, die drei Bewohner Entenhausens Tick, Trick und Track würden einen, zwei und drei Euro verdienen. Wie viele Bewohner würden nach den unterschiedlichen Berechnungsmethoden (M 16) als relativ arm gelten?

Track macht eine nützliche Erfindung. Sein Einkommen steigt dadurch auf fünf Euro. Entscheide, welche/r der Bewohner nun als relativ arm zu gelten hätte/n, und zeige am Beispiel der unterschiedlichen Berechnungsmethoden die Problematik des relativen Armutsbegriffes auf (M 16).

Wie hilft der Staat den Familien?

M 17 Nur wegen des Elterngeldes ...?

Thomas Plaßmann, Baaske Cartoons, Müllheim

M 18 Aus dem Grundgesetz

Art. 1
(1) Die Würde des Menschen ist unantastbar. Sie zu achten und zu schützen ist Verpflichtung aller staatlichen Gewalt.
(2) Jeder hat das Recht auf Leben und körperliche Unversehrtheit.

Art. 6
(1) Ehe und Familie stehen unter dem besonderen Schutze der staatlichen Ordnung.
(2) Pflege und Erziehung der Kinder sind das natürliche Recht der Eltern und die zuvörderst ihnen obliegende Pflicht. Über ihre Betätigung wacht die staatliche Gemeinschaft.
(3) Gegen den Willen der Erziehungsberechtigten dürfen Kinder nur auf Grund eines Gesetzes von der Familie getrennt werden, wenn die Erziehungsberechtigten versagen oder wenn die Kinder aus anderen Gründen zu verwahrlosen drohen.
(4) Jede Mutter hat Anspruch auf den Schutz und die Fürsorge der Gemeinschaft.
(5) Den unehelichen Kindern sind durch die Gesetzgebung die gleichen Bedingungen für ihre leibliche und seelische Entwicklung und ihre Stellung in der Gesellschaft zu schaffen wie den ehelichen Kindern.

M 19 Wie der Staat Familien unterstützt

Familien sind die soziale Mitte unserer Gesellschaft und für die Mehrheit der Menschen der Lebensmittelpunkt. Familien bilden ein verlässliches soziales Netz, bieten Schutz und Nähe. Die Familie sorgt dafür, dass Staatsbürgerinnen und -bürger geboren werden und erfüllt zentrale Aufgaben bei der Erziehung von Kindern sowie bei der Betreuung alter und kranker Menschen. Deshalb steht die Familie unter dem besonderen Schutz des Staates. Unter Familienpolitik versteht man alle politischen Maßnahmen, die dafür sorgen sollen, dass es den Familien im Staat möglichst gut geht. Die Bundesregierung in Berlin, die Bundesländer und die Städte und Gemeinden teilen sich dabei die Aufgaben zum Schutz und zur Unterstützung der Familien. Die Familien erhalten nicht nur finanzielle Unterstützung, es gibt darüber hinaus viele Regelungen, die die Vereinbarkeit von Familie und Berufstätigkeit der Eltern fördern sollen. Auch die Bereitstellung von Kindergarten- und Kinderhortplätzen, der Bau von Kinderspielplätzen, das Bildungswesen sind Teil der Familienpolitik.

* Betreuungsgeld
Das Betreuungsgeld wurde am 21.7.2015 vom Bundesverfassungsgericht (aus formalen Gründen) abgewiesen. Es verstößt wegen fehlender Gesetzgebungskompetenz des Bundes gegen das Grundgesetz. Mit anderen Worten: Der Bund ist für das Betreuungsgeld nicht zuständig. Im Anschluss an das Urteil haben einige Bundesländer angekündigt, das Betreuungsgeld auslaufen zu lassen, andere Bundesländer (z.B. Bayern) wollen es weiterführen.

Auswahl staatlicher Leistungen zur Förderung von Familien

Kindergeld	Pro Kind bezahlt der Staat für das 1. und 2. Kind 150 € (Stand: 2016), für das 3. Kind 196 €, für das 4. Kind und weitere 221 €. Bei Niedrigeinkommen wird ein Kinderzuschlag von 160 € pro Kind/Monat gewährt.
Steuererleichterungen	Der Staat gewährt pauschale Freibeträge für jedes Kind, die zu einer Reduzierung der Steuerlast führen, außerdem können 2/3 der Kosten, die für die Kinderbetreuung aufgewendet werden müssen, steuerlich abgesetzt werden.
Elternzeit	Eltern, die ihr Kind selbst betreuen, haben Rechtsanspruch auf drei Jahre Elternzeit. Mütter und Väter können auch gleichzeitig Elternzeit nehmen. Wer Elternzeit nimmt, kann bis zu 30 Stunden arbeiten. Bei Betrieben mit mehr als 15 Beschäftigten besteht Anspruch auf Teilzeitarbeit. Während der Elternzeit darf der Arbeitgeber nicht kündigen.
Elterngeld	Das Elterngeld ist eine Familienleistung für alle Eltern, die sich in den ersten 14 Lebensmonaten der Betreuung ihres Kindes widmen und nicht voll erwerbstätig sind. Elterngeld erhält ein Elternteil max. 12 Monate, der andere Elternteil 2 Monate, Alleinerziehende 14 Monate. Die Höhe des Elterngeldes beträgt 65 – 67 % des vorherigen Nettoeinkommens aus Erwerbstätigkeit (Jahresdurchschnitt vor Geburt des Kindes.) Das Elterngeld beträgt mindestens 300 € und höchstens 1.800 €. Das Elterngeld beträgt mindestens 300 € und höchstens 1.800 €. Eltern, deren Kinder ab dem 1. Juli 2015 geboren wurden, haben einen Anspruch auf Elterngeld Plus, einer Flexibilisierung des Elterngeldbezugs. Das Elterngeld Plus kann bei gleichzeitiger Teilzeitarbeit „doppelt so lang und halb so hoch wie das Vollelterngeld" bezogen werden.
Betreuungsgeld*	Eltern, die ihre Kinder zwischen dem 15. und dem 36. Lebensmonat nicht in einer Kinderbetreuungseinrichtung betreuen lassen, erhalten pro Kind 150 €.
Sonstige Leistungen	Kinder, die ein oder zwei Jahre alt sind, haben Anspruch auf einen Krippenplatz, Drei- bis Sechsjährige haben Anspruch auf einen Kindergartenplatz.

M 20 Elterngeld verändert Verhalten der Väter

Jeder fünfte Vater in Deutschland nimmt das seit rund drei Jahren angebotene Elterngeld in Anspruch. Mit 21 Prozent stößt diese staatliche Leistung auf weit mehr Zuspruch als das bis 2006 gezahlte Bundeserziehungsgeld, das im Schnitt 3,5 Prozent der Väter in Anspruch nahmen. Das Statistische Bundesamt in Wiesbaden berichtete am Dienstag für 2008 geborene Kinder von großen regionalen Unterschieden: Mehr als jeder vierte Vater in Bayern, Berlin und Sachsen bekam die staatliche Leistung – im Saarland war der Anteil mit zwölf Prozent am niedrigsten. Bundesfamilienministerin Kristina Schröder (CDU) sah die Arbeit der Regierung darin bestätigt: „Das Elterngeld ist ein Erfolgsmodell. Jeder fünfte Vater nimmt inzwischen Partnermonate – und gilt damit als gutes Vorbild und nicht mehr als Exot." Ein Sprecher des Statistischen Bundesamts sagte, dass die Väter in der Regel nur zwei Monate lang Elterngeld beziehen, die Mütter hingegen ein Jahr.

dpa, Financial Times Deutschland, 3.8.2010

M 21 Noch ein weiter Weg

Info
In Ostdeutschland hat die Betreuung der Kinder außerhalb der Familie eine lange Tradition, da fast alle Frauen in der DDR berufstätig waren.

Globus-Grafik 5337; Quelle: Statistisches Bundesamt, Deutsches Jugendinstitut, Bundesfamilienministerium

M 22 Wann sollte der Staat Kinder vor ihren Eltern schützen?

Von welchem Moment an muss der Staat ein Kind vor seinen Eltern schützen? Diese Entscheidung ist immer wieder eine Gratwanderung – für das Jugendamt und für das Familiengericht. Wie schmal dieser Grat ist, zeigt der Fall eines Kindes im Kindergartenalter, der „gerade noch mal gut gegangen ist", wie Wolf Andrée-Röhmholdt berichtet, der Familienrichter am Stuttgarter Amtsgericht ist. Das Kind wurde praktisch in letzter Minute vom Rettungsdienst ins Krankenhaus gebracht. Es war kurz vorm Verhungern. Der Allgemeine Sozialdienst des Jugendamts hatte die Familie betreut und den Rettungsdienst alarmiert. Das Kind wurde gerettet. Auf die Eltern kommt wohl eine Anklage zu.

Bei der Frage, wie das Wohlergehen von Kindern in kritischen Familienverhältnissen sichergestellt werden kann, wenden die Behörden oftmals ein mehrstufiges Verfahren an. Reichen die Appelle des Jugendamts an die Eltern nicht aus, so meldet dieses den Fall an das Familiengericht weiter. [...] Manchmal, so der Familienrichter (Andrée-Röhmholdt), gehe es auch nur darum, den Eltern klarzumachen, dass sie mit dem Kind zum Arzt gehen sollen. „In der Regel sind sie einsichtig." Auch wenn er sich an Fälle erinnert, in denen sechs Gesprächstermine notwendig waren, bis die Eltern die gewünschten Maßnahmen ergriffen. [...]

Manchmal, so berichtet Andrée-Röhmholdt, gibt es für das Gericht auch gar keine andere Wahl, als den Eltern das Sorgerecht zu entziehen, etwa wenn die Eltern schwerst drogenabhängig seien. „Ein schwerst Drogenabhängiger ist nicht mehr imstande, die Bedürfnisse eines Kindes angemessen wahrzunehmen." [...] Andererseits, und auch darauf legt der Familienrichter Wert, können die Eltern das Sorgerecht für ihr Kind auch wieder zurückerlangen. Das Elternrecht habe einen so hohen Stellenwert, dass diese Option von Amts wegen sogar regelmäßig überprüft werden müsse. Im Falle der drogensüchtigen Eltern bedeute das: diese müssen clean sein – und das auch nachweisen. [...] Die meisten Eltern akzeptieren die Gerichtsentscheidung, wie Wolf Andrée-Röhmholdt berichtet, aber nicht alle. [...] Manche Eltern fühlten sich vom Entzug des Sorgerechts zutiefst verletzt, was der Stuttgarter Familienrichter gut verstehen kann. Doch die Prügel dafür müssten häufig die Mitarbeiter des Jugendamts einstecken. Das geht zuweilen bis hin zu persönlichen Schmähungen im Internet und zu der Behauptung, dass Mitarbeiter des Allgemeinen Sozialdienstes handgreiflich geworden seien.

Inge Jacobs, Stuttgarter Zeitung, 21.10.2008

Projektvorschlag

Erkundet, wie familienfreundlich eure Stadt oder Gemeinde (in einzelnen Bereichen) ist. Legt dazu zunächst Kriterien fest, die für die Familienfreundlichkeit stehen. Mögliche Gesichtspunkte:
– Angebot an Kita-Plätzen
– Öffnungszeiten von Kitas und Kindergärten
– Vereinbarkeit von Familie und Beruf für Bedienstete der Stadt
– Verkehrsführung, Parkplätze
– ...

Aufgaben

1. Familie Weber hat drei Kinder: Larissa ist acht und besucht die Grundschule mit angeschlossenem Kinderhort, Bruder Julian ist fünf Jahre und geht in einen Ganztageskindergarten, Baby Aline ist drei Monate alt. Die Eltern, Kristin und Marc Weber, waren beide berufstätig und hatten ein Nettoeinkommen von jeweils 2.000 €. Sie teilen sich die Erziehung von Aline. Stelle dar, welche familienpolitischen Leistungen des Staates Familie Weber in Anspruch nehmen kann (M 18, M 19).
2. Familien werden in Deutschland mit einem erheblichen finanziellen Aufwand durch den Staat unterstützt, obwohl es eine private Entscheidung ist, ob man Kinder bekommen möchte oder nicht. Diskutiert, ob die Unterstützung für Familien gerechtfertigt ist (M 17 – M 19).
3. In Deutschland fehlen Betreuungsplätze, gleichzeitig werden die Zahlungen des Staates an die Familien erhöht. Diskutiert, ob direkte Leistungen wie z. B. das Kindergeld gekürzt und zur Finanzierung von Betreuungsplätzen verwendet werden sollten (M 21).
4. Erläutere, warum es eine „Gratwanderung" ist, wenn der Staat Kinder vor ihren Eltern schützt (M 17, M 22).

Fördert der Staat die Vereinbarkeit von Familie und Beruf?

M 23a Lisa und Martin stehen vor einem Problem

Renate Alf

Lisa und Martin sind beide 19 Jahre alt und stehen kurz vor dem Abschluss ihrer Ausbildung. Lisa fühlt sich in ihrem Beruf als Rechtsanwaltsfachangestellte sehr wohl und hat bereits die Zusage erhalten, übernommen zu werden.

„Letzte Woche haben wir nun erfahren, dass Lisa schwanger ist. Wir möchten das Kind sehr gerne behalten, doch Lisa fürchtet, dass sie dann nicht mehr in ihrem Beruf arbeiten und Karriere machen kann", berichtet Martin.

M 23b Beispiele für Fördermaßnahmen durch den Staat

Kostenlose Kitaplätze

Seit dem 1. August 2010 können Kinder ab dem vollendeten 2. Lebensjahr in Rheinland-Pfalz kostenlos den Kindergarten besuchen. Das Bundesland führte den kostenlosen Kindergartenbesuch als erstes Bundesland in Deutschland ein.

Ab 1. August 2013 haben sogar alle Kinder ab dem 1. Lebensjahr in Deutschland einen Rechtsanspruch auf einen Kita-Platz. Der Staat muss also dafür sorgen, dass diese Kinder betreut werden, wenn es die Eltern wünschen.

Ganztagsschulen

Seit 2001 werden immer mehr Schulen in Rheinland-Pfalz Ganztagsschulen. Schüler werden dort nicht mehr nur morgens betreut. Von Montag bis Donnerstag gibt es in der Schule von 8:00 bis 16:00 Uhr ein Angebot. Gut 40 % der allgemeinbildenden Schulen in Rheinland-Pfalz sind Ganztagsschulen (Stand: 2013).

M 24 Kostenfreie Kindergartenplätze – sinnvoll und gerecht?

a) Alle Kinder bekommen die Chance auf professionelle Förderung im Kindergarten.

b) Alle Eltern können wieder arbeiten gehen (oder anders aktiv werden), wenn sie ihre Kinder in den Kindergarten geben können.

c) Eltern, die ihre Kinder lieber zuhause behalten würden, haben keine Vorteile von der Maßnahme.

d) Kinderlose werden benachteiligt.

e) Eltern haben weniger Einfluss auf die Erziehung ihrer Kinder.

f) Für den Staat (bzw. das Bundesland) entstehen Kosten.

g) Eltern werden finanziell entlastet.

Leben in der Familie

Methode

M 25 Gemeinsame Urteilsbildung mit „Placemat"

Um zu einem ausgewogenen Urteil zu kommen, sollte eine Fragestellung aus verschiedenen Perspektiven betrachtet werden.

Leitfaden

Gruppentische:
Bildet Vierergruppen und stellt die Tische so um, dass jedes Gruppenmitglied an einer Seite bequem sitzen und schreiben kann.
Legt ein Blatt Papier (mindestens A3) in die Mitte eures Tisches. Schreibt in die Mitte die Fragestellung bzw. die These, zu der ihr euch ein Urteil bilden möchtet.

Assoziationen aufschreiben:
Nun schreibt jedes Gruppenmitglied in seinen Teil der „Placemat" die Gedanken auf, die ihm/ihr zur Fragestellung einfallen. Stichpunkte genügen. Achtung: Legt vorher unbedingt die Zeit für diese Phase der (stillen) Einzelarbeit fest.

Gedanken austauschen:
Die Gruppenmitglieder stellen sich nacheinander ihre Gedanken vor. Nachfragen ist erlaubt, diskutieren nicht.
Anschließend werden eventuell kontroverse Ergebnisse diskutiert und Kompromisse gesucht.

Gruppenergebnis und Fazit formulieren:
Schreibt zentrale Aspekte als Ergebnis eurer Gruppenarbeit in die Mitte.

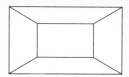

Aufgaben

1. Analysiere die Karikatur (M 23a).
2. Schreibe einen Brief, in dem du Möglichkeiten aufzeigst, wie die beiden ihre Berufe auch mit Kind weiter auszuüben können (M 23a – b).
3. Überprüfe die Instrumente zur Familienförderung, ob und wie sie auf die Vereinbarkeit von Familie und Beruf zielen (M 23b, M 14 – M 19).
4. Sortiere die Argumente und ergänze eigene (M 24).
5. Sind die kostenfreien Kindergartenplätze sinnvoll und gerecht? Wendet zur Urteilsfindung die „Placemat"-Methode an (M 25).
6. Ordne die Argumente aus M 24 den Urteilskriterien „Chancengleichheit", „Solidarität", „Gleichberechtigung" und „Eigenverantwortung" zu.

Was wir wissen

Vielfalt der Familienformen
M 2 – M 5

In unserer modernen Industrie- und Dienstleistungsgesellschaft ist die Verschiedenheit der Familien- und Lebensformen die Regel. So wird Familie heute ganz unterschiedlich gelebt: Verheiratete und nicht verheiratete Eltern, die ihre Kinder gemeinsam erziehen, Väter und Mütter, die ihre Kinder alleine erziehen, Patchwork- oder Stieffamilien, Adoptionsfamilien, Pflegefamilien. Es gibt aber auch immer mehr Menschen, die sich bewusst gegen eine Familie entscheiden und lieber als Single oder als Paar ohne Kinder durch das Leben gehen.

Aufgaben der Familie
M 6 – M 13

Die Familien bilden die soziale Mitte unserer Gesellschaft. Die Familie trägt Sorge für die äußeren Lebensbedingungen (Wohnung, Nahrung, Kleidung usw.) und stellt somit die Existenz ihrer Mitglieder sicher. Daneben trägt die Familie auch Sorge dafür, dass die Kinder die Fähigkeiten erwerben, die sie benötigen, um mit anderen Menschen in der Gesellschaft leben zu können. Man spricht davon, dass die Familie eine Sozialisationsfunktion hat. Die Familie sorgt auch dafür, dass die Gesellschaft nicht ausstirbt, denn die Familie ist der wichtigste Bereich, in dem Kinder geboren werden und aufwachsen (Reproduktionsfunktion). Darüber hinaus hat die Familie auch einen entscheidenden Einfluss darauf, welche soziale Position ein Mensch in Schule, Arbeitswelt und Gesellschaft einnimmt (Platzierungsfunktion).

Armut
M 14 – M 16

Nach einer häufig verwendeten Definition ist jemand arm, wenn das Einkommen nicht ausreicht, um einen Lebensstandard zu verwirklichen, der in der Bezugsgemeinschaft als „normal" angesehen wird. Dazu gehören insbesondere auch Benachteiligungen im Bereich von Gesundheit, Bildung, gesellschaftlicher und kultureller Teilhabe. Da diese Form der Armut schwer messbar ist, wird heute meist von relativer Armut gesprochen. Als relativ arm gelten Personen oder Haushalte, deren Nettoeinkommen weniger als 60 % des Durchschnittseinkommens beträgt (in der EU verwendete Definition).

Familienpolitik
M 17 – M 24

Der Schutz von Ehe und Familie ist im Grundgesetz rechtlich verankert (Art. 6 GG). Deshalb unterstützt der Staat mit einer gezielten Familienpolitik die Familien bei ihren wichtigen Aufgaben, die sie für die Gesellschaft wahrnehmen. Im Mittelpunkt der staatlichen Familienpolitik steht die finanzielle Unterstützung der Familien durch das Kindergeld und durch steuerliche Entlastungen wie zum Beispiel Freibeträge für Kinder. Außerdem bezahlt der Staat seit 2007 für 12-14 Monate Elterngeld in Höhe von 65-67 % des wegfallenden Nettoeinkommens der Mutter oder des Vaters. Darüber hinaus regelt der Staat auch die Dauer der Elternzeit und schafft so Rahmenbedingungen, damit Eltern Familie und Berufstätigkeit zum Beispiel durch eine Teilzeitbeschäftigung besser vereinbaren können. Zur Familienpolitik zählt auch, dass der Staat für Bildungseinrichtungen sorgt und Betreuungsangebote (Kindertagesstätten, Ganztagsschulen) schafft.

Was wir können

Kinder sind hier unerwünscht

Es ist ein einfacher Zettel, der für Empörung bei den Eltern [...] sorgt. Ein Zettel, der seit einigen Tagen am Fenster des Cafés Sahnesteif in der Glauburgstraße [in Frankfurt am Main] hängt – auf dem mit vielen Worten aber unmissverständlich steht: Kinder sind hier nicht erwünscht. „Das ist unmöglich", ärgert sich eine Mutter auf einem der Spielplätze im Stadtteil. „Kinder gehören zur Gesellschaft dazu, die kann man doch nicht einfach ausgrenzen." Sie ist nicht die einzige, die sich über den Zettel empört. [...] Gerade hier im Nordend, da ist sich die Elternschaft einig, könne ein Café mit Kinderverbot gar nicht funktionieren. Nicht in dem Stadtteil, durch den Tag für Tag ganze Kinderwagenkolonnen ziehen, der eine der höchsten Geburtenraten in ganz Deutschland aufweist. [...] „Es muss hier auch Räume für Erwachsene geben, in denen sie sich erholen können", sagt Hanne Tesch, Mitbetreiberin des Sahnesteifs. „Viele Gäste wollen bei uns Zeitung lesen, arbeiten, eine Pause einlegen." Herumrennende Kinder störten dabei nun mal. Also hat Tesch den Zettel ans Fenster geklebt. Dass das Café kein Kinderhort und kein heimisches Wohnzimmer sei, sondern ein Rückzugsort für Erwachsene. Ein solches Vorgehen hätte sich Tesch noch vor knapp einem Jahr, als das Sahnesteif eröffnete, nicht vorstellen können. „Wir haben uns auf die jungen Familien im Stadtteil gefreut", sagt sie. „Doch was dann auf uns zukam, hat uns überrascht und auch enttäuscht." Denn mit dem Benehmen der Eltern und Kinder im Café kamen die Besitzer nicht klar. „Möbel wurden als Hüpfburg missbraucht, Scheiben beschmiert und in aller Öffentlichkeit gewickelt", erzählt die Inhaberin. Nicht selten wurden zudem Spieldecken einfach ausgebreitet und Teile des Cafés mit Hockern als Krabbelecke abgetrennt. „Das geht aber nicht, es muss auch Raum für die anderen da sein", sagt Tesch. „Und mal ganz ehrlich gesagt: Das Geschrei möchte ich hier auch nicht wirklich haben." [...] Das alles habe nichts mit Kinderfeindlichkeit zu tun. „Denn es geht ja gar nicht um die Kinder bei allem – sondern um die Eltern", sagt Tesch. „Die Kinder können ja nichts dafür, dass sie nicht erzogen werden und keine Grenzen gesetzt bekommen."

Sandra Busch, Frankfurter Rundschau, 3.3.2011

Aufgabe

Seitdem das Café Sahnesteif den Aushang im Fenster hat, ist es im Stadtteil zu heftigen Diskussionen gekommen. Es wurden sogar einige Stimmen laut, die einen Boykott des Café forderten.
Führt eine Podiums-Diskussion zum Thema „Wie familienfreundlich ist unser Stadtteil" durch.
An der Diskussion nehmen teil:
- die Café-Betreiberin Hanne Tesch
- Anna Blum, die Leiterin der Kindertagesstätte „Rasselbande"
- Max Rose, der Vorsitzende des örtlichen Kinderschutzbundes
- Wiebke Fromme, Pastorin der evangelischen Christusgemeinde
- Frauke Heise-Schulte, Schulleiterin der Astrid-Lindgreen-Grundschule
- Enno Ernst, Ortsvorsteher / Stadtteilbürgermeister

Ihr könnt das Podium selbstverständlich noch erweitern, z. B. durch Vertreterinnen und Vertreter der politischen Parteien im Stadtparlament. Auch das Publikum kann sich in die Diskussion einbringen. Ihr könnt die Podiumsdiskussion in Gruppen vorbereiten. Sammelt dazu Aussagen, die der jeweilige Diskussionsteilnehmer vortragen könnte.

3

Leben in der Mediengesellschaft

Heutzutage ist in jedem deutschen Haushalt mindestens ein Computer oder Laptop vorhanden. Neun von zehn Jugendlichen besitzen ein eigenes Handy. Der Durchschnittsbürger konsumiert fast zehn Stunden täglich Fernsehen, Radio, Computer und Co. Zweifellos beeinflussen die Medien unseren Alltag immer stärker. Aber werden wir durch die Medien auch richtig informiert?

 Kompetenzen

Am Ende dieses Kapitels solltest du Folgendes wissen und können:
- Medienlandschaft und Mediennutzung in Deutschland beschreiben
- Den Nutzen und die Gefahren des Medienkonsums beurteilen
- Die Bedeutung unterschiedlicher Medien für Politik und Gesellschaft beurteilen
- Die Aufgaben der Medien in der Demokratie erklären
- Chancen von E-Democracy beurteilen

Was weißt du schon?
- Nenne die Medien, die für dich am wichtigsten sind. Erläutere, auf welches Medium du am ehesten verzichten könntest.

3.1 Medien in unserem Alltag

Welche Medien bestimmen unseren Alltag?

M 1   Alina – 24 Jahre: Ich vertrau keinem Medium alleine

Ich schaue mir im Internet auf *www.tagesschau.de* die Nachrichten an (zwanzig Minuten) und im Internet-TV auf *www.ehrensenf.de* die aktuellen Sendungen (dreißig Minuten). Die schaue ich mir ab und zu an, weil sie einen lustigen Wochenüberblick bieten und ich die dort vorgestellten Weblinks interessant finde. Auf *www.gmx.de* lese und schreibe ich meine E-Mails (dreißig Minuten). Ich höre gern nebenbei Musik, über das Internet auf *www.lastfm.de* (circa drei Stunden) oder im Hörfunk auf *Radio Eins* (circa dreieinhalb Stunden). In der *Zeit* lese ich etwa zwanzig Minuten: Im Feuilleton interessieren mich ein Bericht über Heinrich Hoffmann und den Struwwelpeter sowie über den 80. Geburtstag von Jürgen Habermas.

Ich vertraue keinem Medium alleine. Ich vergleiche die Informationen in der Tageszeitung, in der Tagesschau und den Radionachrichten sowie in anderen Medien, um zu sehen, wo etwas Wahres dran ist. In zwanzig Jahren wird es nach meiner Einschätzung mehr ungedruckte Medien geben als heute. Die Printauflagen werden sinken, die Menschen werden verstärkt das Internet nutzen und Fernsehen schauen.

Nicole Walter, www.fluter.de, 11.8.2009

M 2   Mediennutzung

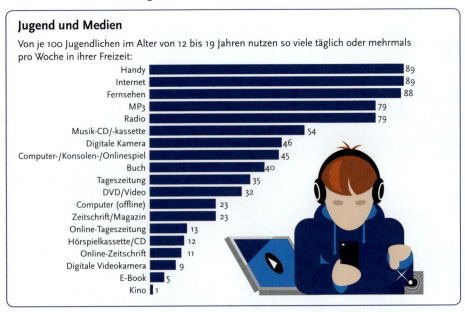

Globus-Grafik 6109, Quelle: Medienpädagogischer Forschungsverbund Südwest (JIM-Studie 2013), Stand: Sommer 2013

M 3 Die Veränderung der Gesellschaft durch das Internet

In nicht einmal 10 Jahren ist das Internet zum Massenmedium aufgestiegen, nach der ARD/ZDF-Onlinestudie sind gegenwärtig fast 60 % der Bundesbürger online. Weltweit verbindet das Internet inzwischen 1,2 Mrd. Menschen. Diese Zahlen belegen, dass durch den Gebrauch des Internets die Mediennutzung sich massiv geändert hat und somit ein neuer Raum für Öffentlichkeit entstanden ist. Webseiten, Blogs, Foren, Communities etc. beeinflussen heutzutage die öffentliche Meinung nicht unwesentlich mit, vom einfachen DVD-Tipp bis hin zur politischen Wahlentscheidung. Die Auswirkungen des Internet lassen sich über drei verschiedene Blickwinkel erfassen, die mit den Schlagwörtern Dezentralisierung, Zugang und Virtualität umschrieben werden.

Mit Blick auf die *Dezentralisierung* scheint durch das Internet die Notwendigkeit von zentralen, hierarchischen Instanzen zur Koordination von Prozessen geringer zu werden. Beispiele dafür sind Blogs und Wikipedia, die die Entscheidung darüber, was als Wahrheit oder Nachricht gelten kann, nicht mehr in der Hand einiger Redakteure belässt, sondern auf eine breite Masse von Internetnutzern verteilt. Solche Prozesse der Dezentralisierung, die sich auch in anderen Bereichen beobachten lassen, führen zu einer Verschiebungen gesellschaftlicher Machtpositionen.

Mit dem zweiten Schlagwort *„der Zugang"* wird der schnelle Zugang zu Informationen jedweder Art umschrieben. Angefangen bei Personen, über Produktbewertungen aus verschiedensten Quellen, bis hin zu Informationen über Behandlungsmöglichkeiten von Krankheiten, bietet das Internet Zugang zu Informationen, die unsere Sicht auf die soziale Umwelt gravierend verändern können. Ein gutes Beispiel dafür ist die Entstehung von Foren, in denen sich Menschen mit seltenen Interessen (seltenen Krankheiten, Lebensstile) austauschen und so von einem unverstanden Individuum zum Teil einer Gruppe mit ähnlichen Interessen werden können.

Mit dem Blickwinkel *der Virtualität* wird auf die Folgen der Entwicklung von Handlungsräumen hingewiesen, die sich mehr oder weniger von körpergebundenen Handlungszusammenhängen entfernen. Dies fängt beim Umgang mit der eigenen Identität im Rahmen von Chats oder social network services (z. B. facebook) an und reicht bis hin zu virtuellen Welten wie World of Warcraft oder Second Life. Hier können soziale Handlungszusammenhänge entstehen, in denen soziale Rollen und Regeln freier verhandelbar sind.

Andrej Schmidt, www.wi.hs-wismar.de (12.5.2013)

Dezentralisierung
Verteilung weg vom Mittelpunkt, Aufgliederung

hierarchisch
von oben nach unten geordnet

Aufgaben

1. Verfasse ein Medientagebuch ähnlich wie das Alinas (M 1). Notiere, welche Medien du nutzt, welchen du vertraust, wie deiner Meinung nach die Medienlandschaft der Zukunft aussieht. Vergleicht eure Darstellungen.
2. Macht eine Umfrage in der Klasse zur Mediennutzung und vergleicht die Ergebnisse mit dem Schaubild (M 2).
3. Erläutere anhand von Beispielen, wie das Internet die Gesellschaft verändert (M 3).

3. Leben in der Mediengesellschaft

Das Internet – sind wir in Zukunft immer online?

M 4 Hab' dir eine Mail geschickt

Karikatur: Peter Gaymann

M 5 Erst mal meine Mails checken …

50 Millionen Deutsche sind inzwischen online und viele denken kaum noch darüber nach: Die Zeiten, als man „ins Internet ging" sind vorbei.
5 Das Netz ist einfach da: Auf dem PC im Büro, auf dem Notebook mit drahtloser Internet-Verbindung zu Hause oder auf dem Smartphone in der Hosentasche, das jede eingehen-
10 de E-Mail mit einem warmen Surren anzeigt. […]
Doch diese Allgegenwart hat ihre Schattenseiten: zum Beispiel den nahezu zwanghaften Drang, ständig sei-
15 ne E-Mails zu checken oder bei jeder auftauchenden Frage sofort zur Suchmaschine zu greifen. Der Neurobiologe Kent Berridge macht dafür den Botenstoff Dopamin verantwortlich, der oft als „Glückshormon" beschrieben 20 wird. Die Dopamin-Ausschüttung bei einer erfolgreichen Suche oder einer interessanten E-Mail ist eine Belohnung für das Gehirn, so dass wir immer wieder danach streben – selbst 25 wenn die meisten E-Mails, die den Tag über in unser Postfach gelangen, alles andere als interessant sind.

Oliver Buschek, Redaktion: Wolfgang Kasenbacher, www.br.de, 10.1.2012

M 6 Kannst du dir ein Leben ohne Facebook vorstellen?

Mira, 15:
Mittlerweile wieder. Aber lange nicht. Ich hatte mal einen ganz großen Facebook-Account, mit 5.000 Freunden. Natürlich kannte ich die nicht alle. Das waren Leute, die vom Aussehen her irgendwie passten. Angefangen hat es damit, dass ich ungefähr hundert Leuten Freundschaftsanfragen geschickt habe, dann ging es weiter und weiter. Ich wurde geaddet, und ich habe jeden angenommen. Wir haben uns meistens nur über Klamotten unterhalten. Aber irgendwann haben mich dann Leute auf der Straße erkannt und angesprochen, die ich nicht kannte. Da habe ich den Account geschlossen. Mein Vater hatte es mitgekriegt und darauf bestanden. [...]
Ich habe ja auch andere Sachen am Computer gemacht, Hausaufgaben zum Beispiel, und alles Mögliche nachgelesen. Man kann sich kaum noch vorstellen, dass Leute dafür früher in Bibliotheken gehen mussten.
Ich muss im Nachhinein schon sagen, dass mir das entglitten ist. Irgendwann hat es mich richtig aus der Bahn geworfen. Ich traf zwar noch Freunde, war also nicht nur in einer Ersatzwelt, aber wenn ich zu Hause war, war ich immer online und über Facebook erreichbar. Ich habe kein Buch mehr gelesen, nie mehr im Gras gelegen. Und ich war abhängig von den „Likes", also Komplimenten, die ich bekommen habe. Für mein Aussehen, für Fotos, die ich reinstellte, für meinen Status. [...] Ich bin auf die Art auch mit schrägen Menschen in Kontakt gekommen. „Möchtest du die Frau sein, die mich zerstört?" hat mir einer mal geschrieben, es war als Angebot gemeint. [...]
Zu Hause wird mein Konsum [inzwischen] limitiert. Aber es geht mir viel besser heute. Jetzt habe ich 105 Freunde. Ich kenne sie alle. Ich gehe dreimal in der Woche auf Facebook, aber ich liege wieder im Gras. Und ich stelle fest, wie viel Kraft mir Facebook geraubt hat.

Protokoll: Gabriela Herpell, Süddeutsche Zeitung, 12.8.2012

Aufgaben

1. Erstelle eine Mind-Map zu den Formen der Internet-Nutzung (Ausgangspunkt: „Wofür ich das Internet nutze"). Vergleicht eure Ergebnisse.
2. Interpretiere die Karikatur. Berücksichtige dabei, wie das Internet die Art zu kommunizieren verändert hat (M 4).
3. Stelle die Vor- und Nachteile der Handy- und Internetkommunikation gegenüber (M 5).
4. Im Frühjahr 2013 haben 45 Braunschweiger Gymnasiasten im Alter von 15 und 16 Jahren in einem Selbstversuch getestet, wie es ist, eine Woche auf das Handy bzw. Smartphone zu verzichten. Es fiel ihnen leichter als zunächst gedacht. Diskutiert den Sinn und Zweck eines solchen Versuches und überlegt, was es für euch bedeuten würde, eine Woche auf das Handy zu verzichten (M 6).

Fernsehen – wandern die Zuschauer ins Web?

M 7   Programmangebote im Fernsehen

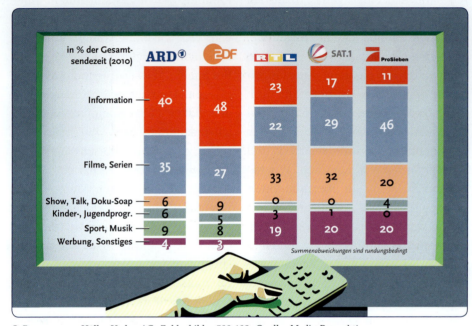

© Bergmoser + Höller Verlag AG, Zahlenbilder 538 102; Quelle: Media Perspektiven

M 8   Das duale Rundfunksystem in Deutschland

Mit der Einführung des Privatfernsehens im Jahr 1985 etablierte sich in Deutschland ein **duales Fernsehsystem**, in dem **öffentlich-rechtliche und private Programme** um die Gunst der Zuschauer konkurrieren.

	Öffentlich-rechtliche Sendeanstalten	Private Sendeanstalten
Zielsetzung	Gesetzlicher Informations- und Bildungsauftrag	Gewinnwirtschaftung für die privaten Investoren
Kontrolle	Rundfunkräte, die sich aus Vertretern unterschiedlicher gesellschaftlicher Gruppen (z. B. Kirchen, Frauenverbände, Gewerkschaften, Parteien usw.) zusammensetzen	Keine Kontrolleinrichtungen
Finanzierung	Gebühren aller Rundfunkteilnehmer, (wenn sie nicht aus sozialen Gründen davon befreit sind) und begrenzte Werbefinanzierung	Werbeeinnahmen
Programmangebot	Orientiert sich am Programmauftrag, Programme sollen gleichermaßen bilden, informieren und unterhalten	Orientiert sich an den Vorlieben der Zuschauer und der Werbung

● Ordne die Sender den öffentlich-rechtlichen oder privaten Sendern zu.

M 9 Das Fernsehen im Wandel – die Jugend wandert ins Web

Nach einer repräsentativen Erhebung, in der das Marktforschungsinstitut IPSOS 1.000 Personen ab 14 Jahren befragt hat, sind vier von zehn Bundesbürgern (41 %) mittlerweile davon überzeugt, dass die klassischen Fernsehsender in den nächsten zehn bis zwanzig Jahren verschwinden. Die Begründung dafür lautet: „Die Menschen werden sich in Zukunft überwiegend über das Internet ihr persönliches Programm aus Nachrichten, Filmen und Sport selbst zusammenstellen". Nicht einmal jeder dritte Befragte unter 35 Jahren (31 %) sieht Fernsehen heute als das wichtigste Medium im Lebensalltag der Menschen. Zukunftsforscher Opaschowski: „Was für die demografische Entwicklung in Deutschland gilt – die Bevölkerung altert und schrumpft – spiegelt sich auch im TV-Konsum wider: Das Fernsehen altert und schrumpft. Das Fernsehen verliert seine junge werberelevante Zielgruppe. Die Jugend wandert ins Web. Und die Fernsehanstalten müssen umdenken: TV braucht Web – Web braucht kein TV".

Der Anspruchswandel der TV-Zuschauer wird einen Strukturwandel der Programm-Macher notwendig machen. Denn die nächste Mediengeneration hat keinen langen Atem für langweilige Sendungen mehr. Den Programm-Mix will sie selbst bestimmen. „Fernsehen stirbt nicht", so Opaschowski, „sondern bleibt auch in Zukunft ein wichtiges und unverzichtbares Alltagsmedium für Information und Unterhaltung. Fernsehen wird aber weniger programmatisch sein. Die Zuschauer basteln sich ihre Programmzeitschrift selbst – und wollen nichts mehr vorgesetzt bekommen." [...]

Gut zwei Drittel der Bevölkerung (70 %) sind davon überzeugt, dass „das Internet zunehmend unser Leben bestimmt und unseren Lebensstil prägt". Eine neue Nutzergeneration von „Viewsern" (Viewern und Usern zugleich) lebt dann ganz selbstverständlich mit den Alleskönnern TV und PC, Smartphone und Internet.

Horst W. Opaschowski, www.ipsos.de (12.4.2013)

Aufgaben

1. Vergleicht das Programmangebot der Fernsehsender und erklärt die Unterschiede (M 7, M 8).
2. Erkläre den Aufbau der dualen Rundfunkordnung in Deutschland (M 8).
3. Erläutere, wie sich das Fernsehverhalten in Zukunft verändern wird (M 9).
4. Immer wieder wird die Forderung erhoben, die öffentlich-rechtlichen Rundfunkanstalten zu privatisieren. Diskutiert die Vor- und Nachteile dieser Forderung (M 7 – M 9).

Was geht im Internet?

M 10 Post vom Anwalt

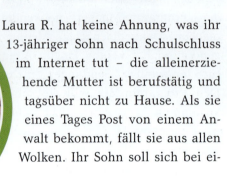

Laura R. hat keine Ahnung, was ihr 13-jähriger Sohn nach Schulschluss im Internet tut – die alleinerziehende Mutter ist berufstätig und tagsüber nicht zu Hause. Als sie eines Tages Post von einem Anwalt bekommt, fällt sie aus allen Wolken. Ihr Sohn soll sich bei einer Tauschbörse im Netz illegal ein Musik-Album heruntergeladen haben. Man fordert sie auf, Anwaltskosten und Schadensersatz zu bezahlen und eine Unterlassungserklärung zu unterschreiben.

Lukas Köhler, sueddeutsche.de, 29.7.2011

○ Erfinde weitere Fälle und lege sie deinem Nachbarn zur Prüfung vor.

M 11 Was geht und was geht nicht?

	Geht	Geht nicht
Murat tauscht auf seiner Facebookprofilseite sein Foto gegen ein Superman-Bild aus.		
Luisa postet auf Selmas Profilseite das Bild einer kleinen gelben Gummiente, die sie im Netz entdeckt hat.		
Jan hat ein tolles Youtube-Video gefunden. Er lädt es herunter, schneidet und unterlegt es mit Musik und bindet den Schnipsel in seine Profilseite ein.		
Lena hat ihre Lieblings-CD gebrannt und verschenkt sie an Dana.		
Kenan hat ein Video über die Sehenswürdigkeiten von Trier gedreht und in sein Profil eingebunden.		
Mira hat auf soundclick.com einen tollen Song mit einer Creative-Commons-Lizenz (CC) angehört. Sie lädt ihn herunter und fertigt ein MP3 davon an.		

Urheberrecht
Das Urheberrecht entsteht durch den tatsächlichen kreativen Akt der Schöpfung. Das Recht entsteht nach dem so genannten Schöpferprinzip beim Urheber, also demjenigen, der die geistige Schöpfung erbracht hat. Das Urheberrecht selbst ist auch nicht übertrag- oder verzichtbar. Der Urheber kann durch die (meist vertragliche) Vergabe von Nutzungsrechten anderen lediglich die Verwertung des Werkes gestatten.

Linktipp
www.klicksafe.de

M 12 Gesetze gelten auch im Internet

Im Internet gelten Gesetze, wie das Gesetz zum Persönlichkeitsschutz, das Recht am eigenen Bild, das Urheberrecht und natürlich das deutsche Strafrecht. Zuwiderhandlungen sind mit zivilrechtlichen und strafrechtlichen Sanktionen belegt. *Persönlichkeitsrecht / Datenschutz:* Name, Wohnadresse, E-Mail, Geburtsdatum, Handynummer usw. sind persönliche Daten. Diese dürfen in der Regel nur mit Zustimmung der jeweiligen Person weitergegeben werden, denn in Deutschland gibt es ein Recht auf informationelle Selbstbestimmung. Das heißt, jede / r darf selbst darüber entscheiden, welche Informationen über sie / ihn wo veröffentlicht werden. Bei Heranwachsenden müssen auch die Erziehungsberechtigten ihre Erlaubnis geben!

Recht am eigenen Bild: Jede/r hat das „Recht am eigenen Bild". Und wie bei den personenbezogenen Daten dürfen Fotos oder Videos nur mit Einwilligung der gezeigten, erkennbaren Person veröffentlicht oder verbreitet werden (§ 22 Kunsturhebergesetz).

Die Einwilligung muss schriftlich erfolgen und bei Kindern bis 12 Jahren ist die Einwilligung der Eltern einzuholen. Bei Kindern und Jugendlichen zwischen 12 und 18 Jahren entscheiden diese mit ihren Eltern gemeinsam. Bei Verstößen kann es zu einer Freiheitsstrafe von bis zu drei Jahren oder zu einer Geldstrafe kommen. Eine kleine Ausnahme bilden Aufnahmen von berühmten Persönlichkeiten oder von öffentlichen Ansammlungen mit vielen Menschen.

Zu beachten ist: Jedes Recht ist Auslegungssache und die Rechtslage ist nicht immer eindeutig. Bei Unklarheit sollten Sie auf die Veröffentlichung verzichten oder eine juristische Auskunft einholen.

Höchstpersönlicher Lebensbereich: In den eigenen vier Wänden oder in anderen ähnlich privaten Situationen (z. B. auf der Schultoilette) darf niemand gegen seinen Willen fotografiert oder etwa gefilmt werden. Hier stellt schon das Fotografieren selbst eine Straftat dar (§ 201a StGB).

[...] Es kann davon ausgegangen werden, dass (fast) alles, was im Internet veröffentlicht ist, urheberrechtlich geschützt ist. Und wer fremde Werke online einstellen will, muss bei den Rechteinhaber/innen nachfragen. Das gilt auch für aufgezeichnete TV-Sendungen, die nicht einfach bei YouTube hochgeladen werden dürfen. Hier ist die private Nutzung eindeutig überschritten. Erlaubt ist es hingegen, eigene Inhalte im Netz zu veröffentlichen (solange bei Fotos keine Persönlichkeitsrechte verletzt werden) oder auch Inhalte zu verwenden, die von den Urheber/innen explizit zur Verwendung freigegeben sind.

> **Was tun bei einer Abmahnung?**
> Abmahnungen verschicken Anwälte zum Beispiel im Auftrag einer Plattenfirma, wenn jemand das Urheberrecht verletzt hat. Da die enthaltenen Forderungen häufig zu hoch sind und nicht alle Abmahnungen berechtigt sind, sollte man:
> 1. Sofort mit den Eltern sprechen
> 2. Sorgfältig prüfen, ob bei der Abmahnung alles stimmt
> 3. Die Eltern bitten, einen Anwalt zu beauftragen.

Landeszentrale für Medien und Kommunikation, Sabine Eder, Matthias Felling, Christina Rhode, Susanne Roboom, www.klicksafe.de (19.2.2013)

creative commons

Bilder, Musik, Texte usw. mit einer Creative Commons Lizenz (CC) darf man kopieren, weitergeben und sogar online stellen. Dabei ist zu beachten: In der Regel muss man den Urheber angeben und darf die Inhalte nicht verändern.

Aufgaben

1. Beantwortet spontan die in M 11 genannten Fälle. Überprüft die Fälle anschließend mithilfe von M 12 und eigener Recherchen.
2. Viele Netzaktivisten fordern einen freieren Umgang mit dem Urheberrecht im Internet. Diskutiert diese Forderung in der Klasse.

Weiß das Netz alles über dich?

M 13 Du stehst auf blonde Frauen, oder?

Der Artikel fängt nett an. „Herzlichen Glückwunsch zum Geburtstag", wünscht der Verfasser, aber schon dann wird es gruselig: „Wir dürfen doch du sagen, Michel, nicht wahr? Gewiss, du kennst uns nicht. Aber wir wissen sehr viel über dich. Du bist heterosexuell und Single. Im Frühjahr 2008 hattest du eine Geschichte mit Claudia, charmant, kleine Brüste, kurzes Haar, schöne Beine." Dazu druckte das Magazin Bilder: Eine Umarmung am 31. Mai, Händchenhalten am 22. Juni.

Als der 29-jährige Michel aus Mérignac seine Geschichte im Magazin „Le Tigre" gelesen hatte, konnte er mehrere Nächte nicht schlafen. Danach entschloss er sich, gegen das Medium, das so ungeniert aus seiner Privatsphäre geplaudert hatte, zu klagen. Doch die Anwälte machten ihm wenig Hoffnung: Denn alles, was „Le Tigre" verbreitet hatte, war zuvor von Michel selbst ins Netz gestellt worden; auf Seiten wie „Youtube", „Facebook" und „Flickr". Aber erst der gedruckte Artikel hatte ihm vor Augen geführt, wie viel er von sich schon preisgegeben hatte.

Constantin Wißmann, fluter – Magazin der Bundeszentrale für politische Bildung, 31/2009, S. 13

M 14 Deinen Datenschatten wirst du nicht mehr los ...

Datenschutz
Beim Datenschutz geht es nicht darum, die Daten um ihrer selbst willen zu schützen. Es geht vielmehr um den Schutz der Personen, denen die Daten zugeordnet werden. In Deutschland gibt es sogar ein Grundrecht, wonach jeder ein Recht auf informationelle Selbstbestimmung (Grundrecht auf Datenschutz) hat. Dieses Recht gibt jedem einzelnen die Gewähr, grundsätzlich über die Preisgabe und Verwendung seiner persönlichen Daten selbst zu bestimmen.

Sich völlig anonym durch den Alltag zu bewegen, ist heutzutage so gut wie unmöglich. Ob beim Telefonieren, beim Einkaufen im Supermarkt, bei der Urlaubsbuchung, beim Arztbesuch oder beim Surfen im Internet – fast immer werden jede Menge persönliche Daten erfasst. Teils offensichtlich, oft aber auch ohne unser Wissen. Für einen Teil der verfügbaren Daten von uns sind wir aber auch selbst verantwortlich, weil wir ausgesprochen freizügig mit Angaben zur eigenen Person umgehen. [...] Immer öfter und selbstverständlicher informieren wir uns im Internet, kommunizieren online und kaufen im Netz ein. [...] Interaktive Webplattformen wie Chats, Blogs, Diskussionsforen und Soziale Netzwerke sind aus dem Online-Alltag nicht mehr wegzudenken. Kein Wunder, denn nirgendwo sonst kann man so einfach Kontakte pflegen, sich selbst im Netz präsentieren, neue Leute kennenlernen, mit anderen Fotos und Videos austauschen [...]. Doch vor allem bei der Nutzung von Communitys befindet man sich häufig in einem Zwiespalt: Die Verwendung von Facebook, Google+ & Co. macht nur Sinn, wenn man etwas von sich preisgibt. Umgekehrt kann allzu große Freizügigkeit unangenehme Folgen haben. Was dabei oft vergessen wird: Das Publikum im Internet ist riesengroß und was einmal online ist, lässt sich oft nicht mehr entfernen. Außerdem gilt: Nicht alles, was im Internet über dich existiert, muss von dir selbst dort veröffentlicht worden sein.

In solchen Fällen ist es meist noch schwieriger, den eigenen „Datenschatten" im Netz loszuwerden.

www.saferinternet.at / Österreichisches Institut für angewandte Telekommunikation, Schutz der Privatsphäre im Internet, 3. Aufl., Wien 2011, S. 9 f.

M 15 Gefahren beim Umgang mit eigenen Daten

E-Mail	Viele sagen: „E-Mails sind Postkarten, die mit Bleistift geschrieben sind." Das Problem sind die „Authentizität" (ist der Absender echt?) und die „Integrität" (ist der Inhalt verändert?)
ICQ	Dein öffentliches Profil in ICQ kann jeder ICQ-Nutzer einsehen. Die Inhalte werden von der Firma icq.com gespeichert.
Facebook	Dein öffentliches Profil kann jeder Nutzer einsehen.
Eigene Fotos und Filme	Fotos oder Filme können von deinem Profil oder deiner Seite kopiert und woanders gespeichert werden. Jeder kann sie sehen.
Flash-Cookies	Die so genannten Flash-Cookies werden nicht im Browser gespeichert, sondern im Adobe Flash Player.
Internet-Telefonie	Der Inhalt des Telefonats kann abgehört werden.
Browser	Deine besuchten Seiten, die Cookies und andere Daten werden gespeichert.
Chat	Alle Daten sind von allen Nutzern einsehbar, du weißt nie genau, wer dein Gegenüber wirklich ist.
Anmeldungen Websites	Du musst personenbezogene Daten angeben, damit du dich anmelden kannst.
Passwörter	„Schwache" Passwörter können leicht erraten oder geknackt werden.
Blogs und Foren	Deine Veröffentlichungen in Blogs und Foren können von allen gelesen werden.

Private Daten
- Mein Alter
- Meine Adresse
- Abwesenheitszeiten meiner Eltern
- Meine Schuhgröße
- Meine Schule
- Meine Krankheiten
- Meine Telefonnummer
- Meine Hobbys
- Mein Gewicht
- Meine Pickelcreme
- Mein Lieblingsessen
- Meine letzte Mathematik-Note
- Meine Lieblings-Fernsehserie
- Vorname meines besten Freundes
- Die Farbe meiner Unterwäsche
- Meine Lieblingsband
- Mein heimlicher Schwarm
- Meine Religionszugehörigkeit
- Ein Foto von mir in der Badewanne
- Meine E-Mail-Adresse
- Ein Foto von meinem Gesicht
- Mein Taschengeld
- Mein Geburtstag

Nach: www.saferinternet.at (Abruf am 18.04.2016)

Aufgaben

1. Stelle in einem Selbstversuch alle Daten zusammen, die du mit einer einfachen Namenssuche über dich im Internet findest (M 13).
2. Schreibe auf, wo und zu welcher Gelegenheit du Datenspuren hinterlässt (M 14).
3. Erstellt zu jedem Problem in M 15 Tipps für eine Lösung des Problems.
4. Wähle aus den in der Randspalte genannten persönlichen Daten jene aus, die du im Internet veröffentlichen würdest und begründe deine Entscheidung.
5. „Wer nichts zu verbergen hat, braucht sich um Datenspuren keine Gedanken zu machen." Diskutiert diese Aussage, die man immer wieder hört, wenn es um den Datenschutz geht.

Mobbing – eine Form von Gewalt

M 16 Mobbing – typische Fälle

Marcus erhält immer wieder beleidigende E-Mails. Den Absender kennt er nicht.

Sarah entdeckt auf einer privaten Homepage ihr Foto.

Paul findet auf einer Website eine Fotomontage, die ihn mit seiner Klassenlehrerin zeigt.

Leon ruft Murat gegen seinen Willen ständig auf dem Handy an.

Katharina entdeckt im Internet einen „Katha-Hate-Blog", der von ihrer ehemals besten Freundin Emma verfasst wird. Dort sind neben vielen beleidigenden Einträgen auch Fotos von Katharina sowie ein Gedicht eingestellt, das Katharina eigentlich für ihren Freund verfasst, es aber auch an Emma geschickt hatte.

M 17 Niemand weiß, wie es sich anfühlt

Mobbing ist eine Form von Gewalt – die Opfer oft hilflos.

Gruppendynamik
das kaum berechenbare Zusammenwirken und Funktionieren der zwischenmenschlichen Beziehungen von Mitgliedern in einer Gruppe.

„Die meisten denken, sie wissen, was Mobbing ist, doch niemand hat auch nur einen Schimmer, wie es sich anfühlt!" Jeder, der schon mal gemobbt wurde, weiß, wie es sich anfühlt, verbal und körperlich fertig gemacht zu werden. Als Laie könnte man denken, dass die ständigen Angriffe auf Geist, Seele und Körper das Schlimmste am Mobbing wären. Doch in Wirklichkeit macht einem Gemobbten die Ohnmacht zu schaffen, aus dem Teufelskreis des Mobbings nicht mehr rauszukommen. Niemand, der einem hilft, nichts, das helfen könnte. Denn Mobber finden immer einen Grund zu mobben.

Mobbing basiert auf Gruppendynamik. Dabei gibt es ein ganz einfaches Prinzip: In einer Gemeinschaft gibt es immer jemanden, der sich mehr behaupten kann als andere. Ohne eine richtige Wahl kommt diese Person automatisch zu einer Führungsposition. Diesem Gruppenleader schließen sich einige andere an. Hat er mit jemandem Streit oder einen Konflikt, so „hetzt" er seine „Anhänger" gegen das Opfer auf. Auch wenn ein Mitglied der Gruppe gut mit dem Anführer befreundet ist und das Mitglied Streit mit jemandem hat, kann es zum Mobbing kommen. Es machen nahezu alle Mitglieder der Mobbergruppe mit, weil sie Angst haben, selber gemobbt zu werden. Aus dem gleichen Grund wird die Gruppe auch immer größer. Um auch ja in ihrer Gruppe anerkannt zu werden, denken sich die Gruppenmitglieder viele Dinge aus, um ihr Opfer fertig zu machen. Sie finden immer eine Schwachstelle oder ein Makel, mit dem sie es aufziehen können. Haupttäter und Mitläufer werden also zu Mobbern.

Alexander Hemker, www.schueler-gegen-mobbing.de (9.3.2011)

M 18 Wer macht so etwas?

Um Cyber-Mobbing besser verstehen zu können, lohnt ein Blick auf den vermeintlichen „Nutzen", den Mobbing für die TäterInnen haben kann:
- Entlastung: Mobbing dient als Ventil für aufgestaute Aggressionen.
- Anerkennung: Mobbing wird dazu verwendet, sich einen bestimmten Ruf zu verschaffen, z. B. besonders „cool" zu sein.
- Stärkung des Gemeinschaftsgefühls: Mobbing geschieht meist in der Gruppe nach dem Motto: „Gemeinsam sind wir stark."
- Demonstration von Macht: Mobbing wird eingesetzt, um Stärke zu zeigen, um klar zu stellen, wer „das Sagen hat".
- Angst: Oft spielen auch Versagensängste [...] eine Rolle. Vor allem „MitläuferInnen" wollen ihre Zugehörigkeit zur Gruppe nicht riskieren.

Barbara Buchegger, Aktiv gegen Cybermobbing, Schulmaterialien, Saferinternet.at, Wien 2009, S. 9

M 19 Was kann man als Betroffener tun?

Die Experten raten Folgendes:
- Rede mit einer Vertrauensperson (Freund, Freundin, Lehrer, Eltern) darüber, auch wenn es dir peinlich ist. Du bist dann nicht mehr alleine. Überlegt gemeinsam die nächsten Schritte, die auch bedeuten können, eine Anzeige bei der Polizei zu erstatten.
- Den Cyber-Mobber sperren. Die meisten Anbieter von sozialen Netzwerken (z. B. Facebook) räumen die Möglichkeiten, Mobber zu melden oder zu ignorieren. Oder: Handy-Nr. wechseln, den E-Mail-Spam-Filter entsprechend einstellen.
- Antworte nicht auf beleidigende Nachrichten, denn sonst tust du genau das, was die Mobber von dir erwarten.
- Beweise sichern. Fertige Screenshots an, speichere E-Mails, zeichne Anrufe auf. Das hilft, die Mobber zu ermitteln.

Nach: Landeszentrale für Medien und Kommunikation, www.klicksafe.de (24.3.2011)

Aufgaben

1. Nennt ausgehend von M 16 weitere Beispiele für Mobbing. Unterscheidet dabei zwischen verbalen und nonverbalen Handlungen und Mobbing durch körperliche Gewalt.
2. Mobbing ist leider ein altbekanntes Phänomen in der Schule. Im digitalen Zeitalter hat es durch das Cybermobbing aber eine neue Qualität erfahren. Nennt typische Handlungen des Cybermobbings und zeigt die Unterschiede zum herkömmlichen Mobbing auf (M 16 – M 18).
3. Stelle dar, welche gesundheitlichen und sozialen Folgen Mobbing für die Opfer haben kann (M 16 – M 19).

○
Auch wenn es noch kein Gesetz gegen Mobbing gibt – einzelne Handlungen können strafbar sein. Relevante Paragrafen des Strafgesetzbuches sind: §§ 185-187, 201, 238. Außerdem greift § 22 des Kunsturhebergesetzes. Recherchiere die Inhalte der Regelungen und überprüfe, welche der Paragrafen in den in M 11 genannten Fällen zur Anwendung kommen könnten. Die Gesetze findest du unter: *www.gesetze-im-internet.de* oder unter *www.dejure.org*.

Was wir wissen

Medien bestimmen unseren Alltag
M 2, M 3

Medien lassen sich aus unserem Alltag nicht mehr wegdenken. Fernsehen, Zeitung, Internet, Handy oder Smartphone nutzen wir täglich zum Teil über mehrere Stunden, viele Menschen verbringen darüber hinaus viel Zeit in sozialen Netzwerken. Immer häufiger ersetzt der virtuelle Kontakt die reale Begegnung im Leben. Die Medien verbinden uns mit der Welt, sie verändern aber auch unser Leben und das Zusammenleben mit anderen. So werden Informationen immer weniger gefiltert (z. B. durch professionelle Redaktionen), sondern gelangen schnell und direkt von Nutzer zu Nutzer.

„Alte" und „neue" Medien
M 4 – M 9

Fernsehen und (Tages-) Zeitung gehören immer noch zu den wichtigsten Informationsquellen, ihre Bedeutung nimmt aber ab. So sind immer mehr Menschen davon überzeugt, dass das Internet künftig die Rolle der „alten Medien" übernehmen wird, da sich dort alle Medienformen integrieren lassen und ihre Nutzung unabhängig von starren Programmzeiten erfolgt. Insbesondere die Tageszeitungen haben es schwer, der Konkurrenz durch die „neuen Medien" standzuhalten.

Das Internet – kein rechtsfreier Raum
M 10 – M 15

Der Umgang mit dem Internet ist nicht so einfach, wie er auf den ersten Blick erscheint. Denn auch im Internet gibt es Regeln, die man einhalten muss. So müssen unbedingt das Urheberrecht und die Persönlichkeitsrechte anderer geachtet werden, sonst drohen Schadensersatzforderungen bzw. strafrechtliche Konsequenzen.
Problematisch ist auch, dass durch die Digitalisierung immer mehr Daten über Personen gespeichert werden (können) und sich die Gefahr des Datenmissbrauchs dadurch erhöht. Verschärft wird diese Problematik durch einen häufig allzu sorglosen Umgang mit persönlichen Daten durch die Nutzer. Nicht nur die eigenen, sondern auch die persönlichen Daten anderer sind ein hohes Gut, das man schützen sollte, denn das „Netz vergisst nichts!"

Mobbing
M 16 – M 19

Die schlimmste Form der Ausgrenzung ist Mobbing. Es zielt ganz bewusst darauf ab, andere zu demütigen und zu schikanieren und reicht bis hin zur Anwendung körperlicher Gewalt. Da die Täter im Internet die Möglichkeit haben, anonym zu bleiben und ein großes Publikum zu erreichen, hat Cyber-Mobbing besonders negative Auswirkungen für die Betroffenen.

Was wir können

Nach Auswertung der Informationen ...

Thomas Plaßmann, Baaske Cartoons, Müllheim

Das ist Tanja

- Sie wurde am 10.10.1996 geboren und macht gerade eine Ausbildung zur Bankkauffrau.
- Sie fährt einmal im Monat mit dem Zug von Mainz nach Köln.
- Musikalisch steht sie auf Hiphop und lädt sich regelmäßig Musik aus dem Internet herunter.
- Hin und wieder überzieht sie ihr Konto.
- Ihren Urlaub verbringt sie sehr gerne auf Mallorca.
- Im Internet gibt es einen Film, der sie und ihre beste Freundin Maike bei einer Party am Strand von Palma de Mallorca zeigt.
- Sie hat Konfektionsgröße 38 und Schuhgröße 40.
- Tanja hat besonders empfindliche Haut.
- Den neuesten James-Bond-Film hat sie gleich zweimal im Kino angeschaut.
- Am liebsten liest sie Krimis.

Aufgaben

1. Stelle für jeden der Punkte dar, wie und wo Tanja „digitale Spuren" hinterlassen haben könnte.
2. Begründe, ob Tanja dasselbe passieren könnte wie dem in der Karikatur dargestellten Jungen.
3. Verfasst einen Flyer, in dem ihr Tanja Tipps gebt, wie sie mit ihren Daten sorgsamer umgehen könnte.

3.2 Medien in der Demokratie

Welche Rolle spielen die Medien in der Demokratie?

M 1   Pressetexte haben viele Funktionen

Das Wetter am Montag

Die Sparpolitik der Regierung ist unsozial
Die Zeche zahlen die Schwachen

Am Wochenende ist
Tag der offenen Tür

Spendenskandal bei UNICEF aufgedeckt
FR-Redakteure Thieme und Schindler mit dem Wächterpreis ausgezeichnet – Vorbilder für guten Journalismus

Debatte
Die Boni mancher Banker sind unmoralisch

Fronten sind verhärtet
Noch keine Annäherung beim
Streit um „Stuttgart 21"

Bankraub in der Frankfurter Straße
Täter erbeuten 250.000 Euro

Kuschel-Nachwuchs im
Nürnberger Tiergarten

Aktuelles Lexikon
Gesundheitsfonds

Betrug am Patienten
Kritische Journalisten decken Skandal um falsche Arztabrechnungen auf

M 2   Funktionen der Massenmedien

Informationsfunktion

Die Massenmedien sollen so vollständig, sachlich und verständlich wie möglich informieren, damit ihre ⁵Nutzerinnen und Nutzer in der Lage sind, das öffentliche Geschehen zu verfolgen. Da unsere Gesellschaft viel zu großräumig geworden ist, kommen wir mit dem direkten Gespräch, ¹⁰der unmittelbaren Kommunikation, nicht mehr aus. Wir als Einzelne und die vielfältigen Gruppen, die in dieser Gesellschaft bestehen, sind darauf angewiesen, miteinander ¹⁵ins Gespräch gebracht zu werden – dafür sollen die Massenmedien sorgen. Dabei müssen wir uns der Tatsache bewusst sein, dass wir die Welt zum großen Teil nicht mehr unmittelbar erfahren; es handelt sich über-²⁰wiegend um eine durch Medien vermittelte Welt.

Meinungsbildungsfunktion

Bei der Meinungsbildung fällt den Massenmedien ebenfalls eine bedeut-²⁵same Rolle zu. Dies ergibt sich aus der Überzeugung, in der Demokratie sei allen am meisten damit gedient, wenn Fragen von öffentlichem Interesse in freier und offener Diskussion ³⁰erörtert werden. Es besteht dann die Hoffnung, dass im Kampf der Meinungen das Vernünftige die Chance hat, sich durchzusetzen. Da in einer modernen, differenziert strukturier-³⁵ten Gesellschaft eine Vielzahl von mehr oder weniger großen, zum Teil in Konkurrenz zueinander stehenden Interessengruppen existiert, gehört es auch zu den Aufgaben der Mas-⁴⁰

Der „Wächterpreis der Tagespresse" wird jährlich für kritische Berichterstattung vergeben. Recherchiere auf *www.waechterpreis.de*, welche Missstände von den Preisträgern aufgedeckt wurden. Wähle einen Fall aus, der dich besonders beeindruckt, und stelle den Fall z. B. auf einem Infoplakat vor.

3.2 Medien in der Demokratie

...senmedien, diesen Meinungspluralismus in einem angemessenen Verhältnis widerzuspiegeln.

Kritik- und Kontrollfunktion

[...] Ohne Presse, Hörfunk und Fernsehen, die Missstände aufspüren und durch ihre Berichte unter anderem parlamentarische Anfragen und Untersuchungsausschüsse anregen, liefe die Demokratie Gefahr, der Korruption oder der bürokratischen Willkür zu erliegen. Wie die Wirkungsforschung hervorhebt, haben viele Medien über die erwähnten Funktionen hinaus weitere übernommen, zum Beispiel die Thematisierungsfunktion. Diese „agenda setting function", wie sie in den USA heißt, bedeutet, dass diejenigen, die die unterschiedlichen Medien lesen, hören und sehen, genau die Themen für wichtig halten, die darin behandelt werden. Die Medien sind jedoch nicht nur entscheidend dafür verantwortlich, welche Themen auf der Tagesordnung stehen, sondern sie legen auch fest, in welcher Rangfolge der Dringlichkeit diese Themen behandelt werden.

Hanni Chill, Hermann Meyn, Informationen zur politischen Bildung Nr. 260, Massenmedien, hg. von der Bundeszentrale für politische Bildung, Bonn 3/1998

„Agenda-Setting"
Medien bestimmen, welche Themen besondere Bedeutung in der öffentlichen Debatte haben.

M 3 Mediendemokratie – was heißt das?

Der Begriff Mediendemokratie bezeichnet eine Form der Demokratie, in der sich die politische Meinungs- und Willensbildung im Wesentlichen über Massenmedien vollzieht. Deutlich wird dies v. a. in Wahlkampfzeiten: So nennen die Wähler in Deutschland und anderen europäischen Staaten nach mehreren Wahlen in den letzten Jahren das Fernsehen als die wichtigste Informationsquelle für ihre Wahlentscheidung. Meinungsbildung über Medien beinhaltet, dass die Medien durch die Auswahl und Ausgestaltung von Inhalten darüber bestimmen, was auf welche Weise zum öffentlichen Thema wird. [...]
Politikvermittlung durch Medien bedeutet darüber hinaus, dass sich die Politik bzw. die Politiker mediengerecht präsentieren, um Erfolg zu haben. Denn die Bevölkerung tendiert dazu, nur ihre Medienexistenz mit den dazugehörenden Images wahrzunehmen. Die Medien sind demnach nicht nur Beobachter, Kritiker und Kontrolleure politischer Ereignisse und staatlicher Macht („vierte Gewalt"). Sie stellen vielmehr einen Faktor dar, der politische Einstellungen und Stimmungen beeinflusst und ein bestimmtes Meinungsklima zugunsten oder zuungunsten einer Partei, einer Person oder einer politischen Forderung vermittelt. Medien bestimmen dadurch die Politik mit.

Hans Boldt, Schülerduden Politik und Gesellschaft, 5. Aufl., Mannheim 2005, S. 260

Aufgaben

1. Ordne die Schlagzeilen in M 1 den Funktionen der Massenmedien in M 2 zu und begründe deine Zuordnung.
2. „Die Politik und die Politiker brauchen die Medien – die Medien brauchen die Politik und die Politiker" – Erläutere diese Aussage (M 3).

Presse- und Meinungsfreiheit – ein hohes Gut

M 4   Die Säulen der Demokratie ...

Karikatur: Ed Stein

M 5   Was wäre, wenn ...

Was wäre, wenn es nur noch einen staatlichen Fernsehkanal gäbe, in dem ausschließlich wiedergegeben würde, was die gerade jeweils Regierenden für gut und nützlich halten? Was wäre, wenn Journalisten alles, was sie schreiben, einem Zensor vorlegen müssten, der – mangels besseren Wissens – alles streicht, was er nicht versteht? Freie, vor allem auch kritische Medien, sind aus einer echten Demokratie nicht wegzudenken. Demokratie, das lehrt uns nicht nur die Theorie, sondern einfach auch die Erfahrung, braucht Kontrolle. Tagtäglich. Wenn in einer abgelegenen Region Russlands [...] Sozialabgaben dazu benutzt werden, dem lokalen Machthaber eine neue Datscha zu bauen und ein mutiger Lokalreporter dem Skandal auf die Spur kommt, geschieht Folgendes: Der Journalist wird von seinem Chefredakteur gelobt – und erhält die Auskunft, dass man dies unmöglich veröffentlichen könne, er wisse schon, der lokale Machthaber habe so gute Verbindungen bis hinauf nach Moskau. Wenn der Journalist dann trotzdem darauf besteht, seine Rechercheergebnisse dem staunenden Leser zu vermitteln, wird er eines Abends vor seiner Wohnung auf brutale Schläger treffen – und im besten Fall lediglich im Spital landen. [...] Journalismus ist ein schwieriges Handwerk – das steht außer Frage. Und ein sehr viel verantwortungsvolleres, als viele glauben. Ohne journalistische Kontrolle aber gerät die Demokratie erstaunlich schnell in Schieflage.

Susanne Scholl, www.mein.salzburg.com, 11.5.2010

Presse- und Meinungsfreiheit im Grundgesetz

„Jeder hat das Recht, seine Meinung in Wort, Schrift und Bild frei zu äußern und zu verbreiten und sich aus allgemein zugänglichen Quellen ungehindert zu unterrichten. Die Pressefreiheit und die Freiheit der Berichterstattung durch Rundfunk und Film werden gewährleistet. Eine Zensur findet nicht statt."

Artikel 5 (1) GG

M 6 Die rechtliche Stellung der Medien

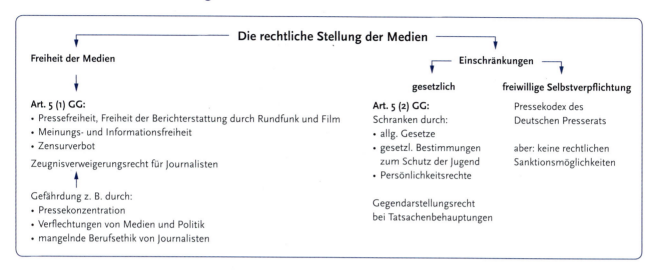

M 7 Pressefreiheit in Deutschland in Gefahr?

In Deutschland ist die Pressefreiheit weniger vom Staat bedroht; bei Verletzung des Redaktionsgeheimnisses durch Sicherheitsbehörden greift das
5 Bundesverfassungsgericht ein und lehrt die Staatsbehörden den Wert der Pressefreiheit für die Demokratie. Die Bedrohung der Pressefreiheit besorgen die Medien heute in erster
10 Linie selber. Die Qualität des Journalismus sinkt, weil Medienunternehmen mit den Medien mehr Geld verdienen wollen als früher. [...]
In Redaktionskonferenzen ist das dis-
15 kussionsfreudige Klima verschwunden, offenbar haben die wirtschaftlichen Schwierigkeiten, in die viele Zeitungen geraten sind, und die Existenzängste nicht weniger Redakteu-
20 re damit zu tun. [...] Zu beklagen ist die Verquickung von Journalismus, Politik und Wirtschaft, zu beklagen ist also die Tatsache, dass sich immer mehr Journalisten zu Büchsen-
25 spannern und Handlangern vor allem von Wirtschaftslobbys machen lassen. [...]
Gelegentlich werden Fälle bekannt, in denen die Staatsanwaltschaft und Polizei die Telefone von Journalisten
30 überwacht haben. Schlimmer als diese staatlichen Lauscher sind Medien-Manager und Finanzinvestoren, für die Zeitungen nur Produkte zum Geldverdienen sind wie andere auch
35 – und die Redaktionen immer billiger machen wollen.

Heribert Prantl, Pressefreiheit in Deutschland, www.goethe.de, Abruf am 10.11.2010

Aufgaben

1. Formuliere die Kernaussage der Karikatur in M 4. Stimmst du der Sichtweise des Karikaturisten zu?
2. Überlege, ob und ggf. wodurch sich die Säulen ersetzen ließen (M 4).
3. Nenne Gründe, warum die Pressefreiheit ein so hohes Gut ist (M 5, M 6).
4. Erläutere, wodurch der Verfasser in M 7 die Pressefreiheit in Deutschland gefährdet sieht.

Medienkonzentration und Medienmacht – Gefahr für die Meinungsfreiheit?

M 8 Konzentration im Bereich der Tagespresse

Früher gab es nahezu ausschließlich *Vollredaktionen*, die alle Beiträge für ihre Publikation selbst geschrieben und erstellt haben. Viele Regional- und Lokalzeitungen haben heute nur noch eine eigene Lokalredaktion, [...]. Das heißt, sie bedienen für die weiteren Ressorts außerhalb des Lokalressorts aus Kosten- und Rationalisierungsgründen so genannte *Mantelredaktionen*.

Der Mantel ist der überregionale Teil einer Tageszeitung. Er besteht in der Regel aus der Titelseite, Politik, Wirtschaftsnachrichten, überregionalem Feuilleton und Sport sowie gelegentlich Meinungsseiten.

Regional- oder Lokalzeitungen lassen sich die Mantelseiten häufig zuliefern. Gerade kleine Lokalblätter sind häufig finanziell und personell nicht in der Lage, eine so genannte Vollzeitung zu produzieren. Ebenso ist es üblich, dass verschiedene kleinere Blätter aus demselben Verlagshaus mit den gleichen Mantelseiten erscheinen. Durch die Praxis, solche Mantelseiten einzukaufen, kommt es vor, dass selbst konkurrierende Lokalzeitungen zu einem Großteil inhaltlich identisch sind. Ein Gutteil des Mantels besteht meist aus Meldungen der großen Nachrichtenagenturen oder Korrespondentenberichten. Der Einkauf eines Mantels geht nicht selten mit einer Anzeigenkooperation zwischen einer Lokalzeitung und einer überregionalen Zeitung einher und ist damit auch ein Mittel, die Reichweite und Marktmacht zu steigern. Das ist oft mit einem Verlust an Meinungsvielfalt verbunden.

Überregionale Zeitungen betreiben noch ihre eigenen Vollredaktionen, diese Zeitungen mit eigenem Mantel bezeichnet man als *publizistische Einheiten*. Alle Titel, die den gleichen Zeitungsmantel haben, gelten zusammen als eine einzige publizistische Einheit, diese haben sich in dem Zeitraum von 1954 bis 2004 von 225 auf 138 verringert.

Nach: www.wikipedia.org, Abruf am 14.11.2010.

Medienkonzentration
Zusammenschluss von Zeitungen, Zeitschriften oder Rundfunkanbietern zu wenigen großen Unternehmen mit dem Ziel, sich im ökonomischen Wettbewerb Marktvorteile zu verschaffen.

M 9 Medienkonzentration am Beispiel des Bertelsmann-Konzerns

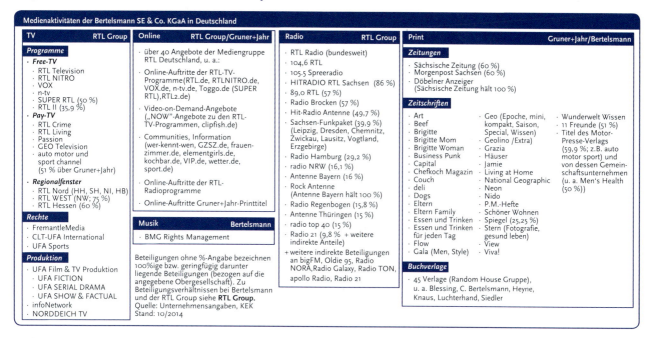

Nach: www.kek-online.de, Abruf am 25.8.2015

M 10 Verbot einer Elefantenhochzeit

Anfang 2006 untersagte das Bundeskartellamt der Axel Springer AG, die Stammaktien an ProSieben/Sat1 zu erwerben. Die beherrschende Stellung des größten deutschen Zeitungsverlages und eines der beiden größten privaten deutschen Rundfunkveranstalter wäre – so das Kartellamt – durch den Zusammenschluss auf drei Märkten verstärkt worden. (…)
Der Konzern hätte u. a. über fast ein Viertel der TV-Zuschauer-Marktanteile verfügt, ca. 90 Prozent der Boulevardzeitungs-Auflagen besessen, mit seinen Zeitschriften fast die Hälfte aller Leser erreicht, etwa ein Viertel aller verkauften deutschen Zeitungen herausgegeben. (…)
Medien sind ein entscheidender Faktor bei der Meinungsbildung. Die Meinungsvielfalt ist ein wesentlicher Pfeiler des demokratischen Systems. Meinungen müssen frei und ungestört nebeneinander entstehen, bestehen und verbreitet werden können.

Nach: Rolf Schwartman, in: www.lto.de, Abruf am 15.11.2010

BGH-Urteil vom 08.06.2010
Der Bundesgerichtshof (BGH) hat am 08.06.2010 in letzter Instanz entschieden, dass die Entscheidung des Bundeskartellamts, die geplante Übernahme zu untersagen, rechtens war.

Aufgaben

1. Erläutere die Probleme der Medienkonzentration am Beispiel der Tagespresse (M 8) sowie an der Struktur des Bertelsmann-Konzerns (M 9).
2. Erschließe die Begründung, mit der der Zusammenschluss von Springer und Sat1 verboten wurde (M 10) und diskutiert, inwieweit dieses Verbot mit den Prinzipien der freien Marktwirtschaft vereinbar ist.

Medien zwischen Information und Sensation

M 11 Presserat rügt Satiremagazin Titanic

Presserat

Der Deutsche Presserat ist eine gemeinsame Organisation der großen deutschen Verleger- und Journalistenverbände. Sie tritt für die Pressefreiheit und die Wahrung des Ansehens der deutschen Presse ein. Die schärfsten Maßnahmen sind Rügen, die der Presserat dann ausspricht, wenn eine Zeitung oder Zeitschrift gegen den Pressekodex verstößt. Rügen werden vom Presserat öffentlich gemacht und müssen auch in dem jeweiligen Medium veröffentlicht werden. Dazu haben sich die Medien selbst verpflichtet. Aber nicht immer halten sich die Medien auch an diese Selbstverpflichtung.

Der Deutsche Presserat hat gegen die Satirezeitschrift „Titanic" wegen des Papst-Titelbildes eine öffentliche Rüge ausgesprochen. Das teilte der Presserat am Donnerstag in Berlin mit. Die Darstellung von Papst Benedikt XVI. als inkontinent und mit Fäkalien beschmiert sei entwürdigend und ehrverletzend, urteilte der zuständige Beschwerdeausschuss. Gegen das Papst-Bild der „Titanic" waren 182 Beschwerden eingegangen. Das Cover vom Juli zeigte Papst Benedikt XVI. unter anderem mit einem gelben Fleck auf der Soutane. Auf dem Titel hieß es in Anspielung

auf den "Vatileaks"-Skandal um den Verrat von Interna: „Halleluja im Vatikan – Die undichte Stelle ist gefunden!" Die öffentliche Rüge ist die höchste Kategorie einer Unmutsäußerung durch den Presserat, faktisch bleibt sie jedoch – wie alle Sanktionen des Presserats – folgenlos.

Stefan Kuzmany, Der Spiegel, 27.9.2012

M 12 Aus dem Pressekodex

Nicht alles, was von Rechts wegen zulässig wäre, ist auch ethisch vertretbar. Deshalb hat der Presserat die Publizistischen Grundsätze, den sogenannten Pressekodex, aufgestellt. Darin finden sich Regeln für die tägliche Arbeit der Journalisten, die die Wahrung der journalistischen Berufsethik sicherstellen, so z. B.:
– Achtung vor der Wahrheit und Wahrung der Menschenwürde
– Gründliche und faire Recherche
– Klare Trennung von redaktionellem Text und Anzeigen
– Achtung von Privatleben und Intimsphäre
– Vermeidung unangemessen sensationeller Darstellung von Gewalt und Brutalität

www.presserat.info (17.2.2013)

M 13 Die Macht der Medien – der Fall Wulff und die Bild-Zeitung

Christian Wulff trat im Februar 2012 als Bundespräsident zurück, nachdem die Staatsanwaltschaft ein Ermittlungsverfahren gegen ihn eröffnet hatte und wochenlang in den Medien über den Verdacht auf Korruption berichtet wurde. Am 12. Dezember 2011 hatte Wulff durch einen Anruf bei der Bildzeitung versucht, einen Bericht über einen von ihm aufgenommenen Privatkredit zu verhindern. Über diesen Anruf berichtete „Bild". Ein Gespräch mit Medienforscher Lutz Hachmeister.

Haben die deutschen Medien in Deutschland überhaupt die Macht, einen Politiker zu Fall zu bringen?

Ja, sicher. [...] Wenn man einen Politiker zu Fall bringen will, muss er allerdings bestimmte [...] Schwächen zeigen und sich zu Fall bringen lassen. Außerdem muss der Affärencharakter für die Bevölkerung so eindeutig sein, also [...] Regeln müssen so stark verletzt werden, dass ein Meinungsklima entsteht, in dem sich am Schluss alle einig sind: Dieser Mann oder diese Frau muss gehen. Im Fall von Christian Wulff war das so. Interessant war, dass die meisten Deutschen die Vorwürfe gegen ihn anfangs läppisch fanden und dafür waren, dass er im Amt bleibt. Am Ende haben Umfragen dann ergeben, dass 70 Prozent ihm noch nicht mal den Ehrensold (= Pension als ehemaliger Bundespräsident) geben wollten. Das hat sich komplett gedreht. „Bild" hat dabei eine große Rolle gespielt, aber auch andere Medien wie die „Frankfurter Allgemeine Zeitung" und „Spiegel Online". Das ist übrigens ein dritter Faktor: Allein schafft es ein Blatt nicht. Auch nicht „Bild". Um eine hochrangige Person der Öffentlichkeit zu stürzen, müssen sich führende Medien einig sein.

Die „Bild"-Zeitung hat jahrelang sehr wohlwollend über Christian Wulff berichtet. [...] Warum hat sich „Bild" auf einmal gegen ihn gewendet?

Es gibt Hinweise darauf, dass Christian Wulff in der Zeit als Bundespräsident seine Rolle neu definierte und versucht hat, „Bild" klar zu machen, dass er und seine Frau nicht mehr exklusiv für Fotos und Interviews zur Verfügung stehen. Und wie in einer enttäuschten Liebesbeziehung hat sich daraus eine wechselseitige Entfremdung ergeben. Diese hatte schon über ein Jahr vor der Affäre angefangen und zu Reibereien mit dem Springer-Konzern geführt. [...]

War Christian Wulff also ein leichtes Opfer der Medien?

Er war auf alle Fälle sehr naiv, was die Medienwirkung und das Verhältnis zwischen Politikern und Journalisten angeht. [...] Die deutsche Gesellschaft ist mittlerweile erstaunlich offen und tolerant, aber das Publikum merkt schnell, ob ein Politiker komplett aus seiner Rolle fällt. Die Medien liefern natürlich die Vorlage, doch für einen Stimmungsumschwung muss auch das Publikum bereit sein, bestimmte Argumentationen mitzutragen.

Interview: Katja Hanke, Goethe-Institut e. V., Internet-Redaktion, Mai 2012

Am 17.2.2012 trat Bundespräsident Wulff nach einer wochenlangen Medienschlacht von seinem Amt zurück.

Aufgaben

1. Diskutiert, was im Fall des Titanic-Titels mehr Bedeutung hat, das Persönlichkeitsrecht des Papstes oder die Meinungsfreiheit der Zeitschrift (M 11).
2. Erörtere, ob die Rüge, die der Presserat als Mittel zur Bestrafung aussprechen kann, ausreichend ist, um den Pressekodex durchzusetzen (M 11, M 12).
3. Stelle dar, wie die Medien im Fall Wulff Druck ausüben konnten (M 13).

Mehr Internet – mehr Demokratie?

Themen auf Liquid Friesland

- Erweiterung einer Gesamtschule um eine gymnasiale Oberstufe
- Privatisierung der Wasserwerke
- Kostenlose Schüler-beförderung in der Sekundarstufe II
- Verteilung der Haushaltsmittel im Schulbereich

M 14 Mitmachdemokratie: Friesen an die Laptops

Bürger, die mitdiskutieren über Radwege, Bildung oder Haushaltsgelder – das fand der Landrat von Friesland eine gute Idee und rief ein Experiment ins Leben: „Liquid Friesland" heißt das Projekt. Für zunächst ein Jahr konnten die Friesen online in der Politik mitbestimmen. Trotz geringer Beteiligung [382 Nutzer, Stand: 3.9.2015] gibt es die Internet-Plattform weiterhin.

[...] Teilnehmen können nur die Einwohner des Landkreises Friesland. Sie müssen sich zunächst registrieren, bevor sie Diskussionsbeiträ-
5 ge schreiben oder Themenvorschläge machen können. Der Grund dafür ist, dass auf dieser Plattform Entscheidungen für den Kreistag vorbereitet werden.
10 Nach der Registrierung kann man innerhalb verschiedener Themenfelder eine Initiative starten und sie begründen. Sobald sie gespeichert ist, ist sie auch für andere Besucher der
15 Plattform sichtbar. Nun durchläuft das Thema mehrere Phasen, bevor es in den Kreistag kommt. Andere Benutzer können zum Beispiel Ideen zum neuen Anliegen hinzufügen.
Dann geht man mit seinem Anliegen 20 auf Stimmenfang. Je mehr Stimmen, desto größer die Wahrscheinlichkeit, dass es auch später in der realen Politik behandelt wird.
Die Abstimmungen in Liquid Fries- 25 land erzeugen ein Meinungsbild. Aber die endgültige Entscheidung fällen die Politiker. „Das steht im Gesetz, und daran können wir auch mit dem Web 2.0 nicht rütteln", sagt 30 [Sönke] Klug [der Pressesprecher des Landkreises Friesland].

Britta Lumma, Radio Bremen, 29.11.2012, Ergänzungen in eckigen Klammern durch den Bearbeiter

---

E-Demokratie
(auch Cyberdemokratie) ist eine Theorie bzw. ein Modell einer bestimmten Form von Demokratie, die den Bürgern durch das Internet mehr Beteiligung und Diskussionsmöglich-keiten eröffnen möchte.

E-Partizipation
ist so etwas wie die Benutzerschnittstelle für die Bürger. Damit sind alle internetgestützten Verfahren, die Bürger aktive Teilhabe an politischen Entscheidungsprozessen ermöglichen, gemeint.

M 15 Mehr Demokratie mit „E-Petitionen"?

Ein Gespräch mit dem Bürgerbeauftragten des Landes Rheinland-Pfalz, Dieter Burgard.

Was versprechen Sie sich von der
5 **„E-Petition"?**
Burgard: „Ich denke, das ist eine Form, neue Bürger zu interessieren für politische Themen. Junge Leute vor allem, die das Medium Inter-
10 net sowieso nutzen. Aber auch, um Bürger aufmerksam zu machen auf bestimmte Probleme. Die öffentliche Petition hatte ich schon als Abgeordneter in der SPD-Fraktion vorge-
stellt. Und dann war ich am 28. April 15 2010 plötzlich Bürgerbeauftragter und konnte das dann umsetzen."
Mitte März ging das Projekt online. Wie ist es angelaufen?
Burgard: „Wir hatten praktisch um 20 Mitternacht die erste Petition – zum Hochmoselübergang. Die hat heute schon gut 1.200 Mitzeichner. Und auch das Diskussionsforum ist eröffnet. Das Interessante war, dass wirk- 25 lich sehr viele aus Rheinland-Pfalz, aus der ganzen Bundesrepublik, aus Amerika, aus England, aus Frank-

3.2 Medien in der Demokratie

reich mitgezeichnet haben. Ich habe das mal überflogen: Ungefähr 60 Prozent der Mitzeichner kommen aus der Region, aus den Nachbardörfern, und 40 Prozent sind überregional."

Viele Menschen sehnen sich ja nach mehr Beteiligung. Aber was bewirkt die Petition im Internet eigentlich?

Burgard: „Letztendlich entschieden wird in der Politik, das bleibt nach wie vor bei den Volksvertretern. Das muss man den Bürgern deutlich machen. Aber es ist vielleicht ein Medium, über das Politiker sich mit Fragen beschäftigen, die den Leuten auf den Nägeln brennen. Wo Bürger und Bürgerinnen sagen: ‚Da müsst ihr mal hinschauen.' Auch das Petitionsrecht als solches wird noch mal mehr bewusst."

Interview: dpa/Julia Kilian, Rhein Zeitung, 23.4.2011

Petition
Eine Petition ist eine schriftliche Bitte, die von jedem Bürger bei den Landesparlamenten oder dem Bundestag vorgebracht werden kann. Die Parlamente müssen sich mit dieser Bitte beschäftigen und sie beantworten, was allerdings nicht heißt, dass sie auch erfüllt wird. Für die Beratung haben die Parlamente in der Regel so genannte Petitionsausschüsse eingerichtet. Heutzutage werden sehr vielen Petitionen auch öffentlich im Internet gestellt (E-Petition). Dazu stellen die Parlamente spezielle Plattformen zur Verfügung. Allerdings müssen sie mindestens 50.000 Menschen unterzeichnen, damit sich beispielsweise der Petitionsausschuss des Bundestages mit ihr beschäftigt.

M 16 Eine E-Petition

 zu Aufgabe 2
Denkt z. B. daran, wer Zugang zum Internet hat und welche Kenntnisse man haben muss.

Diskutiert die Chancen einer Einführung von „liquid democracy" im Rahmen eurer Schülervertretung.

Recherchiert, welche Projekte es in eurer Stadt / Gemeinde gibt, um die Bürger mehr an der Politik zu beteiligen.

Aufgaben

1. Das Verfahren, das der Landkreis Friesland anwendet, wird auch als „liquid democracy" (flüssige Demokratie) bezeichnet. Erläutert dieses Verfahren in Friesland (M 14).
2. Erörtere die Vor- und Nachteile dieser Form der Bürgerbeteiligung an der Kommunalpolitik. Diskutiert, inwiefern es sich bei diesem Verfahren um ein „Mehr" an Demokratie handeln soll, wenn am Ende doch wieder die Politiker entscheiden.
3. Erläutert die Unterschiede zwischen der Beteiligung bei Liquid Friesland und dem Petitionsrecht in eurem Bundesland (M 14 – M 16).

Was wir wissen

Funktionen der Medien
M 1 – M 3

Wir leben in einer immer komplexer werdenden Welt und sind deshalb auf die Berichterstattung durch die Medien angewiesen. Die verschiedenen Medien machen Informationen öffentlich verfügbar, indem sie über ausgewählte Ereignisse und Themen berichten. Der Leser, Zuschauer, Zuhörer kann sich aus dem vielfältigen Angebot die Themen auswählen, für die er sich interessiert. Dabei wirken die Medien auch an der individuellen Meinungsbildung mit, da sie zu (politischen) Ereignissen Informationen beschaffen und verbreiten und z. B. durch Kommentare selbst dazu Stellung beziehen. Jeder Einzelne kann sich so mithilfe der Medien selbst ein politisches Urteil bilden. Damit stellen die Medien zugleich eine Verbindung zwischen dem Volk und seinen gewählten Vertretern her. Politiker erfahren, was die Bürgerinnen und Bürger denken und wollen, die Bürgerinnen und Bürger erfahren von den Vorhaben der Politiker. Die Medien ermöglichen so die für eine funktionierende Demokratie so wichtige politische Kontrolle. Sie werden deshalb häufig auch als „Wächter" bezeichnet.

Meinungs- und Pressefreiheit
M 4 – M 13

Damit die Medien ihre Informations- und Kontrollfunktion auch ausüben können, wurde mit Art. 5 die Presse- und Meinungsfreiheit als Grundrecht im Grundgesetz verankert. Jeder – nicht nur die Medien – hat das Recht, seine Meinung öffentlich frei zu äußern. Ohne die Presse- und Meinungsfreiheit kann es keine freiheitliche Demokratie geben. Die Pressefreiheit ist aber zunehmend durch die Konzentration der Presselandschaft und die Tatsache gefährdet, dass Medienunternehmen auch Wirtschaftsunternehmen sind, denen es auch um den wirtschaftlichen Erfolg und die Vermehrung der Gewinne geht.
Der Presserat sorgt in Deutschland dafür, dass sich die Berichterstattung an rechtlichen und moralischen Prinzipien (Pressekodex) orientiert. Dennoch kommt es immer wieder vor, dass Medien gegen den Kodex verstoßen. Die Medien haben großen Einfluss auf die Politik, z. B. durch das Setzen von Themen oder kritische bzw. wohlwollende Berichterstattung über einzelne Politiker. Umgekehrt sind die Medien auch darauf angewiesen, von der Politik ausreichend und umfassend informiert zu werden.

Mehr Demokratie durch das Internet?
M 14 – M 16

Das Internet eröffnet den Bürgerinnen und Bürgern neue Möglichkeiten, sich an politischen Entscheidungen zu beteiligen. So probieren mittlerweile Gemeinden die „flüssige Demokratie" (liquid Democracy) aus und stellen ihren Bürgerinnen und Bürgern eine Plattform zur Verfügung, auf der sie Vorschläge für die Kommunalpolitik unterbreiten oder ein Meinungsbild entwickeln können. Auch Petitionen, Bitten der Bürgerinnen und Bürger an die Parlamente, sind auf der Bundes- und Landesebene mittlerweile elektronisch möglich geworden. Kritiker befürchten, dass diese Möglichkeiten aber nicht von allen Menschen wahrgenommen werden können, weil es große Teile der Bevölkerung gibt, die sich mit dem Internet nicht auskennen oder auskennen wollen oder auch keinen Zugang zum Internet haben.

Was wir können

WikiLeaks

Dürfen wir alles wissen?   *der BLOG*

„We open governments" ist das Motto von WikiLeaks: „Wir machen Regierungen transparent". Die Organisation bietet eine Internetseite für sogenannte Whistleblower. Das sind Personen, die geheime Informationen an die Öffentlichkeit bringen. [...]

Frida Thurm, www.blog.zeit.de, 8.12.2010

Wie die NSA das Auswärtige Amt ausforschte

Bundesaußenminister Frank-Walter Steinmeier ist offenbar systematisch vom amerikanischen Nachrichtendienst NSA abgehört worden. In den neuesten von der Enthüllungsplattform WikiLeaks veröffentlichten Dokumenten finden sich 20 Nummern, die die NSA dem Auswärtigen Amt zuordnete. In den vergangenen Wochen hatte WikiLeaks bereits insgesamt 125 Spähziele der NSA im Kanzleramt und verschiedenen Bundesministerien veröffentlicht.

John Goetz/Hans Leyendecker, Süddeutsche Zeitung, 20.7.2015

Pro und Kontra WikiLeaks – Hat die Öffentlichkeit ein Recht auf alle Informationen?
Werner Weidenfeld, Jahrgang 1947, ist Professor für Politische Wissenschaften an der Ludwig-Maximilians-Universität München; Sascha Lobo, Jahrgang 1975, ist Blogger, Unternehmer und Berater.

Weidenfeld: Nein. Im Gegenteil. Sie müssen in Demokratien verschiedene Formen der Kommunikation zulassen. Die Regierung etwa muss die Möglichkeit haben, bestimmte Dokumente als geheim zu kennzeichnen. Sonst würde sich ja die Kommunikation der Politik darauf beschränken, was sie sowieso öffentlich sagen wollen in Fernsehauftritten oder in Interviews. Damit wäre die Politik reduziert auf einen ganz minimalen Prozentsatz ihrer Kommunikation. Und das würde alle beschädigen. [...] Im diplomatischen Dienst gehören solche durchaus subtilen, sensiblen Beurteilungen zum Kerngeschäft. Unter den Vorzeichen der Indiskretion sind die kaum mehr möglich.

Lobo: Die Öffentlichkeit hat ein Recht auf mehr Informationen, als sie im Moment bekommt. Regierungen neigen offenbar dazu, Dinge im Geheimen zu besprechen, obwohl sie eigentlich in Volkes Auftrag handeln sollten. Dinge werden als geheim klassifiziert, auf die die Öffentlichkeit durchaus ein Recht hat. Zu dieser Kontrolle ist ja die freie Presse da. WikiLeaks ist eine Art Verlängerung der freien Presse in das Internetzeitalter – als Quelle für investigativen Journalismus. Nicht umsonst arbeitet WikiLeaks mit den renommiertesten publizistischen Organen weltweit zusammen.

Claudia Witte, www.tagesschau.de, 29.3.2011

---

subtil
fein

Indiskretion
Verrat

investigativ
enthüllend, nachforschend

Aufgabe
Hat die Öffentlichkeit ein Recht auf alle Informationen? Entscheide dich für eine der beiden gegensätzlichen Positionen und begründe deine Entscheidung.

Manchmal wird einem die Frage gestellt, welche drei Dinge man auf eine einsame Insel mitnehmen würde. Für Daniel Defoes Helden im berühmten Roman „Robinson Crusoe" (1719) ist diese Frage bitterer Ernst. Der junge Engländer kann sich als einziger Überlebender eines Schiffbruchs auf eine einsame Insel retten.

Nachdem ich mein Gemüt mit der erfreulichen Seite meiner Lage getröstet hatte, [...] schwand meine Freude bald wieder, und ich fand meine Errettung, kurz gesagt, furchtbar, denn ich war durchnässt, hatte keine Kleidung zu wechseln oder irgendetwas Ess- oder Trinkbares [...]. Mit einem Wort, ich hatte nichts bei mir außer einem Messer, einer Tabakspfeife und ein bisschen Tabak in der Dose. Ich ging ungefähr eine Achtelmeile vom Ufer fort, um Trinkwasser zu suchen; zu meiner großen Freude fand ich auch welches, und nachdem ich getrunken hatte, nahm ich ein wenig Tabak in den Mund, um dem Hunger vorzubeugen.

Daniel Defoe, Robinson Crusoe, Erster Teil, München 1981, übersetzt von Lore Krüger, S. 68 ff.

Robinson gelingt es schließlich, das gestrandete Schiff zu erreichen und mit Hilfe eines Floßes Gegenstände auf die Insel zu transportieren.

Wirtschaft und Wirtschaftsordnung

Jeden Tag treffen Menschen sehr viele Entscheidungen, die zum großen Bereich des Wirtschaftens, der Ökonomie, gehören. Was kann ich mir vom nächsten Taschengeld leisten? Soll ich sparen oder Geld ausgeben? Welches Produkt soll ich kaufen? Wie alles aus deiner Sicht als Verbraucher zusammenhängt, erfährst du in diesem Kapitel.

 ## Kompetenzen

Am Ende dieses Kapitels solltest du Folgendes können:
- erklären, warum wir wirtschaften und grundlegende ökonomische Fachbegriffe anwenden
- wirtschaftliche Zusammenhänge mit Hilfe des einfachen Kreislaufmodells beschreiben
- erläutern, wie sich Preise auf Märkten bilden
- verschiedene Einflüsse auf Kaufentscheidungen kennen und eine verantwortliche Konsumentscheidung treffen
- die Wirtschaftsordnung der Sozialen Marktwirtschaft beschreiben und aktuelle Probleme beurteilen
- typische Konflikte in der Arbeitswelt und deren strukturellen Wandel kennen und Lösungsansätze beurteilen

Was weißt du schon?
- Stelle ein Warenmagazin für Robinson zusammen und ordne die Güter nach ihrer Dringlichkeit.
- Nenne Bedürfnisse, die sich Robinson wohl nicht erfüllen kann.

4.1 Jugendliche als Konsumenten

Das Grundproblem – knappe Güter und grenzenlose Bedürfnisse

M 1 Ich überlegte mir, was ich am dringlichsten brauchte …

[N]achdem ich gründlich darüber nachgedacht hatte, was ich am nötigsten brauchte, holte ich mir zunächst die drei Seemannskisten, die ich aufgebrochen und geleert hatte, und ließ sie auf das Floß hinab; die erste davon füllte ich mit Vorräten, und zwar mit Brot, Reis [...]. Nach langem Suchen fand ich die Kiste des Schiffszimmermanns, die tatsächlich eine nützliche Beute und damals wertvoller für mich war als eine Schiffsladung Gold. [...] Als nächstes kümmerte ich mich um Waffen und Munition. In der großen Kajüte hingen zwei ausgezeichnete Vogelflinten und zwei Pistolen; diese sicherte ich mir [...]. Trotz meiner Annahme, ich hätte die Kajüte so gründlich durchsucht, dass nichts mehr zu finden war, entdeckte ich ein Spind mit Schubladen und in einer davon drei Rasiermesser, eine große Schere sowie 10 oder 12 gute Messer und Gabeln; in einer anderen fand ich ungefähr sechsunddreißig Pfund in Bargeld, einige europäische und brasilianische Münzen sowie spanische Pesos, ein paar in Gold, ein paar in Silber. Ich lächelte innerlich bei dem Anblick des Geldes. „Oh du Rauschmittel", sagte ich laut, „wozu bist du nütze? Es lohnt nicht einmal dass ich dich vom Boden aufhebe [...]."

Daniel Defoe, Robinson Crusoe, Erster Teil, München 1981, übersetzt von Lore Krüger, S. 68 ff.

M 2 Leben im Schlaraffenland

Pieter Brueghel, Das Schlaraffenland (1567)

Die Menschen im legendären Schlaraffenland kennen keine Arbeit, alles, was sie brauchen, ist im Überfluss vorhanden. Wenn sie hungrig sind, öffnen sie ihre Münder und schon fliegt die leckerste Speise in ihren Rachen. Sind sie durstig, fließt das köstlichste Getränk ihre Kehle hinunter. Das Klima ist so ausgeglichen, dass die Menschen weder Bekleidung noch Behausung benötigen. Da es keine gefährlichen Tiere gibt, benötigen sie auch keinen Schutz vor ihnen. Das Faulenzen ist im Schlaraffenland eine Tugend, deshalb sieht man viele Schlaraffianer unter schönen Bäumen liegen.

M 3 Die Erde – kein Schlaraffenland

Eigentlich ist das Leben ganz einfach. Wenn man Hunger hat, muss man was essen, wenn man Durst hat, etwas trinken. Außerdem braucht man ein Dach über dem Kopf, das einen gegen die Unbilden des Wetters schützt.

Der Mensch hat also Grundbedürfnisse, die er befriedigen muss, die grundsätzlichsten sind sicherlich Nahrung und Schutz. Um diese Bedürfnisse zu befriedigen, muss er allerdings aktiv werden. [...] Auch die Steinzeitmenschen haben schon gewirtschaftet. Wirtschaft ist nämlich nichts anderes als eine planmäßige Auseinandersetzung des Menschen mit der Natur, um die eigenen Bedürfnisse zu befriedigen. Der Mensch hat keine Wahl, ob er „an der Wirtschaft teilnehmen" möchte oder nicht. Wenn er seine Grundbedürfnisse nicht befriedigt, kann er nicht existieren, er verhungert, verdurstet, erfriert. [...] Sobald die elementaren Notwendigkeiten befriedigt sind, entstehen weitere materielle und kulturelle Bedürfnisse.

Eckard D. Stratenschulte, Wirtschaft in Deutschland, Bonn 2006, S. 18

M 4 Die Rangordnung der menschlichen Bedürfnisse

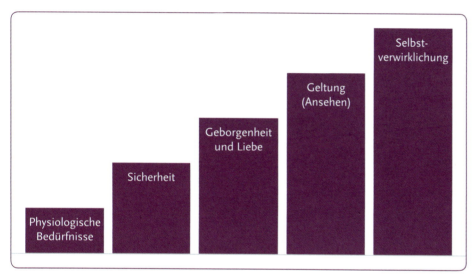

Die Stufenleiter der Bedürfnisse wurde von dem amerikanischen Forscher Abraham Maslow (1908 – 1970) entwickelt. Die ersten vier Bedürfnisse nennt Maslow auch „Defizitbedürfnisse", da sie ein Gefühl des Mangels hervorrufen und negative Folgen wie z. B. Krankheit zu erwarten sind, wenn diese Bedürfnisse nicht ausreichend befriedigt werden. Wenn ein Bedürfnis erfüllt ist, tritt das nächst höhere an seine Stelle. Je höher das Bedürfnis, desto später in der Entwicklung einer Person entsteht es und desto weniger wichtig ist es für das reine Überleben, denn es kann leichter aufgeschoben werden.

Aufgaben

1. Ordne die Bedürfnisse Robinsons (M 1) und die Bedürfnisse, die sich aus deinem zusammengestellten Warenmagazin ergeben, den Stufen in M 4 zu.
2. Erläutere, welche Bedürfnisstufen Robinson auf der Insel wohl kaum erklimmen kann (M 1, M 4).
3. Stelle dar, worin sich die Situation auf der Insel bzw. der Erde von der im Schlaraffenland unterscheidet (M 1 – M 4).
4. Diskutiert, ob das Leben auf Schlaraffia für euch erstrebenswert erscheint (M 2 – M 3).
5. Robinson (M 1) hält nicht viel von den Geldstücken, die er findet, obwohl diese auf der Insel rar sind. Gib eine Erklärung dafür.

Knappe Güter – wie handeln wir?

M 5   Knappheit und das ökonomische Prinzip

Sauberes Trinkwasser – aus einem ehemals freien Gut ist ein knappes Gut geworden.

Um überleben zu können, braucht der Mensch ausreichend Nahrung, Kleidung, Behausung und Ausbildung. Zur Befriedigung solcher Grundbedürfnisse benötigt der Mensch Güter bzw. Mittel, die ihm von der Natur in der Regel nicht frei, d. h. ausreichend und konsumreif, zur Verfügung gestellt werden. Man spricht deshalb von knappen Gütern. Die Knappheit von Gütern zur Bedürf-
15 nisbefriedigung ist der Grund dafür, dass Menschen wirtschaftlich handeln. Im Mittelpunkt des Lebens steht deshalb die Anstrengung, sich Güter zur Bedürfnisbefriedigung zu
20 beschaffen, was nichts anderes ist als eine Umschreibung von menschlicher Arbeit.
Da die Güter zur Bedürfnisbefriedigung knapp sind, muss der Mensch
25 sich die vorhandenen Mittel einteilen. Wirtschaften heißt insofern angesichts knapper Güter, eine möglichst optimale Verwendung der vorhandenen Mittel anzustreben. Wir handeln
30 dann nach dem sogenannten „ökonomischen Prinzip". Das ökonomische Prinzip hat zwei Ausprägungen: Wenn wir mit unserem Taschengeld versuchen, möglichst viele Bedürfnisse zu befriedigen, handeln wir 35 nach dem **Maximalprinzip**. Wenn wir ein Bedürfnis, z. B. den Kauf einer Limonade, mit dem geringsten Mitteleinsatz befriedigen, handeln wir nach dem **Minimalprinzip**. 40
In unserer heutigen Gesellschaft spielt neben der Befriedigung der Grund- oder Existenzbedürfnisse eine Vielzahl weiterer Bedürfnisse eine immer wichtigere Rolle. Denken 45 wir an den Wunsch nach modischer Kleidung, schönen Einrichtungsgegenständen, besonderem Essen, Musikhören, Konzerte zu besuchen, Urlaubsreisen zu machen etc. Wenn 50 diese Wünsche nicht erfüllt werden, empfinden wir dies als Mangel. Unser Bestreben ist es, diesen Mangel zu beseitigen, indem wir das Bedürfnis befriedigen. Grundsätzlich emp- 55 findet jeder Mensch Bedürfnisse unterschiedlich dringlich. So verwendet ein Jugendlicher sein Taschengeld hauptsächlich für sein Handy, während ein anderer ein Großteil seiner 60 Mittel für seinen Lieblingssport ausgibt.

Maximalprinizip

Minimalprinizip

M 6   Welche Güter gibt es?

Nur sehr wenige Güter sind unbegrenzt vorhanden, d. h. frei verfügbar. Zu diesen freien Gütern zählen Wind, Sonnenlicht oder Meerwasser.
5 Sie kosten kein Geld.

Im Gegensatz zu den freien Gütern ist die große Mehrheit der Güter, die wir zum Leben brauchen, knapp. Man nennt sie wirtschaftliche Güter, weil ihre Herstellung Kosten verur- 10 sacht. Sie haben einen Preis. Bei den wirtschaftlichen Gütern gilt es zwischen Sachgütern, Dienstleistungen und Rechten zu unterscheiden. Sachgüter sind dingliche Güter (Waren), die zur Herstellung anderer Güter (Produktionsgüter) benötigt werden oder ge- und verbraucht (Konsumgüter) werden können. Dienstleistungen können wir nicht sehen oder anfassen. Wir nehmen sie in Anspruch, wenn wir zum Frisör gehen oder auf der Bank Geld abheben. Auch für Rechte müssen wir bezahlen, z. B. für das Recht, ein Musikstück aus dem Internet herunterladen und anhören zu dürfen.

M 7 Wirtschaftliches Handeln im Alltag

Matthias hat 500 € für seinen Urlaub gespart und sucht nun im Internet nach einem Angebot, das ihm einen möglichst langen Urlaub in einem möglichst weit entfernten Land ermöglicht.

Eine Werft benötigt für die Produktion ihrer Schiffe sehr viel Strom, da die meisten Maschinen relativ alt sind. Die Unternehmensleitung beschließt gemeinsam mit den Mitarbeitern, neue Maschinen zu kaufen, die bei gleicher Leistung weniger Strom als die alten Maschinen benötigen.

In einer Jeans-Fabrik werden Bluejeans hergestellt. In der Fertigungsabteilung wird versucht, möglichst viele Jeansteile aus den Stofflagen auszuschneiden. Die unterschiedlichen Teile und Größen werden daher mit Hilfe eines Computers zu einem optimalen Gesamtschnittbild zusammengestellt.

Die Bahnstrecke zwischen Nürnberg und München soll zu einem möglichst niedrigen Preis ausgebaut werden, um sie mit einer Höchstgeschwindigkeit von 320 km/h befahrbar zu machen.

Aufgaben

1. Veranschauliche den Zusammenhang zwischen Knappheit und Handeln nach dem ökonomischen Prinzip durch ein Schaubild (M 5).
2. Erstelle für die einzelnen Güterarten, wie sie in M 6 beschrieben sind, eine übersichtliche Struktur (zum Beispiel ein Baumdiagramm), und nenne jeweils ein weiteres Beispiel.
3. Erläutere, nach welchem ökonomischen Prinzip die Menschen in M 7 handeln. Finde weitere Beispiele für das Handeln nach dem Maximalprinzip und Minimalprinzip aus deinem Alltag (M 7).

zu Aufgabe 2
Auch Dienstleistungen lassen sich nach Konsum- und Produktionsgütern unterscheiden. Finde Beispiele dafür.

Wie beeinflusst uns Werbung?

M 8 Werbeslogans

JUST DO IT.

NICHTS IST UNMÖGLICH.

HAVE A BREAK, HAVE A ...

... SONST NICHTS.

BESSER ANKOMMEN.

THINK DIFFERENT.

... MACHT KINDER FROH UND ERWACHSENE EBENSO.

NICHT IMMER, ABER IMMER ÖFTER.

VORSPRUNG DURCH TECHNIK.

QUADRATISCH, PRAKTISCH, GUT.

DIE SCHÖNSTEN PAUSEN SIND LILA.

... UND DER HUNGER IST GEGESSEN.

M 9 Warum gibt es Werbung?

Wir begegnen Werbung überall: Auf Bahnhöfen, in Einkaufszentren, an Bushaltestellen und Plakatwänden, in Schaufenstern und als bunte Inszenierung auf den Straßen. Aber nicht nur außer Haus, auch in den Familien begegnen wir ihr, denn Zeitungen und Zeitschriften, Radio, Fernsehen und das Internet sind ihre wichtigsten Träger. Warum gibt es Werbung? Ganz allgemein dient Werbung dazu, die Verkaufszahlen eines Produktes zu steigern. Der Kunde soll über neue Produkte und deren Eigenschaften informiert und motiviert werden, sich näher mit dem Produkt auseinanderzusetzen und es schließlich zu kaufen. Dazu muss die Werbung den Kunden zunächst auf das Produkt aufmerksam machen, d. h. der Umworbene muss die Werbung zunächst hören oder sehen. Die Werbebotschaft, also die Grundaussage der Werbung, soll dem Umworbenen im Gedächtnis bleiben. Aufgrund der Werbung soll ein Kaufwunsch entstehen, weil der Umworbene mit der Ware positive Gefühle verbindet, die durch die Werbung vermittelt werden. Gute Werbung ist deshalb in der Regel nicht langweilig. Nicht zu vergessen ist, dass Werbung ein wichtiger Wirtschaftszweig ist, in dem über 600.000 Menschen arbeiten und der viele attraktive Berufsfelder bietet. Außerdem finanzieren sich die Medien zu einem nicht geringen Teil durch Werbeeinnahmen.

M 10 Umworbene Verbraucher

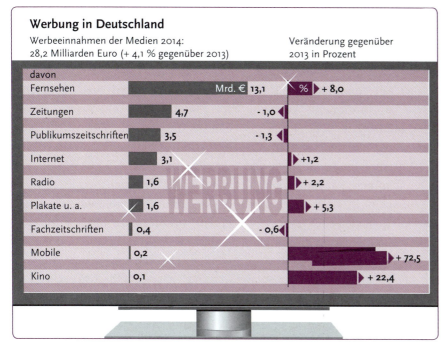

Werbung in Deutschland
Werbeeinnahmen der Medien 2014: 28,2 Milliarden Euro (+ 4,1 % gegenüber 2013)
Veränderung gegenüber 2013 in Prozent

davon:
Medium	Mrd. €	%
Fernsehen	13,1	+ 8,0
Zeitungen	4,7	- 1,0
Publikumszeitschriften	3,5	- 1,3
Internet	3,1	+ 1,2
Radio	1,6	+ 2,2
Plakate u. a.	1,6	+ 5,3
Fachzeitschriften	0,4	- 0,6
Mobile	0,2	+ 72,5
Kino	0,1	+ 22,4

Globus-Grafik 10080, Quelle: Nielsen

M 11 James Bond – im Dienste der Werbung

Krachend zermalmt 007 gleich in den ersten Szenen des Films mit einem Bagger drei VW Beetle. Die Wracks kullern wie erschlagene Käfer
5 von dem rasenden Zug, auf dem der Kampf Bond gegen Böse tobt. „Nagelneue Autos", seufzt Bond-Girl Eve.
Die Fan-Gemeinde ist begeistert von „Skyfall" – Volkswagen dagegen be-
10 stürzt: „Wir sind nicht glücklich darüber, wie unsere Fahrzeuge in diesem Film präsentiert werden", sagt ein VW-Manager. „Hätte man uns um Erlaubnis gefragt, wäre das abgelehnt
15 worden."
Die Frage, welches Modell wann, wie lange und in welchem Kontext durchs Bild rollt, ist Gegenstand harter Verhandlungen. „Da geht es um viel Geld,
20 oft um Millionenbeträge", sagte Ken,
ein Insider, der „Welt am Sonntag". „Und Regel Nummer eins bei diesen Geschäften lautet allerdings: Nicht öffentlich über die Deals reden", verrät Ken.
Gesicherte Zahlen zu bekommen ist daher schwer.
Im Fall von „Skyfall" ist immerhin 30 durchgesickert, dass Firmen verschiedener Branchen insgesamt bis zu 45 Millionen Dollar dafür gezahlt haben, dass ihre Produkte in der Story eine Rolle spielen. Das wäre knapp ein 35 Drittel der Produktionskosten für den neuesten Streifen mit Agent 007, dem zweitteuersten seit dem Vorgängerfilm „Ein Quantum Trost" von 2008.
Die Unternehmen sollen Schlange ge- 40

Im Auftrag ihrer Majestät und vieler Marken im Einsatz: Bond-Darsteller in „Skyfall".

Werbefaustformel AIDA

Werbung soll die Aufmerksamkeit des Kunden erregen (**a**ttention), sein Interesse an dem Produkt wecken (**i**nterest), zu einem Kaufwunsch führen (**d**esire) und schließlich eine Kaufhandlung auslösen (**a**ction).

Product Placement

Die gezielte Darstellung von Markenprodukten in verschiedenen Medien, wie z. B. Filmen.

standen haben, um einen Platz für ihre Produkte in dem Film zu bekommen. „Was in einem Bond-Streifen gezeigt wird, geht um die ganze Welt, die Wirkung ist kaum zu toppen. Welches Modell er gerade fährt, weiß wirklich jeder", sagt ein Automanager. Dagegen wirke konventionelle Werbung fast schon hilflos. [...]

Natürlich sind die Macher der 007-Filme bei Weitem nicht die Einzigen, die in großem Umfang Werbung in ihre Storys einbauen. Product Placement im Kino hat spätestens seit den 70er-Jahren in der gesamten Filmbranche System, und die Einnahmen daraus gehören bei vielen Studios zur festen Kalkulation bei den Drehs.

Product Placement sei nicht nur im Zweifel wirksamer als Werbung, da es authentischer wirke, sondern oft auch günstiger. „In einem Hollywood-Film muss man 200.000 bis zwei Millionen Dollar investieren, um sein Produkt zu platzieren. Im deutschen Privatfernsehen kann ein Werbeblock von knapp 30 Sekunden zur besten Sendezeit 50.000 bis 65.000 Euro kosten." ...

Für die Autobauer, zumal die der Oberklasse, ist ein Schaufahren bei 007 eine einmalige Marketingchance. Die Figur des Bestsellerautoren Ian Fleming steht – egal, wer ihn spielt – für Männlichkeit und Erfolg, Draufgängertum und Stil. Das ist die ideale Projektionsfläche für die Hersteller von Premiumautos.

„Es geht bei Product Placement nicht darum, sofort höhere Stückzahlen von einem bestimmten Modell zu verkaufen. Es geht darum, das Image zu stärken, also um langfristige Markenbildung", sagt Claudia Müller, verantwortlich für das Internationale Entertainment Marketing bei BMW. Niemand würde aus Gründen des reinen Nutzens eines der Modelle kaufen, die ein James Bond fährt. Diese Autos sind reiner Luxus, den man sich gönnt, wenn er für etwas steht. Für einen Kerl wie 007 zum Beispiel.

Nikolaus Doll, Die Welt, 18.11.2012

M 12   Werbung – zwei Meinungen

Pro: Werbung informiert einen darüber, was gerade „hip" und „cool" ist. Damit können wir uns einen guten Überblick über das Marktangebot verschaffen. Werbung fördert den Wettbewerb der Anbieter. Sie ist oft schön und originell gemacht und die Sprüche sind manchmal sehr lustig, sodass wir gut unterhalten werden. Die Werbebranche bietet zahlreiche interessante Arbeitsplätze und durch die Einnahmen aus Werbung finanzieren sich zahlreiche Medien. Viele Arbeitsplätze können deshalb erhalten werden oder neu geschaffen werden.

Kontra: Werbung setzt einen unter Druck, weil sie einem das Gefühl gibt, blöd zu sein, wenn man ihr nicht folgt. Sie will einem vorschreiben, was schön oder gut für einen ist. Werbung wurde erfunden, um Menschen Dinge anzudrehen, die sie eigentlich nicht brauchen oder wollen. Werbung versucht uns also zu manipulieren. Die Werbung gaukelt uns eine heile Welt vor und weckt bei uns Illusionen. Unternehmen schlagen die Kosten für Werbung auf die Produktpreise drauf, sodass die Produkte teurer werden.

Methode

M 13 Werbung analysieren

Bei der Analyse sollten folgende Punkte beachtet werden:

- Welches Produkt wird beworben?
- Wie wird das Produkt präsentiert (Personen, Text, Farben, Aufmachung, Gestaltung)?
- Welche Zielgruppe soll das Bild ansprechen?
- Welche Bedürfnisse und Gefühle werden angesprochen?
- Welche Sprache wurde gewählt?
- Wie lautet die Werbebotschaft, die vermittelt werden soll?
- Spricht dich die Werbung an?

Tipp: Die Methode der Verfremdung ermöglicht es, sich (Text-)Inhalte und Bilder anders zu erschließen. Beim Verfremden erzählt man einen Text oder eine Geschichte anders oder zeichnet ein Bild um, so dass damit gegen die Erwartungen der Zuhörenden, Lesenden oder Betrachtenden bewusst verstoßen wird. Das führt zu überraschenden Ergebnissen. Probiert es einfach mal aus. Oder ihr gestaltet selbst ein Werbeplakat für ein Produkt eurer Wahl.

Fernseh- oder Kinospots, Anzeigen in Zeitschriften, Bannerwerbung im Internet – abgesehen vom Radio ist das Bild das wichtigste Mittel der Werbung.

Aufgaben

1. Ordne die Werbeslogans den einzelnen Produkten / Unternehmen zu. Kennst du weitere Slogans? Haben die Werbemacher ihre Ziele bei denen, die die Produkte kannten, erreicht (M 8)?
2. Was spricht für, was gegen Werbung? Diskutiert in der Klasse (M 9 – M 12).
3. Sammelt Werbeanzeigen und bringt sie mit in den Unterricht. Analysiert die Anzeigen mithilfe von M 13.

Ist die Marke wichtig?

M 14 Warum gibt es Jeans für 9 und für 900 Euro?

Globus-Grafik 10464,
Quelle: Egmont Ehapa Media
(KidsVA)

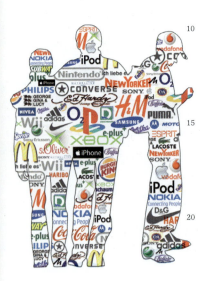

8,99 Euro für eine Jeans – solche Angebote finden wir immer wieder in den Prospekten der Discounter. Und gleichzeitig gibt es auf der Welt Läden, in denen Jeans mehr als 900 Euro kosten. Der Designer Roberto Cavalli verlangt sogar manchmal mehr als 2.000 Euro. Die Jeans unterscheiden sich durch ein paar Stickereien – und dadurch, dass die teuren oft deutlich älter aussehen. Trotzdem finden Jeans in beiden Preisklassen Käufer. Warum?

Weil auf der teuren Jeans auch ein Name aufgestickt ist, zum Beispiel der von Roberto Cavalli. Dass die Jeans von ihm kommt, macht sie für einige Käufer hundertmal so wertvoll wie die unbestickte Jeans vom Discounter: Cavallis Name ist zur Marke geworden. Und dass Markenartikel teuer sind, hat eine lange Tradition.

Schon im alten Mesopotamien sollen Händler ihre Transportkrüge mit speziellen Siegeln markiert haben. Im Mittelalter wurde diese Praxis noch populärer: Sogar Käse zeigte spezielle Herkunftsmarken, und Michelangelo hinterließ auf seinen Werken seine Meistermarke. Der Grund war immer der gleiche: Der Verkäufer wollte den Preis für seine Ware in die Höhe treiben, indem er mit seinem Zeichen für die Qualität bürgte. [...] Doch blicken wir auf unsere Jeans: Sind Roberto Cavallis Hosen mehr als den 100-fachen Preis wert, weil sie länger halten? Sicher nicht. Angenommen, die Discounter-Jeans hält mindestens ein halbes Jahr: Dann müsste man die Cavalli-Jeans mindestens 50 Jahre tragen – und in dieser Zeit auch noch die Kleidergröße halten.

Es muss also noch etwas anderes geben, das uns dazu bringt, 900 Euro für eine Jeans auszugeben. [...]

Die Wissenschaftler sehen: Wenn wir einkaufen, findet im Gehirn ein Kampf statt. [...] Das Engelchen, das ist die Schmerzregion in der Nähe der Schläfen. Sie ärgert sich darüber, dass wir so viel Geld ausgeben wollen. Das Teufelchen ist das Lustzentrum, das zum Teil direkt hinter den Augen und zu einem anderen Teil tief im Gehirn sitzt. Dort hat nicht nur die Freude an gekauften Dingen ihre Heimat, sondern beispielsweise auch der Kick beim Drogenrausch. Die Entscheidung lässt sich recht einfach zusammenfassen: Wenn das Teufelchen im

Lustzentrum aktiver ist als das Engelchen im Schmerzzentrum, dann schlagen wir zu.
[...] Und welche Belohnung verspricht nun die 900-Euro-Jeans? Individualismus. Sie grenzt die Käufer von all denen ab, die so eine Jeans nicht haben. Das sei eine der wichtigsten Belohnungen überhaupt. Die Abgrenzung kann an unterschiedlichen Eigenschaften erfolgen: Wir fühlen uns schlauer, cooler oder trendiger als andere. Oder eben reicher. Kurz gesagt – wir sind deshalb bereit, so viel Geld für die 900-Euro-Jeans zu zahlen, weil sie so teuer ist.

Patrick Bernau, Frankfurter Allgemeine Sonntagszeitung, 18.11.2007

M 15 Kontrovers diskutiert: Schulbekleidung gegen Markenterror?

Pro: stärkeres Gemeinschaftsgefühl

Der Hauptgrund für eine Schuluniform ist die Stärkung des Gemeinschaftsgefühls der Schüler untereinander. Das Bestreben, die Mitschüler durch teure Markenkleidung zu übertrumpfen, kann so besser unterbunden werden. Uniformen fördern den Ausdruck charakterlicher Individualität, die sich eben nicht auf teure Markenkleidung beschränkt. Auch die finanzielle Situation der einzelnen Schüler ist nicht gleich ablesbar. Besonders in Ländern mit starkem sozialen Gefälle schätzen Eltern, dass ihre Kinder für den Schulbesuch Schuluniformen tragen. Diese sind relativ preiswert zu erwerben. Hochwertige Kleidung können sich viele für ihre Kinder nicht leisten. Laut einer Studie der Universität Gießen lernen Schüler besser, welche einheitliche Kleidung tragen; außerdem sind sie rücksichtsvoller und können sich besser konzentrieren.

Kontra: Eingriff in Selbstbestimmungsrecht

Eine Schuluniformpflicht stellt einen Eingriff in das Selbstbestimmungsrecht der Kinder und ihrer Eltern dar. Da Erwachsene oft einen anderen Geschmack als Kinder oder Jugendliche haben, wird von Schülern bei der einheitlichen Kleidung ein langweiliger Stil befürchtet. Auch wird der Konkurrenzkampf durch Schuluniformen nur gelindert, nicht beendet, denn Schüler versuchen sich von anderen abzugrenzen, zum Beispiel mit auffälligem Haarschnitt, teuren Schuhen oder Schmuck. Man darf auch nicht übersehen, dass einheitliche Kleidung auch Konkurrenz und Konflikte zwischen verschiedenen Schulen und insbesondere Schultypen hervorrufen kann.

Nach: wikipedia.de (Stichwort: Schuluniform)

zu Aufgabe 2
Unterscheide zunächst die im Text genannten Argumente. Formuliere in eigenen Worten und ordne die Argumente anschließend nach ihrer Wichtigkeit.

Aufgaben

1. a) Sammle für dich die Produkte, bei denen du Wert auf eine bestimmte Marke legst. Vergleicht die Ergebnisse in der Klasse und versucht, eine Erklärung dafür zu finden (Grafik in M 14).
   b) Erläutere, warum Menschen teure(re) Markenprodukte kaufen (M 14).
2. Diskutiert ausgehend von M 15 die Frage, ob einheitliche Schulkleidung ein Weg ist, um dem „Markenterror" zu entgehen.

Wie wichtig sind Verbraucherinformationen?

M 16 Wie zuverlässig sind Gütesiegel?

Ausgewählte Produktsiegel

suggerieren
einreden, einflüstern

Tipp
Unter *www.iporex.com* findet sich ein internationales Verzeichnis von Bio-Produzenten und -Händlern, die von Fleisch bis Ahornzucker alles im Angebot haben.
Unter *www.utopia.de* finden sich Informationen über nachhaltig und nur scheinbar nachhaltig erzeugte Produkte und ihre Produzenten.
Unter *www.oeko.de* findet man einen Überblick über aktuelle Probleme bei ökologischer Produktion.

Sie sind sechseckig oder rund, grün, blau oder bunt. Sie prangen auf vielen Produkten und sollen den Verbraucher über Anbau- und Produktionsbedingungen informieren. Es gibt sie für biologische und konventionelle Lebensmittel, für Holz aus nachhaltigem Anbau, für Textilien, die unter fairen Bedingungen hergestellt werden, für Fische die umweltgerecht gefangen werden. Und es werden immer mehr [...].
Ignorieren können Verbraucher beim Einkauf getrost wohlklingende Aufschriften wie „aus kontrolliertem Anbau", „unabhängig kontrolliert" oder aus „nachhaltiger" Landwirtschaft, mit denen Hersteller häufig auf ihre konventionellen Lebensmittel aufmerksam machen. Sie suggerieren dem Konsumenten nur den Kauf gesunder Lebensmittel. Tatsächlich betreiben die Verkäufer damit einen gewaltigen Etikettenschwindel, genauso wie bei Formulierungen wie „umweltschonender Anbau" oder „unter unabhängiger Kontrolle". So ausgezeichnete Lebensmittel sind keine Biowaren, mögen die Verpackungen auch grüne Weiden und glückliche Kühe zeigen. [...]
Ein wirkliches Gütesiegel, das rein für die umweltverträgliche Herstellung, beispielsweise von Lebensmitteln steht, gibt es bislang überhaupt nicht. Es gibt zwar die beiden Bezeichnungen „Bio" und „Öko", die durch EG-Rechtsvorschriften geschützt sind und dafür stehen, dass Hersteller bei der Produktion auf bestimmte Dinge achten. „Beispielsweise auf schädliche Düngemittel oder Gentechnik verzichten", sagt Buschmann von der Verbraucherzentrale in NRW. „Bio" und „Öko" helfen dem Verbraucher besonders, um feststellen zu können, ob ein Produkt für ihn gesund ist. Weniger aussagekräftig sind die Siegel, wenn es um die umweltschonende Herstellung der Waren geht. Naturbelassen gibt es wohl nur in der Werbung. Statt 300 Zusatzstoffe wie bei konventionellen sind bei Ökoprodukten nur 47 erlaubt. Dazu zählen jedoch auch umstrittene Produkte wie Carrageen (E407). Es wird gerne bei der Milchverarbeitung eingesetzt, um zu verhindern, dass die Milch einen Rahm bildet. Carrageen wird aus Rotalge gewonnen und führte bei Tierversuchen mit Nagern unter anderem zu Darmgeschwüren sowie zu einer Beeinflussung des Immunsystems. [...]
90 Prozent der Verbraucher wünschen sich laut einer Studie des Bundesumweltministeriums ein einziges produktübergreifendes Zeichen, an dem man sich orientieren kann. Dieser Wunsch nach klaren, einfachen und vertrauenswürdigen Orientierungshilfen besteht in allen Bevölkerungsgruppen.

Caspar Dohmen, Stuttgarter Zeitung, 30.12.2010

M 17 Stiftung Warentest testet Foto-Entwickler

Discounter, Drogerie oder Online-Dienste – wer Digitalfotos entwickeln möchte, hat die Qual der Wahl. Die Stiftung Warentest hat zwölf Anbieter getestet. Zwei schnitten dabei besonders gut ab.

Digitale Abzüge sind in den letzten fünf Jahren deutlich besser geworden. Hat die Stiftung Warentest im Test von 2005 die Bildqualität noch bestenfalls mit „befriedigend" beurteilt, ist sie heute oft „gut". Zwölf Anbieter von digitalen Fotodiensten haben die Prüfer bewertet. Am besten schnitt Aldi ab. Der Discounter liefert Abzüge im 10er-Format für neun Cent pro Stück und bietet damit das beste Preis-Leistungs-Verhältnis.

Auf Platz zwei hat es Foto Quelle geschafft. Bildqualität, Angebotsumfang und Bestellabwicklung waren bei beiden Diensten für Fotos wie für Poster immer mindestens „gut". Das gilt zwar auch für die Anbieter dm, Saturn und Schlecker – allerdings sind bei ihnen die Fotos teurer als bei den Testsiegern. Hinzu kommt: Nur Aldi und Foto Quelle gehen auch „gut" mit Nutzerdaten um. Bei fast allen Anbietern lief die Bestellung weitgehend problemlos. Auf ihre Fotos mussten die Besteller im Schnitt zwei Tage warten, auf Poster einen Tag länger. Am schlechtesten bewertete die Stiftung Warentest den Dienst Foto.com. Die entwickelten Fotos waren dort „befriedigend", die bestellten Poster nur „ausreichend" und die Website gar „mangelhaft". Am Online-Auftritt hapert es, aber nicht nur dort: Als einziger Anbieter hat Lidl für die Website die Note „gut" bekommen. Alle anderen Internetseiten sind „befriedigend" oder schlechter.

Isabell Noé, www.n-tv.de, 26.8.2010

Stiftung Warentest
Die Stiftung Warentest ist eine deutsche Verbraucherschutzorganisation, die mit dem Anspruch der Unabhängigkeit Waren und Dienstleistungen verschiedener Anbieter untersucht und vergleicht. Die Ergebnisse der Warentests, Dienstleistungsuntersuchungen und Verbraucherinformationen werden z. B. im Internet, in Zeitschriften, Sonderheften, Ratgebern oder Jahrbüchern veröffentlicht (*www.test.de*).

Aufgaben

1. Mit welchen Informationsquellen für den Verbraucher hast du schon Erfahrungen gemacht? Berichte darüber und notiere jeweils Beispiele.
2. Die Siegel in der Randspalte geben dem Käufer zusätzliche Informationen über ein Produkt. Recherchiert weitere Siegel und sammelt Informationen dazu: Wofür stehen die Siegel, wer vergibt sie, welche Kriterien muss ein Produkt erfüllen, um das Siegel zu erhalten? Beurteilt abschließend, ob das Siegel für den Verbraucher nützlich ist (M 16).
3. Arbeite aus M 17 heraus, nach welchen Kriterien die Foto-Entwickler getestet wurden.
4. Diskutiert, ob ihr die Angaben auf Lebensmittelverpackungen für ausreichend haltet. Welche weiteren Informationen hättet ihr gerne beim Kauf eines Lebensmittels?
5. Bildet Gruppen. Wählt ein Produkt, das ihr testen wollt, und entwickelt geeignete Kriterien für euren Test.

4. Wirtschaft und Wirtschaftsordnung

Umweltschutz – ein wichtiger Aspekt der Kaufentscheidung?

M 18 Zitate zum Thema Konsum

„Wir wissen, dass der weiße Mann unsere Art nicht versteht. Er behandelt seine Mutter, die Erde, und seinen Bruder, den Himmel, wie Dinge zum Kaufen und Plündern, zum Verkaufen wie Schafe oder glänzende Perlen. Sein Hunger wird die Erde verschlingen und nichts zurücklassen als eine Wüste."
(Häuptling Seattle[1])

„Die Navajo-Indianer kamen mit 263 Gegenständen in ihrem Leben aus; wir haben heute 10.000 in unseren Haushalten, 100.000 im Warenangebot und dieses Angebot nimmt ständig zu."
(Alan During)

„Es ist genug da zur Befriedigung jedermanns Bedürfnisse, nicht jedoch zur Befriedigung jedermanns Gier"
(Mahatma Gandhi)

„Viele kleine Leute an vielen kleinen Orten, die viele kleine Schritte tun, können das Gesicht der Welt verändern."
(Afrikanisches Sprichwort)

[1] *Adaption einer Rede, die Häuptling Seattle 1855 an den Präsidenten der Vereinigten Staaten gerichtet haben soll. Der Text ist eine freie Bearbeitung eines Redetextes, der erstmalig publiziert wurde im „Seattle Sunday Star" 1887 und später auch in der „Washington Historical Quaterly" erschienen ist. Die deutschen Rechte liegen bei der Dedo Weigert Film GmbH, München.*

M 19 Weltreise einer Jeans

Um gute Gebrauchs-, Trage- und Pflegeeigenschaften zu erreichen, sind für eine Jeans viele Bearbeitungsschritte nötig. Die Baumwolle für die Herstellung einer Jeans wird in Kasachstan von Hand oder mit der Maschine geerntet. Anschließend wird die Baumwolle nach China versandt und dort mit schweizer Maschinen gesponnen, auf den Philippinen wird die Baumwolle mit blauem Farbstoff aus Deutschland gefärbt. In Polen wird sie mit deutschen Maschinen verwebt. Anschließend wird der Stoff nach Marseille transportiert, Washinglabel und Innenfutter stammen aus Frankreich, Knöpfe und Nieten aus Italien. Alle Zutaten werden nun erneut auf die Philippinen geflogen und dort zusammengenäht. Schnittmuster und Design stammen aus Deutschland. In Griechenland erfolgt noch die abschließende Bearbeitung der Jeans mit Bimssteinen, um ihr das typische Aussehen zu geben. Die fertige Jeans wird nach Deutschland transportiert und dort verkauft. Wenn sie nicht mehr getragen wird, kommt sie oft in die Altkleidersammlung. In Betrieben in den Niederlanden werden die Kleidungsstücke sortiert. Die Secondhand-Jeans wird nun eventuell auf dem afrikanischen Kontinent wieder verkauft und erneut getragen.

Dieter Simon, Eine Welt in der Schule, Heft 3/ September 2001, S. 3

M 20 Belastungen durch die Produktionskette

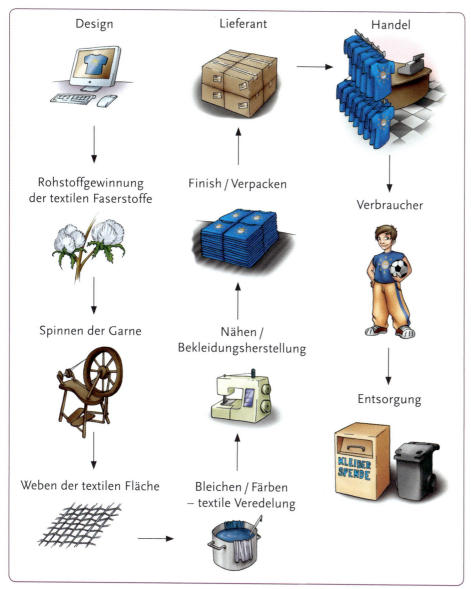

Nach: www.fair-zieht-an.de (6.3.2011)

Primärproduktion, Baumwolle: hoher Landschaftsverbrauch durch Baumwollanbau, hoher Einsatz von Insektiziden, Herbiziden und Entlaubungsmitteln, Einsatz von Konservierungsstoffen bei Transport und Lagerung von Baumwolle, hoher Wasserbedarf mit ökologisch negativen Folgen, Düngemitteleinsatz (Nitrifizierung des Bodens)

Produktion, von Fasern, Garnen, Flächengebilden: Energiebedarf beim Spinnen und Weben, Einsatz von Hilfsmitteln, die bei nachfolgenden Verarbeitungsschritten zu Emissionen führen, Staub- und Lärmbelästigungen, textile Abfälle

Veredelung: Einsatz großer Mengen an Textilhilfs- und Ausrüstungmaterialien, Emissionen in die Umweltkompartimente Wasser und Luft, hoher Energieverbrauch, hoher Wasserbedarf, Klärschlammanfall

Gebrauch: mögliche schädliche Wirkungen der Textilchemikalien auf den Verbraucher, Einsatz von Wasch- und Reinigungsmitteln, Verteilung ökologisch relevanter Stoffe durch Auswaschung (diffuser Eintrag in das Abwasser), Einsatz ökotoxischer Stoffe bei der chemischen Reinigung, hoher Energieeinsatz für die Jeanspflege (Waschen, Trocknen, Bügeln)

Entsorgung: Beanspruchung von Deponieraum, Emissionen bei Müllverbrennung und Deponie

Aufgaben

1. Verteilt vier Plakate mit jeweils einem Zitat im Klassenraum. Wählt ein Zitat aus, welches euch gefällt, und schreibt auf, was die Zitate mit dem Thema Konsum zu tun haben (M 18).
2. Fasse die Umweltbelastungen bei der Herstellung einer Jeans zusammen (M 19, M 20).
3. Diskutiert Möglichkeiten der Verringerung von Umweltbelastungen bei der Jeansproduktion (M 20).

Wie teuer ist billig?

M 21 Geiz ist geil, oder?

Die Textilkette Kik boomt auch in der Krise – mit konkurrenzlos niedrigen Preisen. Doch die Zeche zahlen junge Näherinnen in Bangladesch, unterbezahlte Beschäftigte und oft auch die Kunden.

Näherinnen in einer südostasiatischen Textilfabrik.

Vor 15 Jahren gründete Stefan Heinig den Textildiscounter Kik. Seither arbeitet der ehemalige Handelsassistent daran, die Preise zu drücken. Er verkauft den Deutschen die billigsten Klamotten, die es gibt. Heißt es. Jeans kosten bei Kik mitunter nur 2,99 Euro. Mit Hilfe der „Bild"-Zeitung deckte Heinig die Nation im Frühjahr mit „Volks-T-Shirts" ein, für 1,99 Euro. Hauptsache billig – mit dieser simplen Idee hat Heinig ein Geschäftsimperium aufgebaut, das trotz Krise immer weiter wächst. Selbst auf Sylt finden sich zwei Geschäfte der Billigkette, 2.800 Filialen in sechs Ländern gibt es mittlerweile, und es werden immer mehr. Der Umsatz des Unternehmens, das zum Tengelmann-Konzern gehört, lag im abgelaufenen Geschäftsjahr bei 1,1 Milliarden Euro.

Doch der Erfolg beruht auf einer Täuschung. Genau genommen sind Kiks Preise nicht billig – sie kommen Mitarbeiter, Zulieferer und oft auch Kunden teuer zu stehen. Den höchsten Preis für den hiesigen Geiz zahlen die Näherinnen in den Fabriken in Bangladesch. Fast die Hälfte der Waren stammt von dort. Es sind Mädchen wie Sathi Akhter, die für Heinigs vermeintliche „Volks"-Preise sorgen. Sathi Akhter ist 16 Jahre alt. Sie arbeitete in einer Kik-Zulieferfabrik in der Hauptstadt Dhaka, 10, 12, manchmal 16 Stunden pro Tag – für umgerechnet 25 Euro im Monat. Mit ihren Eltern und ihrem Bruder teilt sie sich einen knapp sechs Quadratmeter großen Verschlag als Wohnung. Frisches Wasser, erzählt Sathi Akhter, gebe es in der Fabrik nicht, oft nicht mal Spülwasser in den dreckigen Toiletten. Zusammen mit zwei Kolleginnen berichtet sie vom Fabrikmanager, der „regelmäßig zuschlage", zu spät bezahle und Überstunden oft gar nicht vergüte. Und davon, dass in der Fabrik Kinder unter 14 Jahren beschäftigt würden, was auch in Bangladesch verboten ist. Und dennoch: Selbst für solche Jobs findet sich immer irgendwer in diesem Land, in dem 156 Millionen Menschen leben und 35 Millionen hungern.

Nils Klawitter, www.spiegel-online.de, 26.9.2009

M 22 Was kann ein Einzelner tun?

Umweltschutz: So handeln die Bürger	
Frage: Welche der folgenden Maßnahmen praktizieren Sie in Ihrem Haushalt? Bitte antworten Sie mit Ja oder Nein. (Anzahl der befragten Personen: 2.000; Jahr der Erhebung: 2012; %-Angaben für Zustimmung)	
Ich halte den Verbrauch von Wasser und Strom gering.	85 %
Ich halte den Verbrauch von Heizkosten gering.	79 %
Ich halte Abfälle getrennt und gebe sie in den entsprechenden Müllsystemen getrennt ab.	77 %
Ich vermeide Müll.	60 %
Ich beziehe Ökostrom.	20 %
Ich schalte gerade nicht benötigte Geräte und Lichtquellen ab.	74 %
Ich kaufe energieeffiziente Geräte.	52 %
Ich lege Geld in erneuerbare Energien an, z. B. Anteile an Anlagen, Fonds.	12 %
Ich leiste finanzielle Kompensationen (Ausgleichszahlungen) für die selbstverursachten Klimagase, z. B. im Verkehr.	9 %

Nach: Inka Bormann/René John/Jana Rückert-John, Bundesministerium für Umwelt, Naturschutz und Reaktorsicherheit (Hrsg.), Umweltbewusstsein in Deutschland 2012, Berlin/Marburg 2013, S. 43

M 23 Nachhaltige Kaufentscheidungen

Allgemein bedeutet Nachhaltigkeit, die Bedürfnisse der Gegenwart so zu befriedigen, dass die Möglichkeiten künftiger Generationen, ihre Bedürfnisse zu befriedigen, nicht beschränkt werden. So wenigstens im Verständnis der Konferenz von Rio de Janeiro 1992. Wichtig ist hier vor allem, die Auswirkungen heutigen Handelns auf die Zukunft stärker zu berücksichtigen. Folgende Leitsätze können dazu beitragen:
- Die Nutzung einer erneuerbaren Ressource darf nicht größer sein als ihre Regenerationsrate.
- Die Freisetzung von Stoffen darf nicht größer sein als die Aufnahmefähigkeit der Umwelt.
- Die Nutzung nicht erneuerbarer Ressourcen muss minimiert werden. Ihre Nutzung soll nur in dem Maße geschehen, indem ein physisch und funktionell gleichwertiger Ersatz in Form erneuerbarer Ressourcen geschaffen wird.
- Das Zeitmaß der menschlichen Eingriffe muss in einem ausgewogenen Verhältnis zum Zeitmaß der natürlichen Prozesse stehen, sei es der Abbauprozesse von Abfällen, der Regenerationsrate von erneuerbaren Rohstoffen oder Ökosystemen.

Aufgaben

1. Erläutere, warum billig manchmal teuer sein kann (M 21).
2. Verfasst in Gruppen einen Einkaufsratgeber für nachhaltigen Konsum. Stellt dann in der Klasse Produkte vor, die euren Kriterien entsprechen (M 22, M 23).

Jugendliche in der Schuldenfalle?

M 24 Leben im Soll

M 25 Warum verschulden sich Jugendliche?

Gründe für die Verschuldung von Jugendlichen gibt es viele. Hier ist auch das Verhalten der Erwachsenen, insbesondere der Eltern, zu nennen. Kinder sehen, wie ihre Eltern sorglos mit Krediten und Schulden umgehen. In einem solchen Umfeld schrecken Schulden und die damit verbundenen Konsequenzen nicht ab. Erwachsene wie Jugendliche werden täglich zum Kauf von Konsumgütern durch Werbung animiert. Was Nachbarn, Bekannte oder Freunde konsumieren und kaufen, möchte man ebenso haben, weil man glaubt, sonst nicht mithalten zu können und nicht den erwünschten gesellschaftlichen Status zu besitzen (Statusdenken). Gerade bei Jugendlichen übt häufig der Freundes- und Bekanntenkreis versteckt oder offen Druck aus: Wenn man dazu gehören will, muss auch genügend Geld für z. B. Markenklamotten, I-Phone, Urlaubsreisen vorhanden sein. Kinder und Jugendliche verlieren leicht den Überblick über ihre finanzielle Situation, weil sie sich ihr Haushaltsbudget nicht ausrechnen und es ihnen die Banken teilweise leicht machen, das Konto zu überziehen oder nach der Volljährigkeit Kredite aufzunehmen. Für viele ist es sehr schwer, aus eigener Kraft aus der Schuldenspirale herauszukommen, weil es in aller Regel nur über Einschränkungen des Konsums und/oder höhere Einnahmen und Einteilung der vorhandenen Geldmittel möglich ist. Hilfen bieten die Schuldnerberatungsstellen. Die Beratung ist kostenlos. Bei einem Gespräch können Experten die Situation des Schuldners analysieren und mögliche Lösungswege erarbeiten.

Verschuldung
bedeutet, dass man alle Forderungen in absehbarer Zeit tilgen kann. Die Aufnahme eines Krediites und damit eine Verschuldung ist ein normaler wirtschaftlicher Vorgang und sagt noch nichts über die Zahlungsfähigkeit an sich aus.

Überschuldung
Hier sind die monatlichen Gesamtausgaben beständig höher als die Summe der Einnahmen mit der Folge, dass sich die Forderungen stetig erhöhen und unmöglich begleichen lassen.

M 26 Die Rolle der Banken

Für unerfahrene Bankkunden dürfte das überraschend sein: Sie bringen Geld zur Bank und zahlen es auf ihr Konto ein. Aber ihr Geld bleibt dort gar nicht liegen. Es wird zwar in Büchern und auf dem Kontoauszug vermerkt, dass der Kunde einen Betrag auf sein Konto eingezahlt hat. Aber das Geld wird gleich weiter verliehen. Die Bank arbeitet damit und macht mit dem Geld Geschäfte [...]. Es kann sich sogar zufällig Folgendes ergeben: Ein Arbeiter zahlt einen 100-Euro-Schein auf sein Konto ein. Die Bank verleiht den Schein an den Chef des Arbeiters. Der Chef gibt ihn später dem Arbeiter, der ihn wieder auf sein Girokonto einbezahlt. Das Girokonto des Arbeiters wächst, die Schulden des Chefs wachsen und die Bank macht gute Geschäfte. Und das alles mit einem einzigen 100-Euro-Schein. [...] Eine der wichtigsten Tätigkeiten der Bank ist das Kreditgeschäft – so nennt man es, wenn Banken Geld verleihen und dafür einen Zins nehmen. Der Zins ist der Preis, den die Banken für das Geldverleihen verlangen: Ein Kunde bekommt beispielsweise 100 € von der Bank für ein Jahr geliehen und muss dann 110 € zurückzahlen. Die Differenz zwischen dem geliehenen und dem zurückzuzahlenden Geld ist der Zins. Er ist der Grund, weswegen die Vergabe von Krediten für die Bank ein Geschäft ist. [...] Wenn gewöhnliche Banken Geld brauchen, holen sie sich die Scheine bei der Zentralbank auf Kredit. Der Zins für diesen Kredit, den die Zentralbank erhebt, heißt Leitzins. Das ist der wichtigste Zins überhaupt.

Winand von Petersdorff, Das Geld reicht nie,
2. Aufl., Frankfurt a.M. 2008, S. 97, 106

Bankdienstleistungen

– Abwicklung von Zahlungsvorgängen (bargeldloses Zahlen Überweisungen, Daueraufträge)
– Angebote für Geldanlagen, Vermögensbildung (Sparbuch, Sparbrief, Aktien, ...)
– Finanzierung der Produktion und des Konsums (Vergabe von kurz- oder langfristigen Krediten)
– Sonstige Dienstleistungen (z. B. Vermögensverwaltung)

Aufgaben

1. Diskutiert, für welchen der Konsumwünsche die Aufnahme eines Kredits sinnvoll sein könnte (M 24).
2. Nenne Gründe, warum sich Jugendliche verschulden. Formuliert Ratschläge, wie eine Überschuldung vermieden werden kann (M 25).
3. Erläutere, wie eine Bank funktioniert (M 26).
4. Julia (18) möchte sich einen gebrauchten Kleinwagen kaufen. Sie nimmt von ihrer Bank für ein Jahr einen Kredit in Höhe von 5.000 Euro auf. Die Bank berechnet dafür Zinsen in Höhe von 164 Euro.
   Berechne die monatliche Rate (Tilgung + Zins).

Methode

M 27 Haushalt und Betrieb im einfachen Wirtschaftskreislauf

Modelle sind die Landkarten der Volkswirtschaftslehre

Modelle spielen in der Volkswirtschaftslehre eine wichtige Rolle. Vereinfacht handelt es sich dabei um Landkarten, die es uns ermöglichen, uns in einer sehr komplexen Realität zurechtzufinden. Und ähnlich wie für Landkarten gilt auch für Modelle, dass keines für alle Bedürfnisse gleichermaßen geeignet ist. So ist es für eine Autoreise von Frankfurt nach Hamburg am besten, wenn man eine gute Autobahnkarte mit einem kleinen Maßstab hat. Will man aber dieselbe Strecke mit dem Fahrrad bewältigen, ist man mit einer Wanderkarte mit großem Maßstab sehr viel besser bedient. Ob ein Modell gut oder schlecht ist, hängt also vor allem davon ab, ob es dem Anwender eine Einsicht in ökonomische Zusammenhänge vermitteln kann. Dazu ist es unumgänglich, dass Modelle immer nur ein vereinfachtes Abbild der Realität darstellen. [...] Eine mangelnde Realitätsnähe ist dabei nicht von vornherein als ein Nachteil eines Modells [...] anzusehen. [...] Problematisch wird es erst, wenn manche Ökonomen Landkarten von Regionen entwickeln, die nur noch in ihren Köpfen existieren und dabei den Anspruch erheben, eine Orientierungshilfe für die reale Welt zu bieten.

Peter Bofinger, Grundzüge der Volkswirtschaftslehre, 2. Aufl., München 2007, S. 61

Haushalte und Betriebe im einfachen Wirtschaftskreislauf

Um die Vielzahl der wirtschaftlichen Verflechtungen in einer Volkswirtschaft überschaubar darzustellen, fasst man die Akteure in einer Wirtschaft zu Sektoren zusammen. Dabei werden bestimmte Vereinfachungen vorgenommen. So geht man von der Annahme aus, dass ökonomisch relevante Entscheidungen (z. B. über eine bestimmte Anschaffung, d. h. über die Verwendung der erzielten Einkommen) in der Regel von den einzelnen Mitgliedern des in einer Wohneinheit zusammenlebenden sozialen Verbundes (z. B. einer Familie) gemeinsam getroffen werden. Es wird also unterstellt, dass mehrere Individuen als Einheit handeln. Diese Einkommens- und Konsumeinheit wird in der Ökonomie als „privater Haushalt" bezeichnet. Und die Gesamtheit dieser privaten Haushalte in einer Volkswirtschaft wird in einem weiteren Schritt zum „Sektor der privaten Haushalte" zusammengefasst. Auch mit diesem Schritt sind wieder erhebliche Vereinfachungen verbunden, denn schließlich gibt es ganz unterschiedliche Haushaltstypen. Man unterscheidet u. a. nach der Haushaltsgröße, der Höhe der Haushaltseinkommen, der sozialen Stellung des Haupteinkommensbeziehers oder der sozialen Lebensform (Paar mit Kindern, Alleinerziehende usw.).

In gleicher Weise werden so verschiedene Unternehmen wie ein großer Automobilkonzern oder das kleine Lebensmittelgeschäft im „Sektor Unternehmen" zusammengefasst. Auch in diesem Sektor gibt es in der Realität natürlich große Unterschiede, zum Beispiel nach Branchen: Industrie, Gesundheit, Telekommunikation, Finanzdienstleister, Informationstechnologie, Rohstoffe, Energie usw. Diese Unterschiede bleiben bei der Reduzierung auf einen Sektor aber unberücksichtigt, denn sie sind für den Zweck, den das Modell erfüllen soll, nicht wichtig.

Sowohl Haushalte als auch Unternehmen haben Einnahmen und Ausgaben. Familie Muster z.B. gibt einen Teil ihres Haushaltseinkommens für die Beschaffung von Waren und Dienstleistungen aus (Konsumausgaben). Diese Ausgaben sind gleichzeitig Einnahmen der Unternehmen, die Waren und Dienstleistungen auf den Märkten anbieten (siehe Abbildung).

In einem komplexeren Modell fasst man zusätzlich zu den Wirtschaftssektoren Haushalt und Unternehmen noch den Staat, die Banken und das Ausland zu Sektoren zusammen.

Der einfache Wirtschaftskreislauf

Aufgaben

1. Im einfachen Kreislaufmodell wird davon ausgegangen, dass die Haushalte ihre Einkünfte vollständig für den Konsum ausgeben und die Unternehmen ihren Gewinn für Löhne und Gehälter. Überlege, inwiefern das Modell hier von der Wirklichkeit abweicht und in welcher Beziehung z. B. die Banken zu den Sektoren Haushalt und Unternehmen stehen (M 27).
2. Unternehmen und die Arbeitnehmervertretungen einigen sich auf höhere Löhne. Erkläre anhand des einfachen Kreislaufmodells, wie sich dies auf die Ströme zwischen Unternehmen und privaten Haushalten auswirken könnte (M 27).

Was wir wissen

Güter und Bedürfnisse
M 3 – M 6

Den prinzipiell unbegrenzten Bedürfnissen der Menschen stehen begrenzte Güter und Mittel gegenüber. Auf der Erde herrscht Knappheit an Gütern. Deshalb muss der Einzelne wirtschaftlich handeln. Wirtschaften heißt also allgemein, die vorhandenen Mittel zur Bedürfnisbefriedigung möglichst wirksam (effizient) einzusetzen. Dies ist das ökonomische Prinzip.

Die Kaufentscheidung

In der modernen Wirtschaft lassen sich Bedürfnisse durch Konsum befriedigen. Auf die Konsumentscheidungen wirkt eine Vielzahl von Aspekten ein. Der Preis hat häufig den größten Einfluss auf die Kaufentscheidung. Wer etwas benötigt, will möglichst wenig dafür bezahlen.

Werbung
M 9, M 10, M 12

Neben dem Preis beeinflusst Werbung unsere Kaufentscheidung. Ziel jeder Werbung ist, das beworbene Produkt so positiv darzustellen, das es von den Kunden gekauft wird und Umsatz und Ertrag der Unternehmen steigen. Werbung informiert deshalb (einseitig) über die Eigenschaften des beworbenen Produkts und verschafft dem Konsumenten so einen Überblick über die angebotenen Güter. Zu beachten gilt jedoch, dass über ausgefeilte Strategien häufig „künstliche" Bedürfnisse erzeugt, Preise verschleiert und die Nachteile eines Produkts verheimlicht werden. Der Konsument bezahlt die Werbung schließlich über höhere Produktpreise.

Marken
M 14, M 15

Die Orientierung an Marken, die bei Jugendlichen ausgeprägt ist, wird vor allem durch die Anerkennung und das Ansehen in der Gruppe bestimmt. Markenprodukte sind somit auch Statussymbole. Die Nutzung der Güter zu ihrem Gebrauch tritt in den Hintergrund zu Gunsten des Nutzens, welcher zum Beispiel aus der Anerkennung in der Gruppe gewonnen wird.

Verbraucherinformationen
M 16, M 17

Es gibt eine Vielzahl von Möglichkeiten, sich unabhängige Verbraucherinformationen über einzelne Produkte zu beschaffen. Wichtige Informationsquellen sind Produktsiegel, Verbraucherberatungen und unabhängige Verbraucherschutzorganisationen, die in unabhängigen Tests die Qualität von Produkten beurteilen.

Nachhaltige Kaufentscheidungen
M 19, M 23

Jeglicher Konsum hat Auswirkungen auf Mensch und Umwelt. Menschen leiden unter unwürdigen Arbeitsbedingungen, die Produktion verschlingt knappe Ressourcen. Und auch bei der Entsorgung der Produkte entstehen neue Belastungen für die Umwelt. Die Konsumenten können durch ihren Kauf oder Nichtkauf letztlich darüber entscheiden, was produziert wird. Doch oft ist es schwierig, zuverlässige Informationen über die Umwelt- und Sozialverträglichkeit von Produkten zu erhalten.

Verschuldung
M 25, M 26

Konsumverhalten, das regelmäßig die eigenen finanziellen Möglichkeiten übersteigt, führt zu Verschuldung. Häufig wird nämlich übersehen, dass „geliehenes Geld" (ein Kredit) meist teuer bezahlt werden muss und zusätzliche Kosten in Form von Zinszahlungen und Gebühren verursacht. Sparen bedeutet dagegen, auf Konsum zu verzichten, und ermöglicht finanzielle Handlungsspielräume und mehr Sicherheit für die Zukunft.

Was wir können

Simulation einer Kaufhandlung

Bei einer bewussten und überlegten Kaufentscheidung sind viele Kriterien zu beachten. Mithilfe einer Tabelle (Entscheidungsmatrix) können die Motive für die Wahl eines bestimmten Produkts besser verdeutlicht werden. Dazu müssen zunächst die für die Entscheidung bedeutsamen Kriterien ausgewählt werden (z. B. Preis, Qualität, Umweltverträglichkeit, ...). Für jedes Produkt sind allerdings andere Kriterien wichtig. Für jede Alternative (Produkt A, Produkt B, Produkt C, ...) gibt es eine Spalte in der Tabelle. In die Spalte einer Alternative wird bei jeder Merkmalsausprägung die Bewertung mit Punkten (von 1-5) eingetragen, wobei 1 die schlechteste, 5 die beste Bewertung ist. Anschließend werden die Bewertungen der Kriterien jeder Alternative addiert. Am besten schneidet die Alternative mit der höchsten Summe der Bewertungen ab.

Zur Vertiefung: Die einzelnen Kriterien können zusätzlich gewichtet werden. Dabei werden jedem Kriterium Prozentzahlen (z. B. Preis = 30 %) zugewiesen und mit den Bewertungen multipliziert. Die Summe der Gewichtungen muss 100 % betragen.

Beispiel für eine einfache Matrix:

	MP3-Player A	MP3-Player B	MP3-Player C
Preis	5	3	3
Display	5	4	2
Design/Marke	4	3	5
Speicher	3	5	1
Akkulaufzeit	3	2	2
Summe	20	17	13

Beispiel für eine Gewichtung:

Sarah hat viel Geld und viele Lieder. Sie gewichtet ihre Kriterien so: Preis 10 %, Display 10 %, Design 20 %, Speicher 40 %, Akku 20 %. Für sie wäre mit 370 Punkten Player B die Wahl.

Aufgabe

Erstellt in Gruppen für ein Produkt eurer Wahl eine Entscheidungsmatrix. Begründet eure Auswahl an Kriterien und die Vergabe der Bewertungen. Stellt eure Entscheidung in der Klasse vor.

4.2 Wie viel Staat braucht die Marktwirtschaft?

Der Markt – vom Wirken der unsichtbaren Hand

M 1   Die Märkte – der Markt

Rossmarkt um 1900

Virtueller Marktplatz

Börse in Frankfurt

Flohmarkt

Märkte sind eine der erstaunlichsten Entwicklungen der Menschheit. Es gab sie zu allen Zeiten und überall auf der Welt. Niemand hat jemals das Prinzip des Marktes „erfunden", die Menschen entwickelten es unbewusst, indem sie einfach ihren eigenen Bedürfnissen nachgingen. Es funktionierte auf den Wochenmärkten im Mittelalter nicht anders als auf den Basaren der arabischen Städte, auf Flohmärkten oder an den modernen Börsen: Wer etwas anzubieten hat, möchte dieses möglichst teuer verkaufen, wer etwas braucht, will dafür möglichst wenig bezahlen.

Nach: Nikolaus Piper, Geschichte der Wirtschaft, Weinheim u. a. 2002, S. 52

M 2   Das Angebot – wieso sind die Regale im Supermarkt so voll?

In Deutschland entscheidet keine Regierung, kein Parlament und kein Beamter über die Sortimente im Supermarkt. Die Entscheidung trifft der Supermarktbesitzer. Er sorgt für genug Brot, Marmelade und Tiefkühlpizza. Die Entscheidung fällt er, weil er sich davon etwas verspricht: Er glaubt, die Waren verkaufen zu können und damit Geld zu verdienen. Der Supermarktbesitzer muss dazu die Ware zunächst selbst einkaufen.

Er kauft Marmelade zum Beispiel für 1 Euro das Glas ein und verkauft sie für 1,69 Euro. 69 Cent bleiben also erst einmal für ihn. Wenn er am Tag 30 Marmeladengläser verkauft, summiert sich das zu rund 20 Euro. [...] Geld bleibt für den Supermarkt-Chef unter einer Bedingung übrig: Er verkauft die Produkte teurer, als er sie einkauft. Der Kaufmann will Gewinn machen, und zwar möglichst viel davon: Gewinn ist der Rest, der übrig bleibt, wenn er von seinen gesamten Einnahmen seine gesamten Ausgaben abzieht. Kürzer gesagt: Gewinn gleich Einnahmen minus Ausgaben. Ausgaben hat er nicht nur, weil er die Marmelade selbst beim Großhändler oder bei der Marmeladenfabrik einkaufen muss. Er muss auch seine Kassiererinnen bezahlen, den Strom für Licht und Heizung, die Preisetikettiermaschine und die Scannerkasse. Der Chef hat deshalb ein Ziel: Er will seine Preise für Marmelade und alle anderen Produkte so hoch setzen, dass für ihn möglichst viel Gewinn übrig bleibt. [...]
Ökonomen glauben, dass die Menschen von Grund auf eigennützig sind. Und sie nehmen an, dass dieser Eigennutz eine der Hauptursachen ist, warum ein Markt funktioniert: Der Kaufmann will viel Geld für sich und seine Familie einnehmen. Deswegen sucht er Produkte – Schokoladenriegel oder Tütensuppen, Zahnpasta oder Spaghetti –, die andere Menschen haben wollen. Er stellt sie ins Regal und bietet sie ihnen zum Verkauf an. Ganz schlicht ausgedrückt: Sein Egoismus macht die Regale voll. [...] Tütensuppen verkaufen ist für den Kaufmann nützlicher als Tütensuppen verschenken.
Das bedeutet nicht, dass Menschen im Weltbild der Ökonomen kaltherzig sind. Denn der Nutzen des einen ist nicht unbedingt der Schaden des anderen. Im Gegenteil: Der Händler liefert Tütensuppen, weil er auf mein Geld scharf ist. Ich gebe ihm mein Geld, weil ich auf seine Tütensuppen scharf bin. Beide, ich und er, sind wir nach dem Geschäft ein Stück zufriedener.

Winand von Petersdorff, Das Geld reicht nie, 2. Aufl., Frankfurt 2008, S. 16 – 20

Adam Smith (1723 – 1790), englischer Philosoph und Ökonom

In seinem wichtigsten Werk, das 1776 veröffentlicht wurde, „Der Wohlstand der Nationen" (auch unter „Der Reichtum der Nationen" bekannt), erklärte der berühmte Schotte Adam Smith so präzise und allgemeingültig wie kein anderer vor allem eins: Er zeigte, inwiefern Individuen im Marktgeschehen letztlich das Interesse der Allgemeinheit voranbringen, obwohl sie nur auf ihren eigenen Vorteil bedacht sind. Es ist jene berühmte „unsichtbare Hand", die den Einzelnen dazu bringt, einen Zweck zu erfüllen, der keineswegs in seiner Absicht liegt. Obwohl er nur seine persönlichen Interessen verfolgt, arbeitet er damit oft auf wirkungsvollere Weise für das Interesse der Gesellschaft, als wenn er sich dies zum Ziel gesetzt hätte.

André Fourçans, Die Welt der Wirtschaft, Frankfurt/New York 1998, S. 26 f., übersetzt von Sabine Schwenk

M 3 Die Nachfrage – wie man Egoisten zähmt

Im Frühjahr 2007 tourte die Sängerin Beyoncé Knowles durch Deutschland. In vier Städten machte sie Station. Die Hallen fassten zehntausende Plätze. Die Karten kosteten zwischen 50 und 90 Euro. Das ist viel Geld für die zumeist 12 bis 16 Jahre alten Besucher. Trotzdem waren die Konzerte schnell ausverkauft.
Wie begehrt die Karten waren, zeigte sich im Internetauktionshaus Ebay, wo 70-Euro-Karten für 100 Euro gehandelt wurden. Vor der Frankfurter Festhalle standen am Konzerttag Leute, die ihre Karten für 150 bis 250 Euro weiter verkaufen wollten.
Die Karten waren knapp. Und mehr gab es nicht. Deshalb wetteiferten die Leute um die wenigen Karten, die noch da waren. Jeder versuchte, dem Kartenbesitzer mehr Geld zu bieten als die anderen. So stieg der

25 Preis der Karte. Sie ging schließlich an den, der am meisten dafür bot.
Die Regel dazu lautet: Übersteigt die Nachfrage (nach Karten) das Angebot (an Karten), dann steigt der Preis 30 solange, bis die überzähligen Nachfrager abgesprungen sind und die Nachfrage (nach Karten) gleich dem Angebot (nach Karten) ist.
Wenn doch alle Beyoncé lieben, hätte 35 sie möglicherweise die Tickets für ihre Konzerte noch teurer machen können, um mehr Geld zu verdienen. Warum hat sie das nicht gemacht? [...]
40 Wird Beyoncé zu teuer, verlieren selbst große Anhänger das Interesse an ihr. Denn sie wollen trotzdem weiter nicht aufs Handytelefonieren verzichten und trotzdem weiter ab 45 und zu mal ins Kino gehen können.
Die Freiheit der 1981 geborenen Sängerin, Tickets teuer zu machen, wird begrenzt durch das Taschengeld ihrer treuen Kunden. [...]

Grundsätzlich steht Beyoncé aber 50 trotzdem vor folgendem Zwiespalt: Verlangt sie zu viel Geld für das Ticket, bricht ihr das Publikum weg. Verlangt sie zu wenig Geld, bricht ihr der Gewinn weg. Beyoncé muss genauso 55 praktisch denken wie ein Bäcker oder ein Kaufmann. Das tut sie auch.

Offensichtlich hängen Preis und Nachfrage (Kaufwunsch) zusammen. 60 Kunden kaufen etwas, wenn sie es haben wollen und wenn sie Geld dafür locker machen können. Der Anbieter hingegen setzt den Preis hoch genug, damit für ihn Gewinn bleibt, 65 und so hoch wie gerade möglich, ohne Kunden abzuschrecken. Er will für sich das Beste herausholen: viel Gewinn.

Der Trost aus diesem Mechanismus 70 lautet: Wir Kunden sind Verkäufern, Sängern und anderen Anbietern nicht hilflos ausgeliefert. Sie müssen aus Eigennutz unsere Wünsche und unsere Zahlungsbereitschaft ergründen 75 und respektieren, damit sie nicht auf ihrer Ware sitzen bleiben.

Winand von Petersdorff, Das Geld reicht nie, 2. Aufl., Frankfurt 2008, S. 20 - 23

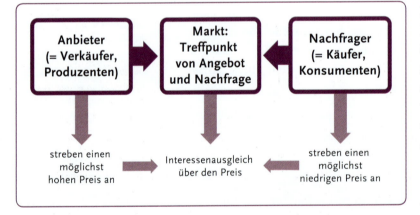

Aufgaben

1. Vergleiche die abgebildeten Märkte. Was haben sie gemeinsam, was unterscheidet sie (M 1)?
2. Erkläre, warum die Regale in Supermärkten so gut gefüllt sind und welche Rolle der Eigennutz der Menschen dabei spielt (M 2).
3. Erläutere, wie sich Preise bilden und welche Funktion sie haben (M 2, M 3).

Methode

M 4 Preisbildung im Modell: „Preis-Mengen-Diagramm"

Ein paar Worte zur Methode

Ja, es gibt nichts Praktischeres als eine gute Theorie. Jedes Weltbild, jede Analyse folgt einer Theorie oder einem Modell. Anders könnte man die Realität nicht erfassen. Uns fehlte einfach die Handlungsgrundlage. Aber warum? Weil die Welt so „komplex" ist, dass zu ihrem auch nur annähernden Verständnis eine – oft erschreckend – vereinfachte Darstellung nötig ist. [...] Es ist deshalb unsinnig, ein Modell zu kritisieren, weil es zu einfach und nicht „realistisch" genug sei. Modelle sind naturgemäß nicht realistisch, und kein Ökonom ist so blind, das nicht zu sehen. Er überlegt sich ja gerade eine Theorie, um jene Phänomene, die zu komplex für unsere Hirne sind, in ihrem Kern zu erfassen; von daher auch die zwingende Notwendigkeit, sich eine vereinfachte, „unrealistische" Darstellung dieser Phänomene auszudenken. Nach dieser Methode arbeiteten schon die Wissenschaftler im Mittelalter. Physiker verwenden extrem vereinfachte Modelle von Atomen, Wirtschaftswissenschaftler benutzen nicht weniger vereinfachte Modelle von Märkten.

Daraus lässt sich allerdings nicht ableiten, dass alle Theorien gleichermaßen gültig sind. Es gilt auch nicht, Modelle zu konstruieren, die so einfach sind, dass sie absurd werden. Oder, um es mit Paul Valery zu sagen: Was einfach ist, ist falsch, was komplex ist, ist nicht brauchbar. Eine Theorie sollte so gestaltet sein, dass darin alle unwichtigen Aspekte eines Phänomens unbeachtet bleiben. Das zu erreichen ist nicht nur eine Wissenschaft, sondern auch eine Kunst.

André Fourcans, Die Welt der Wirtschaft, 4. Aufl., Frankfurt 1999, S. 19 f., (Übersetzung: Sabine Schwenk)

Preisbildung unter der Lupe

Um das Prinzip der Preisbildung zu verstehen, bedient man sich eines Modells. In diesem Modell wird angenommen, dass sich Angebot und Nachfrage unabhängig voneinander bilden. Betrachten wir also zunächst die Nachfrageseite:

Für Schüler und Lehrer einer Schule soll ein Mittagessen angeboten werden. Jeden Donnerstag sollen Gemüseburger verkauft werden. Lehrer und Schüler stellen die Nachfrage auf dem Gemüseburgermarkt dar. Natürlich unterscheiden sich die Nachfrager: Manche haben mehr, manche weniger Hunger, einige haben mehr Geld für den Mittagstisch zur Verfügung als andere, nicht alle mögen Gemüseburger, für viele ist es ihr Leibgericht. Wie könnte sich also die Nachfrage nach den Bratlingen entwickeln? Nehmen wir an, 100 Schüler und Lehrer wären bereit, 3 € für ihren Gemüseburger auszugeben. Bei einem niedrigeren Preis von 2 € wären schon weitere 100 Schüler und Lehrer geneigt, den Mittagssnack zu kaufen. Nochmals 100 Schüler und Lehrer würden die Burger nachfragen, wenn der Preis dafür nur 1 € betragen würde.

Es ist einleuchtend, dass die Schüler und Lehrer, die bereit gewesen wären, 2 oder 3 € für den vegetarischen Burger auszugeben, auch für 1 € kaufen würden. Sie freuen sich lediglich, dass sie ihn so günstig bekommen. Wie man erkennen kann, ist die Nachfrage bei einem niedrigen Preis höher. Umgekehrt ist die Nachfrage geringer, wenn der Preis hoch ist. Deshalb addiert sich die Nachfrage der einzelnen Käufer mit abnehmendem Preis. Im Modell spricht man von der aggregierten (zusammengefassten) Nachfrage. Sie lässt sich grafisch so darstellen:

4. Wirtschaft und Wirtschaftsordnung

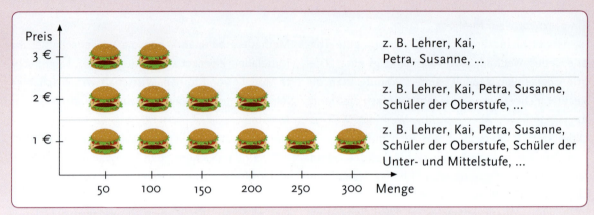

Ein gezeichneter Burger steht für 50 „echte" Burger.

Betrachten wir nun die Angebotsseite: Hausmeister, Eltern und ein Catering-Service wären bereit, die Gemüseburger anzubieten. Der Hausmeister, so nehmen wir an, könnte mit seiner Frau 100 vegetarische Bratlinge für 1 € verkaufen. Die Eltern könnten zusammen 100 Gemüseburger für 2 € anbieten, da ihr Herstellungsaufwand etwas größer wäre. Sie müssten sich abstimmen, wer wie viele Burger produziert, und den Transport zur Schule organisieren. Der Catering-Service mit hohen Personalkosten könnte weitere 100 Burger für 3 € anbieten. Selbstverständlich würden Hausmeister und Eltern auch für 3 € ihre Gemüseburger anbieten können. Hier addiert sich also das Angebot bei steigendem Preis. Man spricht vom aggregierten (zusammengefassten) Angebot. Je höher der Preis, desto größer ist die angebotene Menge. Je niedriger der Preis, desto geringer das Angebot, weil nur wenige Anbieter in der Lage sind, zu diesem Preis zu produzieren. Anbieter, die bei einem niedrigeren Preis nicht mehr gewinnbringend produzieren können, werden einfach vom Markt verdrängt. Die Angebotsseite im Beispiel lässt sich grafisch so darstellen:

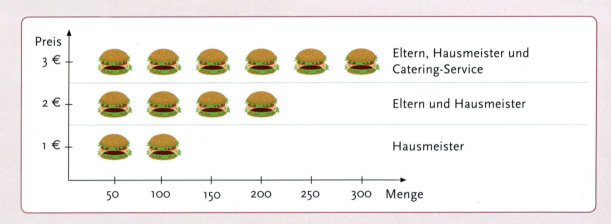

Ungleichgewichte von Angebot und Nachfrage

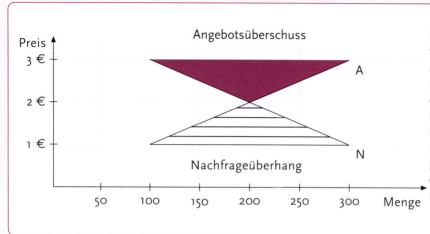

Ist der von den Anbietern festgesetze Preis höher als der Gleichgewichtspreis, so kommt es zu einer Nachfragelücke bzw. zu einem Angebotsüberschuss. Ist der Preis niedriger als der Gleichgewichtspreis, so kommt es zu einem Nachfrageüberhang.

Zum Preis von 3 € pro Gemüseburger beträgt die Nachfrage in der Schulkantine nur 100 Stück, angeboten würden jedoch 300 Burger. Die Differenz bezeichnet man als Angebotsüberschuss. Konkret bleiben diese Burger einfach übrig. Da sie nicht haltbar sind, werden die Anbieter sich überlegen, ob sie ihre Preispolitik (oder ihre Mengenpolitik) ändern.

Sobald aber klar ist, dass diese Menge nur zu einem erheblich niedrigeren Preis verkäuflich ist, wird sich der Catering-Service zurückziehen. Für weniger als 3 €/Stück kann er seine Kosten nicht mehr decken. Das Angebot geht zurück, es bleiben Eltern und Hausmeister, die den Gemüseburger auch für einen Verkaufspreis von 2 € rentabel produzieren können.

Aufgaben

1. Übertrage die Werte und zeichne die Nachfragekurve (Liniendiagramm) und die Angebotskurve (Liniendiagramm) in ein Koordinatensystem ein (M 4).
2. Der Gleichgewichtspreis ist der Preis, zu dem sich die beiden Geraden schneiden. Hier ist der Umsatz (Menge x Preis) am höchsten. Bestimme den Gleichgewichtspreis, und berechne den Höchstumsatz.
3. Fasst in Gruppenarbeit in einer Tabelle zusammen, von welchen Faktoren die Bereitschaft, Gemüseburger zu kaufen und zu verkaufen, abhängig ist (M 4).
4. Überprüfe, ob die von dir zusammengestellten Einflussfaktoren auf Angebot und Nachfrage auch allgemein gelten.

○ Erkläre anhand der Grafik, was man unter einem Angebotsüberschuss bzw. Nachfrageüberhang versteht (M 4).

Marktformen und Wettbewerb

M 5 Unterschiedliche Marktformen – wie wirken sie?

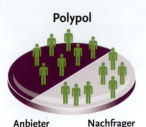
Polypol
Anbieter   Nachfrager

Oligopol
Anbieter   Nachfrager

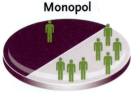
Monopol
Anbieter   Nachfrager

Es gibt Märkte für Autos, Füller, Handys, Benzin oder Energie. Sie alle sind unterschiedlich beschaffen und nur wenige gleichen dem Ideal-
5 modell vom freien Markt – das hat Folgen für die Anbieter und Nachfrager. Folgende Marktformen können grundsätzlich unterschieden werden:
Polypol: Wenn auf einem Markt
10 eine Vielzahl von Anbietern einer großen Zahl von Nachfragern begegnet, so herrscht vollständige Konkurrenz. Diese eher seltene und ideale Marktform gibt es zum Beispiel noch
15 im Einzelhandel.

Oligopol: Wenn nur einige wenige Anbieter die Verbraucher mit Waren versorgen, so herrscht eingeschränkte Konkurrenz. Das ist zum Beispiel bei der Mineralölindustrie der Fall, 20 wo nur wenige Anbieter den Markt bedienen.
Monopol: Bei dieser Marktform gibt es nur einen Anbieter, der den entsprechenden Markt beherrscht. Er 25 muss keine Konkurrenz fürchten. Das trifft vor allem bei staatlichen Dienstleistungen zu, zum Beispiel beim öffentlichen Nahverkehr.

M 6 Die Macht des Wettbewerbs

Nehmen wir mal einen Wettbewerb im Sport, sagen wir: einen 100-Meter-Lauf. Acht Läufer rennen, kämpfen sich ab – und am Schluss ist zumin-
5 dest einer glücklich über das Ergebnis, nämlich der Sieger.
Stellen wir uns aber vor, an den 100-Meter-Lauf schlösse sich sofort ein zweiter an. Und noch einer, und
10 noch einer [...] Wer unaufhörlich um seinen Platz kämpfen muss, wird das schnell ziemlich anstrengend finden. Selbst die besten Läufer hätten von ständigen Wettrennen wohl bald die
15 Nase voll.
Im Prinzip geht es Managern in der Wirtschaft genauso: Sie haben keine Lust, ständig mit anderen zu konkurrieren. Weltweit sehen 70 Prozent der
20 Manager Wettbewerb sogar als größte Bedrohung für ihr Geschäft, hat der Personaldienstleister Accenture erfragt.
Das Schreckgespenst Wettbewerb ist einfach erklärt: Wenn möglichst viele 25 verschiedene Anbieter um die billigsten Preise konkurrieren, um den besten Service und um die neuesten Erfindungen, so ist das schlicht unbequem. Um dem lästigen Wettbewerb 30 zu entgehen, lassen sich die Unternehmen daher einiges einfallen.
Sie kaufen Konkurrenten auf. Sie verschenken ihre Produkte, um die Konkurrenz in die Pleite zu treiben. Und 35 wenn das nichts hilft, sprechen sie die Preise mit anderen Anbietern ab.
Solche Aktionen zu verhindern, ist Aufgabe des Staates. Er ist damit gut beschäftigt. In Deutschland 40 gibt es gleich drei Einrichtungen, die den Wettbewerb schützen sollen:

4.2 Wie viel Staat braucht die Marktwirtschaft?

das Kartellamt, die Monopolkommission und die Bundesnetzagentur.
Ihre Aufgabe ist wichtig. Keinesfalls dürfte der Staat den Wettbewerb von den Unternehmen aushebeln lassen. Denn Konkurrenz bringt Fortschritt und Wohlstand in die Wirtschaft.
Wenn der Wettbewerb gut funktioniert, bewirkt dies, dass Autos, Ananas und anderes so billig angeboten werden, wie es nur geht – das hat der österreichische Ökonom Friedrich August von Hayek betont. Er sagt: Wie billig ein Gut sein kann, das lässt sich überhaupt erst durch Wettbewerb ermitteln. [...]
Denken wir an den 100-Meter-Lauf: Richtig schnell werden die Sprinter nur, wenn ihnen andere auf den Fersen sind. So merken auch die Verbraucher erst, wie billig sich eine Ananas produzieren und nach Deutschland schaffen lässt, wenn sich mehrere Hersteller gegenseitig um das Geschäft reißen.
Ganz deutlich wird das beim Telefonieren: Seit es dafür auch andere Unternehmen als die Telekom gibt, sind die Preise tief gefallen – für ein Ferngespräch zum Beispiel von 37 Cent pro Minute auf ein bis zwei Cent. Das hat der Staat nicht geschafft, als er sich noch um die Telefonleitungen kümmerte. Das hat die Telekom nicht hingekriegt, als sie noch ein Monopol hatte. Und die Planwirtschaft hat das erst recht nicht erreicht: In der DDR hatte nur etwa jeder siebte Haushalt überhaupt ein Telefon.
Mithilfe des Wettbewerbs lässt sich aber nicht nur der billigste Preis entdecken. Der Wettbewerb kann auch allerhand andere nützliche Erkenntnisse hervorbringen. Zum Beispiel, was Mobiltelefone so alles nebenbei haben können: Kamera und Stereoanlage etwa. Wer etwas Neues erfindet, hat im Wettbewerb einen Vorteil und wird belohnt. Deshalb strengen sich die Unternehmen beim Entwickeln und beim Bauen an.

Patrick Bernau, Frankfurter Allgemeine Sonntagszeitung, 19.11.2006, S. 60

Bundeskartellamt
Das Bundeskartellamt mit Sitz in Bonn ist zuständig für den Schutz des Wettbewerbs. Es hat die Aufgabe darüber zu wachen, dass Unternehmen nicht untereinander ihre Preise absprechen. Es kontrolliert darüber hinaus, ob Unternehmenszusammenschlüsse zur Herausbildung eines Monopols führen würden und wacht allgemein darüber, dass die Wettbewerbsregeln eingehalten werden. Neben dem deutschen wendet das Kartellamt auch europäisches Wettbewerbsrecht an, sofern nicht die Europäische Kommission zuständig ist.

M 7 Wettbewerb und Gewinn

Aufgaben

1. Lege eine Tabelle an und entscheide, wie die in M 5 beschriebenen Marktformen wirken auf:
   Preise, Gewinne der Anbieter, Produktvielfalt, Qualität der Produkte, Innovationen, Macht der Verbraucher.
2. Stelle dar, welche positiven Wirkungen der Wettbewerb allgemein entfaltet (M 6).
3. In der Abbildung M 7 ist dargestellt, wie intensiv der Wettbewerb in verschiedenen Branchen in Deutschland ist. Formuliere in ein bis zwei Sätzen, welcher Zusammenhang zwischen Wettbewerb und Gewinn sich aus der Abbildung entnehmen lässt.
4. Diskutiert, welche negativen Folgen ein zu starker Wettbewerbsdruck haben kann (M 6, M 7).

Wie lassen sich Wirtschaftsordnungen vergleichen?

M 8 Wirtschaftsordnungen – Wirtschaftssysteme

Auf einer Wahlkampfveranstaltung im März 1990 fordern die Bürger der DDR die Einführung der Sozialen Marktwirtschaft.

Dispositionen
hier: Verfügbarkeit, Verfügung

Wirtschaftssubjekte
hier: alle am Wirtschaftsgeschehen Beteiligten wie z. B. Staat, Banken, Haushalte usw.

Zentralverwaltungswirtschaft
auch „Planwirtschaft" genannt

Soll ein unübersichtliches und zusammenhangloses Nebeneinander einzelwirtschaftlicher Aktivitäten vermieden werden, sind Regeln, Normen und Institutionen erforderlich, die von allen Wirtschaftssubjekten akzeptiert werden. Die Gesamtheit der wirtschaftlich relevanten rechtlichen Vorschriften, Koordinationsmechanismen, Zielsetzungen, Verhaltensweisen und Institutionen, die den organisatorischen Ablauf und Aufbau einer Volkswirtschaft bestimmen, werden als Wirtschaftsordnung bezeichnet.

Wirtschaftsordnungen setzen sich aus unterschiedlichen Bausteinen zusammen.
Im Wesentlichen sind dies:
- Die Formen der Planung und Lenkung
- Das Eigentumsrecht
- Die Formen der Geld- und Finanzwirtschaft
- Das Außenwirtschaftsrecht
- Die Rolle der Wirtschaftssubjekte, besonders auch des Staates
- Die Rolle des Marktes, z. B. bei der Preisbildung
- Das Unternehmensrecht

Im Allgemeinen werden zwei Wirtschaftsmodelle gegenübergestellt:
- **Marktwirtschaft und**
- **Zentralverwaltungswirtschaft**

In einem marktwirtschaftlichen System werden Nachfrage und Angebot dadurch koordiniert, dass die Unternehmen ihre Güter und Leistungen auf Märkten gegen Geld anbieten, zu Preisen, die sich entsprechend dem Verhältnis von Angebot und Nachfrage, also entsprechend der Knappheit, frei herausbilden.
[...] In der Zentralverwaltungswirtschaft ist die gesamte Produktion und Verteilung der Güter den Dispositionen der Haushalte und Unternehmen entzogen. Stattdessen entscheidet eine staatliche Stelle (Planbehörde) darüber, welche Güter in welcher Menge und Qualität zu erzeugen und nach welcher Rangfolge sie an andere Unternehmen und Haushalte zu verteilen sind (Planauflagen). Oberste Pflicht der Unternehmen ist die fristgerechte Erfüllung der Planauflagen (Planerfüllungsprinzip). Artunterscheidendes Merkmal der Zentralverwaltungswirtschaft ist also, dass der arbeitsteilige Wirtschaftsprozess zentral geplant und aufgrund dieses Planes gelenkt wird. Ein häufig angeführtes Kriterium der Zentralverwaltungswirtschaft ist die Form des Eigentums. In Übereinstimmung mit der marxistischen Doktrin wird an sachlichen Produktionsfaktoren kein privates Eigentum zugelassen.
Im Falle zentraler Steuerung einer Volkswirtschaft müssen die Koordinatoren über eine außerordentliche Informationsfülle in Bezug auf die Bedarfe, die Güter- und Rohstoffvorräte, die Produktionskapazitäten, d. h. die Sachkapitalbestände und das Arbeitskräftepotential, verfügen.

4.2 Wie viel Staat braucht die Marktwirtschaft?

Daher ist eine umfangreiche, hochqualifizierte und kostspielige staatliche Bürokratie erforderlich, die die Informationen beschafft, auswertet, Teilpläne entwirft, aufeinander abstimmt, zum Gesamtplan zusammenfügt, die Pläne gegebenenfalls revidiert, die Einhaltung der Pläne kontrolliert und durchsetzt.

Nach: Schul/Bank, Wirtschaft, Materialien für den Unterricht, Berlin 2006, S. 10 f., Artur Woll, Allgemeine Volkswirtschaftslehre, 13. Aufl., München 2000, S. 69 f. und Heinz Lampert/Albrecht Bossert, Die Wirtschafts- und Sozialordnung der Bundesrepublik Deutschland im Rahmen der Europäischen Union, 15. Aufl., München 2004, S. 35

M 9 Zentrale Anreizstrukturen einer Wirtschaftsordnung im Überblick

Die Gesamtheit der rechtlichen Regeln und Vorschriften, die den Aufbau einer Volkswirtschaft bestimmen, werden als Wirtschaftsordnung bezeichnet. Wirtschaftsordnungen setzen sich aus unterschiedlichen Bausteinen zusammen.

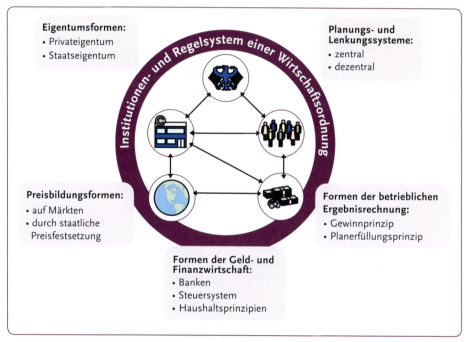

Nach: Hans Kaminski, Michael Koch, Institut für Ökonomische Bildung, Oldenburg

Aufgaben

1. Erkläre den Begriff „Wirtschaftsordnung" (M 8).
2. Fast täglich wird über Eingriffe in das Wirtschaftsleben diskutiert, sei es in Deutschland oder auf EU-Ebene. Suche dir aus der Tagespresse drei solcher Schlagzeilen und ordne sie den unterschiedlichen Bausteinen der Wirtschaftsordnung zu (M 9).

Die Soziale Marktwirtschaft – Geburt eines Erfolgsmodells

M 10 Die Entstehung der Sozialen Marktwirtschaft

Wirtschaft in Trümmern

Dass die Marktwirtschaft dem Sozialismus überlegen ist, glaubten 1945 in Deutschland die wenigsten. Der Zweite Weltkrieg war zu Ende. [...] Die Wirtschaft lag am Boden, die Menschen hungerten und froren, die Geschäfte waren leer, und wer etwas mehr als das Allernötigste haben wollte, der musste auf dem verbotenen Schwarzmarkt einkaufen, sein Tafelsilber bei Bauern gegen Fleisch eintauschen oder sogar stehlen. Wie war da an einen Wiederaufbau zu denken, wenn er nicht von einem starken Staat gelenkt wurde? Zumal die sowjetischen Besatzungsbehörden im Osten bereits mit der Enteignung von Industriebetrieben und landwirtschaftlichen Gütern begonnen hatten – der Voraussetzung für den Sozialismus.

Streit um die Wirtschaftsordnung

Diesem Ruf nach einer Staatswirtschaft widersprachen einige Ökonomen heftig. Aus der Katastrophe Deutschlands zogen sie genau den gegenteiligen Schluss: Deutschland musste zu einer echten Marktwirtschaft werden und der Staat hatte sich auf dieses Ziel zu konzentrieren. Er sollte sich nicht mehr in die Wirtschaft einmischen, sondern nur verhindern, dass einzelne Unternehmer wie in Deutschland vor 1933 Monopole und Kartelle errichteten und so die Macht auf ihren Märkten übernahmen. Der Staat sollte also dafür sorgen, dass die Unternehmer immer im Wettbewerb untereinander standen. Außerdem sollte er verhindern, dass jemals wieder eine Inflation wie 1923 das Land zerstörte, er sollte den Geldwert sichern. [...] Von den Ordoliberalen beeinflusst war auch ein bislang völlig unbekannter Wirtschaftsprofessor aus Fürth mit Namen Ludwig Erhard (1897–1977). Nach 1945 war Erhard zunächst ein paar Monate Wirtschaftsminister in Bayern, ohne sich dabei mit größeren Erfolgen hervorgetan zu haben. Dann aber machten ihn die Briten und Amerikaner zum Wirtschaftsdirektor ihrer gemeinsamen Zonenverwaltung.

Die Währungsreform

Sie beauftragten ihn mit der Vorbereitung eines wichtigen Projektes, der Währungsreform in den westlichen Besatzungszonen Deutschlands. Diese Reform war dringend nötig, denn die Nazis hatten die alte Reichsmark durch ihre Kriegspolitik ruiniert: Es war immer mehr Geld in den Umlauf gekommen, dem keine Waren mehr gegenüberstanden. Das alte Geld musste also aus dem Verkehr gezogen und durch neues ersetzt werden: die D-Mark. [...]

Das alles geschah am 20. Juni 1948. Als die Westdeutschen am Morgen des 21. Juni, dem ersten Geltungstag des neuen Geldes, aufwachten, trauten sie ihren Augen nicht. Die Geschäfte, in denen am Abend zuvor gähnende Leere geherrscht hatte, waren plötzlich voll. Es gab alles, was man jahrelang vermisst hatte:

Symbol des Wirtschaftswunders: Im Jahr 1955 läuft der millionste VW-Käfer vom Band.

Ordoliberalismus

Ordoliberalismus ist ein Konzept für eine Wirtschaftsordnung, bei der der Staat lediglich einen Rahmen für einen gesicherten Wettbewerb setzt, der die Freiheit der Bürger auf dem Markt gewährleisten soll, sonst aber nicht weiter in das Marktgeschehen eingreift.

Schinken, Schuhe, gutes Mehl, Anzüge, Kleider, Strümpfe. Der Grund für dieses Wunder war die neue
80 D-Mark. Das Geld war wieder etwas wert, also ließen sich auch wieder Geschäfte machen. Dass sich die Regale so wundersam gefüllt hatten, lag aber nicht nur an dem neuen Geld.

85 **Die Durchsetzung der Sozialen Marktwirtschaft**
Erhard war zu der Überzeugung gekommen, dass Deutschland sich nur erholen konnte, wenn es möglichst
90 schnell auf alle Methoden der Plan-, Zwangs- und Kriegswirtschaft verzichtete. Deshalb setzte er am Tage der Währungsreform fast alle Vorschriften über die staatliche Zutei-
95 lung von Nahrungsmitteln und Energie außer Kraft und hob die meisten Preisvorschriften auf. […] Als ihn der amerikanische General Lucius Clay deshalb zur Rede stellte und frag-
100 te, wie er dazu komme, einfach Vorschriften zu ändern, sagte er, der Überlieferung nach, den legendären Satz: „Entschuldigen Sie, ich habe die Vorschriften nicht geändert. Ich habe
105 sie abgeschafft." Für viele Deutsche ist bis heute der Wiederaufstieg ihres Landes nach dem Zweiten Weltkrieg untrennbar mit dem Namen Ludwig Erhard verbunden. […] 1949 wur-
110 de im Westen des ehemaligen Deutschen Reiches die Bundesrepublik Deutschland gegründet und der erste Deutsche Bundestag gewählt. Der Wirtschaftsminister der ersten Bun-
115 desregierung in Bonn wurde Ludwig Erhard.
Er setzte seine Vorstellung von der richtigen Wirtschaftsordnung durch. Bald nannten sie alle die Soziale
120 Marktwirtschaft. Es ging schnell aufwärts; man konnte sich etwas leisten: erst ausreichend zu essen, dann Wohnzimmermöbel, Waschmaschinen, Fernseher, Autos und schöne Reisen. Den Westdeutschen erschien dies, wenige Jahre nach dem verlorenen Krieg, einfach wunderbar. Deshalb sprachen sie vom deutschen Wirtschaftswunder. Ludwig Erhard allerdings widersprach immer, wenn von diesem Wirtschaftswunder die Rede war. Für ihn handelte es sich nicht um ein Wunder – der wachsende Wohlstand war
135 ein Ergebnis des Wettbewerbs, dem sich die junge Bundesrepublik öffnete. […]
Wirtschaftsminister Ludwig Erhard betrieb die Förderung des Wettbe-
140 werbs aus eigener Überzeugung. Im Bundestag setzte er 1957 – gegen den energischen Widerstand von Industrieverbänden – ein Gesetz gegen Wettbewerbsbeschränkungen durch
145 und richtete das Bundeskartellamt in Berlin (heute in Bonn) ein. Dem Kartellamt wurde das Recht übertragen, den Zusammenschluss von Großunternehmen zu prüfen und gegebenen-
150 falls zu verbieten; Firmen, die Kartelle bilden und ihre Preise absprechen, machen sich seitdem strafbar.

Nikolaus Piper, Geschichte der Wirtschaft, Weinheim/Basel 2002, S. 152 ff.

Der Wirtschaftserfolg äußerte sich in „Konsumwellen": Auf Ess-, Kleidungs- und Wohnungswelle folgte die Motorisierungswelle, schließlich die Reisewelle.

Aufgaben

1. Arbeite genau heraus, welche Bedingungen erfüllt waren, damit sich die Soziale Marktwirtschaft nach dem Zweiten Weltkrieg zu einem Erfolgsmodell entwickeln konnte (M 10).
2. Erstellt mithilfe eigener Recherchen eine Collage zur Entstehung und Entwicklung der Sozialen Marktwirtschaft (Zusammenarbeit mit Geschichte).

Die Soziale Marktwirtschaft – was zeichnet sie aus?

M 11 Was gehört zum Grundbild der Sozialen Marktwirtschaft?

> *„Ich will, dass der Einzelne sagen kann: ‚Ich will mich aus eigener Kraft bewähren, ich will das Risiko des Lebens selbst tragen, will für mein Schicksal selbstverantwortlich sein. Sorge du, Staat, dafür, dass ich dazu in der Lage bin'."*
> Ludwig Erhard

Der Staat in der Wirtschaftsordnung
Freie Marktwirtschaft
In der freien Marktwirtschaft hat der Staat lediglich die Aufgabe für die innere und äußere Sicherheit zu sorgen. Er greift darüber hinaus so wenig wie möglich in das Marktgeschehen und die Ergebnisse ein.

Soziale Marktwirtschaft
In der Sozialen Marktwirtschaft sorgt der Staat für einen freien Wettbewerb, er greift aber dort ein, wo der Markt keine guten Ergebnisse hervorbringt und schützt die wirtschaftlich Schwächeren vor den Stärkeren.

Planwirtschaft
In der Planwirtschaft gibt es keinen freien Wettbewerb. Der Staat legt fest, was, wann, wie und von wem produziert werden muss und sorgt für die Verteilung der Güter. Dadurch soll eine möglichst große Gleichheit der Bürger erreicht werden.

1. Die Soziale Marktwirtschaft basiert auf der Funktion eines beweglichen und sich dynamisch entwickelnden Marktes. Wenigstens in dieser Hinsicht be-
⁵ steht eine gemeinsame Auffassung sehr vieler Wirtschaftspolitiker, dass die Marktwirtschaft ein wirtschaftlich effizientes, ja den anderen Ordnungen überlegenes System sei.
¹⁰ *2. Die Soziale Marktwirtschaft ist angetreten mit dem Anspruch,* durch den marktwirtschaftlichen Prozess nicht nur die Gütererzeugung anzuheben, den Bereich persönlicher freier Ge-
¹⁵ staltungsmöglichkeiten für die Einzelnen zu erweitern, sondern *auch soziale Fortschritte zu bringen.* Der marktwirtschaftliche Prozess hat fraglos eine unvergleichliche Erwei-
²⁰ terung der Konsumkaufkraft breitester Schichten ermöglicht und auch durch sein von Jahr zu Jahr vorrückendes Wachstum Arbeitsplätze neu geschaffen, die Vollbeschäftigung ge-
²⁵ sichert und die Voraussetzung für steigende Löhne und Einkommen aller Schichten begründet.
3. Die Soziale Marktwirtschaft fordert keinen schwachen Staat, sondern
³⁰ *sieht in einem starken demokratischen Staat die Voraussetzung für das Funktionieren dieser Ordnung.* Der Staat hat nicht nur der Sicherung der Privatrechtsordnung zu dienen, er ist ge-

rade durch die marktwirtschaftliche ³⁵ Theorie in einer wesentlichen Aufgabe bestärkt worden, sich für die Erhaltung eines echten Wettbewerbs als einer politischen Funktion [...] einzusetzen. Die vom Staate zu sichernde ⁴⁰ Wettbewerbsordnung wehrt zugleich Machteinflüsse auf dem Markt ab.
4. Garant des sozialen Anspruchs der Marktwirtschaft ist nicht nur der Markt, dessen wirtschaftliche Leis- ⁴⁵ tungen sehr oft schon sozialen Fortschritt bedeuten. *Der Staat hat vielmehr die unbestrittene Aufgabe, über den Staatshaushalt und die öffentlichen Versicherungen die aus dem Marktpro-* ⁵⁰ *zess resultierenden Einkommensströme umzuleiten und soziale Leistungen, wie Kindergeld, Mietbeihilfen, Renten, Pensionen, Sozialsubventionen usw., zu ermöglichen. Das alles gehört zum Wesen* ⁵⁵ *dieser Ordnung, und es wäre eine Farce, nur den unbeeinflussten Marktprozess zu sehen, ohne seine vielfältige Einbettung in unsere staatliche Ordnung zu beachten.* ⁶⁰
Das bedeutet keineswegs ein Hinüberwechseln aus dem Markt in den staatlichen Bereich, sofern man sich dabei bewusst ist, dass die Mittel, die der Staatshaushalt transfor- ⁶⁵ miert, von der wirtschaftlichen Leistung des Marktes abhängig bleiben und „marktkonform" sein müssen.

Es muss die Grenze eingehalten werden, deren Überschreitung eine Störung der Marktvorgänge bewirkt.

5. Neben den engeren Aufgaben der Wettbewerbssicherung und den weiteren Aufgaben des sozialen Schutzes steht der Staat seit je und heute bewusster als früher vor Aufgaben der Gesellschaftspolitik, um die heute so gern zitierte ‚Qualität des Lebens', d. h. die Lebensumstände für alle, zu verbessern. Es gibt eben neben den Leistungen, die sich der Einzelne im Markte zu beschaffen hat oder die er aus den Sozialfonds des Staates erhält, eine Fülle von gesellschaftspolitischen Aufgaben. Ich nenne Erweiterung der Vermögensbildung, Verbesserungen der Investitionen im Bereiche des Verkehrs, des Gesundheitswesens, Aufwendungen für Bildung und Forschung, Schutz gegen die wachsende Verschlechterung vieler Umweltbedingungen, Städtebauförderung und eine verbesserte Gliederung des Wohn-, Arbeits- und Erholungsraumes der gesamten Bevölkerung.

Ludwig Erhard/Alfred Müller-Armack, Soziale Marktwirtschaft – Ordnung der Zukunft. Manifest '72, Berlin 1972, S. 25ff. (Kursivierung im Original)

M 12 Merkmale der Sozialen Marktwirtschaft

Eine der wichtigsten Aufgaben des Staates in der Sozialen Marktwirtschaft ist die Schaffung eines rechtlichen Rahmens, innerhalb dessen sich das wirtschaftliche Handeln abspielen kann. Dazu gehört die Sicherung persönlicher Freiheitsrechte [...]. Die Gewährleistung des marktwirtschaftlichen Wettbewerbs [... ist] ebenfalls von grundsätzlicher Bedeutung.

Der Anspruch der Sozialen Marktwirtschaft ist, die Vorteile einer freien Marktwirtschaft wie wirtschaftliche Leistungsfähigkeit oder hohe Güterversorgung zu verwirklichen, gleichzeitig aber deren Nachteile wie zerstörerischer Wettbewerb, Ballung wirtschaftlicher Macht oder unsoziale Auswirkungen von Marktprozessen (z. B. Arbeitslosigkeit) zu vermeiden.

Duden Wirtschaft von A bis Z: Grundlagenwissen für Schule und Studium, Beruf und Alltag. 5. Aufl. Mannheim: Bibliographisches Institut 2013. Lizenzausgabe Bonn: Bundeszentrale für politische Bildung 2013

Aufgaben

1. Formuliere drei Fragen zur Sozialen Marktwirtschaft. Gib die Fragen deinem Nachbar und bitte ihn, Antworten auf deine Fragen zu finden (M 11, M 12, eigene Recherchen).
2. Entscheide, welche der folgenden staatlichen Maßnahmen mit welcher Wirtschaftsordnung vereinbar / nicht vereinbar wären (M 11, M 12):
   – Der Staat legt Höchstpreise für Brot fest.
   – Der Staat legt fest, dass nur noch Autos mit Elektroantrieb produziert werden dürfen.
   – Der Staat zahlt allen Familien mit Kindern Kindergeld.
   – Der Staat verpflichtet die Menschen dazu, in eine Rentenversicherung einzuzahlen.
   – Der Staat beschließt, die Wasserversorgung privaten Unternehmen zu übertragen.
3. Begründe, in welcher Wirtschaftsordnung die meisten Vorschriften und Regeln erlassen werden müssen (Randspalte).
4. Beurteile, in welchen Bereichen die Soziale Marktwirtschaft deiner Meinung nach als Erfolgsmodell gelten kann, in welchen nicht (M 11, M 12)?

Wirtschaftspolitik – wie soll der Staat eingreifen?

M 13   Wirtschaftspolitik in den Schlagzeilen

Städte planen Einführung einer City-Maut zur Verbesserung der Luftqualität in Ballungsgebieten

Bundeskartellamt verhängt Strafen wegen Preisabsprachen in der Stahlindustrie

Staat verabschiedet Konjunkturpaket zur Bewältigung der Wirtschaftskrise

Durch Steuererleichterungen soll der Konsum angekurbelt werden

Steuern für Besserverdienende sollen steigen, Geringverdiener werden entlastet

Regierung erhöht Subventionen für regenerative Energien

M 14   Warum brauchen wir einen Staat?

Ohne starken Staat gibt es keine freien Märkte. Nur ein starker Staat kann individuelle Grund- und Freiheitsrechte verlässlich garantie-
5 ren. Nur so lassen sich Eigentums- und Verhaltensrechte und damit die Funktionsfähigkeit offener und freier Märkte sichern. Dazu greift der Staat auf Gerichte, Polizei und Streitkräf-
10 te zurück. Sie sorgen für die innere und äußere Sicherheit, die seit Adam Smith als klassische Staatsaufgaben verstanden werden.

In einem weiteren Sinne braucht
15 es den Staat auch, um Rechts-, Vertrags-, Handels- und Verkehrsregeln durchzusetzen. Er muss Grundbücher und Handelsregister führen oder Maße und Gewichte kontrollie-
20 ren. Er soll Wettbewerb ermöglichen und Marktmacht verhindern.

Hat der Staat seine erste und wichtigste hoheitliche Aufgabe der Rechtsetzung und Rechtsprechung gut ge-
25 löst und sind die Menschen gegen Macht und Willkür geschützt, kann alles andere ruhig der freien Entscheidung der Unternehmer, Verbraucher, Arbeitgeber und Arbeitnehmer überlassen bleiben. [...]
30 Eine zweite Rechtfertigung für staatliches Handeln ist die Tatsache, dass sich nicht alle Güter so einfach wie Nahrungsmittel, Textilien, Möbel oder Autos handeln lassen. Für eini-
35 ge Bedürfnisse gibt es keinen Markt, etwa für die Landesverteidigung oder den Gerichtsvollzug. Für andere Güter und Dienstleistungen versagt der Markt, weil es doch zu mächtigen
40 Monopolen kommt. Das ist vor allem dann der Fall, wenn Leistungen nur mit hohen Fixkosten erbracht werden können, so wie bei Eisenbahn, Post, Strom oder beim Festnetz
45 fürs Telefon. Ebenso stößt ein freier Marktmechanismus an seine Grenzen, wenn das Tun des einen unerwünschte Rückwirkungen beim anderen hervorruft, etwa wenn die Luft
50 verschmutzt wird.

Hier setzt der Leistungsstaat an. Er dient dazu, jene gemeinsamen Aufgaben zu erledigen, bei denen der

4.2 Wie viel Staat braucht die Marktwirtschaft?

Markt versagt und ein Angebot gar nicht, nicht in genügendem Maße oder nur mit ungewünschten Nebenwirkungen zustande kommt. „Leistungsstaat" bedeutet allerdings nicht, dass der Staat die Leistung auch selber erbringen muss. Meistens genügt es, wenn er durch Regulierungen, Anreize und Sanktionen lediglich dafür sorgt, dass Marktversagen verhindert wird oder fehlende Märkte neu geschaffen werden. So kann der Staat private Wachdienste dafür bezahlen, dass sie für die Sicherheit der Bürger sorgen. Er kann Private beauftragen, Bahn, Post, Flughäfen, Schulen und Theater zu betreiben. [...]
Schließlich liefert die Gerechtigkeit einen dritten Rechtfertigungsgrund für den Staat. Der Markt sorgt nicht für eine gerechte Einkommensverteilung. Er verteilt Einkommen nach Leistung und nicht nach Bedarf. Aus gesellschaftspolitischen Gründen ist daher eine Umverteilung durch den Staat angezeigt.

Thomas Straubhaar, Frankfurter Allgemeine Sonntagszeitung, 10.12.2006

Erklärfilm zu „Konjunkturzyklen"

Mediencode: 71049-01

M 15 Warum betreibt der Staat Wirtschaftspolitik?

Sowohl die Überhitzung der Konjunktur als auch eine Wirtschaftskrise schaffen soziale und damit auch politische Probleme. Lahmt die Konjunktur, so steigt die Arbeitslosigkeit, dem Staat entgehen Einnahmen und er kann weniger ausgeben. Bei einer Überhitzung der Konjunktur drohen Preissteigerungen und ein jäher Absturz. Insgesamt erschwert ein unsicherer Wirtschaftsverlauf die Entscheidungen der Wirtschaftsakteure. Sie meiden Risiken und neigen zu vermehrtem Sparen, dies schadet der wirtschaftlichen Entwicklung. Um eine möglichst stetige Wirtschaftsentwicklung zu erreichen, betreibt der Staat Stabilitätspolitik. Gesetzliche Grundlage ist das **Stabilitäts- und Wachstumsgesetz von 1967**, das die wirtschaftspolitischen Ziele festschreibt: **Stabilität des Preisniveaus, hoher Beschäftigungsstand (geringe Arbeitslosigkeit), außenwirtschaftliches Gleichgewicht, stetiges und angemessenes Wirtschaftswachstum.**
Der Bund und die Länder sind zu einer an den „Erfordernissen des gesamtwirtschaftlichen Gleichgewichts" orientierten Wirtschafts- und Finanzpolitik verpflichtet. Da es – wegen wechselseitiger Abhängigkeiten – schwer bzw. unmöglich ist, die Ziele gleichzeitig zu erfüllen, werden sie auch als „magisches Viereck" bezeichnet. Auch der Schutz der natürlichen Lebensgrundlagen, eine gerechte Einkommensverteilung und die Rückführung der Staatsverschuldung werden mittlerweile als wichtige wirtschaftspolitische Ziele anerkannt.

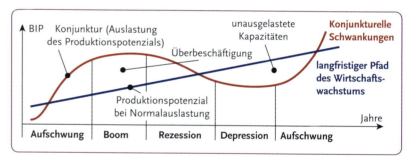

Darstellung eines idealtypischen Konjunkturzyklus. Im Aufschwung sinkt die Arbeitslosigkeit, die Investitionsneigung der Unternehmen ist hoch, die Preise steigen. Im Abschwung (Rezession) sind die Preise noch hoch, aber die Nachfrage geht zurück. Die Arbeitslosigkeit steigt, Unternehmen investieren nicht mehr.

Bruttoinlandsprodukt (BIP)
Gesamtwert aller Güter (Waren und Dienstleistungen), die innerhalb eines Jahres in einer Volkswirtschaft hergestellt werden und dem Endverbrauch dienen.

nominales BIP
Wert der in einem Jahr produzierten Güter, gemessen in den Preisen, die tatsächlich dafür gezahlt wurden. Das so ermittelte BIP ist über längere zeitliche Abstände nicht gut vergleichbar, weil auf lange Sicht das allgemeine Preisniveau ansteigt (Inflation).

reales BIP
Um das BIP unabhängig von einer Veränderung der Preise zu betrachten, wird das reale BIP berechnet. Dabei wird das Wachstum des nominalen BIP mit der Inflationsrate verrechnet.

Erklärfilm
„Bruttoinlandsprodukt"

Mediencode: 71049-02

M 16 Die Leistung unserer Wirtschaft

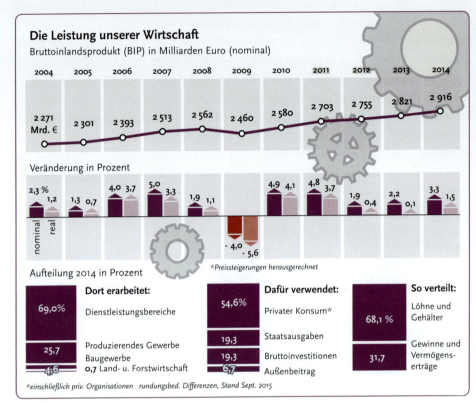

Globus-Grafik 10046; Quelle: Stat. Bundesamt

M 17 Wirtschaftspolitik und Wachstum – wenn es doch so einfach wäre

Wenn das Bruttoinlandsprodukt – abgekürzt: BIP – wächst, ist die Chance größer, dass es allen besser geht. [...] Das BIP hängt von der gesamtwirtschaftlichen Nachfrage ab. Die entsteht, wenn alle vier wichtigen Mitspieler der Wirtschaft einkaufen gehen: Nummer eins sind die Privatleute. Sie konsumieren (shoppen), etwa indem sie einen Kühlschrank kaufen. Nummer zwei sind die Unternehmen. Sie investieren in eine neue Fabrik oder Maschine, wofür sie auch Geld ausgeben. Der Staat, die Nummer drei, gibt Geld aus, um eine Straße oder eine Schule zu bauen. Nummer vier schließlich sind die anderen Länder. Regierungen oder Bürger aus dem Ausland kaufen auch in Deutschland ein, zum Beispiel Maschinen oder ein paar Autos. Rechnet man die Summen auf dem Kassenzettel und Rechnungen aller dieser vier Mitspieler zusammen, so kommt man auf die gesamtwirtschaftliche Nachfrage.

Wie entsteht jetzt Wachstum? [...] Wachstum entsteht, wenn mindestens einer der vier Mitspieler in Deutschland für mehr Geld kauft oder investiert als im Jahr davor. [...] Hier haben wir einen ersten Ansatz für Wirtschaftspolitik, um das BIP zu steigern. Die Regierung kann durch Instrumente wie zum Beispiel Steuersenkungen das verfügbare Einkommen des Privatmannes erhöhen, damit er Lust aufs Shoppen bekommt. Kauft er dann mehr als bisher, steigt das BIP.

Steuersenkungen können auch Unternehmen glücklich machen. Sie können dann mehr von ihrem Gewinn behalten, in Bürogebäude, Aufzüge, Förderbänder oder Mähdrescher investieren, neue Leute anstellen oder ihren Angestellten höhere Gehälter zahlen. Woraufhin diese mehr einkaufen gehen können. Steuersenkungen sind ein Mittel der Wirtschaftspolitik, das helfen kann, das BIP und damit Wachstum zu stimulieren.

Die Idee der Wirtschaftspolitik ist es, dann einzugreifen, wenn es von selbst nicht läuft. Eine Vorstellung dabei lautet, dass der Staat die gesamtwirtschaftliche Nachfrage erhöht.

Neben Steuersenkungen kann die Regierung ihre eigenen Ausgaben erhöhen, indem sie Bürgern Geld schenkt – etwa durch eine Erhöhung des Kindergeldes – oder indem sie Aufträge an Firmen vergibt. Sie kann beispielsweise Straßen bauen lassen. Dafür stellen die Unternehmen Rechnungen an den Staat, der muss sie bezahlen, und so kann auch das BIP wachsen. Ein Verfechter dieser Idee, durch Erhöhung der Staatsausgaben Wachstum in Schwächephasen zu erzeugen, war einer der berühmtesten Ökonomen des vergangenen Jahrhunderts: John Maynard Keynes.

[...] Aber dieses Beispiel wollen wir uns noch etwas genauer angucken, um ein Gefühl dafür zu bekommen, wie kompliziert Wirtschaftspolitik wirklich ist. [...]

Die aktuelle Regierung hat hohe Schulden und gibt ohnehin schon jedes Jahr mehr Geld aus, als sie einnimmt. Wenn sie die Ausgaben erhöhen möchte, wie Keynes das sagt, dann muss sie entweder einen zusätzlichen Kredit aufnehmen oder aber die Steuern erhöhen.

1. Wenn der Staat seine Steuern erhöht, so sinkt das verfügbare Einkommen der Bürger, und die Unternehmen haben weniger von ihrem Gewinn übrig. Der positive Effekt der höheren Staatsausgaben kann schnell verschwinden. Dazu kommen die oben erwähnten Probleme: Die Leute halten ihr Geld zurück oder produzieren weniger.

2. Wenn der Staat nicht knausert, sondern noch mehr Schulden macht, dann hat das auch Auswirkungen. Der Staat muss sich noch mehr Geld leihen. [...] [W]enn viele Gruppen – Regierungen und Unternehmen und Privatleute – Kredite haben wollen, dann werden Kredite teuer, weil die Banken mehr Zinsen verlangen. [...] Das schadet der Wirtschaft.

3. Noch ein Problem taucht auf: Was ist, wenn die Privatleute die Steuersenkung zwar zum Shoppen nutzen – aber nicht in Deutschland, sondern auf Mallorca? Die Deutschen lieben Auslandsurlaub. Oder wenn sie nur ausländische Autos kaufen?

Eine Lehre hieraus ist, dass Eingriffe in die Wirtschaft Folgen haben, weil alle Mitspieler zusammenhängen. Das macht Wirtschaftspolitik so schwierig für die Regierung.

Winand von Petersdorff, Das Geld reicht nie, Frankfurt a.M. 2008, S. 119 - 123

John Maynard Keynes (1883 – 1946), britischer Ökonom und Regierungsberater, gilt als Begründer der nachfrageorientierten Wirtschaftspolitik.

M 18 Zwei Strategien der Wachstums- und Beschäftigungspolitik

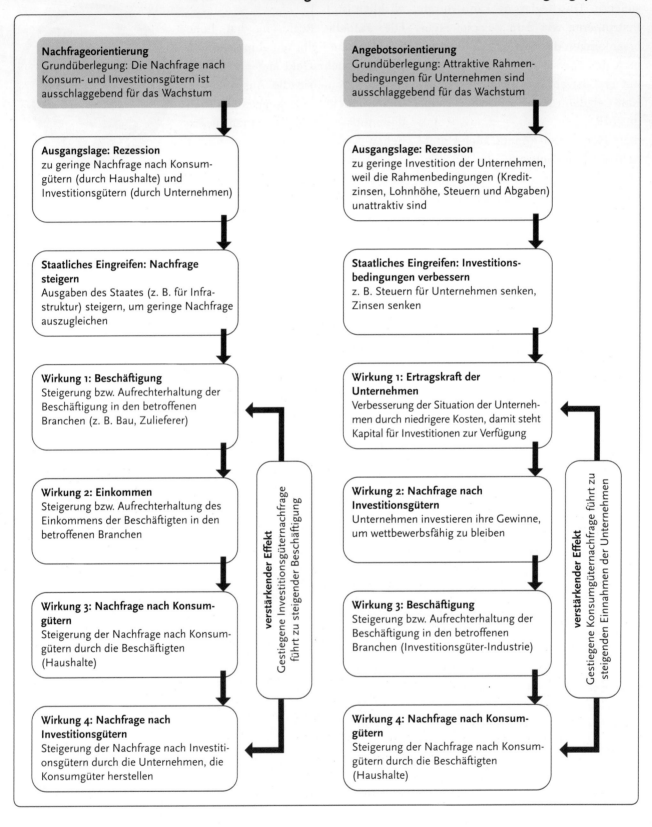

M 19 Konjunkturkurven

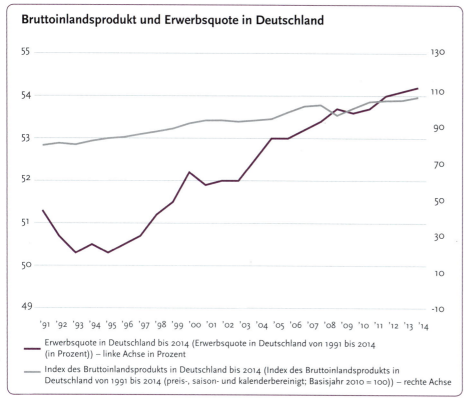

Quelle: IW, INSM (5.10.2015)

Aufgaben

1. Erläutere die Rechtfertigungsgründe, warum der Staat in das Wirtschaftsgeschehen eingreift. Finde Oberbegriffe für die verschiedenen Gründe (M 14, M 15).
2. Ordne die in M 13 genannten Beispiele für staatliches Handeln den Oberbegriffen aus Aufgabe 1 zu.
3. Angenommen, die gesamte Volkswirtschaft eines Minilandes würde aus nur einer Bäckerei bestehen: Der Bäcker verkauft im Jahr 1 Brot für 5.000 €. Im Jahr 2 beträgt die Inflationsrate 2 %.
Wenn der Bäcker im Jahr 2 seine Produktion steigert und Brot für 5.350 € verkauft: Wie hoch ist das nominale Wachstum, wie hoch ist das reale Wachstum (M 16)?
4. Beschreibe in Form von Wirkungsketten, mit welchen Maßnahmen der Staat das Wachstum ankurbeln kann. Bedenke auch, durch welche Faktoren die Wirkungsketten „gestört" werden könnten (M 17, M 18).
5. In der Wirtschaftskrise 2008/2009 reagierte der Staat mit der Verabschiedung eines Konjunkturpakets. Stelle für drei ausgewählte Maßnahmen dar, bei welchem Mitspieler sie ansetzten, was sie bewirken sollten und welcher wirtschaftspolitischen Strategie sie zuzuordnen sind (M 18, M 19).

Erklärfilm „Inflation"

Mediencode: 71049-03

Was wir wissen

Wirtschaftsordnungen
M 1 – M 9

Als Wirtschaftsordnung bezeichnet man sämtliche Regeln, die den organisatorischen Aufbau und den Ablauf der wirtschaftlichen Tätigkeiten innerhalb eines Landes bestimmen. Entscheidend für die Charakterisierung einer bestimmten Wirtschaftsordnung sind dabei solche Regeln, die die Planung der Produktion, die Eigentumsformen, die Markt- und Preisbildungsformen und Unternehmensformen bestimmen. In der Planwirtschaft werden die Güter nach einem zentralen Plan produziert und zu festen Preisen verteilt. Es gibt vielfache Beschränkungen des Eigentums. In der Marktwirtschaft werden die Güter dezentral durch eine Vielzahl von Einzelentscheidungen der Unternehmen produziert. Die Preise bilden sich auf den Märkten und Eigentum wird gewährleistet.

Preisbildung
M 4

Auf freien Märkten bilden sich die Preise durch Angebot und Nachfrage. Ist die Nachfrage nach Gütern größer als das Angebot, so steigt der Preis. Ist das Angebot an Gütern größer als die Nachfrage, so sinkt der Preis. Der Gleichgewichtspreis ist der Preis, zu dem der größte Güterumsatz erfolgt. Der Preis spiegelt somit auch immer den Wert wider, der den einzelnen Gütern zugeschrieben wird. Das Modell der Preisbildung funktioniert nur bei einem freien Wettbewerb der Anbieter und Nachfrager. Der Wettbewerb ist das wichtigste Gestaltungselement der Marktwirtschaft. Gibt es nur einen Anbieter, so sinkt der Anreiz, qualitativ hochwertige Produkte zu niedrigen Preisen zu produzieren. Wenige Anbieter neigen dazu, ihre Preise abzusprechen.

Soziale Marktwirtschaft
M 10 – M 12

Das Modell der Sozialen Marktwirtschaft beruht auf der Idee, die Freiheit auf dem Markt mit dem Prinzip des sozialen Ausgleichs zu verbinden. Diese Idee stammt von Ludwig Erhard (1897-1977), dem ersten deutschen Wirtschaftsminister nach dem Zweiten Weltkrieg und Bundeskanzler von 1963-1966. Die Wirtschaftsordnung der Sozialen Marktwirtschaft erfordert einen Staat in der Rolle des Schiedsrichters. Er garantiert die Ordnung und überwacht die Spielregeln, mischt sich selbst aber möglichst wenig in das Wirtschaftsgeschehen ein. So sichert er zum Beispiel den Wettbewerb, indem er Kartelle verbietet. Denn nur dann kann die Wirtschaftsordnung zu sozialem Fortschritt führen, nämlich unter anderem in Form einer wachsenden Wirtschaft und steigender Massenkaufkraft der Verbraucher. Daneben gilt als weitere Staatsaufgabe eine umfassende Gesellschaftspolitik überall dort, wo der Markt nicht automatisch zu guten Ergebnissen führt, also zum Beispiel im Bereich des Umweltschutzes.

Wirtschaftspolitik
M 14 – M 18

Weltweit haben Marktwirtschaften mit regelmäßigen Wachstumsschwankungen zu kämpfen, die mit Arbeitslosigkeit, Preisanstiegen und Wohlfahrtverlusten einhergehen. Zur Stabilisierung der wirtschaftlichen Entwicklung greift der Staat in der Sozialen Marktwirtschaft in das Wirtschaftsgeschehen ein. Gesetzliche Grundlage für die Stabilitätspolitik ist das Stabilitätsgesetz, das 1967 verabschiedet wurde. Das formuliert die wichtigsten Ziele der Wirtschaftspolitik: stetiges und angemessenes Wirtschaftswachstum; außenwirtschaftliches

Was wir können

Gleichgewicht; Preisniveaustabilität; hoher Beschäftigungsstand. Über die Ziele des Stabilitätsgesetzes hinaus gelten die Bewahrung der Umwelt, eine gerechte Einkommensverteilung und die Rückführung der Staatsverschuldung als weitere wichtige Ziele der Wirtschaftspolitik.

Zur Beeinflussung der wirtschaftlichen Entwicklung kann der Staat vielfältige Maßnahmen ergreifen. So kann er insbesondere über Steuerentlastungen und Ausgabensteigerungen die gesamtwirtschaftliche Nachfrage erhöhen und so im Idealfall für mehr Beschäftigung sorgen (Nachfragepolitik). Umgekehrt kann er auch zu einer Verbesserung des Angebots beitragen, indem die Bedingungen für Unternehmen zum Beispiel durch Steuersenkungen oder günstige Kredite verbessert werden (Angebotspolitik).

Ein Werbeplakat zur Sozialen Marktwirtschaft gestalten

Bildet Gruppen. Ihr arbeitet in einer bekannten Werbeagentur und bekommt den Auftrag, im Rahmen einer Kampagne für die Soziale Marktwirtschaft ein Werbeplakat zu gestalten. Alternativ kann auch ein „Warnplakat" zu den negativen Seiten der Sozialen Marktwirtschaft gestaltet werden. Überlegt euch zunächst, welche Art von Plakat ihr gestalten wollt.

Beachtet bei der Umsetzung folgende Punkte:
- Welche Grundbotschaft wollt ihr übermitteln (Textaussage)?
- Wie soll das Plakat aufgebaut werden (Anteil Text / Bild, Farben, Schriften, Gestaltung)?
- Wie sollen Text und Bild miteinander interagieren?
- Welche Stimmungen oder Gefühle sollen provoziert werden?

Diese Hinweise solltet ihr berücksichtigen:
- einfacher Text, klare Sprache, gut lesbare Schrift
- auf komplexe Grafiken oder Bilder verzichten
- wichtige Dinge auf einer Diagonalen platzieren, die von oben links nach unten rechts verläuft
- farblich sollte ein Plakat nicht zu bunt und nicht zu voll gestaltet werden

4.3 Herausforderungen: Ökologie – Gerechtigkeit – Globalisierung

Welches Wachstum brauchen wir?

M 1 Aussagen zu Wachstum

„Die EU will die Krise und vor allem die Jugendarbeitslosigkeit mit einem ‚Pakt für mehr Beschäftigung und Wirtschaftswachstum' bekämpfen."

„Was wir brauchen, ist positives Wachstum – sonst können die sozialen Sicherungssysteme in ihrer jetzigen Form nicht überleben."

„Gewerkschaften fordern Lohnerhöhungen nach Jahren des Wirtschaftswachstums."

Aussagen fiktiv

M 2 Warum brauchen wir Wirtschaftswachstum?

Es gibt eine Reihe von guten Gründen, die sich als Antworten auf diese Frage formulieren lassen:

- *Wachstum erleichtert den Abbau der*
5   *Arbeitslosigkeit:* Wirtschaftswachstum bedeutet, dass die Unternehmer wieder eine positive Zukunft für ihr Unternehmen erwarten. D. h. sie haben die Hoffnung, in
10   Zukunft wieder mehr Produkte oder Dienstleistungen absetzen zu können. Das führt über kurz oder lang dazu, dass sie dann auch wieder Arbeitsplätze anbieten, denn
15   diese Güter und Dienstleistungen müssen ja erst einmal hergestellt werden.
- *Umweltschutz erfordert Wachstum:* [...] Heute gibt es für Unterneh-
20   men viele Auflagen, z. B. für die Abwasserreinigung, Luftfilterung

usw. Dies ist für die Unternehmen teuer. Sie können diese Auflagen gut erfüllen, wenn es genügend Wachstum gibt.   25

- *Wachstum bedeutet steigende Einkommen:* [...] Nur bei Wirtschaftswachstum geht es den Unternehmen so gut, dass sie bereit sind, für ihre Mitarbeiter höhere Löhne zu   30 bezahlen.
- *Wachstum ist Grundlage der sozialen Sicherung:* Wenn die Erwerbsbevölkerung zurückgeht und die Ausgaben für Gesundheit und Ren-   35 te ständig steigen, muss die Wirtschaft (und damit die Einkommen) wachsen, wenn keine Leistungskürzungen erfolgen sollen.

Statistisches Bundesamt, Wiesbaden, Sachverständigenrat zur Begutachtung der gesamtwirtschaftlichen Entwicklung: Jahresgutachten 1987/88, Ziffern 246 f., 255, 257

M 3 Der ökologische Fußabdruck

Der ökologische Fußabdruck zählt alle Ressourcen, die für den Alltag benötigt werden, und zeigt auf, wie viel Fläche benötigt wird, um all die Energie und Rohstoffe zur Verfügung zu stellen. Anschließend wird dieser Flächenverbrauch auf alle Menschen hochgerechnet und mit den auf der Erde verfügbaren Flächen verglichen.

Einfach ausgedrückt: Dein ökologischer Fußabdruck sagt dir, wie groß die Fläche ist, die du zum Leben brauchst. Da unsere Erde ja nicht unendlich groß ist, haben alle Menschen nur eine gewisse Fläche zur Verfügung. Der Rechner zeigt, ob du mit deiner Fläche auskommst oder ob du gerade „auf zu großem Fuß" lebst. Folgende Fragen müssen dazu beantwortet werden (Auswahl):

- Wie warm ist es in deiner Wohnung/deinem Haus im Winter?
- Wie viele Stunden täglich benutzt du Unterhaltungs-, Kommunikations- und Informationsmedien für private Zwecke?
- Wie lange stehst du pro Woche unter der Dusche (1x baden entspricht 30 Minuten duschen)?
- Wie oft besorgst du durchschnittlich ein neues Kleidungsstück?
- Wie viel Müll produzierst du in einer Woche?
- Wie oft isst du Fleisch?
- Woher kommen die meisten deiner Lebensmittel?
- Welche Entfernungen hast du bei deinen Reisen im letzten Jahr mit welchem Verkehrsmittel zurückgelegt? (in km)

Sine Schnitzler, www.footprint-deutschland.de (12.6.2013)

Im Internet kannst du deinen eigenen Fußabdruck ausrechnen: *www.footprint-deutschland.de*

M 4 „Nach dem Ergebnis von Paris greifend"

Aus einer Rede von Bundeskanzlerin Angela Merkel auf dem sechsten „Petersberger Klimadialog", bei dem Minister aus 36 Staaten zusammenkamen, um die internationalen Klimaverhandlungen in Paris 2015 vorzubereiten.

„Wir wollen Klimaschutz mit Wachstum vereinbaren" – Wir fühlen uns in der Europäischen Union auch dazu verpflichtet, einen Beitrag zu weltweiten Innovationen zu leisten. Denn wir, die Industrieländer, haben über viele Jahre zur Klimaerwärmung stark beigetragen und haben jetzt die Pflicht, mit Innovationen denen, die noch Entwicklung vor sich haben, deutlich zu machen, was effizientere Technologien sind. […]

Es wird entscheidend sein, dass wir weltweit Investitionen in klimafreundliche Bahnen lenken – das heißt nicht, auf Wachstum zu verzichten, sondern es anders als bisher zu generieren. Die Globale Kommission für Wirtschaft und Klima hat in ihrer Studie „Better Growth, Better Climate" deutlich gemacht, dass hierfür die nächsten 15 Jahre entscheidend sind. […] Sie glauben, dass die globale Wirtschaft in den nächsten 15 Jahren um mehr als die Hälfte wachsen wird. […] Wenn es uns gelingt, dass diese neuen Investitionen in emissionsarme Projekte fließen, dann dient das der Wohlstandssicherung genauso wie dem Klimaschutz. Beides kann Hand in Hand gehen. [...] Das heißt, wenn es darum geht, neue Technologien einzuführen und auszubauen – seien es erneuerbare Energien, Elektromobilität oder anderes –, dann stehen viele Staaten vor jeweils sehr ähnlichen Herausforderungen, was Umwelt und Wirtschaft anbelangt. [...]

[D]ie Herausforderung des Klimaschutzes fällt uns allen leichter, wenn wir darauf vertrauen können, dass unsere Partner in der Welt das gleiche Ziel verfolgen. Das ist einer der Gründe dafür, dass wir ein umfassendes Abkommen brauchen, das uns den Weg weist, wie wir die Zwei-Grad-Zielvorgabe einhalten können, das ebenso faire wie verbindliche Regeln für Industrie- und Entwicklungsländer festlegt, [...]. Das bedeutet dann nicht mehr und nicht weniger, als dass die Menschen auf diesem Planeten darauf hoffen können, dass der Schutz des Klimas und individueller Wohlstand gleichermaßen erreicht werden können, auch wenn wir dafür neue Wege gehen müssen. [...]

Angela Merkel, www.bundesregierung.de, 19.5.2015

M 5 Die Zauberformel „Nachhaltige Entwicklung"

Eine nachhaltige Entwicklung sollte alle drei Dimensionen berücksichtigen.

Das Konzept der Nachhaltigkeit lässt sich bis ins 14. Jahrhundert zurückverfolgen. Schon damals existierte eine „nachhaltige" Forstwirtschaft, die darauf basierte, „nicht mehr Holz zu schlagen, als nachwächst". 1795 formulierte Georg Ludwig Hartig: Die Wälder sind so zu nutzen, „dass die Nachkommenschaft ebensoviel Vorteile daraus ziehen kann, als sich die jetzt lebende Generation zueignet."

1987 legte die „World Commission on Environment and Development" (WCED) („Weltkommission für Umwelt und Entwicklung") unter der Leitung der damaligen norwegischen Ministerpräsidentin Gro Harlem Brundtland ihren Abschlussbericht „Our Common Future" vor. Darin heißt es: „Ohne Absicht und Aussicht auf Rückzahlung borgen wir heute von künftigen Generationen unser ‚Umweltkapital'. Unsere Nachfahren mögen uns ob unseres verschwenderischen Vorgehens verfluchen – unsere Schulden werden sie nicht mehr eintreiben können. Unser Verhalten ist bestimmt von dem Bewusstsein, dass uns keiner zur Rechenschaft ziehen kann. Künftige Generationen haben heute kein Wahlrecht, sie verfügen über keine politische oder finanzielle Macht und sind uns daher ohnmächtig ausgeliefert."

Im Zentrum der Debatten über Nachhaltigkeit steht deshalb in der Regel das Begriffsdreieck (die Trias) Ökologie – Ökonomie – Soziales. Damit ist gemeint, dass alle Umweltmaßnahmen zugleich sozial verträglich sein und die wirtschaftliche Entwicklung fördern sollen.

M 6 Ein besserer Maßstab?

Der HDI (Index der menschlichen Entwicklung) wird jährlich von den Vereinten Nationen für derzeit 169 Länder bestimmt.
Er soll die Lebensqualität der Menschen abbilden. Dafür werden Zahlen zur durchschnittlichen Lebenserwartung, zum Bildungsniveau und zum Pro-Kopf-Einkommen ausgewertet. Der HDI-Wert liegt immer zwischen den Grenzen 0 und 1, wobei diese beiden Grenzen in der Praxis nicht erreicht werden. Er ist ein Indikator für den wirtschaftlich-sozialen Fortschritt eines Landes und in seinem umfassenderen Ansatz besser als das BIP dazu geeignet, den Entwicklungsstand von Ländern zu vergleichen.

Erklärfilm „Nachhaltigkeit"

Mediencode: 71049-04

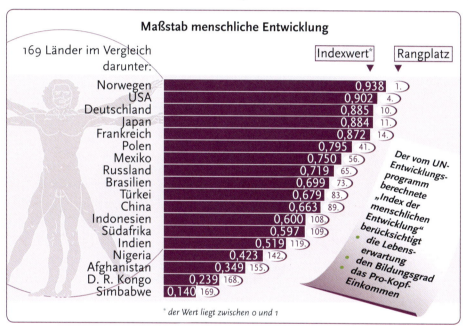

Bergmoser + Höller Verlag AG, Zahlenbilder 603 146; Quelle: UNDP (2010)

M 7 Der Markt als Lösung – Emissionshandel

Manchmal hat die wirtschaftliche Aktivität von Unternehmen und Privatleuten Nebeneffekte für Dritte. Ein solcher Effekt kann die Umweltverschmutzung sein. Autos und Fabriken blasen zum Beispiel das klimaschädliche Gas Kohlendioxid in die Luft. [...] Der Schaden für die Umwelt spielt für den Unternehmer zunächst keine unmittelbare Rolle. Er ist auch schwierig zu ermitteln. Aber der Staat hat ein Interesse, dass diese Schäden nicht zu groß werden. Deshalb muss der Staat Regeln erlassen, um Umweltverschmutzung zu verringern oder zu verhindern. [...]
Aber es gibt inzwischen auch moderne Ideen, die Verbote und Marktwirtschaft miteinander verbinden. Das geht über den Handel von Verschmutzungsrechten. Jedes Unternehmen, das Dreck in die Luft pusten will,

Kohlekraftwerke emittieren große Mengen des klimaschädlichen Gases CO_2.

Negative externe Effekte

Ein negativer externer Effekt tritt auf, wenn die von einer individuellen Handlung verursachten Kosten von der Allgemeinheit getragen werden müssen (verschmutzte Luft eines Kraftwerks, Lärm eines Flugzeuges ...).

muss dafür ein Verschmutzungsrecht vom Staat kaufen. Diese Rechte werden von der Regierung knapp gehalten. Wenn ein Unternehmen nun eine Filteranlage einbaut, die den Dreck aus der Abluft herausfiltert und deswegen weniger Kohlendioxid ausstößt, kann sie ihr Verschmutzungsrecht an einen Betrieb verkaufen, der noch nicht so sauber produziert. Der darf dann zwar weiterhin Abgase im alten Maße ausstoßen, aber muss für dieses Recht teuer bezahlen. [...] So wird die Verschmutzung zum Teil der Kalkulation. Dieses System wird in Europa ungefähr so praktiziert.

Winand von Petersdorff, Das Geld reicht nie, Frankfurt a. M., 2. Auflage, 2008, S. 111 ff.

M 8 Der Handel mit Verschmutzungsrechten – ein Beispiel

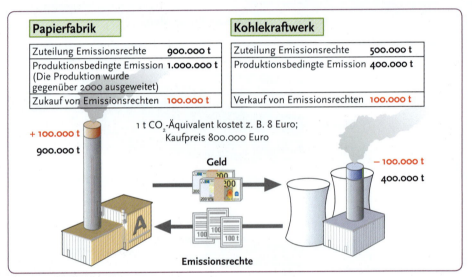

Globus-Grafik 8784

M 9 Umweltpolitische Instrumente – Übersicht

Umweltpolitisches Instrument	Beispiele
Instrumente, die auf **Freiwilligkeit** beruhen, wie z. B. moralische Appelle	• Aufforderung zur Mülltrennung • Informationen durch Gütesiegel
Marktwirtschaftliche Instrumente, d. h. unerwünschtes Verhalten (z. B. Umweltverschmutzung) mit einem Preis belegen bzw. verteuern, erwünschtes Verhalten bezuschussen. Politisch erwünschtes Verhalten lohnt sich für Unternehmen und private Haushalte, wenn dadurch Kosten gesenkt (und Gewinne erhöht) werden können.	• Umweltsteuern wie die Ökosteuern • Subventionen wie bei Einführung des geregelten Drei-Wege-Katalysators • Umweltzertifikate und deren Handel, z. B. das europäische Emissionshandelssystem
Bürokratische Instrumente, d. h. Gebote und Verbote werden gesetzlich verankert	• das gesetzliche Verbot der Verwendung bestimmter Stoffe, wie von FCKW • Umweltzonen in Städten

M 10 Ein Preis für die Umwelt? Der Wert von Ökosystemen

Die Dienste und Ressourcen der Natur kosten nichts. Ihre Ausbeutung für private Interessen verursachen Schäden, die von der Allgemeinheit getragen werden müssen. Deshalb fordern deutsche Forscher, dass für die Nutzung der Ökosysteme ein Preis entrichtet werden sollte, der alle ökonomischen und ökologischen Folgen beinhaltet.

Dazu messen die Forscher etwa die negativen Auswirkungen der menschgemachten Veränderungen an Ökosystemen auf den Wohlstand der Menschen. Sie nennen ein Beispiel aus Thailand. Dort brachte die Umwandlung von Mangrovenwäldern in Shrimpsfarmen den Besitzern einen Privatgewinn von mehr als 1.200 Dollar pro Hektar, wozu 8.400 Dollar staatliche Subventionen kamen.

Die natürlichen Wälder aber brachten einen Nutzen von 12.000 Dollar pro Hektar durch Holz, Fischerei und die Verhinderung von Küstenschäden. Die Wiederherstellung des ursprünglichen Zustands würde 9.000 Dollar pro Hektar kosten. Fazit: Die Abholzung der Mangroven ist nicht nur ökologisch, sondern auch ökonomisch eine schlechte Investition. Die Ökonomisierung (Bewertung) von Ökosystemen trägt dazu bei, dass bessere Entscheidungen getroffen werden. Politiker, Landbesitzer und Investoren würden überzeugt, neue Instrumente zum Schutz der Natur einzuführen und zu akzeptieren.

Nach: Ferdinand Knauß, Handelsblatt, 17.11.2009

Aufgaben

1. Erläutere, warum Wirtschaftswachstum als notwendig erachtet wird (M 1, M 2).
2. Stelle dar, wo die Grenzen des Wachstums liegen (M 3, M 4).
3. Stellt euch vor, die Bundesregierung würde zur Schonung von Ressourcen den Preis für einen Liter Benzin um drei Euro verteuern. Diskutiert, ob eine solche Maßnahme im Sinne der Nachhaltigkeit wäre, und zeigt an diesem Beispiel die Schwierigkeiten einer ökologischen Politik auf.
4. Erläutere, warum man beim Emissionshandel von einem umweltpolitischen Instrument des Marktes spricht (M 7, M 8).
5. Eine Klebstofffabrik emittiert umweltschädlichen Rauch. Stelle dar, wie der Staat dagegen vorgehen könnte und worin das Pro und Kontra der jeweiligen Lösungsansätze besteht (M 9).
6. Manche Ökonomen fordern, den Wert der Umwelt in Euro und Cent auszudrücken. Stelle Vor- und Nachteile eines solchen Verfahrens gegenüber (M 10).

Soziale Marktwirtschaft in der Bewährung

M 11 Niemand muss im Regen stehen ...

Karikatur: Aurel

M 12 Das Sozialstaatsgebot im Grundgesetz

Art. 1 GG
(1) Die Würde des Menschen ist unantastbar. Sie zu achten und zu schützen ist Verpflichtung aller staatlichen Gewalt.

Art. 2 GG
(1) Die Bundesrepublik Deutschland ist ein demokratischer und sozialer Bundesstaat.

Im Grundgesetz, der deutschen Verfassung, werden die Grundrechte der Bürgerinnen und Bürger garantiert und die Organisation des Staates festgelegt. Artikel 20 fasst die wichtigsten Staatsprinzipien zusammen. Das darin enthaltene „Sozialstaatsgebot" verpflichtet den Staat dazu, das Ziel eines sozialen Ausgleichs bei allen staatlichen Maßnahmen zu berücksichtigen. In Verbindung mit dem Grundrecht auf ein menschenwürdiges Leben ergibt sich daraus ein Anspruch des Einzelnen gegen den Staat, für ihn im Falle seiner – verschuldeten oder unverschuldeten – Bedürftigkeit so zu sorgen, dass sein Existenzminimum gesichert ist. Wer zum Beispiel durch Krankheit oder Alter in eine Notlage geraten ist, muss durch die Unterstützung staatlich organisierter Sozialsysteme eine angemessene Behandlung und ausreichende Hilfe bei der Existenzsicherung erhalten. Der Staat ist auch dazu verpflichtet, „Daseinsvorsorge" zugunsten der Bürgerinnen und Bürger zu betreiben, d.h. die Versorgung mit Gas, Wasser, Strom und Schulen, öffentlichen Verkehrsmitteln u. a. sicherzustellen. Er muss dies allerdings nicht immer kostenlos tun, sondern kann dafür eine zumutbare Gegenleistung in Geld fordern.

M 13 Das soziale Sicherungssystem in Deutschland

Das Kernstück des Sozialstaats in Deutschland ist die gesetzliche Sozialversicherung. Sie ist im Sozialgesetzbuch geregelt und schreibt verpflichtend vor, dass jeder Mensch, der in einem regulären Beschäftigungsverhältnis (sozialversicherungspflichtige Vollzeit- und Teilzeittätigkeiten) steht, gegen bestimmte Grundrisiken des Lebens versichert sein muss. Arbeitgeber und Arbeitnehmer beteiligen sich in etwa je zur Hälfte an der Finanzierung der Versicherungen. Eine Ausnahme bildet die gesetzliche Unfallversicherung. Bei dieser Versicherung sind nur die Arbeitgeber beitragspflichtig. Auf diese Weise ist ein Arbeitnehmer versichert bei Arbeitslosigkeit, bei Krankheit, bei Pflegebedürftigkeit, im Alter, wenn er nicht mehr berufstätig sein kann, und bei Unfällen. Diejenigen, die aus den gesetzlichen Sozialversicherungen keine oder keine ausreichenden Leistungen beziehen können, erhalten im Falle ihrer Bedürftigkeit eine Grundsicherung, die aus allgemeinen Steuermitteln finanziert wird.

Darüber hinaus leistet der Sozialstaat auch in besonderen Lebenslagen Unterstützung, z. B. für Familien, Kinder oder die Ausbildung. Der Sozialstaat wird von dem Grundgedanken der „Solidarität" getragen, d. h. dem Prinzip gegenseitiger Hilfe. Im Bedarfsfall tritt die Gemeinschaft mit ihren Mitteln für den Hilfebedürftigen ein.

Erklärfilm „Gesetzliche Sozialversicherung"

Mediencode: 71049-05

M 14 Die Säulen der sozialen Sicherung

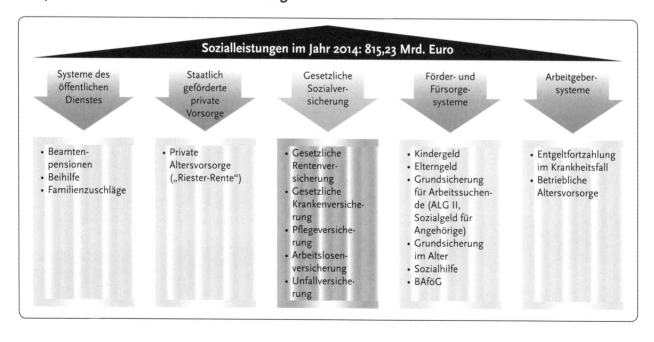

M 15 Arm und Reich in Deutschland

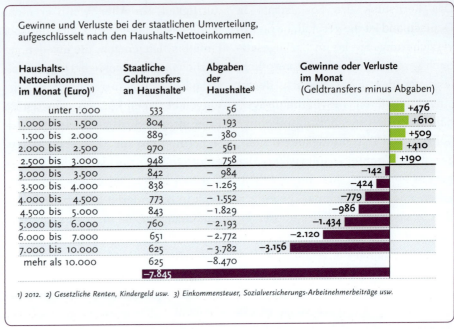

Gewinne und Verluste bei der staatlichen Umverteilung, aufgeschlüsselt nach den Haushalts-Nettoeinkommen.

Haushalts-Nettoeinkommen im Monat (Euro)[1]	Staatliche Geldtransfers an Haushalte[2]	Abgaben der Haushalte[3]	Gewinne oder Verluste im Monat (Geldtransfers minus Abgaben)
unter 1.000	533	– 56	+476
1.000 bis 1.500	804	– 193	+610
1.500 bis 2.000	889	– 380	+509
2.000 bis 2.500	970	– 561	+410
2.500 bis 3.000	948	– 758	+190
3.000 bis 3.500	842	– 984	–142
3.500 bis 4.000	838	– 1.263	–424
4.000 bis 4.500	773	– 1.552	–779
4.500 bis 5.000	843	– 1.829	–986
5.000 bis 6.000	760	– 2.193	–1.434
6.000 bis 7.000	651	– 2.772	–2.120
7.000 bis 10.000	625	– 3.782	–3.156
mehr als 10.000	625	– 8.470	–7.845

[1] 2012. [2] Gesetzliche Renten, Kindergeld usw. [3] Einkommensteuer, Sozialversicherungs-Arbeitnehmerbeiträge usw.

Quelle: www.faz.net, IW; F.A.Z.-Grafik Thomas Heumann, 3.8.2015

M 16 Gut gemeint, aber ...: Die Mietpreisbremse hilft nur den Reichen

Placebo
Scheinintervention

Status quo
bestehender bzw. aktueller Zustand einer Sache

Seit ein paar Jahren steigen die Mieten vor allem in den beliebten Gegenden der Großstädte stark. Deswegen wird die Mietpreisbremse wohl im Koalitionsvertrag zwischen Union und SPD stehen. [...] Wird eine Wohnung künftig wiedervermietet, darf die neue Miete nicht höher als zehn Prozent über der ortsüblichen Preismarke liegen. Mieter mit geringen und normalen Einkommen sollen so vor der Ausbeutung durch profitgierige Investoren geschützt werden. Das ist die Idee. Und sie leuchtet auf den ersten Blick durchaus ein.
Doch leider zeigt sich am Beispiel Mietpreisbremse einmal mehr ein chronisches Leiden der Politik: Es wird nur der Status quo betrachtet, aber nicht die Auswirkung der Regulierung. Wer diese Folgen im Falle der Mietpreisbremse analysiert, der erkennt: Es handelt sich um Placebopolitik. Gering- und selbst Normalverdiener werden auch künftig keine Wohnungen in attraktiven Lagen finden. Es kommt noch schlimmer: Die vielbeklagte Gentrifizierung, also das Verdrängen alteingesessener Mieter durch wohlhabende Zugezogene, könnte sich noch verschärfen.
Warum das so ist? Ein Beispiel aus der Praxis macht es deutlich: Bei der Besichtigung einer 100-Quadratmeter-Wohnung im schicken Berliner Stadtteil Mitte erscheinen 50 Bewerber. Die bisherigen, langjährigen Mieter haben für die Vierzimmerwohnung 600 Euro bezahlt, nun will der Vermieter zwölf Euro pro Quadratmeter nehmen, also

149

4.3 Herausforderungen: Ökologie – Gerechtigkeit – Globalisierung

1.200 Euro im Monat. Den Zuschlag erhält der solventeste Bieter, ein Doppelverdiener-Ehepaar ohne Kinder, das 6.000 Euro netto monatlich zur Verfügung hat.

Nun kommt die vermeintlich segensreiche Preisbremse, die Miete darf also höchstens zehn Prozent über dem Wert des Mietspiegels liegen, das entspricht gut sieben Euro. Die Wohnung kostet statt 1.200 künftig 700 Euro. Bekommt nun endlich der Rentner, die Mitarbeiterin des Drogeriemarktes oder der alleinerziehende Altenpfleger die Wohnung? Mit Sicherheit nicht! Schließlich hat das Doppelverdiener-Ehepaar ohne Kinder nun noch mehr Interesse an der schönen und dazu dank Mietpreisbremse auch noch billigen Wohnung. So lange die Nachfrage das Angebot übersteigt, haben die Schwächeren, die mit geringem Einkommen und vielen Kindern, auf dem Mietmarkt immer das Nachsehen.

Ihre Lage wird mit der Mietpreisbremse eher noch aussichtsloser. Denn dank der gedeckelten Preise werden die Wohnungen in beliebten Lagen nicht mehr nur für Top-Verdiener, sondern auch für die Schicht darunter viel attraktiver. Wer über 6.000 Euro netto verfügt, spart im Vergleich zum Status quo viel Miete und hat mehr Geld für den Urlaub. Und wer mit 4.000 Euro netto immer noch zu den Gutverdienern gehört, kann sich die Wohnung nun auch prima leisten. Folglich ist das als soziale Errungenschaft gepriesene Vorhaben nicht mehr als ein Noch-mehr-Netto-Projekt für die Oberschicht und die gehobene Mittelschicht.

Sven Böll, Spiegel online, 5.11.2013

solvent
finanzstark, zahlungsfähig

M 17   Sozialstaat und Gerechtigkeit

Es gibt einen engen Zusammenhang zwischen der sozialen Gerechtigkeit und der sozialen Ungleichheit. Während man Letztere jedoch messen kann, ist die soziale Gerechtigkeit eine Ansichtssache. Der Regierende Bürgermeister von Berlin verdient mehr als ein U-Bahn-Fahrer der Berliner Verkehrsbetriebe. Das ist leicht festzustellen, aber ist es gerecht? Der Regierende Bürgermeister verdient deutlich weniger als ein Profifußballer von Hertha BSC. Ist das gerecht? Letztendlich dreht sich die Frage der sozialen Gerechtigkeit immer um die der Gleichheit. Wie gleich müssen die Bürger, wie unterschiedlich dürfen sie sein, damit eine Gesellschaftsordnung als gerecht empfunden wird? Gerechtigkeit und Gleichheit hängen also zusammen. Aber wo soll die Gleichheit ansetzen, bei den Chancen oder bei den Ergebnissen? Müssen, um ein Bild aus dem Sport zu benutzen, alle zur selben Zeit loslaufen (Chancengerechtigkeit) oder sollen alle zur selben Zeit ankommen (Verteilungsgerechtigkeit)? Darauf gibt es keine einfache und keine allgemeine Antwort. Je nach politischer und weltanschaulicher Position unterscheiden sich die Meinungen hier deutlich. In der Bundesrepublik Deutschland werden beide Ansätze verfolgt. Zum einen sollen alle Gesellschaftsmitglieder die gleichen

Chancen haben, im Berufsleben erfolgreich zu sein. Da die beruflichen Möglichkeiten mit wenigen Ausnahmen (wie Berufssportler oder Künstler) über Bildungsabschlüsse vergeben werden, ist es wichtig, dass alle Kinder dieselben schulischen Chancen haben. Da aber Kinder und Jugendliche nicht nur von der Schule geprägt werden, sondern vor allem vom Elternhaus, bedeutet das, dass diejenigen, die von zu Hause weniger mitbekommen, stärker gefördert werden müssen. Um soziale Gerechtigkeit herzustellen, greift der Staat in Deutschland aber auch bei der Verteilung der materiellen Güter ein, und zwar über das klassische Mittel der Steuern. Wer mehr verdient, zahlt nicht nur mehr Steuern, sondern auch einen höheren Prozentsatz, der Steuertarif ist progressiv. [...] Jeder ist seines Glückes Schmied. Diesen Satz haben wir alle schon einmal gehört. Er stimmt oft, aber keineswegs immer. Wir alle sind Faktoren ausgesetzt, die wir nicht beeinflussen können. Das betrifft den Fußgänger, der bei „Grün" über die Ampel geht und dennoch von einem Auto überfahren wird, genauso wie den Werftarbeiter, der über Nacht seinen Arbeitsplatz verliert, weil seine Firma beschlossen hat, die Produktion einzustellen oder zu verlagern.

Nach: Eckart D. Stratenschulte, Wirtschaft in Deutschland, Bonn 2006, S. 149 ff.

M 18 25 Jahre gesamtdeutsche Soziale Marktwirtschaft: Der Markt versagt, der Staat aber auch

Auch wenn der reale Sozialismus nur noch in Nordkorea und nicht mal mehr in Kuba existiert – vage Gedankengebäude eines besseren Wirtschaftssystems haben bis heute überlebt. Zwar wird man auf der Suche danach, wie die Alternative denn nun konkret aussehen könnte, nicht fündig. Aber die Talkshows, Feuilletons und Bibliotheken sind voll von Anklagen gegen den Kapitalismus. [...]
Nicht alle Kritiker des Kapitalismus wollen ihn auch gleich abschaffen. Dazu müssten sie ein anderes Ordnungsprinzip aufzeigen als das des Marktes. Streng genommen kann das nur der Staat sein – und damit ist man wieder bei der Planwirtschaft. Gleichwohl: Der auf Privateigentum und Eigeninteresse basierende und von der unsichtbaren Hand gesteuerten Wirtschaft wünschen immer noch viele den systembedingten Niedergang, den Urvater Karl Marx schon vor 150 Jahren vorhersagte.
Die, die sich beim Aufbau einer gerechten Gesellschaft auf Marx beriefen – von Lenin über Mao Zedong bis Erich Honecker – haben freilich nicht viel Fortune gehabt. Man könnte auch sagen: Alle Versuche endeten in der ökonomischen und menschlichen Katastrophe.
Hat sich die Diskussion um eine grundsätzliche Alternative zum kapitalistischen System damit erledigt? Mitnichten. Sie kommt nur nicht mehr in der dogmatischen Strenge und im K-Gruppen-Kaderton der 1970er-Jahre daher. Sondern etwa als Occupy oder

K-Gruppen
Sammelbezeichnung für Kommunsitisch orientierte Kleinparteien und Vereinigungen

Occupy
weltweite Protestbewegung, die die Bekämpfung von sozialen Ungleichheiten, Spekulationsgeschäften von Banken und den Einfluss der Wirtschaft auf die Politik fordert

Blockupy. Oder als kluge und sachkundige Sarah Wagenknecht, die sich gleichwohl auf Ludwig Erhard, den Gründungsvater der Sozialen Marktwirtschaft, beruft – und im gleichen Atemzug die Verstaatlichung der Banken verlangt und anderes mehr. [...]

Mit [den kapitalistisch-marktwirtschaftlichen] Prinzipien zu sympathisieren, fällt den Systemkritikern entweder unendlich schwer. Oder sie halten sie für selbstverständlich, wie etwa der Bestseller-Ökonom Thomas Piketty – mit der Folge, dass der überzeugte Marktwirtschaftler von den Lesern seines Buches „Das Kapital" als Marxist der Moderne interpretiert wird. Dabei kann man sich auch als Linker aus Überzeugung zum Kapitalismus bekennen, ohne dessen Verfehlungen zu verkennen. Gerhard Schick, Finanzexperte der Grünen, hat dies mit seinem Buch „Machtwirtschaft nein danke!" unter Beweis gestellt.

Der grüne Chefökonom, seit zehn Jahren im Bundestag und über seine Partei hinaus als Fachmann für Finanz- und Wirtschaftspolitik geschätzt, stammt aus der Freiburger Schule des sogenannten Ordoliberalismus. Diese Denkrichtung wurde in den 1940er- und 1950er-Jahren gegründet, zu einer Zeit also, in welcher die Auseinandersetzung zwischen Sozialismus und Kapitalismus noch nicht von der Geschichte entschieden war.

Hier Markt, dort zentralistische Planung. Zwischen beiden ficht der Ordoliberalismus für den starken Staat – aber nicht den, der Wirtschaft macht, sondern der die Regeln dafür setzt. So will er vor allem auch die Machtzusammenballungen (Kartelle, Monopole) verhindern, die den Wettbewerb, das Zentralmotiv einer Marktwirtschaft, außer Kraft setzen.

Schick führt viele Beispiele auf, die seine Grundhaltung belegen: „Ja, der Markt versagt. Aber der Staat versagt auch. Denn wo Märkte versagen, handelt es sich immer auch um ein Versagen der staatlichen Ordnungsmacht." Deshalb kann er auch mit den politischen Koordinaten rechts und links nichts anfangen. Beide Lager seien im Kern für Staat und für Markt. In der Realität aber treten die Linken geradezu reflexhaft mit dem Ruf nach mehr Staat auf, um ungerechte Marktergebnisse auszubügeln.

„Das ist der völlig falsche Ansatz", sagt der linke Grüne Gerhard Schick: „Linke müssen viel früher ansetzen und die Regeln für den Markt so gestalten, dass er gerechtere Ergebnisse produziert."

Das freilich geht nur, wenn man die Marktwirtschaft, also den Kapitalismus, anerkennt. Schick tut das nicht nur guten Gewissens, sondern mit glühender Überzeugung.

Helmut Schneider, Südwest Presse, 14.4.2015

Blockupy
Blockupy bezeichnet ein kapitalismus- und globalisierungskritisches Netzwerk aus mehreren Organisationen, dessen Name sich von seinem Vorhaben einer Blockade und von der Occupy-Bewegung ableitet.

zu Aufgabe 3
Gehe ausgehend vom Fazit des Autors von M 13 darauf ein, ob der Staat in diesem Falle eher gar nicht oder hingegen noch stärker in die Preisbildung des Marktes hätte eingreifen sollen (Analyse des erzeugten Aufwands im Vergleich zum erbrachten Nutzen der Mietpreisbremse).

Aufgaben

1. Erläutere, welche Verpflichtungen für den Staat sich aus dem Sozialstaatsgebot ergeben (M 11 – M 14).
2. Nimm Stellung zum Maß der staatlichen Umverteilung (M 15).
3. Der Staat mischt sich in der Absicht, sozial Gutes zu tun, immer wieder in die Preisbildung des Marktes ein. Beispiele sind unter anderen der Mindestlohn und die Mietpreisbremse. Beurteile diese Eingriffe aus deiner persönlichen Sicht (M 16).
4. Bewerte die Soziale Marktwirtschaft auf einer Skala von eins bis fünf hinsichtlich der Frage, ob es sich dabei um eine – alles in allem – gerechte Wirtschaftsordnung handelt. Begründe deine Zuordnung (M 12 – M 18).

Chancen und Risiken der Globalisierung

M 19 VW verlagert Jobs nach China

Eröffnung eines neuen Autohauses in China.

Hinweis
Die Materialien M 19 – M 24 können als Ausgangspunkt für ein gemeinschaftskundliches Projekt „Eine Welt" in Zusammenarbeit mit Erdkunde und Geschichte genutzt werden.

Europas größter Autobauer Volkswagen hat seine Belegschaft in Asien in den vergangenen vier Jahren um 134 Prozent vergrößert. Dort schnellte die Mitarbeiterzahl zwischen Ende 2008 und Ende 2012 von knapp 30.000 auf fast 70.000 Beschäftigte. Damit wuchs der Asienanteil an der Personalstärke laut Geschäftsbericht des Dax-Konzerns von 8 auf 13 Prozent. Mit etwa 410.000 Mitarbeitern von den weltweit 550.000 Beschäftigten stellt Europa zwar noch immer den Löwenanteil der VW-Belegschaft. Doch auf dem Heimatkontinent war das Jobwachstum der vergangenen vier Jahre mit 44 Prozent weitaus schwächer [...].
Europas Anteil an der Fahrzeugproduktion des VW-Konzerns verliert immer mehr an Gewicht: Er sackte binnen der vier zurückliegenden Jahre von 62 auf 51 Prozent ab. Das Heimatland Deutschland halbierte seine Bedeutung beim Fahrzeugausstoß sogar: 2008 rollte noch gut ein Drittel (34 Prozent) der Konzerngesamtproduktion in Deutschland vom Band. Ende 2012 wurde nicht einmal mehr jedes fünfte VW-Auto in Deutschland hergestellt (17 Prozent). In Asien schoss der Anteil an der Produktion im gleichen Zeitraum dagegen von 16 auf 29 Prozent. [...]
Bei den Standorten, an denen komplette Autos vom Band rollen, ist das Tempo auf der anderen Seite der Erde ein ganz anderes. 2008 zählte der Konzern fünf Fahrzeugproduktionsstandorte in Asien. Ende 2012 waren es mit 9 fast doppelt so viel. [...] Und der Trend läuft unaufhaltsam weiter: Sieben seiner derzeit zehn weltweit geplanten Werke wird VW in China aus dem Boden stampfen.

Dpa, n-tv, 30.3.2013

M 20 Internationale Arbeitsteilung – wer profitiert?

komparativ
hier: im Vergleich zu anderen Ländern

Der britische Ökonom Adam Smith, der Begründer der modernen Nationalökonomie, war ein entschiedener Verfechter offener Märkte und des Freihandels, und seine Argumente sind einleuchtend: Durch den Freihandel können Länder ihren „komparativen Vorteil" nutzen, und alle Nationen profitieren, wenn sich jede auf die Bereiche spezialisiert, in denen sie besonders leistungsfähig ist. Große Handelsräume erlauben Firmen und Individuen, sich weiter zu spezialisieren und noch bessere Leistungen zu erbringen. Stellen wir uns ein kleines Dorf mit nur einem Bäcker vor, betrachten wir dann ein größeres Dorf, das vielleicht zwei oder drei Bäcker hat. Eine größere Stadt kann eine größere Zahl von Bäckern ernähren, einige von ihnen stellen nur Brot her und andere nur Kuchen. Eine noch größere Stadt hat nicht nur Brotbäcker und Konditoren; hier haben die

Bäcker so viele Kunden, dass sie sich
25 noch weiter spezialisieren können und
eine breite Palette sehr guter Kuchen
und Feinschmeckerbrote herstellen.
Größere Märkte steigern die Effizienz aller Produzenten und erweitern
das Angebotssortiment,
ausdemdieVerbraucher
auswählen können.

Joseph Stiglitz, Die Chancen der
Globalisierung, Bonn 2006, S. 96
(Übersetzer: Thorsten Schmidt)

M 21 Standort Deutschland – Stärken und Schwächen

Im Ranking der industriellen Standortqualität belegt Deutschland unter
45 Ländern derzeit [2012] den fünften
Platz – seit 1995 hat sich der Standort D
5 damit um neun Ränge verbessert.
Zwar kann die Bundesrepublik mit
dem Spitzenreiter USA noch nicht ganz
mithalten – die Vereinigten Staaten
punkten z. B. mit einer geringen Regu
10 lierungsdichte, einem riesigen Markt,
wenig Bürokratie und niedrigen Produktionskosten.
Dennoch liegt die deutsche Standortqualität deutlich über dem internati
15 onalen Durchschnitt. Dies wird auch
durch die Einschätzung der hiesigen Industrieunternehmen bestätigt. Sie geben vor allem der ausreichenden und
stabilen Energie- und Rohstoffversor
20 gung gute bis sehr gute Noten, ebenso der Rechtssicherheit und der marktwirtschaftlichen Ordnung. Weitere
Pluspunkte sind unter anderem die
Nähe zum Kunden, die starke Wissens

infrastruktur, der gut
ausgebaute Luftverkehr
und die leistungsfähigen
Zulieferer.
Schlechte Bewertungen erhält der heimische Standort dagegen
in erster Linie für die Kostensituation.
Vor allem mit den vergleichsweise hohen Strom- und sonstigen Energiekosten sind viele Industriebetriebe unzu- 35
frieden – hier bekommt Deutschland
im Schnitt lediglich die Note vier. Aber
auch die finanzielle Belastung durch
Steuern und die mit der Einhaltung von
Umweltstandards verbundenen Kosten 40
schlagen negativ zu Buche. Darüber hinaus zählen etwa der zu geringe Arbeitskräftenachwuchs sowie aufwendige Zulassungs- und Genehmigungsverfahren
zu den Schwachpunkten in Sachen in- 45
dustrielle Standortqualität.

iwd-Informationsdienst des Instituts der deutschen
Wirtschaft Köln, IW Medien GmbH, 25.10.2012,
S. 2

Industriestandorte weltweit

Ranking der besten Industriestandorte nach dem
Institut der deutschen Wirtschaft. Für den Index werden
58 Indikatoren ausgewertet (u.a. Arbeitsbeziehungen,
Erwerbsbevölkerung, Infrastruktur, Investitionen)

	Durchschnitt aller Länder = 100	Rang 1995	Rang 2010
USA	136	1	1
Schweden	132	4	2
Dänemark	131	5	3
Schweiz	129	7	4
Deutschland	128	14	5
Australien	128	10	6
Niederlande	127	2	7
Kanada	127	3	8
Norwegen	126	8	9
Japan	126	12	10
Finnland	122	13	11
Österreich	122	15	12
Großbritannien	121	6	13
Irland	120	9	14
Neuseeland	118	11	15

dpa-Grafik 17629; Quelle: IW

M 22 Deutsche Exportwirtschaft – Gewinner der Globalisierung?

Die deutschen Exporteure profitieren
enorm von der Globalisierung – und
mit ihnen auch die Arbeitnehmer, die
direkt oder indirekt für diese Unter
5 nehmen arbeiten. [...] Die Bundesrepublik hat als einziges größeres Industrieland ihre Weltmarktposition

kontinuierlich ausgebaut, obwohl das
Aufholen der Schwellenländer beim
globalen Export eigentlich rückläufige 10
Anteile der Industrieländer insgesamt
mit sich bringt.
Mehrere Gründe erklären den deutschen Exporterfolg. So spielt die län

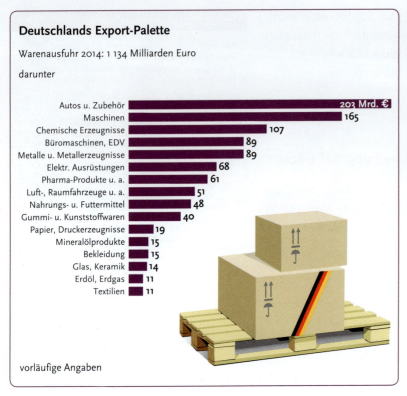

Globus-Grafik 10259; Quelle: Statistisches Bundesamt

ger anhaltende Lohnzurückhaltung eine wichtige Rolle, aber auch die höhere Wettbewerbsfähigkeit durch Offshoring – die Verlagerung von Funktionen und Prozessen ins Ausland – sowie die Ausrichtung auf wachstumsstarke Märkte. Deutschland scheint sich zudem vor allem mit seiner Spezialisierung auf Investitionsgüter und dem Qualitäts-Markenzeichen „Made in Germany" gewissermaßen zu einem Ausrüster der Schwellenländer zu entwickeln. Da diese aufstrebenden Staaten sich zunehmend industrialisieren, fragen sie hochwertige deutsche Maschinen und andere Investitionsgüter nach. Deutschlands langjährige Spezialisierung auf diese eher traditionellen Branchen erweist sich somit – entgegen anders lautenden Behauptungen – als wichtiger Vorteil.

Deutsche Exportwirtschaft profiliert, 2010 IW Dossier 4

M 23 Folgen der Globalisierung für den Arbeitsmarkt

Durch die Globalisierung ist der Arbeitsmarkt oft nicht mehr national oder regional begrenzt, sondern global. Das führt dazu, dass das Arbeitsangebot enorm steigt. Die Lebenshaltungskosten liegen in Asien oft bei nur 20 % der Lebenshaltungskosten in Westeuropa. Dementsprechend groß ist auch die Differenz der Löhne und Gehälter. Der Faktor Arbeit ist in vielen Teilen der Welt also deutlich billiger als in Westeuropa.

Das bedeutet, dass ein deutscher Arbeiter auf dem Arbeitsmarkt nicht nur in Konkurrenz zu anderen deutschen Arbeitern steht, sondern auch in Konkurrenz zu den vielen Arbeitskräften in der ganzen Welt, die ihre Arbeitskraft deutlich billiger anbieten. Diese Lohnschere zwischen Westeuropa und vielen anderen Teilen der Welt führt dazu, dass viele Firmen einfache Produktionstätigkeiten in Billiglohnländer verlegen.

Der einzige Ausweg, um nicht mit Millionen von Billigarbeitern in Konkurrenz zu stehen, ist gut qualifiziert zu sein. Am deutschen Arbeitsmarkt lässt sich dies gut beobachten: Während viele Unternehmer einen Bedarf an gut ausgebildeten Arbeitskräften haben, stehen viele gering qualifizierte Arbeitslose auf der Straße.

Zum (Welt-) Marktpreis können diese Geringqualifizierten ihre Arbeit nicht anbieten, da dieser nicht ausreichen würde, um einen deutschen Lebensstandard zu halten.

Für die Zukunft ist davon auszugehen, dass auch höher qualifizierte Tätigkeiten in Niedriglohnländer verlagert werden. Dies ist zum Beispiel bei IT-Firmen zu beobachten, die Programmierer in Indien beschäftigen. Auch in China sind die Anstrengungen groß, die Qualifikation der Arbeiter zu erhöhen: Jedes Jahr schließen in China sehr viel mehr Studenten ein technisches Studium ab, als in Deutschland.

Sebastian Lugert, www.globalisierung-infos.de, 12.6.2013

M 24 Keine Angst vor der Globalisierung?

Die Globalisierung hat nicht alle Probleme der Welt gelöst. Sie hat im einen oder anderen Fall zu wirtschaftlichem Abstieg, zu mehr Unsicherheit, zu mehr Stress und zu Unzufriedenheit geführt. Sie hat aber in den letzten fünfzig Jahren den Lebensstandard der Massen insgesamt verbessert. Die meisten Menschen leben länger und gesünder als jemals zuvor in der Weltgeschichte. Der großen Mehrheit geht es materiell wesentlich besser als ihren Vorfahren. Das gilt ganz besonders für Deutschland. Trotzdem glauben viele, dass es ihnen schlechter geht als in früheren Jahren – sie haben zwar nicht in absoluten Größen weniger, aber ihr Abstand zur Spitze ist gewachsen, ihre Besitzstände sind in Gefahr, und sie ziehen den bekannten Status quo der unbekannten Zukunft vor.
Globalisierung ist kein Nullsummenspiel, bei dem der eine nur das gewinnen kann, was der andere verliert. Sie hebt die Boote insgesamt, aber eben nicht alle mit derselben Welle. Deshalb ist die Feststellung richtig, dass sich in den letzten Jahren die Schere zwischen Reich und Arm weiter geöffnet hat. Aber in Asien und Lateinamerika haben gerade die Länder aufgeholt, die sich globalisiert haben. Afrika ist zurückgefallen, denn der Kontinent ist in weiten Teilen von der Globalisierung abgeschnitten. [...] Stellenverluste sind nämlich nicht deren Folge, sondern die eines stetigen Strukturwandels, den keine Macht der Welt aufhalten kann. Auch die Globalisierung verhindert nicht, dass Menschen ihre Jobs verlieren. Sie hilft jedoch nachhaltiger als jede Alternative, neue Jobs zu schaffen. Richtig ist, dass sie das Tempo der Veränderungen beschleunigt hat. Das ist aber nicht neu. Der Strukturwandel war schon immer eine feste Konstante der Menschheitsgeschichte. Mal läuft er schneller, mal langsamer, immer aber vernichtet er alte Arbeitsplätze und schafft neue.

Thomas Straubhaar, Frankfurter Allgemeine Sonntagszeitung, 10.6.2007

Strukturwandel
Als Strukturwandel bezeichnet man die langfristigen und stetigen Veränderungen in der Wirtschaftsstruktur eines Landes. Sie werden ausgelöst durch veränderte Wettbewerbsbedingungen (wie z. B. durch die Globalisierung), durch technische Erfindungen oder verändertes Nachfrageverhalten. Beständig verschwinden alte Wirtschaftszweige und neue entstehen.

Aufgabe

Bildet Gruppen. Erörtert gemeinsam auf Basis der Materialien M 19 – M 24 die Frage, ob die Globalisierung für Deutschland mehr Chancen oder Risiken birgt.

Was wir wissen

Trotz der unbestrittenen Erfolge der Sozialen Marktwirtschaft steht unser Wirtschaftssystem heute vor einer Reihe von Herausforderungen, die die öffentliche politische Diskussion prägen. Als wichtigste Herausforderung gelten Fragen nach der Umweltverträglichkeit, der Gerechtigkeit und den Folgen der Globalisierung.

Ökologie
M 2 – M 10

Die Soziale Marktwirtschaft ermöglichte in Deutschland nach dem Zweiten Weltkrieg eine beispiellose Wohlstandssteigerung. Wachstum bedeutet für die Befürworter daher bis heute sichere Arbeitsplätze durch steigende Produktion, höheres Einkommen, einen steigenden Lebensstandard und gut ausgebaute soziale Sicherungssysteme. Traditionell gilt dabei das Bruttoinlandsprodukt (BIP) als wichtigste Maßzahl für das Wachstum von Volkswirtschaften. Die einseitige Ausrichtung der Wirtschaftspolitik auf Wachstumsraten stößt jedoch seit geraumer Zeit auf Skepsis. Die Zweifel werden vor allem genährt durch jene Auswirkungen von Produktion und Konsum, die nicht zu einer Erhöhung der gesellschaftlichen Wohlfahrt beitragen. Die Ausbeutung natürlicher Ressourcen, die schwindende Biodiversität und der Klimawandel sind nur einige Beispiele dafür, dass die Kosten des Wachstums im Bruttoinlandsprodukt nur unzureichend abgebildet werden. Alternative Indikatoren versuchen deshalb, „Lebensqualität" nicht nur mit einem gestiegenen Einkommen gleichzusetzen. Das Leitbild der Nachhaltigkeit folgt einem einfachen Grundsatz: Lebe von den Zinsen und nicht vom Kapital. Eine irreparable (nicht umkehrbare) Schädigung des Ökosystems Erde soll verhindert werden, so dass auch zukünftige Generationen ihre Bedürfnisse befriedigen und ihren eigenen Lebensstil wählen können. Um dieses Ziel zu erreichen, stehen dem Staat verschiedene Mittel der Umweltpolitik zur Verfügung.

Gerechtigkeit
M 12 – M 18

Der Markt weist Einkommen nach Leistung, nicht nach Bedürftigkeit zu. Menschen, die nicht in der Lage sind, eigenes Einkommen zu erzielen, wären daher im schlimmsten Fall sich selbst überlassen. In der Sozialen Marktwirtschaft garantiert der Staat jedoch jedem Einzelnen ein Existenzminimum. Außerdem sorgt er mit Mitteln der Steuer- und Sozialpolitik für ein gewisses Maß an Umverteilung der Einkommen. Ob die Ungleichverteilung der Einkommen und Vermögen auch ungerecht ist, darüber wird politisch gestritten. Unterschieden werden muss zwischen der Chancengerechtigkeit – sie zielt auf die Schaffung gleicher Startbedingungen – und der Verteilungsgerechtigkeit – sie zielt auf eine möglichst gleiche Verteilung von Einkommen und Vermögen.

Globalisierung
M 19 – M 24

Die wirtschaftliche Globalisierung wird zur Herausforderung für die Soziale Marktwirtschaft, da die Entstehung eines weltweiten Marktes für Waren, Kapital und Dienstleistungen zu einem beschleunigten globalen Strukturwandel führt. Der weltweite Abbau von Handelsbeschränkungen, Innovationen im Bereich der Kommunikationstechnik sowie stark gesunkene Transportkosten ermöglichen eine Intensivierung der internationalen Arbeitsteilung.

Was wir können

Unternehmen sind dadurch heute in der Lage, den Produktionsprozess global zu organisieren. Damit treten die Produktionsstandorte weltweit in Konkurrenz zueinander. Dies führt zu einer Abwanderung von Branchen, deren Produkte auch von gering qualifizierten Arbeitnehmern zu wesentlich niedrigeren Kosten hergestellt werden können. Aktuell gilt der Wirtschaftsstandort Deutschland als sehr wettbewerbsfähig. Stärken sind unter anderem eine hervorragende Infrastruktur, stabile politische und soziale Verhältnisse, Rechtsstaatlichkeit sowie produktive und sehr gut qualifizierte Arbeitnehmer.

Wachstum oder Lebensqualität?

Autobahnbau. Der Landschaftsverbrauch und Umweltbeeinträchtigungen schlagen sich nicht im BIP nieder.

Einen Indikator entwickeln

Zahlreiche Menschen, Politiker und Wissenschaftler in Deutschland glauben, dass das „Bruttoinlandsprodukt", kurz BIP, als Maßzahl für gesellschaftlichen Wohlstand überholt sei. Deshalb hat der Deutsche Bundestag Ende 2010 eine Studien-Kommission („Enquete-Kommission") eingerichtet, die den Auftrag hat, mit Blick auf die Messung von Wachstum, Wohlstand und Lebensqualität eine Alternative zum BIP zu entwickeln.

Diese Kommission hat nun den Vorschlag unterbreitet, das BIP um diese Indikatoren zu ergänzen.

Materieller Wohlstand	Soziale Situation des Einzelnen	Ökologie
Das Wirtschaftswachstum (BIP) Die Höhe der Staatsverschuldung Die Verteilung der Einkommen	Lebenserwartung Bildungsabschluss Möglichkeit der demokratischen Mitwirkung Beschäftigung	Grad der Luftverschmutzung Artenvielfalt

Aufgabe

Stellt euch vor, ihr wärt Mitglieder der Kommission. Bildet Gruppen und diskutiert darüber, wie wichtig die einzelnen Indikatoren für euch sind. Vergebt dann Punkte, um die einzelnen Indikatoren zu gewichten. Der wichtigste Indikator erhält 9 Punkte, der unwichtigste 1 Punkt. Vergleicht die Ergebnisse untereinander und einigt euch in der Klasse auf eure neue Wohlstandsmessung.

4.4 Arbeitsmarkt im Wandel
Konfliktfall Lohn – wie verlaufen Tarifverhandlungen?

M 1 Konfliktfall Lohn – das Tauziehen in der Tarifauseinandersetzung

Erste Verhandlungsrunde – keine Annäherung
Die erste Verhandlungsrunde für die 75.000 Stahlbeschäftigten in Nordrhein-Westfalen, Niedersachsen und Bremen am Freitag brachte keine Annäherung zwischen Arbeitgebern und IG Metall.

IG-Metall begründet Forderungen
„Wer mehr Wert schafft, hat auch mehr verdient." Unter diesem Motto starten die Tarifverhandlungen für die rund 75.000 Stahl-Beschäftigten in Nordwestdeutschland. Die IG Metall fordert sieben Prozent mehr Geld, die unbefristete Übernahme der Auszubildenden und eine bessere Altersteilzeit.

Die Arbeit in den Stahlbetrieben ruht
Die IG Metall-Tarifkommission hat entschieden: Am morgigen Mittwoch wird es die ersten Warnstreiks in der nordwestdeutschen Stahlbranche geben.

Dritte Verhandlung bringt Ergebnis für Beschäftigte
3,8 Prozent höhere Einkommen und die unbefristete Übernahme der Ausgebildeten. Das haben IG Metall und Arbeitgeber heute in der dritten Tarifverhandlung in Düsseldorf für die 75.000 Stahlbeschäftigten in Nordrhein-Westfalen, Niedersachsen und Bremen vereinbart. Der Tarifvertrag zur Altersteilzeit wurde verlängert.

IG Metall entscheidet über Warnstreiks
Die Arbeitgeber legten auch in der zweiten Stahl-Tarifverhandlung in Gelsenkirchen kein Angebot vor.

Nach: www.igmetall.de (12.8.2012)

M 2 Die Gestaltung der Arbeitswelt durch Tarifverträge

Nach: Bergmoser + Höller Verlag AG, Zahlenbilder 240 021

M 3   Die Tarifautonomie

Die Tarifautonomie überantwortet die Lohnfindung, aber auch die Gestaltung vieler Details der Arbeitswelt den Tarifvertragsparteien. Die Tarifautonomie ist in Art. 9 Abs. 3 Grundgesetz garantiert. Darin heißt es: „Das Recht, zur Wahrung und Förderung der Arbeits- und Wirtschaftsbedingungen Vereinigungen zu bilden, ist für jedermann und für alle Berufe gewährleistet. Abreden, die dieses Recht einschränken oder zu behindern suchen, sind nichtig, hierauf gerichtete Maßnahmen sind rechtswidrig." Tarifvertragsparteien sind Gewerkschaften, einzelne Arbeitgeber sowie Vereinigungen von Arbeitgebern. Der Staat schafft den rechtlichen Rahmen, darf sich aber in die konkreten Auseinandersetzungen der Tarifpartner nicht einmischen. Die Mitglieder der Tarifpartner sind zur Einhaltung der ausgehandelten Tarifverträge verpflichtet. Die Rechte und Pflichten der Tarifparteien werden im Tarifvertragsgesetz genauer geregelt.

M 4   Die Tarifpartner: Arbeitgeberverbände und Gewerkschaften

Bergmoser + Höller Verlag AG, Zahlenbilder 236 150   Quelle: BDA Stand: 2014

Die Arbeitgeber sind heute in einer Vielzahl von Verbänden und Vereinigungen organisiert. Einer der wichtigsten Dachverbände ist die Bundesvereinigung der Deutschen Arbeitgeberverbände. Als Tarifpartei gegenüber den Gewerkschaften treten einzelne Arbeitgeber oder die Fachverbände der Bundesvereinigung der Deutschen Arbeitgeberverbände auf.

4. Wirtschaft und Wirtschaftsordnung

Arbeitnehmerorganisationen in Deutschland

DGB – Deutscher Gewerkschaftsbund
8 Einzelgewerkschaften mit 6,10 Mio Mitgliedern

Mitglieder in 1.000, Ende 2014

Gewerkschaft	Mitglieder
IG Metall	2.269
Vereinte Dienstleistungsgewerkschaft ver.di	2.040
IG Bergbau, Chemie, Energie	658
IG Bauern – Agrar – Umwelt	281
Gewerkschaft Erziehung und Wissenschaft	272
Gewerkschaft Nahrung – Genuss – Gaststätten	206
Eisenbahn- und Verkehrsgewerkschaft	204
Gewerkschaft der Polizei	175

Organisation	Mitglieder
dbb – Beamtenbund und Tarifunion	1.283
CGB – Christlicher Gewerkschaftsbund	ca. 280
Deutscher Bundeswehr-Verband	ca. 200

Bergmoser + Höller Verlag AG; Zahlenbilder 240 110

Die Gewerkschaften vertreten die Ansprüche der Arbeitnehmer. Sie sehen ihre Aufgabe vor allem darin, in Tarifverträgen bessere Lohn- und Arbeitsbedingungen zu verankern und die Mitbestimmungsrechte der Arbeitnehmer zu sichern.

M 5 Spielregeln für den Arbeitskampf

Bergmoser + Höller Verlag AG, Zahlenbilder 244 108

Rechtliche Grundlagen für Arbeitskämpfe
Tarifautonomie (Art. 9 Abs. 3 GG und § 2 Abs. 1 Tarifvertragsgesetz)

M 6 Kontrovers diskutiert: Argumente in der Lohnpolitik

Der Einfluss der Gewerkschaften

Gewerkschaften verfolgen in Deutschland eine Reihe von Zielen: Dazu gehören Lohnerhöhungen, mehr Mitbestimmung für die Arbeitnehmer, politische Ziele und Umverteilung der Einkommen. Grundsätzlich können Gewerkschaften dafür zwei Wege einschlagen: den Weg über Tarifverhandlungen mit den Arbeitgebern oder über das Einwirken auf politische Entscheidungen der Gesetzgebung. [...] Die Lohnpolitik der Gewerkschaften lässt sich nach Konzepten gliedern: Sie kann

- sich an der Produktivität orientieren,
- versuchen, die Arbeitskosten konstant zu halten,
- versuchen, Löhne stärker zu erhöhen als die Arbeitsproduktivität (expansive Lohnpolitik),
- Vollbeschäftigung anstreben.

Die Reaktion der Arbeitgeber

Wenn die Löhne schneller steigen als die Arbeitsproduktivität, steigen die Lohnstückkosten und sinken die Gewinne der Unternehmen. [...] Mögliche Reaktionen auf eine aggressive gewerkschaftliche Lohnpolitik sind:

1. Überwälzen von Lohnkosten: Steigen die Lohnkosten, können Unternehmen versuchen, über Preiserhöhungen diese gestiegenen Kosten wieder „hereinzuholen". Dabei besteht die Gefahr einer sogenannten Lohn-Preis-Spirale, welche die gesamtwirtschaftliche Stabilität gefährden kann. Der Staat muss dann seine Rolle als Vermittler (Schlichtung) konsequent nutzen, um dies zu verhindern.

2. Mehr produzieren: Dies geht nur, wenn bei den Unternehmen noch ungenutzte Kapazitäten vorhanden sind und die Nachfrage steigt. Dies birgt allerdings die Gefahr einer Inflation.

3. Rationalisieren: Bei höheren Lohnkosten können Unternehmen versuchen, Arbeitskräfte durch vermehrten Einsatz von Kapital zu ersetzen – zum Beispiel durch Maschinen. Die Arbeitslosigkeit wächst.

4. Verlagern der Produktion in Niedriglohnländer: Unternehmen können in Länder mit niedrigeren Löhnen abwandern. Allerdings ist der Lohn nur ein Argument bei der Entscheidung für den Standort. Andere Argumente sind: Produktivität der Arbeitnehmer, Image des Unternehmens, politische Stabilität im Niedriglohnland.

5. Investitionen einschränken: bedeutet wiederum Arbeitslosigkeit.

© 2015 Wirtschaftslexikon.co, Lohnpolitik, www.wirtschaftslexikon.co, Abruf am 24.2.2016

Arbeitsproduktivität
Arbeitsproduktivität bedeutet, dass sich die Wertschöpfung in Bezug auf den Arbeitseinsatz erhöht hat bzw. das angestrebte Ergebnis mit einer geringeren Menge von Arbeitsstunden erreicht wurde. Einfluss auf die Arbeitsproduktivität haben vor allem technischer Fortschritt und Arbeitsintensität.

Produktivität
Arbeitsergebnis/Arbeitseinsatz

Dokumentiert den Ablauf einer aktuellen Tarifauseinandersetzung.

Aufgaben

1. Sortiere die Meldungen über die Tarifverhandlungen (M 1) chronologisch. Ordne die Ereignisse, die genannt werden, anschließend in das Ablaufschema für Tarifkonflikte ein. Beurteile das Ergebnis der Verhandlungen (M 1, M 5).

2. Begründe, warum sich Arbeitgeber und Arbeitnehmer zu großen Interessenverbänden zusammenschließen (M 3 – M 5).

3. Spielt in einem Rollenspiel eine Tarifauseinandersetzung nach. Teilt die Klasse dazu in zwei Gruppen (Arbeitgeber und Gewerkschaften). In eurer Branche sind die Produktivität und die Preise um durchschnittlich 2,5 % gestiegen. Wählt zwei Verhandlungsführer aus, die die Lohnverhandlungen führen. Formuliert eure Ziele für die Verhandlungen und begründet eure Standpunkte. Einigt euch auf ein Ergebnis (M 1 – M 6).

Wie verändert sich die Wirtschaft?

M 7 Ein Witz ...?

Plaßmann, Baaske Cartoons, Müllheim

M 8 Strukturwandel – was ist das?

Wirtschaftssektoren
Die Wirtschaftswissenschaften unterteilen die Produktionsbereiche einer Volkswirtschaft in drei Wirtschaftssektoren:
Der **Primäre Sektor** beinhaltet die Produktgewinnung der Land- und Forstwirtschaft sowie Fischerei.
Im **Sekundären Sektor** werden Produkte verarbeitet (Industrie und Handwerk, Bergbau und Baugewerbe).
Der **Tertiäre Sektor** umfasst die Dienstleistungen, z. B. Handel, Verkehr, Kultur Kommunikation, Verwaltung, Bildung, Wissenschaft, Beratung, Gesundheits- und Sozialwesen.
Mit dieser Einteilung kann man die langfristigen Veränderungen einer Volkswirtschaft beschreiben und erklären.

Globalisierung, technologische Innovationen und veränderte Verteilungsstrukturen für Waren und Dienstleistungen sind wesentliche Ursachen für den wirtschaftsstrukturellen Wandel. Eine wesentliche Rolle spielt auch die Tertiärisierung – der Wandel von der Produktions- zur Dienstleistungsgesellschaft. Der wirtschaftsstrukturelle Wandel führt zu Arbeitsplatzverlusten, Standortschließungen sowie Verlagerungen in traditionellen Branchen und schafft neue Beschäftigungsmöglichkeiten in jungen Branchen und Dienstleistungsunternehmen. Der Strukturwandel darf nicht als vorübergehendes Phänomen begriffen, sondern muss aufgrund immer kürzerer Innovationszyklen als dauerhafter Prozess betrachtet werden. Strukturwandel führt in vielen Fällen zur Aufgabe von Betrieben und Standorten. Neue und wachsende Branchen haben ihre eigenen Standortpräferenzen, die sich häufig nicht mit brach gefallenen Altstandorten decken. [...] Während Ballungsräume mit guter Verkehrs- und Bildungsinfrastruktur über gute Voraussetzungen zur Bewältigung des Strukturwandels verfügen, sind insbesondere in ländlich-peripheren Räumen innovative Konzepte und ein langer Atem bei der wirtschaftsstrukturellen Neuausrichtung erforderlich.

Karin Krökel, Henning Schwarting, in: Hessisches Ministerium für Wirtschaft, Verkehr und Landesplanung (Hg.), Gemeinschaftsinitiative Stadtumbau in Hessen – Interkommunale Kooperation, Wiesbaden 2006, S. 7 ff.

M 9 Wirtschaftsentwicklung in Rheinland-Pfalz

Merkmal	Einheit	Rheinland-Pflaz 2012 Veränderung	2013	2014
Bruttoinlandsprodukt preisbereinigt	%	+0,7	−0,4	+1,1
je Erwerbstätigen	%	−0,1	−0,7	+0,3
Bruttowertschöpfung preisbereinigt	%	+0,8	−0,4	+1,0
Verarbeitendes Gewerbe	%	+1,3	−3,0	+1,0
Baugewerbe	%	−1,2	−3,5	+2,0
Dienstleistungsbereiche	%	−0,4	+0,8	+1,2
Verbraucherpreisindex	%	+2,2	+1,4	+0,9
Kerninflation	%	+1,4	+1,3	+1,4
Erwerbstätige	%	+0,8	+0,3	+0,8
Verarbeitendes Gewerbe	%	+1,4	+0,1	+0,4
Baugewerbe	%	+1,1	+0,0	+1,4
Dienstleistungsbereiche	%	+0,6	+0,5	+0,8
Selbstständige	%	−1,1	−2,8	−1,1
Arbeitnehmer/-innen	%	+1,0	+0,7	+1,0

Nach: ©Statistisches Landesamt Rheinland-Pfalz, Die Wirtschaft in Rheinland-Pfalz 2014, S. 9

M 10 Der Wandel zur Wissensgesellschaft

Der Wandel zur Wissensgesellschaft und die zunehmende Internationalisierung von Wirtschaft und Gesellschaft beeinflussen nicht nur die Wirtschaftsstruktur, sondern auch die Anforderungen an die Erwerbstätigen. Sprach- oder Computerkenntnisse, personale Kompetenzen (z. B. persönliche Arbeitstechniken oder Einstellungen) oder kulturelle Kompetenzen gewinnen immer mehr an Bedeutung. Um die Wettbewerbs- und Innovationsfähigkeit der deutschen Wirtschaft sowie die individuelle Arbeitsmarktteilhabe sicherzustellen, müssen die fachlichen und personalen Kompetenzen der Erwerbstätigen laufend erweitert werden. Dies unterstreicht die Bedeutung des „Lebenslangen Lernens".

Nora Schmidt, Statistisches Bundesamt, Wiesbaden, Auszug aus Wirtschaft und Statistik 6/2010

Aufgaben

1. Erläutere die Aussage der Karikatur (M 6).
2. Zeige auf, wie sich die Adlerwerke im Laufe der Zeit verändert haben, und erläutere an diesem Beispiel den Begriff Strukturwandel (M 7).
3. Prüfe, ob die Aussage der Karikatur den Fakten standhält (M 8).
4. Beurteile, was die dargestellten Änderungen für deine eigene Studien- und Berufswahl bedeuten (M 7 – M 10).

Unternehmen im Wandel

1880 Gründung der Fahrradhandlung und Beginn der industriellen Fertigung von Hochrädern in Frankfurt
1900/01 Produktion des ersten Autos und des ersten Motorrades sowie der ersten Schreibmaschinen
1948/49 Aufgabe des Automobilbaus
1957 Fahrrad- und Motorradbau wird eingestellt, Fusion der Adlerwerke AG unter Grundig mit dem Motorradbauer Triumph zur Adler-Triumph AG, ausschließliche Produktion von Büromaschinen
1961-99 verschiedene Besitzerwechsel
2000 Beginn des Immobiliengeschäfts unter dem Dach des HBAG-Konzerns, das Unternehmen heißt nun ADLER Real Estate AG
2007 Börsenzulassung, heute befinden sich in dem Gebäude u. a. das Gallus-Theater, eine Eventagentur, Werbeagenturen und andere Dienstleister sowie Tochterunternehmen der Deutschen Bahn.

Wie verändert sich die Arbeitswelt?

M 11 Der letzte seines Standes? Die Arbeit eines Schriftsetzers

Oskar Bernhard ist einer der letzten Schriftsetzer in Deutschland. Er arbeitet in Nördlingen in einem rund 400 Jahre alten Haus direkt an der mittelalterlichen Stadtmauer. Noch heute hat er Aufträge, die von der Geburtsanzeige über die Speisekarte bis zum kleinen Buch reichen. Im Gegensatz zum normierten Großbetrieb macht er seinen Kunden Vorschläge, welche Schriftart, welche Größe oder Farbe die Schrift haben könnte. Aus in Blei gegossenen Buchstaben, die der Schriftgießer herstellt, setzt der Schriftsetzer einen Text zusammen, den ihm ein Autor vorgelegt hat. Die Buchstaben, die er verwendet, haben eine genau genormte Höhe. Das ist später wichtig für einen gleichmäßigen Druck in der Druckmaschine. Auch Bilder oder Schmuckbestandteile der Seite müssen diese Höhe einhalten. Dabei geht es manchmal um Hundertstel-Millimeter. Damit die Höhe stimmt, werden die Nicht-Text-Bestandteile einzeln vermessen, bevor sie in die Seite eingebaut und gegebenenfalls unterlegt werden. [...] Die gesamte Arbeit des Schriftsetzers erinnert sehr an einen Baukasten: Aus vorgenormten Teilen entsteht immer wieder etwas Neues. Allerdings hatte das Setzen in der „guten alten Zeit" wenig von der Beschaulichkeit, wie es heute den Anschein hat. Denn der Schriftsetzer wurde nach Zeit bezahlt. 1.000 bis 1.200 Buchstaben in der Stunde waren normal. Wer also schnell setzte, konnte mehr arbeiten und mehr verdienen.

Wolfgang Zehentmeier, www.br-online.de (12.9.2010)

Ein Schriftsetzer bei der Arbeit – diesen Beruf gibt es nicht mehr.

○ Auf den Seiten des Bayerischen Rundfunks (www.br-online.de/bayerisches-fernsehen/der-letzte-seines-standes/index.xml) gibt es eine Serie zu Berufen, die im Aussterben begriffen sind.
Stelle einen dieser Berufe vor und erläutere, warum er in Zukunft nicht mehr gebraucht wird.

M 12 Mediengestalter – Alleskönner am PC?

Dieser Ausbildungsberuf hat die „alten" Berufe Schriftsetzer, Reprohersteller, Medien- und Werbevorlagenhersteller und den Fotogravurzeichner abgelöst. Mediengestalter Digital und Print arbeiten bei Marketingkommunikationsagenturen, Designstudios, Unternehmen der Druck- und Medienwirtschaft, Mediendienstleistern, Verlagen sowie in Marketing- und Kommunikationsabteilungen von Unternehmen und öffentlichen Institutionen. Ihre Arbeitsaufgaben sind so unterschiedlich wie die Medien, die sie herstellen und bearbeiten. Ausgebildet wird dieser Beruf in den drei Fachrichtungen: Gestaltung und Technik, Beratung und Planung, Konzeption und Visualisierung.

Mediengestalter am PC – Pixel haben das Blei abgelöst.

M 13 Wie sich Arbeitsplätze verändern – auf der Datenautobahn zum Arbeitsplatz

Moderne Kommunikationsmittel machen es möglich: Arbeiten ist nicht mehr an ein Büro im Unternehmen gebunden. 1,8 Millionen Beschäftigte – darunter 42 Prozent Angestellte und 51 Prozent Selbständige – arbeiten laut Statistischem Bundesamt von zu Hause aus.

Um den Austausch mit Kollegen, Vorgesetzten, Kunden und Geschäftspartnern zu gewährleisten, ist eine gute technische Infrastruktur nötig. Telefon und Computer sind für die meisten „mobilen Beschäftigten" mittlerweile selbstverständlich – doch die Entwicklung geht weiter.

Vielen Unternehmen reichen die Standardkommunikationswege nicht mehr aus. Sie bieten ihren Mitarbeitern modernste Techniken, sodass diese immer und überall erreichbar sind. So zum Beispiel Hewlett Packard (HP), internationales IT-Unternehmen aus Böblingen: Über ein Intranetportal haben alle Mitarbeiter Zugriff auf das komplette System von HP – von der Reisekostenabrechnung über Gesprächsprotokolle bis zur Ticketbuchung für die nächste Dienstfahrt.

„Da ich mit Kollegen aus der ganzen Welt und damit aus verschiedenen Zeitzonen zusammenarbeite, ist es gut, dass ich stets erreichbar bin", so Jennifer Amanquah-Sauter, Managerin für Neue Medien bei HP und seit sechs Jahren im Home-Office in Herrenberg. „Reise- und Anfahrtszeiten fallen weg. Wenn ich meine Kinder ins Bett gebracht habe, kann ich noch mal schnell mit meinem Kollegen im kalifornischen Palo Alto telefonieren."

Für die schnelle Kommunikation zwischen den HP-Kollegen hat sich das Instant Messaging bewährt, ein System, das wie ein Chat in Echtzeit funktioniert. Darüber hinaus gibt es einen „virtuellen Klassenraum": Mitglieder eines Teams können auf ihren Computerbildschirmen gleichzeitig zum Beispiel Präsentationen anschauen und miteinander diskutieren.

Geplant sind für die Zukunft auch Videokonferenzen, zu denen sich Kollegen aus aller Welt zuschalten können – ein Gefühl, als würde man tatsächlich miteinander in einem Raum sitzen. Führungskräfte verbreiten zudem ihre Ansprachen via Webcasts, einer Art Fernsehsendung im Internet.

Sabine Olschner, Focus, 20.2.2007

M 14 Wandel der Beschäftigungsstruktur

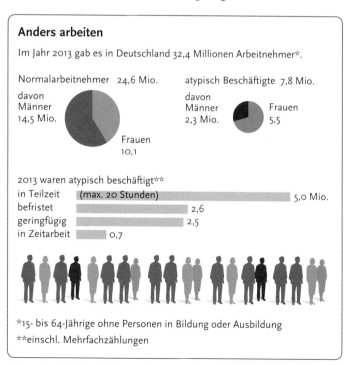

Globus-Grafik 6725, Quelle: Statistisches Bundesamt 2013

M 15 Beschäftigungsverhältnisse: Normalarbeitsverhältnis und atypische Beschäftigung

Auch wenn das „Normalarbeitsverhältnis" in Deutschland immer noch die Regel ist und auch in Zukunft noch viele Menschen einer „geregelten" Tätigkeit zum Beispiel als Arzt, Lehrer, Richter usw. nachgehen, so haben sich in den letzten Jahrzehnten viele neue Formen der Beschäftigung entwickelt. Diese bezeichnet man als „atypische Beschäftigungen". Der Anteil der Frauen, die in atypischen Beschäftigungsverhältnissen arbeiten, ist deutlich höher als der der Männer. Weiterhin sind junge Menschen und Menschen mit Migrationshintergrund am ehesten atypisch beschäftigt.

Normalarbeitsverhältnis

Unbefristetes Vollzeitarbeitsverhältnis (i. d. R. 37,5 – 42 Wochenstunden), das mit regelmäßigem und vertraglich festgelegtem Lohn oder Gehalt entlohnt wird und voll sozialversicherungspflichtig ist.

Teilzeitarbeit

Ein Teilzeitbeschäftigungsverhältnis liegt dann vor, wenn die Arbeitszeit, die ein Arbeitnehmer regelmäßig arbeitet, kürzer ist als die Arbeitszeit bei Vollzeitbeschäftigung. Die Arbeitszeit kann dabei innerhalb der Woche unterschiedlich verteilt sein. So kann täglich kürzer oder nur an bestimmten Tagen in der Woche gearbeitet werden.

Leih- oder Zeitarbeit

Bei der Leiharbeit „überlässt" der Arbeitgeber den Arbeitnehmer für einen gewissen Zeitraum einem anderen Arbeitgeber. Deshalb spricht man auch von „Arbeitnehmerüberlassung".

Projektarbeit auf Zeit

Der Arbeitnehmer wird nur für die Dauer eines bestimmten Projektes eingestellt oder er führt als Selbständiger für ein Unternehmen ein Projekt durch.

Befristete Beschäftigung

Arbeitnehmer und Arbeitgeber vereinbaren von Anbeginn eines Beschäftigungsverhältnisses, dieses zu einem bestimmten Datum oder mit einem bestimmten Ereignis ohne Kündigung zu beenden.

(Tele-)Heimarbeit

Als Telearbeit wird eine Tätigkeit bezeichnet, die sich auf die moderne Informations- und Kommunikationstechnik stützt und ausschließlich oder zumindest zeitweise an einem Arbeitsplatz erledigt wird, der außerhalb des Betriebes liegt. Telearbeiter können an beliebigen Orten tätig sein: Unterwegs im Zug, zu Hause oder beim Kunden. Über Laptop, PC, Internet und Handy sind sie mit dem Betrieb verbunden.

Mini-Jobs

Die sog. Minijobber dürfen im Monat max. 450 Euro (steuerfrei) verdienen. Auch müssen die Minijobber keine Beiträge für die Arbeitslosen-, Kranken- und Pflegeversicherung bezahlen. Lediglich in die Rentenversicherung wird ein kleiner Beitrag eingezahlt, von dem man sich allerdings auch befreien lassen kann. Die Arbeitgeber zahlen hingegen einen pauschalen Betrag in die Sozialversicherung ein. Minijobs bezeichnet man auch als „geringfügige Beschäftigungsverhältnisse".

M 16 Die Schattenseiten der neuen Arbeitswelt

Auch wenn der Freiraum zur individuellen Gestaltbarkeit der Arbeitsphasen im Verlauf des Tages zunächst als wohltuende Befreiung [...] empfunden werden kann, birgt er auch die Gefahr der Selbstausbeutung und Überlastung in sich, da der klar vorgegebene Feierabend entfällt und die Kopplung von Wohnen und Arbeit die Überschneidung gegensätzlicher Interessen und Anforderungen mit sich bringt.

Einerseits müssen klare Grenzen zwischen Arbeitsphasen und familiären/häuslichen Tätigkeiten und Störfaktoren gezogen werden, andererseits erfordern betriebliche Abläufe eine generelle Erreichbarkeit über weitgehend technische Kommunikationswege. Belastbarkeit und die Fähigkeit zum Umgang mit Stress sind unabdingbar, da die psychischen Belastungen aufgrund der generellen Verfügbarkeit zunehmen. Auch für Mitarbeiter an dezentralen Arbeitsplätzen mit einem hohen Technisierungsgrad entfällt die Motivation durch direkte Reaktionen von Vorgesetzten und Kollegen. Somit müssen solche Mitarbeiter in der Lage sein, sich durch konkrete Hinweise auf ihre Arbeit und durch „Nachfragen" Anerkennung abzuholen und ihre Arbeitsleistungen selbst zu beurteilen.

Karin Kühlwetter, IT-Medienberufe: Zukünftige Anforderungen an berufliche Qualifikationen und Kompetenzen, in: Neue Berufswege für Frauen in das 21. Jahrhundert, Bundesinstitut für Berufsbildung (Hg.), Berlin 1999, S. 27 f.

Moderne Kommunikationstechnologien ermöglichen es, an jedem Ort ein komplettes Büro zu betreiben.

Aufgaben

1. Beschreibe, über welche Fähigkeiten ein Schriftsetzer bzw. ein Mediengestalter verfügen muss. Erläutere an diesem Beispiel den Wandel der Berufswelt, und benenne mögliche Ursachen für diese Entwicklung (M 11, M 12).
2. Mache eine kleine Zeitreise: Wie hätte das Beschäftigungsverhältnis von Jennifer Amanquah-Sauter im Jahr 1980 ausgesehen (M 13)?
3. Wählt eines der atypischen Beschäftigungsverhältnisse aus M 15 aus und erläutert, was aus Sicht der Arbeitnehmer und Arbeitgeber dafür bzw. dagegen spricht (M 15, M 16).

Werte die Grafik M 14 aus und nenne die auffälligsten Entwicklungstrends.

Was wir wissen

Tarifkonflikte
M 1 – M 6

In einem Unternehmen haben Arbeitgeber und Arbeitnehmer das gemeinsame Interesse am Erfolg des Unternehmens. Wenn es um die Verteilung des erwirtschafteten Gewinns, um die Arbeitsbedingungen, Arbeitszeiten oder um die Folgen wirtschaftlicher Misserfolge geht, unterscheiden sich die Interessen jedoch.

In der Öffentlichkeit werden besonders die Auseinandersetzungen um die Bezahlung von Arbeitskräften, die Tarifkonflikte, wahrgenommen. Gewerkschaften und Arbeitgebervereinigungen haben das Recht, ohne staatliche Einmischung Tarifverträge auszuhandeln (Tarifautonomie). Die Tarifverhandlungen bestehen aus zahlreichen Schritten, in denen die Tarifparteien versuchen, ihre Interessen durchzusetzen. Endergebnis dieser Verhandlungen sind Tarifverträge, die für den Zeitraum eines oder mehrerer Jahre Löhne und Arbeitsbedingungen ganzer Wirtschaftszweige regeln.

Wirtschaft im Wandel
M 7 – M 10

Die Arbeitswelt hat sich durch den Strukturwandel der Wirtschaft völlig verändert: Mehr als 70 % aller Beschäftigten arbeiten mittlerweile im Dienstleistungssektor, die Tendenz ist steigend. Ursache des Strukturwandels sind vor allem die rasante technologische Entwicklung und die Globalisierung. Für die Arbeitswelt bedeutet dies zum Beispiel, dass viele Berufe mittlerweile verschwunden sind oder sich vollkommen verändert haben. Wo früher viele Menschen tätig waren, haben mittlerweile Computer oder computergestützte Maschinen die Arbeit übernommen. Dies hat dazu geführt, dass im Zuge des Strukturwandels viele Menschen ihre Arbeit verloren haben, andererseits aber auch viele moderne Arbeitsplätze neu entstanden sind und dadurch die Arbeitsbedingungen verbessert werden konnten.

Neue Beschäftigungsverhältnisse
M 11 – M 16

Mit der technischen und globalen Entwicklung geht auch ein Wandel in den Beschäftigungsverhältnissen einher. So kann heutzutage in vielen Branchen an jedem Ort der Welt gearbeitet werden. Auch wenn das Normalarbeitsverhältnis nach wie vor das am meisten verbreitete Beschäftigungsverhältnis ist, hat sich daneben eine Vielfalt neuer Beschäftigungsformen entwickelt. Neben den neuen Selbständigen, befristet Beschäftigten, Leiharbeitern oder Home-Office-Arbeitern, sind es vor allem die Beschäftigten in Teilzeit und mit flexiblen Arbeitszeitmodellen, die die Beschäftigungslandschaft in Deutschland zunehmend prägen. Für viele Arbeitnehmer bedeutet diese Entwicklung eine bessere Vereinbarkeit von Familie und Beruf. Doch wird dieser Trend von vielen Experten und Beteiligten auch mit großer Sorge betrachtet, denn die atypischen Beschäftigungsverhältnisse führen zu einer Belastung der Sozialversicherungssysteme und bieten den Beschäftigten oft keine ausreichende Vorsorge für ihre Rente. Viele dieser Beschäftigungsverhältnisse tragen nicht einmal zur Existenzsicherung bei.

Was wir können

Bald kommt das Kleinkind mit ins Büro

Die Babypause ist vorbei, der Job ruft. Wohin mit dem Kind? Vor dieser Frage stehen viele Mütter und Väter. Die Großeltern: wohnen oft weiter entfernt. Ein Kindermädchen: teuer, manchmal gewöhnungsbedürftig als Mitbewohnerin. Bleibt die Kindertagesstätte. Vielen Eltern fällt es aber schwer, sich vom Kind zu trennen, wenn es noch im Windelalter ist. [...]
Arbeiten zu Hause, das ist oft nur theoretisch eine gute Idee. Da ist die Ablenkung: Das Kind verwüstet die Wohnung, zwischendurch wird die Waschmaschine angeworfen. So hat es die Anwältin Sandra Runge, 37, erlebt. Die Mutter von zwei Söhnen gehört zum Team von „Coworking Toddler".
Das Berliner Projekt verbindet die Idee des Gemeinschaftsbüros (Coworking Space) mit Kindern im Krabbelalter (Toddler). „Man hat die Möglichkeit, ohne schlechtes Gewissen zu arbeiten, weil man den Kontakt und die Nähe zu den Kindern hat", sagt Runge.
Die „Coworking Space" haben sich seit ein paar Jahren in vielen Städten ausgebreitet. Meist mieten sich in den Kollektivbüros Berufstätige ein, die nur einen Computer brauchen und sich gerne beim Cappuccino mit anderen austauschen. Kinder sind in Laptopzonen selten.
In Leipzig gibt es das Projekt „Rockzipfel", das schon einige Ableger hat, darunter in Hamburg und München. Eltern oder Babysitter passen im Gemeinschaftsbüro auf den Nachwuchs auf. Eltern, die ihre Kleinen noch eingewöhnen, arbeiten mit Blickkontakt zum Kind, wie Gründerin Johanna Gundermann, 37, erklärt. Andere, die wirklich arbeiten müssen und nicht mehr eingewöhnen, ziehen sich zurück. Sie werden nur geholt, wenn die Kinder sie brauchen.
Stillen, wickeln, füttern, ins Bett legen – das machen die „Rockzipfel"-Eltern. „Das Prinzip ist ja, dass sie für ihre Kinder in diesen wichtigen Schlüsselsituationen da sein sollen", sagt Gundermann. Für die Erwachsenen bleiben so etwa drei bis vier Stunden fürs eigene Arbeiten. [...]
Bei „Coworking Toddler" in Berlin sollen sich professionelle Erzieherinnen um die Kinder kümmern. Geplant ist eine Vollzeitbetreuung. Die Mütter und Väter können in Kontakt mit dem Nachwuchs bleiben und zusammen Mittagessen. Der Austausch mit den Erzieherinnen soll sich nicht auf Flurgespräche beschränken. Wenn der Sohn abends eine Beule hat, weiß die Mutter, wie das tagsüber passiert ist.
Eine Idee ist, dass ein Pieper am Schreibtisch den räumlich getrennt sitzenden Eltern Bescheid gibt, wenn ihr Kind sie braucht. Etwa sechs bis sieben Stunden Arbeit könnten für die Eltern möglich sein, schätzt Sandra Runge. Zur Zielgruppe gehören Selbstständige, Angestellte, die zu Hause im Homeoffice arbeiten können, oder Firmen, die ihren Mitarbeitern einen familienfreundlichen Wiedereinstieg bieten wollen.

Caroline Werner, www.welt.de, 26.5.2015

Aufgabe
Arbeitet aus dem Text heraus, inwiefern sich im „Coworking Space" der Wandel der Arbeit und der Beschäftigungsverhältnisse widerspiegelt.

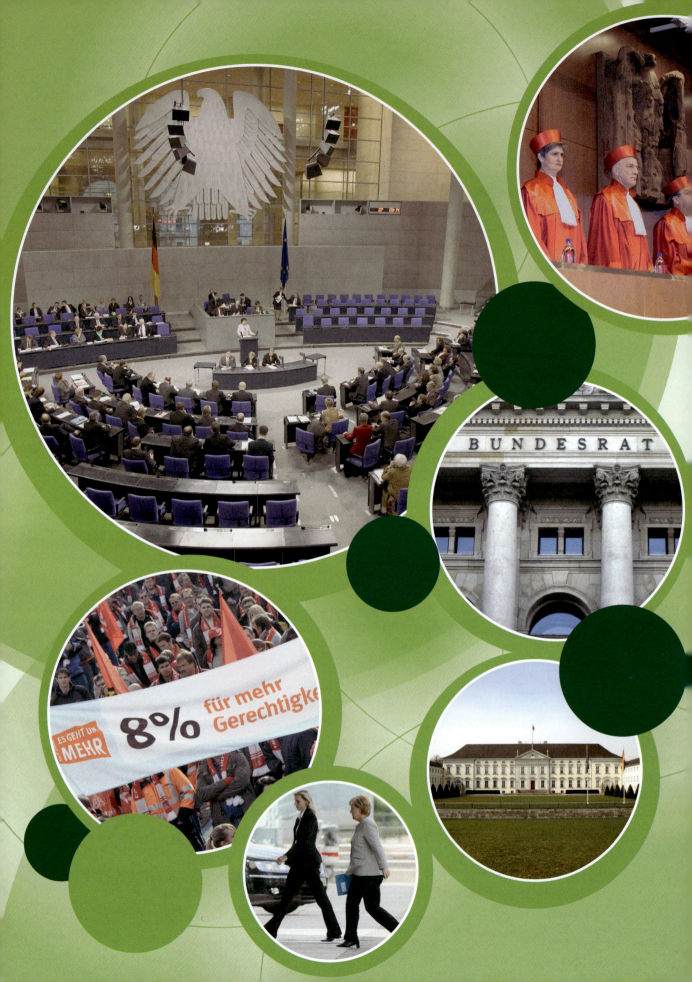

Die politische Ordnung der Bundesrepublik Deutschland

Die Verfassung gibt vor, wie ein Gesetz zu Stande kommt und welche Akteure daran beteiligt werden müssen. Wer darf in Deutschland Gesetze initiieren und beschließen? Wie können die unterschiedlichen Akteure ihre Interessen in den Entscheidungsprozess einbringen?

 Kompetenzen

Am Ende dieses Kapitels solltest du Folgendes können:
- verfassungsgemäße politische Partizipationsmöglichkeiten benennen und bewerten
- die Stellung des Bundeskanzlers im politischen System erläutern
- die Arbeitsweise und die Kontrollfunktion des Deutschen Bundestages sowie die Stellung der Abgeordneten des Deutschen Bundestages darstellen
- den Gang der Gesetzgebung an einem Beispiel erläutern und Handlungsalternativen aus unterschiedlichen Perspektiven bewerten
- den Politikzyklus auf ein politisches Problem anwenden
- den politischen Aufbau des Bundeslandes Rheinland-Pfalz kennen und seine Stellung im föderalen System erläutern
- Merkmale des politischen Extremismus erkennen und Elemente der wehrhaften Demokratie erklären

Was weißt du schon?
- Sammelt ausgehend von den Bildern alle wichtigen politischen Akteure. Welche haben den größten Einfluss auf die Gestaltung von Politik? Begründet eure Entscheidung.

5.1 Beteiligungsmöglichkeiten in unserer Demokratie

Politik lebt vom Mitmachen

M 1   Kannst du dir vorstellen ...

	Kann ich mir gut vorstellen	Das würde ich nicht tun	Das habe ich schon gemacht
... an Wahlen teilzunehmen?			
... für den Jugendgemeinderat zu kandidieren?			
... Mitglied in einer Partei zu werden?			
... in der SMV mitzuarbeiten?			
... dich in einem Verein zu engagieren?			
... in der Kirche mitzuarbeiten?			
... an einer Unterschriftensammlung mitmachen?			
... an einer Demonstration teilnehmen?			
... in einer Bürgerinitiative mitzuarbeiten?			
... dich für eine Umweltschutzgruppe zu engagieren?			
... ein Ehrenamt zu übernehmen?			

M 2   Mitwirkungsrechte im Grundgesetz

Artikel 5
(1) Jeder hat das Recht, seine Meinung in Wort, Schrift und Bild frei zu äußern und zu verbreiten und sich aus allgemein zugänglichen Quellen ungehindert zu unterrichten. Die Pressefreiheit und die Freiheit der Berichterstattung durch Rundfunk und Film werden gewährleistet. Eine Zensur findet nicht statt.

Artikel 8
(1) Alle Deutschen haben das Recht, sich ohne Anmeldung oder Erlaubnis friedlich und ohne Waffen zu versammeln.

Artikel 9
(1) Alle Deutschen haben das Recht, Vereine und Gesellschaften zu bilden.
(2) Vereinigungen, deren Zwecke oder deren Tätigkeit den Strafge-

setzen zuwiderlaufen oder die sich gegen die verfassungsmäßige Ordnung oder gegen den Gedanken der Völkerverständigung richten, sind verboten.

Artikel 20
(1) Die Bundesrepublik Deutschland ist ein demokratischer und sozialer Bundesstaat.
(2) Alle Staatsgewalt geht vom Volke aus. Sie wird vom Volke in Wahlen und Abstimmungen und durch besondere Organe der Gesetzgebung, der vollziehenden Gewalt und der Rechtsprechung ausgeübt.

Artikel 38
(1) Die Abgeordneten des Deutschen Bundestages werden in allgemeiner, unmittelbarer, freier, gleicher und geheimer Wahl gewählt. Sie sind Vertreter des ganzen Volkes, an Aufträge und Weisungen nicht gebunden und nur ihrem Gewissen unterworfen.

Grundgesetz der Bundesrepublik Deutschland

M 3   Bürger mischen sich ein

Bürger gründen eine Bürgerinitiative gegen den Fluglärm

Hohe Wahlbeteiligung bei der Wahl des Jugendgemeinderats

Der Plan, die Karlsstraße vierspurig auszubauen, löste eine Flut von Leserbriefen aus

Bürger demonstrieren gegen den Bau einer Umgehungsstraße

Knapp 70 % der Wahlberechtigten nehmen an der Bundestagswahl teil

Bürger stimmen bei einem Bürgerentscheid für den Erhalt des Freibads

SPD-Parteitag wählt neuen Vorsitzenden

Schüler verteilen Flugblätter, um auf die Schließung des Schülercafés aufmerksam zu machen

Aufgaben

1. Führt die Umfrage aus M 1 in der Klasse durch und wertet die Ergebnisse aus.
2. Stelle auf der Grundlage von M 2 dar, welche Beteiligungsmöglichkeiten die Bürger in Deutschland haben.
3. Ordnet die in M 3 dargestellten Beteiligungsformen den Artikeln des Grundgesetzes zu und diskutiert, welche Form der Beteiligung euch am wirkungsvollsten erscheint.

Jugendliche und (Partei-) Politik

M 4 Wie sich junge Menschen politisch engagieren

a) Jessica Saam (17):

„Ich finde Politik interessant. Deshalb engagiere ich mich im Jugendgemeinderat. Ich überlege gerne, was es für Möglichkeiten geben könnte, und diskutiere mit anderen darüber. Seit zwei Jahren bin ich Mitglied im Jugendgemeinderat. Wir wollen was Interessantes für die Jugendlichen in unserer Stadt hier machen, Konzerte zum Beispiel. Unser größter Erfolg ist wahrscheinlich der Partybus. Er sammelt die Jugendlichen aus unserer Gemeinde und der Umgebung zu verschiedenen Uhrzeiten ein, um sie auf Veranstaltungen in die größeren Städte zu bringen."

b) Interview mit Thomas Bareiß (31), Mitglied der Jungen Union (JU)

Wie kann man sich bei der Jungen Union engagieren und ist man dann gleich auch Mitglied der „großen CDU"?

Mitglied der Jungen Union kann jeder im Alter zwischen 14 und 35 Jahren werden, der sich zu unseren Grundsätzen und Zielen bekennt. Wir sind zwar eine Vereinigung der jungen Generation der CDU, aber wir sind politisch und organisatorisch selbstständig. [...] Gerade vor Ort kann man einiges erreichen, in einem Ausschuss des Gemeinderats oder als Ratsmitglied. JU-Mitglieder bringen z. B. Ideen ein, wenn um das Kulturangebot oder um Sportstätten gestritten wird. Auch im Landtag wirken Freunde aus der JU mit. Gerade in der Schul- und Hochschulpolitik geht es um die Anliegen junger Leute.

Nach: Politik & Unterricht 2/3 2006, S. 29

c) Interview mit Iris Britta Weible (26), Mitglied bei der Grünen Jugend

Was hat Sie dazu gebracht, sich politisch zu engagieren?

Ich engagiere mich persönlich, weil es um die Zukunft von uns jungen Menschen geht. Was heute entschieden wird, damit müssen wir morgen leben. Deshalb müssen wir jungen Menschen uns einmischen und mitentscheiden. Auch wenn es manchmal nicht so scheint, aber es lässt sich doch viel in der Politik bewegen, wenn man sich zusammenschließt. Es ist wichtig, sich in einer Demokratie politisch zu engagieren, auch um rechtsextremen Bewegungen entgegenzutreten. Im Vordergrund steht für mich aber der Umweltschutz, weil die Natur unser wichtigstes Gut ist. Genauso wichtig ist die Gleichberechtigung zwischen den Geschlechtern. [...] Zeit für Partys, neue Leute kennenlernen, gute Unterhaltungen und auch mal einfach nur zusammen in die Kneipe – das gehört natürlich dazu. Und auch Bildungsfahrten lassen sich mit Spaß verbinden!

Nach: Politik & Unterricht 2/3 2006, S. 30

M 5 Wie kann ich mich einbringen?

Aufgaben

1. Lege eine Tabelle an und ordne die Formen der Beteiligung (M 4, M 5) folgenden Kategorien zu: a) sich informieren; b) seine eigene Meinung zum Ausdruck bringen; c) sich organisieren und aktiv werden
2. Welche Formen der Beteiligung eignen sich für dich als Jugendliche(n) besonders? Begründe (M 3 – M 5).
3. a) Könntest du dir vorstellen, dich in der Jugendorganisation einer Partei zu engagieren? Schreibe eine kurze Stellungnahme (M 4).
   b) Was spricht aus deiner Sicht für und was gegen das Engagement in einer Partei? Liste deine Argumente in einer Tabelle auf.

Parteien – vertreten sie unsere Interessen?

M 6 Parteien – unbeliebt aber notwendig?

Gerhard Mester, Baaske Cartoons, Müllheim

Volkspartei
Als Volkspartei bezeichnet man eine Partei, die aufgrund ihres Programms für Wähler und Mitglieder aller gesellschaftlichen Schichten und unterschiedlicher Weltanschauungen offen ist.

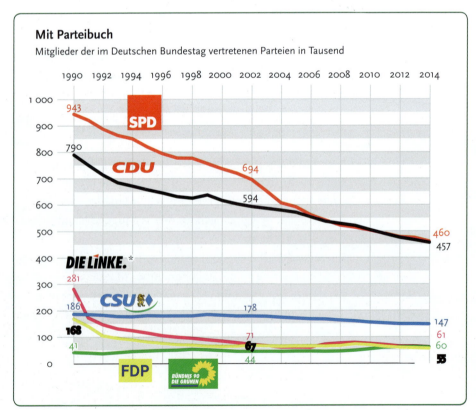

*Globus-Grafik 10423, Quelle: FU Berlin, O. Niedermayer; *2007 Vereinigung von PDS und WASG*

M 7   Die Parteien – Keilriemen des Demokratiemotors?

Stellt man sich die deutsche Demokratie als Dampfmaschine vor, dann sind Parteien der Keilriemen: Sie sorgen dafür, dass Bewegung von einem Teil der Maschine in den anderen kommt – und zurück. Parteien werden deshalb oft auch als demokratisches Bindeglied zwischen Staat und Gesellschaft bezeichnet. Es gibt kaum politische Entscheidungen in Deutschland, an denen sie nicht beteiligt sind. Fast alle Abgeordneten in den Parlamenten gehören einer Partei an – obwohl es die Möglichkeit gibt, direkt für ein Amt zu kandidieren. Die Bundesrepublik Deutschland wird daher häufig als Parteiendemokratie bezeichnet. [...]

Wozu gibt es Parteien?

Parteien sollen der Demokratie beim Funktionieren helfen: Sie sollen sicherstellen, dass die unterschiedlichen Interessen der Bevölkerung in politische Entscheidungen umgesetzt werden und dass umgekehrt die Ideen der Politiker bei den Bürgern ankommen. Zentrale Aufgabe der Parteien ist es, an Wahlen teilzunehmen, politische Ideen und Forderungen in Parteiprogrammen zu bündeln und Personal für politische Ämter bereitzustellen, wie etwa Bundestagsabgeordnete oder Stadträte. Außerdem sollen sie in der Gesellschaft für Akzeptanz der Politiker-Entscheidungen sorgen, die Menschen für Politik interessieren und zum Wählen bewegen. Im Wahlkampf werden Parteien daher besonders aktiv und betonen ihre inhaltlichen und personellen Unterschiede.

Sind Parteien nur gut?

Ob die Parteien diesen Aufgaben gerecht werden, ist umstritten. Derzeit wenden sich viele Menschen frustriert von der Politik ab: Es herrscht „Politikverdrossenheit". Andere kritisieren, dass Parteien auch dort Macht haben und ausüben, wo sie es gar nicht sollen. So reden Parteien bei der Besetzung von Posten mit, deren Vergabe gar nicht durch eine öffentliche Wahl entschieden wird. Das ist zum Beispiel bei Chefredakteuren im öffentlich-rechtlichen Fernsehen oder wichtigen Posten in Ministerien häufig der Fall.

Wie funktionieren Parteien?

Im Inneren sind Parteien Zusammenschlüsse von politisch interessierten Menschen, die nach demokratischen Grundsätzen organisiert sind – so schreibt es das deutsche Parteiengesetz vor. In Parteien wird laufend gewählt: Bevor ein politisches Amt zur öffentlichen Wahl steht, wurde schon parteiintern über die Bewerber abgestimmt. Auch die Parteiführung wird in demokratischen Parteien grundsätzlich gewählt. Jeder Bürger kann Mitglied einer Partei werden, aber er muss sich für eine Partei entscheiden: Mehrfachmitgliedschaften sind in den Parteisatzungen in der Regel untersagt.

Art. 21 Grundgesetz

(1) Die Parteien wirken bei der politischen Willensbildung des Volkes mit. Ihre Gründung ist frei. Ihre innere Ordnung muss demokratischen Grundsätzen entsprechen. Sie müssen über die Herkunft und Verwendung ihrer Mittel sowie über ihr Vermögen öffentlich Rechenschaft geben.

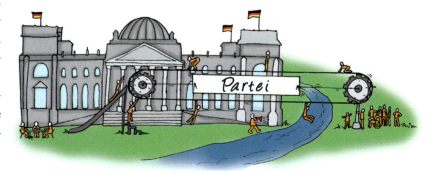

Parteien in den Nachrichten

- *Die Parteien erweitern ihre Informationsangebote im Internet*
- Bundestagsabgeordneter diskutiert mit Schülern über Syrien-Einsatz der Bundeswehr
- Eine Umfrage alarmiert die Regierung. 2/3 der Befragten sind mit Steuererhöhungen unzufrieden
- Politiker aller Parteien diskutieren in Talkshow über die Energiewende
- Besuchergruppe im Deutschen Bundestag wird von ihrem Wahlkreisabgeordneten empfangen
- Bürgersprechstunde des Landtagsabgeordneten am Freitag von 14-16 Uhr
- *Bürger wählen Abgeordnete in den Bundestag*
- Der Parteivorsitzende wirbt mit einer Rede auf dem Parteitag für die Arbeit der Regierung

---

Insgesamt sind in Deutschland etwa 2,5 Millionen Menschen Mitglied einer Partei. Das sind etwa vier Prozent der Wahlberechtigten. Eine Gruppe von politisch interessierten Menschen gilt nach dem Grundgesetz und Parteiengesetz jedoch nur dann als Partei, wenn sie laufend und dauerhaft Politik machen und in ein Parlament auf Bundes- oder Landesebene gewählt werden will. Dies unterscheidet Parteien von Bürgerinitiativen oder Lobbyverbänden. Parteien werden vom Staat mit Steuergeldern unterstützt und finanzieren sich außerdem durch Mitgliedsbeiträge und Spenden. Die staatliche Teilfinanzierung richtet sich nach der Summe der Mitgliedsbeiträge und Spenden sowie der Anzahl der Wählerstimmen, die für eine Partei abgegeben wurden. 133 Millionen Euro Steuergelder werden so pro Jahr unter den Parteien verteilt. Ohne Parteien liefe in der deutschen Demokratie also gar nichts und aus der Politik-Dampfmaschine käme nur heiße Luft.

Sebastian Gievert, www.bpb.de, 28.8.2009

M 8 Politiker dringend gesucht

Wenn die großen Parteien massiv an Rückhalt verlieren, bröckelt die Substanz des demokratischen Prozesses. [...] Der Mitgliederschwund einer Volkspartei wie der CDU geht nicht nur die CDU an. So wie der Schwund der SPD nicht nur die SPD angeht. Dass die einstigen Riesen in der Parteienwelt verzwergen, stellt den gesetzlichen Auftrag von Parteien infrage, vor allem den der Rekrutierung von Personal.

Die großen Parteien haben manches dafür getan, dass ihr Niedergang auch Schadenfreude hervorruft. Aber man sollte nicht übersehen, dass hier die Substanz des demokratischen Prozesses bröckelt. Mehr partizipative Demokratie jenseits von Parlamenten und Parteien mag wünschenswert sein. Doch Volksabstimmungen allein machen noch keine Politik. Dazu braucht es auch künftig Politiker. Die Partizipation vor allem auch in den Parteien zu stärken, erscheint deshalb als das richtige Rezept, bei dem man allen etablierten Parteien nur Erfolg wünschen kann; auch denen, deren politische Ziele man nicht teilt.

Nico Fried, Süddeutsche Zeitung, 24.6.2014

Aufgaben

+ zu Aufgabe 1
Schildere deine Vorstellung von und Haltung zu politischen Parteien. Vergleiche diese anschließend mit denen deiner Mitschülerinnen und Mitschüler.

✏ zu Aufgabe 2
Die Rede des Parteivorsitzenden müsste der Laufrichtung Institutionen → Bürger zugeordnet werden, da er für sein Programm / seine Position wirbt.

1. Beschreibe und interpretiere die beiden Materialien aus M 6. Welches politische Problem wird hier dargestellt?
2. „Wenn die Demokratie eine Dampfmaschine ist, dann sind die Parteien der Keilriemen." Übertrage das Bild vom „Keilriemen" in dein Heft, gib dem Keilriemen eine Laufrichtung und ordne die Überschriften der Randspalte der jeweils passenden Laufrichtung zu (M 7).
3. Stelle begründete Vermutungen darüber an, was passiert, wenn die Parteien als Keilriemen der Demokratie geschwächt werden (M 7, M 8).

Methode

M 9 Parteien im Internet – einen Steckbrief erstellen

CDU: www.cdu.de

SPD: www.spd.de

FDP: www.fdp.de

Bündnis 90/Die Grünen: www.gruene.de

Die Linke: www.die-linke.de

Arbeitsauftrag:

Erstelle einen Steckbrief der Parteien, beachte dabei folgende Fragen:

- Wann wurde die Partei gegründet?
- Welche prominenten Mitglieder hat sie?
- Wann und wo war/ist die Partei an der Regierung beteiligt?
- Hat die Partei eine Jugendorganisation?
- Einigt euch auf ein aktuelles politisches Thema (z. B. Einführung von Ganztagsschulen) und recherchiert, was die Parteien dazu auf ihren Homepages sagen.
- Ihr könnt auch den Internetauftritt der Parteien nach verschiedenen Kriterien bewerten.

Wählen – warum eigentlich?

M 10 Die Wahlbeteiligung in der Bundesrepublik Deutschland

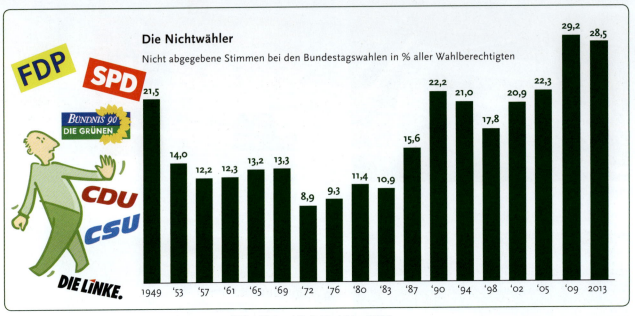

Bergmoser + Höller Verlag AG, Zahlenbilder 88607

M 11 Das Phänomen Nichtwähler

Das Superwahljahr 2009 begann mit einem Rekordtief. Jeder vierte wahlberechtigte Bürger nahm nicht an der Landtagswahl in Hessen teil, so wenige waren es dort noch nie. Auch bei der Europawahl erreichte man mit einer Wahlbeteiligung von 43 Prozent einen Tiefpunkt. [...] Die Gründe der mangelnden Wahlbeteiligung sind vielfältig. [...] Glaubte man den gängigen Erklärungen der Parteienforscher noch vor einigen Jahren, dass es sich bei Nichtwählern um desinteressierte Demokratiebefürworter oder ungebildete Bürger der untersten Sozialschichten handelt, ist heute jedoch längst bekannt, dass diese Annahmen überholt sind. Nach einer Studie im Nachgang zur Hamburger Bürgerschaftswahl im letzten Jahr stammen Nichtwähler aus allen politischen Lagern. Auch Oskar Niedermayer, Politologe und Leiter des Otto-Stammer-Zentrums an der Freien Universität Berlin, erkennt unterschiedliche Typen von Nichtwählern. Er unterscheidet zwischen vier Gruppen: die politisch desinteressierten Nichtwähler, die keinerlei Verbindung zur Politik haben, die rational abwägenden Nichtwähler, die zu wechselhaftem Wahlverhalten tendieren und sich je nach Bedeutung der Wahl kurzfristig gegen eine Wahlbeteiligung entscheiden, die unzufriedenen Protestwähler, welche dem herrschenden politischen System kritisch gegenüberstehen und sich bewusst gegen

181

5.1 Beteiligungsmöglichkeiten in unserer Demokratie

eine Wahlbeteiligung entscheiden und schließlich die geringe Gruppe der technischen Nichtwähler, unter denen sich kürzlich verstorbene Bürger sowie jene befinden, die wegen Urlaub oder Krankheit kurzfristig verhindert sind, aber gerne wählen würden.

Diana Kinnert, Die Welt, 17.9.2009

M 12 Kontrovers diskutiert: Wählen gehen?

Mirjam (28) hat noch nie eine Wahl verpasst. Warum denn?

„In einer Gesellschaft wie der unsrigen müssen sich alle Menschen an die geltenden Gesetze halten. Gesetze bestimmen unser Leben, geben uns Freiheiten, schränken uns aber auch ein. Die Abgeordneten im Parlament machen diese Gesetze und deshalb möchte ich die Menschen, die im Parlament sitzen, und die Politik, die sie vertreten, mitbestimmen. Das tue ich, indem ich zur Wahl gehe. Die Politiker sind dann zwar auf vier Jahre gewählt, aber wenn es mir nicht gefällt, was sie tun, dann wähle ich sie nach vier Jahren wieder ab und gebe meine Stimme einer anderen Partei oder einem anderen Kandidaten. Und weil wir Wähler alle so denken, richten sich die Politiker nach uns. Ginge ich nicht mehr zur Wahl, dann wäre mein Einfluss auf die Politik dahin."

Klaus (34) hat sich die letzten vier Jahre an keiner Wahl beteiligt.

„Früher bin ich auch immer zum Wählen gegangen, aber irgendwann hatte ich den Eindruck, dass sich die Politiker und die Parteien immer ähnlicher werden. Es gibt nur noch geringe inhaltliche Unterschiede und jeder kann mit jedem zusammenarbeiten. Ich bin nicht unzufrieden mit unserer Gesellschaft und unserem Staat. Auch wehre ich mich gegen Vorwürfe, ich wäre nicht politisch. Ich engagiere mich durchaus für unsere Gesellschaft und arbeite als Jugendtrainer auch ehrenamtlich. Es ist nicht so, dass politisches Engagement sich nur auf das Wählen bezieht. Ich würde auch gerne über politische Streitfragen direkt abstimmen, so wie die Schweizer Bürger das dürfen. Könnte ich das, dann ginge ich auch wieder ins Wahllokal."

➕ Bei Klassensprecherwahlen ist es selbstverständlich, dass sich alle Schülerinnen und Schüler an der Wahl beteiligen. Überlege, was es für das Amt bedeuten würde, wenn sich beispielsweise nur 50 % einer Klasse an der Wahl beteiligen.

➋ zu Aufgabe 2
Mirjam: „Ich gehe immer wählen und verstehe nicht, dass du freiwillig darauf verzichtest, auf wichtige politische Entscheidungen Einfluss zu nehmen."
Klaus: „Das sehe ich anders, denn du verstehst unter Politik nur ..."

Aufgaben 🔄

1. Formuliert zuerst Hypothesen, weshalb wahlberechtigte Bürger nicht mehr wählen gehen. So könnt ihr beginnen: „Menschen bleiben der Wahl fern, weil ..." Überprüft dann eure Hypothesen mithilfe von M 11.
2. Mirjam und Klaus vertreten zwei völlig unterschiedliche Meinungen zur Frage, ob man an Wahlen teilnehmen soll. Simuliert ein Streitgespräch zwischen den beiden. Ergänzt dabei eigene Argumente und nehmt abschließend persönlich Stellung (M 12).

Hypothesen
Vermutungen über Zusammenhänge werden in der Wissenschaft als Hypothesen bezeichnet. Eine Hypothese ist also eine unbewiesene Annahme, die erst noch überprüft werden muss.

Welches Wahlsystem soll es sein?

M 13 Wahlsysteme im Vergleich

Wenn wie in Deutschland ca. 60 Millionen Menschen wählen dürfen, dann muss es ein Verfahren geben, aus dem hervorgeht, wie die einzelnen Stimmen in Parlamentssitze umgewandelt werden. Dieses Verfahren wird als Wahlsystem bezeichnet.

Art. 38 GG
(1) Die Abgeordneten des Deutschen Bundestages werden in allgemeiner, unmittelbarer, freier, gleicher und geheimer Wahl gewählt.

Sperrklausel oder 5 %-Hürde
Die Parteien müssen 5 % der abgegebenen Zweitstimmen erhalten oder drei Direktmandate erreichen, um in den Deutschen Bundestag einziehen zu können.

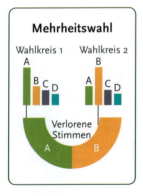

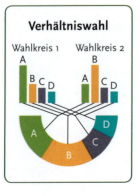

Die Stimmen der Wählerinnen und Wähler müssen in Parlamentsmandate umgerechnet werden. Hierfür gibt es unterschiedliche Methoden mit Vor- und Nachteilen. Bei der Entscheidung für ein Verfahren gilt es abzuwägen: Das Wahlergebnis soll den politischen Willen der gesamten Wählerschaft im Parlament möglichst korrekt abbilden – es soll aber gleichzeitig eine regierungsfähige Mehrheit hervorbringen. Hier gibt es einen Zielkonflikt, denn beides ist nicht gleichzeitig in idealer Weise zu erreichen. Die meisten Wahlsysteme streben deshalb einen Kompromiss an.

Mehrheitswahl

Zu klaren Mehrheiten führt es meistens, wenn alle Abgeordneten direkt in den Wahlkreisen gewählt werden. Hier spricht man von einem Mehrheitswahlsystem. Wer im Wahlkreis die meisten Stimmen auf sich vereinigen konnte, ist gewählt. Parteilisten gibt es nicht. Die Stimmen für alle nicht gewählten Kandidaten verfallen – sie wirken sich nicht auf die Zusammensetzung des Parlaments aus.

Die Mehrheitswahl begünstigt, wie das Beispiel Großbritannien zeigt, immer die großen Parteien. Kleinere politische Strömungen haben kaum eine Chance, ihre Ideen in die parlamentarische Debatte einzubringen. Die Folge ist, dass sich große Gruppen der Bevölkerung mit ihren Überzeugungen politisch überhaupt nicht vertreten fühlen. Der Vorteil für das politische System: Eine klare absolute Mehrheit für eine Partei ist die Regel. Die Regierungsbildung ist meist kein Problem.

Ein Mehrheitswahlsystem bringt auch ganz andere Parteien hervor: Die Parteien sind weniger mächtig, und die Abgeordneten spielen in ihnen eine wichtige Rolle. Diese sind sehr unabhängig und die Parteizentralen können ihnen kaum etwas vorschreiben.

Verhältniswahl

Das Verhältniswahlsystem dagegen kennt überhaupt keine direkt gewählten Wahlkreiskandidaten. Die Stimmberechtigten entscheiden sich für die Kandidatenlisten einer Partei. Jede Partei schickt so viele Abgeordnete ins Parlament, wie es ihrem Anteil an den abgegebenen Wahlstimmen entspricht. Im reinen Verhältniswahlsystem sind deshalb auch sehr kleine Parteien vertreten. Wenn es keine Sperrklausel gibt, entspricht die Zusammensetzung des Parlaments genau der Verteilung der Stimmen auf die Listen, die zur Wahl standen.

Ein reines Verhältniswahlsystem führt – wie es die Geschichte der Weimarer Republik gezeigt hat – leicht zur Zersplitterung der Parteienlandschaft. Ein in viele Fraktionen zerfallendes Parlament bringt schwache, wenig stabile Regierungen hervor, die sich auf Mehrparteienkoalitionen stützen müssen. Die Parteiapparate sind in einem solchen System übermächtig, denn die gewählten Abgeordneten sind von ihnen abhängig. Bei der nächsten Wahl wollen sie wieder auf einem aussichtsreichen Listenplatz aufgestellt werden.

Personalisierte Verhältniswahl
Der Bundestag wird auf vier Jahre gewählt, und zwar nach dem Verfahren der sogenannten personalisierten Verhältniswahl. Danach wird die Hälfte der Abgeordneten in einem Wahlkreis direkt gewählt, während die andere Hälfte über die Landeslisten der Parteien in den Bundestag einzieht. Jeder Wähler und jede Wählerin kann zu diesem Zweck zwei Stimmen vergeben. Die Erststimme ist der „personalisierte" Teil des Wahlsystems. Mit ihr wird der oder die Wahlkreisabgeordnete nach dem Prinzip der relativen Mehrheitswahl gewählt. Das bedeutet: Gewählt ist, wer die meisten Stimmen auf sich vereint.

Wichard Woyke Informationen zur politischen Bildung aktuell, Bundestagswahlen 2002, Bonn 2002, S. 3 f.

a) **Sitzverteilung im Bundestag nach der Bundestagswahl 2013**

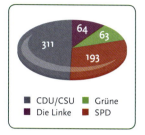

b) **Simulation: Sitzverteilung nach Mehrheitswahl in Einer-Wahlkreisen**

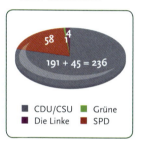

Um die Auswirkungen des Mehrheitswahlrechts auf die Zusammensetzung des Deutschen Bundestags zu simulieren, wird einfach angenommen, dass lediglich die in den 299 Wahlkreisen nach der relativen Mehrheitswahl direkt gewählten Abgeordneten einen Sitz im Parlament erhalten. Unberücksichtigt bleiben muss, dass auch das Wahlsystem die Wahlentscheidung der Wähler beeinflusst.

M 14 Ergebnisse der Bundestagswahlen

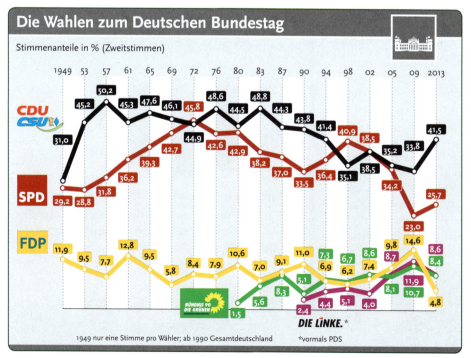

Globus-Grafik 5995; Quelle: Bundeswahlleiter

M 15 Das Wahlsystem zum Deutschen Bundestag

Die Erststimme und ihre Bedeutung

Das Gebiet der Bundesrepublik ist in 299 Wahlkreise eingeteilt. Jeder Wähler entscheidet sich für einen Kandidaten seines Wahlkreises. Gewählt ist, wer mindestens eine Stimme mehr hat als jeder andere Bewerber (*relative Mehrheitswahl*). Ein gewählter Direktkandidat kommt auf jeden Fall ins Parlament, auch wenn seine Partei die 5 %-Hürde nicht schafft.

Die Zweitstimme und ihre Bedeutung

Nach der Gesamtzahl der Zweitstimmen, die für eine Partei bei der Wahl abgegeben werden, richtet sich die Anzahl der Sitze, die diese Partei im Bundestag erhält (*Verhältniswahl*). Die Wähler geben ihre Stimme dabei der Landesliste einer Partei in ihrem Bundesland. 299 Abgeordnete ziehen bei der Sitzverteilung über diese Listen in den Bundestag ein.

Überhangmandate

Hat eine Partei in einem Bundesland mehr Direktmandate errungen als ihr – den Zweitstimmen nach – zustehen, erhält Sie Überhangmandate.
Beispiel: Die Partei B hat im Bundesland Y 28 Direktmandate gewonnen. Nach Zweitstimmen stehen ihr nur 26 Mandate zu. Die zwei fehlenden Sitze erhält die Partei als Überhangmandate. Für die Überhangmandate einer Partei erhalten die anderen Parteien entsprechend der Mehrheitsverhältnisse **Ausgleichsmandate**. Die Gesamtzahl der Sitze nimmt zu.

- ● = Listenmandat
- ● = Direktmandat
- ● = Überhangmandat

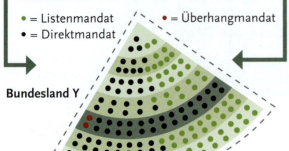

Bundesland Y — z.B Partei B

Verteilung der Sitze auf die Parteien

Bei der Vergabe der Sitze werden nur Parteien berücksichtigt, die bundesweit mindestens 5% der Zweitstimmen oder drei Direktmandate errungen haben (*Sperrklausel*).
Wie viele Abgeordnetensitze den Parteien zustehen, wird mithilfe der *Divisormethode mit Standardrundung* (Sainte-Laguë/Schepers) berechnet. Die Stimmen der Parteien, die an der Stimmvergabe teilnehmen, werden dazu durch einen Divisor geteilt. Als Divisor eignet sich die Zahl der durchschnittlich auf einen Sitz entfallenen Stimmen. Die Ergebnisse der Division werden anschließend mit Standardrundung zu ganzen Zahlen auf- oder abgerundet. Die ganzen Zahlen entsprechen der Sitzverteilung. Ist die Summe der Sitze größer/kleiner als die zu vergebenden Sitze, so wird das Verfahren mit einem größeren/kleineren Divisor wiederholt. Beispielrechnung:

Partei	Zweitstimmen	Divisor	Ergebnis	Sitze
A	3.700.000	18.896	195,80	196
B	5.500.000	18.896	291,06	291
C	2.100.000	18.896	111,13	111
598 Sitze zu vergeben	gesamt: 11.300.000	Gesamtstimmenzahl / Gesamtzahl der Sitze	Stimmen für Partei X / Divisor	nach Standardrundung

Die Sitzverteilung nach Zweitstimmen

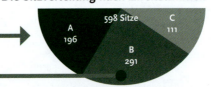

598 Sitze — A 196, B 291, C 111

Verteilung der Sitze auf die Landeslisten der Parteien

Der Landesverband einer Partei erhält die Anzahl an Sitzen, die dem Anteil an Zweitstimmen entspricht, der auf seine Landesliste entfiel.

Partei	Sitze insgesamt	Zweitstimmen im Bundesland Y	Gesamtzahl der Zweitstimmen der Partei B	Sitze im Bundesland Y
B	291	x 500.000	: 5.500.000 = 26,45	26

Die Anzahl der errungenen Bundestagssitze wird dann zunächst mit den in dem Bundesland direkt gewählten Wahlkreiskandidaten dieser Partei besetzt (*Direktmandate*), die verbleibenden Sitze mit Kandidaten der Landesliste (*Listenmandate*).

Methode

M 16 Ein politisches Urteil fällen

In einem Land, in dem sehr viele Menschen wählen dürfen, muss es ein Verfahren geben, das bestimmt, wie die abgegebenen Stimmen der Wähler in Parlamentssitze umgewandelt werden. Dafür stehen unterschiedliche Wahlsysteme zur Verfügung, z. B. die Mehrheitswahl und die Verhältniswahl (vgl. M 4). Die Wahlsysteme haben natürlich jeweils ihre Stärken und Schwächen. Wie kann man nun die Stärken und Schwächen eines Wahlsystems beurteilen?

Wahlsysteme müssen u. a. zwei wesentliche Dinge leisten: Zum einen müssen sie für stabile Mehrheiten im Parlament sorgen, damit eine stabile Regierung gewählt werden kann. Zum anderen wünschen sich die Menschen, dass die abgegebenen Stimmen zu einer gerechten Verteilung der Sitze im Parlament führen.

Das Problem besteht nun darin, dass nicht immer beide Ziele erreicht werden können. Ein politisches Urteil fällen bedeutet abzuwägen und dann zu entscheiden, welches Ziel wichtiger ist und vornehmlich erreicht werden soll.

Experten haben für dieses Problem Fachbegriffe geprägt, um die verschiedenen Wege, zu einem Urteil zu kommen, zu verdeutlichen:

Sachurteil	Werturteil
Sachurteile fragen, ob politische Entscheidungen zur Lösung eines Problems beitragen. Man untersucht, ob eine politische Maßnahme effizient ist. *Frage: Gelingt es, eine stabile Regierungsmehrheit zu schaffen?*	Werturteile beurteilen politische Entscheidungen nach moralischen Maßstäben. Dabei ist entscheidend, welche Werte (z. B. Freiheit, Gleichheit, Gerechtigkeit, …) die Menschen vertreten. *Frage: Sind die Wähler in einem gerechten Verhältnis im Parlament repräsentiert?*

Man berücksichtigt bei einem politischen Urteil beide Dimensionen und deshalb enthält ein Urteil immer Sach- und Wertaspekte – allerdings in unterschiedlicher Gewichtung. Häufig besteht zwischen den beiden Aspekten eines Urteils ein Spannungsverhältnis.

Aufgaben

1. Bewerte die unterschiedlichen Wahlsysteme. Berücksichtige dabei die Projektion in der Randspalte und begründe dein Urteil. Nenne die Werte, die für dein Urteil entscheidend sind (M 13 – M 16).
2. Nimm an: Bei der nächsten Bundestagswahl liegt folgendes Wahlergebnis in Mio. Zweitstimmen vor: SPD 18,5; CDU/CSU 19,7; Grüne: 3,8; FDP: 2,9; Die Linke: 1,5.
   a) Berechne die Verteilung der Stimmen in Prozent und die Verteilung der Sitze nach dem Sainte-Laguë/Schepers-Verfahren, wenn 598 Sitze zu vergeben sind (M 15).
   b) Ermittle, welche Parteien (zusammen) eine absolute Mehrheit der Sitze erringen könnten (M 15).
   c) Erläutere, unter welchen Bedingungen die Parteien Überhangmandate bzw. Ausgleichsmandate bekommen würden (M 15).

Erklärfilm „Bundestagswahlen"

Mediencode: 71049-06

Wahlkampf – beflügelt er die Demokratie?

M 17 Wahlplakate 2013

M 18 Die Bedeutung des Wahlkampfs

Wahlkampf bedeutet konkurrierende Werbung der Parteien um Wählerstimmen. Alle Ziele eines Wahlkampfes sind in der Regel auf drei Aspekte ausgerichtet, wobei natürlich der Wahlsieg das Hauptziel darstellt: das eigene Stammwählerpotenzial optimal zu mobilisieren, Wechselwähler zu binden und den Anteil von Nichtwählern bei der gegnerischen Stammwählerschaft zu erhöhen. Probleme, bei denen man in den Augen der Bürger am besten abschneidet, werden in Wahlkampfzeiten besonders in den Vordergrund gerückt und der Amtsbonus der Regierungschefs genutzt. Wahlkampf ist zunächst einmal besonders verdichtete politische Kommunikation. Sie stellt immer ein Beziehungsgeflecht zwischen dem politischen System, den Medien und der Öffentlichkeit als Publikum der Medien her.

Neben der Bewusstmachung von politischen Problemen lenken die Parteien – oft gleichzeitig und nebeneinander – auch absichtlich von den Problemen ab. Das Buhlen um den Wahlbürger ist seit den neunziger Jahren für die Parteien schwieriger geworden.

Nach: Karl-Rudolf Korte, Wahlen in der Bundesrepublik Deutschland, 4. Aufl., Bonn 2003, S. 112 f.

M 19 Werden die Wahlkämpfe immer „amerikanischer"?

Image (englisch: „Bild") bezeichnet das Ansehen bzw. die Ausstrahlung einer Person. Dieses Ansehen sucht man sich v.a. auf einer positiven Emotions- oder Sympathieebene.

Werden die Wahlkämpfe immer „amerikanischer"? Gemeint ist damit dreierlei: eine Personalisierung, eine Professionalisierung und die Tatsache, dass die Medien im Wahlkampf immer wichtiger werden. Alle drei Komponenten sind nicht völlig neu für die Bundestagswahlkämpfe, doch ihre Bedeutung wächst seit den neunziger Jahren dramatisch.

Personalisierung: Wahlkämpfe sind immer mehr auf den Spitzenkandidaten einer Partei ausgerichtet. Die Sachthemen treten immer mehr in den Hintergrund, der Spitzenkandidat verkörpert die Politik und die Ziele seiner Partei. Strategisch ist hier die Person des Amtsinhabers im Vorteil. Personen repräsentieren politische Botschaften. Je größer das Potenzial an Wechselwählern ist, umso stärker ist der Drang zur Personalisierung. Die Spitzenkandidaten stecken dabei in einer Doppelrolle: Sie sind Hauptdarsteller und zugleich Inhalt der Kampagne. Zu den strategischen Vorbedingungen gehört, dass der Kandidat die geschlossene Unterstützung der Partei und der Anhängerschaft besitzt.

Die Rolle der Medien: Die meisten Bürger erleben Politik nur noch in den Medien. Direkte Parteiwerbung wird kaum beachtet, und Wahlversammlungen erreichen zumeist nur eine kleine, ohnehin überzeugte Minderheit.

Deshalb kommt dem Fernsehen eine besondere Bedeutung zu. Der Fernsehwahlkampf beschränkt sich nicht nur auf Nachrichtensendungen und politische Magazine, erst recht nicht auf Wahlspots der Parteien. Wirkungsvoller ist der Auftritt in Unterhaltungssendungen, dort gilt das Motto: mehr Infotainment als seriöse Information. Bislang wird jedoch diese in den US-Wahlkämpfen bewährte Methode nur zögernd von den politischen Parteien in ihr Konzept aufgenommen.

Als neues Wahlkampfmedium entpuppt sich das Internet. Auch dort errichten die Parteien seit 1998 eine Wahlkampfzentrale. Sie überlegen, wie sich das neue Medium strategisch in ihre Kampagnen einpassen lässt. Schwer zugängliche Wählergruppen scheinen so leichter erreichbar zu sein. Abrufen kann man neben Veranstaltungsterminen aktuelle Reden und Parteiprogramme. Die Mehrheit der Internetbesucher ist jedoch daran interessiert, selber etwas loszuwerden. Deshalb sind besonders die Diskussionsforen der Parteien erfolgreich.

Professionalisierung: Wahlkampf ist nicht mehr allein Sache der Partei oder der Parteizentralen, die eine Wahlkampfkommission einsetzen. Die Parteien ziehen Experten hinzu, die ihnen und ihren Kandidaten beratend zur Seite stehen. Neben den Demoskopen und Sozialwissenschaftlern kommen diese Fachleute zunehmend aus Werbung, Journalismus und Management. Die deutschen Parteien sind dazu übergegangen, PR-Agenturen zu beauftragen, um den Wahlkampf zu steuern, konkret, um das Image der Kandidaten und die Kontakte zu den Medien zu verbessern.

Karl-Rudolf Korte, www.wahlthemen.de (12.7.2005)

Stammwähler sind stark auf eine Partei festgelegt und bleiben dieser über viele Jahre treu.

Wechselwähler sind nicht an eine bestimmte Partei gebunden, sondern entscheiden von Wahl zu Wahl neu.

Protestwähler sind Wähler, die unzufrieden sind mit ihrer Partei. Sie wählen dann oft extreme Parteien, um ihre Unzufriedenheit zu demonstrieren.

M 20 Welche Rolle spielen die Spitzenkandidaten?

Mit den Spitzenkandidaten und ihrer werbewirksamen Vermarktung steht und fällt der Wahlkampf. Sie müssen Glaubwürdigkeit, Sachkompetenz und Vertrauen ausstrahlen.

Die Bewertung des „Images" gründet besonders auf dem Sympathie- und dem Leistungsbereich. Die Spitzenkandidaten sind eine Art Werbesymbol. Sie erhöhen die Mobilisierungschancen der Stammwähler und die Einsatzbereitschaft der Anhänger. Dennoch sollte nicht ausgeblendet werden, dass auch die Spitzenkandidaten den Wahlvorgang nicht allein entscheiden. Es geht immer noch

Die Kanzlerkandidaten der beiden großen Parteien für die Bundestagswahl 2013: Angela Merkel (CDU) und Peer Steinbrück (SPD)

um die Wahl einer politischen Partei. Nichts geht in Deutschland ohne die politischen Parteien, relativ wenig ohne ein dazugehöriges politisches Programm.

Neben dem Image der Kandidaten ist natürlich ihr Bekanntheitsgrad ein wichtiges Kriterium für die Auswahl der Spitzenkandidaten. Andererseits lässt sich die Bekanntheit eines Politikers heute innerhalb kürzester Zeit durch das Fernsehen herstellen. Wenn sich jemand zum Kandidaten küren lässt, beginnt die Medienoffensive. Die Redaktionen möchten im Wettlauf mit der Zeit möglichst vieles – politisch wie privat – über die Person publizieren.

In der „Schlussphasendramatisierung" des Wahlkampfes spielt auch das Duell der Spitzenkandidaten in der Öffentlichkeit eine besondere Rolle. Es bietet für die Wähler eine weitere Möglichkeit der Bewertung. Dazu wurde bei den zurückliegenden Bundestagswahlen häufig eine große Fernsehdiskussion mit den Spitzenkandidaten wenige Tage vor der Wahl durchgeführt.

Karl-Rudolf Korte, www.wahlthemen.de (12.7.2005)

Aufgaben

1. Vergleiche Aussage und Gestaltung der Wahlplakate in M 17.
2. Nenne die Gründe, weshalb die Parteien Wahlkampf betreiben (M 18).
3. „Wahlkampf ist Werbung". Recherchiere im Internet, wie sich die Spitzenpolitiker der Parteien präsentieren. Untersuche, welche Mittel sie anwenden und welches Image sie aufbauen (M 19, M 20).
4. Die Bundestagswahlen, Landtagswahlen, Kommunalwahlen und Europawahlen finden an unterschiedlichen Terminen statt und deshalb ist immer irgendwo eine Wahl in Deutschland. Diskutiert, inwieweit dieser „Dauerwahlkampf" die Arbeit der Bundesregierung erschwert und was man dagegen tun könnte.

Rechtsextremismus in Deutschland – ein Problem?

M 21 Einstellungen zur Diktatur

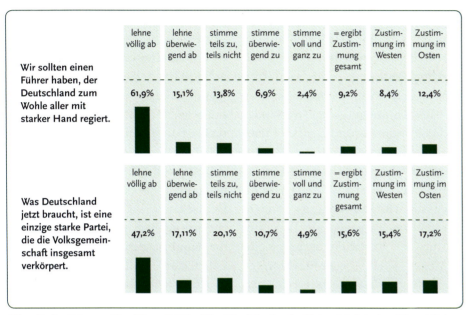

Oliver Decker/Johannes Kiess/Elmar Brähler, Die „Mitte"-Studien der Universität Leipzig – Die stabilisierte Mitte: Rechtsextreme Einstellung in Deutschland 2014, S. 32 f.

M 22 Wie rechtsextrem ist Deutschland?

„Wir haben wieder eine rechtsextreme Massenbewegung in Deutschland", sagt Extremismusforscher Hajo Funke.
Was ist los in Deutschland? Mit den Deutschen? Die Hälfte aller deutschen Studenten glaubt, dass Deutschland die Grenze seiner Integrationsfähigkeit von Ausländern bereits überschritten habe. Etwa genauso viele finden, dass Deutschland keine weiteren Fachkräfte aus dem Ausland braucht.
Das Bild der Studenten lässt sich auf die ganze Gesellschaft übertragen: 23 Prozent der Deutschen beobachten bei ihren Landsleuten ein ablehnendes Verhalten gegenüber Flüchtlingen. 43 Prozent haben Angst vor Spannungen durch Ausländer. Dazu kommt eine Mischung aus Hass auf den Islam und Angst vor einer Übervölkerung durch Muslime. Auf 25 Prozent schätzen die Deutschen den Anteil der Muslime an der Bevölkerung. Tatsächlich sind es nur 6 Prozent.
Eine Entwicklung, die uns Sorgen bereiten sollte. Ernste Sorgen. „Wir haben erstmals wieder eine rechtsextreme, rechtspopulistische und rechtsnational motivierte Massenbewegung in Deutschland", sagte der Berliner Politologe Hajo Funke der „Welt am Sonntag".
Die Bewegung, die Funke beschreibt, besteht nicht mehr nur aus erkenn-

Alternative für Deutschland (AfD)
Am 6. Februar 2013 gegründete Partei. Politikwissenschaftler bezeichnen sie überwiegend als rechtspopulistisch oder rechtspopulistisch beeinflusst.

Wahlergebnisse der AfD

Landtag Brandenburg	2014	12,2 %
Bremische Bürgerschaft	2015	6,5 %
Hamburgische Bürgerschaft	2015	8,1 %
Landtag Sachsen	2014	9,7 %
Landtag Thüringen	2014	10,6 %
EU-Parlament	2014	7,1 %
Rheinland-Pfalz	2016	12,6 %
Baden-Württemberg	2016	15,1 %
Sachsen-Anhalt	2016	24,2 %

(Stand: 18.4.2016)

bar Rechten. Sondern auch aus ganz gewöhnlichen Deutschen. Aus der Mitte der Gesellschaft, die sich nach rechts bewegt.

Funkes Ansicht nach mischen sich gerade „verstehbare Ängste" im Zusammenhang mit der Flüchtlingsunterbringung und Terrorismus mit „Rechtspopulismus und weiterreichendem Rassismus. Angst wird in das Ressentiment gegen Ausländer und den Islam gerührt", sagt Funke.

Politiker schaffen es nicht, Flüchtlinge als Chance zu vermitteln

Deutschland nimmt so viele Flüchtlinge auf wie kein anderes Land in Europa. Im vergangenen Jahr gingen bei den EU-Südländern gemeinsam etwa genauso viele Asylanträge ein wie in den bevölkerungsreichsten Bundesländern Nordrhein-Westfalen und Bayern.

Und es werden immer mehr. Aber viele Lokalpolitiker sind zu ängstlich, um ihren Bürgern die notwendige Aufnahme von Asylbewerbern zu vermitteln.

Ursache für das Entstehen rechtsextremer Bewegungen seien Defizite in der politischen Kommunikation. „Zu viele Probleme auf einmal werden politisch nicht erklärt und damit nicht begreifbar", sagt Funke.

Funkes Dresdner Kollege Werner Patzelt erwartet „in den nächsten Monaten eine gigantische Verschärfung der Zuwanderungs- und Flüchtlingsproblematik" mit erheblichen Folgen für das politische System. Wenn es den etablierten Parteien weiterhin nicht gelinge, darüber eine vernünftige Diskussion hinzubekommen, seien weitere Stimmengewinne für rechte Parteien möglich, sagte er der „Welt am Sonntag".

Patzelt fragt sich in dem Zusammenhang auch, ob es der Alternative für Deutschland (AfD) dauerhaft gelingen werde, sich vom extremen rechten Rand zu distanzieren. „Denn je tiefer man an die Basis geht, desto größer wird der Anteil an rechten Spinnern."

Genau das mache die AfD so gefährlich, sagt wiederum Funke, und erinnert an den Aufstieg Hitlers. „Auch die Nazis haben das deutsch-nationale Milieu gebraucht, um stark zu werden", sagt er.

Die AfD wäre in der Überlegung also nur Wegbereiter. Für den Aufstieg einer wirklich rechtsextremen Partei.

Jan David Sutthoff, Huffington Post, 30.11.2014

Aufgaben

1. Analysiere die Statistik zu den Einstellungen zur Diktatur und nimm Stellung zu den Ergebnissen in M 21.
2. Erläutere ausgehend von M 22 Ursachen für Rechtsextremismus in Deutschland.
3. Entwickelt in Gruppen Lösungsvorschläge, wie man gegen rechtsextreme Einstellungen vorgehen könnte. Erstellt dann eine Rangliste der Vorschläge und erklärt, welchen Vorschlag ihr persönlich unterstützen würdet.

Die wehrhafte Demokratie – Schutz der Grundrechte

M 23 Wie der Staat die Demokratie schützt

Die „streitbare Demokratie" der Bundesrepublik Deutschland kann als eine Reaktion auf das Scheitern der Weimarer Republik verstanden werden. Der Aufstieg der Nationalsozialisten, deren erklärtes Ziel die Abschaffung der Demokratie war, warf die Frage auf, wie sich ein demokratischer Staat gegen politischen Extremismus wehren kann, ohne die Freiheitsrechte seiner Bürger zu sehr einzuschränken.
Im Zentrum der streitbaren Demokratie steht die sogenannte Ewigkeitsgarantie des Art. 79 Abs. 3. Darin heißt es: „Eine Änderung dieses Grundgesetzes, durch welche die Gliederung des Bundes in Länder, die grundsätzliche Mitwirkung der Länder bei der Gesetzgebung oder die in den Artikeln 1 und 20 niedergelegten Grundsätze berührt werden, ist unzulässig." Zu den Grundsätzen gehören die Menschenwürde, die Rechts-, Sozial- und Bundesstaatlichkeit sowie das Demokratieprinzip.

Streitbare Demokratie
In einer streitbaren Demokratie wird die freiheitliche Ordnung vom Staat geschützt und kann nicht auf legalem Weg oder mithilfe legaler Mittel aufgehoben werden.

NPD-Aussage
„Innerhalb des Systems gibt es keine Hoffnung auf Erneuerung. Erst die rücksichtslose und restlose Beseitigung des korrupten liberal-kapitalistischen Systems kann den Weg freimachen für einen nationalen und sozialen Neuanfang in Frieden und Freiheit für unser Volk."
Winfried Petzold (1943 – 2011), ehemaliger NPD-Landesvorsitzender in Sachsen

M 24 Das Bundesverfassungsgericht – Hüter der Verfassung

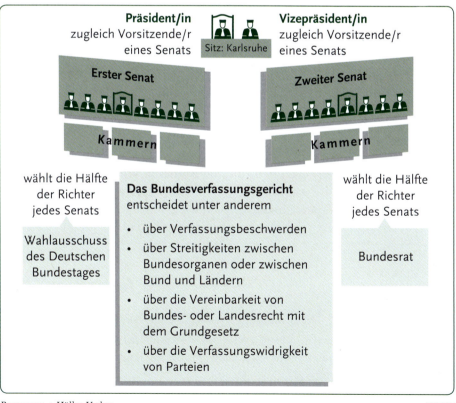

Bundesverfassungsgericht
In Deutschland ist das Bundesverfassungsgericht die übergeordnete Rechtsinstanz zum Schutz des Rechtsstaates.
Neben den richterlichen Kontrollaufgaben der Exekutive und Legislative wacht das Bundesverfassunggericht darüber, dass die Grundrechte jedes Einzelnen eingehalten werden. Das Bundesverfassungsgericht wird erst nach Aufforderung tätig. Jeder Bürger kann Verfassungsbeschwerde einlegen.
(→ Art. 93, 1 GG)

Bergmoser + Höller Verlag 129015

M 25 Die wehrhafte Demokratie im Grundgesetz

Artikel 5
(1) Jeder hat das Recht, seine Meinung in Wort, Schrift und Bild frei zu äußern und zu verbreiten und sich aus allgemein zugänglichen Quellen ungehindert zu unterrichten. Die Pressefreiheit und die Freiheit der Berichterstattung durch Rundfunk und Film werden gewährleistet. Eine Zensur findet nicht statt. [...]
(3) Kunst und Wissenschaft, Forschung und Lehre sind frei. Die Freiheit der Lehre entbindet nicht von der Treue zur Verfassung.

Artikel 9
(1) Alle Deutschen haben das Recht, Vereine und Gesellschaften zu bilden.
(2) Vereinigungen, deren Zwecke oder deren Tätigkeit den Strafgesetzen zuwiderlaufen oder die sich gegen die verfassungsmäßige Ordnung oder gegen den Gedanken der Völkerverständigung richten, sind verboten. [...]

Artikel 18
Wer die Freiheit der Meinungsäußerung, insbesondere die Pressefreiheit (Artikel 5 Abs. 1), die Lehrfreiheit (Artikel 5 Abs. 3), die Versammlungsfreiheit (Artikel 8), die Vereinigungsfreiheit (Artikel 9), das Brief-, Post- und Fernmeldegeheimnis (Artikel 10), das Eigentum (Artikel 14) oder das Asylrecht (Artikel 16a) zum Kampfe gegen die freiheitliche demokratische Grundordnung missbraucht, verwirkt diese Grundrechte. Die Verwirkung und ihr Ausmaß werden durch das Bundesverfassungsgericht ausgesprochen.

Artikel 20
(1) Die Bundesrepublik Deutschland ist ein demokratischer und sozialer Bundesstaat.
(2) Alle Staatsgewalt geht vom Volke aus. Sie wird vom Volke in Wahlen und Abstimmungen und durch besondere Organe der Gesetzgebung, der vollziehenden Gewalt und der Rechtsprechung ausgeübt.
(3) Die Gesetzgebung ist an die verfassungsmäßige Ordnung, die vollziehende Gewalt und die Rechtsprechung sind an Gesetz und Recht gebunden.
(4) Gegen jeden, der es unternimmt, diese Ordnung zu beseitigen, haben alle Deutschen das Recht zum Widerstand, wenn andere Abhilfe nicht möglich ist.

Artikel 21
(1) Die Parteien wirken bei der politischen Willensbildung des Volkes mit. Ihre Gründung ist frei. Ihre innere Ordnung muss demokratischen Grundsätzen entsprechen. [...]
(2) Parteien, die nach ihren Zielen oder nach dem Verhalten ihrer Anhänger darauf ausgehen, die freiheitliche demokratische Grundordnung zu beeinträchtigen oder zu beseitigen oder den Bestand der Bundesrepublik Deutschland zu gefährden, sind verfassungswidrig. Über die Frage der Verfassungswidrigkeit entscheidet das Bundesverfassungsgericht. [...]

Artikel 79
(3) Eine Änderung dieses Grundgesetzes, durch welche die Gliederung des Bundes in Länder, die grundsätzliche Mitwirkung der Länder bei der Gesetzgebung oder die in den Artikeln 1 und 20 niedergelegten Grundsätze berührt werden, ist unzulässig.

○ Recherchiere nach wegweisenden Urteilen des Bundesverfassungsgerichts und stelle die Hintergründe zu einem Urteil dar.

Aufgaben

1. Arbeite aus M 23 – M 25 die Mittel heraus, die die wehrhafte Demokratie bereit hält, um die Grundwerte unserer Demokratie zu schützen.
2. Erkläre, warum das Bundesverfassungsgericht als „Hüter der Verfassung" bezeichnet wird (M 24).
3. Ist die NPD eine Partei, die die Grundsätze unserer Demokratie akzeptiert? Untersuche dazu die Aussage des NPD-Funktionärs (Randspalte).

Was wir wissen

Das Grundgesetz legt fest, dass die Bundesrepublik Deutschland eine repräsentative Demokratie ist, in der die Bürger nicht ständig über alle Angelegenheiten selbst abstimmen, sondern Abgeordnete wählen, die sie im Parlament vertreten und dort für sie stellvertretend entscheiden. Wahlen sind deshalb die wichtigste Form der politischen Mitbestimmung in der parlamentarischen Demokratie. Mit der Wahl einer Partei entscheidet der Wähler über die Zusammensetzung des Parlaments und damit (indirekt) über die politische Richtung und Zusammensetzung der Regierung.

Wahlen in der repräsentativen Demokratie
M 1 – M 5

Eine entscheidende Rolle bei der Auswahl und Aufstellung der Kandidaten spielen die politischen Parteien. Zu den Aufgaben der Parteien gehören:
- Mitwirkung: Parteien ermöglichen den Bürgern als Wähler oder als Mitglieder die Teilnahme am politischen Geschehen. Als Parteimitglied kann der Bürger bei Programmformulierungen und bei der Auswahl der Kandidaten mitwirken.
- Meinungsbildung: Parteien nehmen – vor allem mit Hilfe der Medien – auf die öffentliche Meinung Einfluss und fördern die politische Bildung der Bürger.
- Ermöglichung von Wahlen: In den Parteien werden die Interessen und Meinungen der Bürger artikuliert, gebündelt und daraus programmatische Alternativen für Wahlen entwickelt. In der Parteiarbeit wird Führungspersonal ausgebildet, das bei Wahlen auch für die Kandidatur um politische Ämter bereitsteht.
- Integration: Parteien sorgen für eine kontinuierliche Verbindung zwischen Staat und Gesellschaft, indem sie einerseits die Bürgerinteressen gegenüber staatlichen Institutionen artikulieren und andererseits den Bürger über staatliche Entscheidungen aufklären und diese erläutern. Diese Funktion trägt wesentlich zur Stabilität des politischen Systems bei.

Aufgaben der Parteien
M 7

Grundsätzlich kann man zwischen Verhältniswahlsystem und Mehrheitswahlsystem unterscheiden. Bei der reinen Verhältniswahl erhalten die Vertreter der Parteien genauso viele Mandate im Parlament, wie es ihrem Anteil an den abgegebenen Stimmen entspricht. Beim reinen Mehrheitswahlsystem erhalten nur die Kandidaten ein Mandat, die in einem Wahlkreis die meisten Stimmen auf sich vereinigen konnten. In vielen Staaten gibt es Mischformen.

Wahlsysteme
M 13

Für die Wahl der 598 Abgeordneten des Bundestages haben die Wähler zwei Stimmen: Mit der Erststimme entscheidet der Wähler nach dem Prinzip der relativen Mehrheitswahl, welcher Wahlkreisabgeordnete einen Sitz im Parlament erhalten soll.
Die Zweitstimme, die nach den Prinzipien der Verhältniswahl abgegeben wird, ist die wichtigere Stimme, denn durch sie wird die Zahl der Sitze fest-

Wahlsystem in Deutschland
M 16

Was wir wissen

gelegt, die jeder Partei im Bundestag zustehen. Hat eine Partei die Sperrklausel (fünf Prozent der Zweitstimmen oder drei Direktmandate) überwunden, so wird die Gesamtzahl der für sie abgegebenen Zweitstimmen in Mandate umgerechnet. Das Wahlsystem zum Deutschen Bundestag wird häufig als „personalisiertes Verhältniswahlrecht" bezeichnet. Dies verdeutlicht, dass das Stimmenergebnis auf der Verhältniswahl beruht, durch die Erststimme aber die Möglichkeit besteht, direkt einzelne Personen zu wählen (Personalisierung).

Wahlkampf
M 17 – M 20

Im Wahlkampf konkurrieren die Parteien um die Stimmen der Wähler. Die Parteien versuchen, die Wähler von der Überlegenheit ihres Programms und ihres Personals zu überzeugen. Wahlkampf ist wichtig, weil er dem Wähler ermöglicht, sich über die Programme und das politische Personal der Parteien zu informieren. Zu beobachten ist auch in Deutschland, dass Wahlkämpfe immer stärker auf einzelne Personen zugeschnitten sind (Personalisierung), zunehmend von externen Unternehmen und Beratern gelenkt und geführt werden (Professionalisierung) und die Medien eine immer größere Rolle dabei spielen (Mediatisierung, Amerikanisierung).

Rechtsextremismus
M 21 – M 22

Typische Merkmale rechtsextremistischer Gruppen und Ideologien sind Intoleranz, Rassismus, Antisemitismus und Fremdenfeindlichkeit. Rechtsextremistische Bewegungen verfolgen das Ziel eines autoritären, antipluralistischen und antidemokratischen Gesellschaftssystems und bedrohen damit die freiheitlich demokratische Grundordnung Deutschlands.

Wehrhafte Demokratie
M 23 – M 25

Diese freiheitliche demokratische Grundordnung darf nicht gefährdet oder abgeschafft werden. Deshalb wird unsere Demokratie als wehrhafte oder streitbare Demokratie bezeichnet. Zu den Mitteln der wehrhaften Demokratie gehören:
- Auf Antrag können verfassungswidrige Parteien vom Bundesverfassungsgericht verboten werden.
- Vereinigungen, die sich gegen die verfassungsmäßige Ordnung richten, können vom Innenminister verboten werden.
- Die Grundrechte einzelner Personen können vom Bundesverfassungsgericht verwirkt werden, wenn sie diese zum Kampf gegen die Demokratie missbrauchen.
- Bedienstete im öffentlichen Dienst können auf ihre Verfassungstreue verpflichtet werden.
- Als letztes Mittel räumt das Grundgesetz den Deutschen ein Recht zum Widerstand gegen jeden ein, der es unternimmt, die verfassungsmäßige Ordnung zu beseitigen, wenn keine andere Abhilfe möglich ist.

Was wir können

Wahlen in der DDR

Am 7. Mai 1989 sind die DDR-Bürger wieder einmal aufgerufen, die „Kandidaten der Nationalen Front" zu wählen. Das Wahlverfahren ist jedoch nur scheinbar demokratisch: Auf einer von der SED abgesegneten Einheitsliste stehen die Kandidaten – die fast keinem der Wähler bekannt sind. Eine Abstimmung über einzelne Wahlvorschläge ist nicht möglich. Es gibt nur die Unterscheidung zwischen Ja-Stimme, Nein-Stimme und ungültiger Stimme für die gesamte Liste. Was nur wenige DDR-Bürger wissen: Eine Nein-Stimme, also eine Ablehnung des Vorschlags wird nur dann anerkannt, wenn der Wähler auf der Liste jeden einzelnen Namen säuberlich durchstreicht. Jede Abweichung von dieser äußeren Form macht den Stimmzettel ungültig. Zwar ist in jedem Wahlbüro eine Wahlkabine aufgebaut, doch werden die Bürger, welche die Kabine tatsächlich benutzen, von den gestellten, linientreuen Wahlhelfern registriert: In einem sozialistischen Staat hat in ihren Augen ein rechtschaffener Mensch nichts zu verbergen. In der Bevölkerung wird der Gang zur Wahlurne deshalb auch zutreffend als „Zettelfalten" bezeichnet. Es gibt die ungeschriebene Verpflichtung, an der Wahl teilzunehmen, und die Wahlbeteiligung der DDR-Bevölkerung liegt auch ohne die unmittelbare Anwendung von Druckmitteln bei weit über 90 Prozent. Wer jedoch bis 16 Uhr nicht ins Wahllokal kommt, muss damit rechnen, dass ihn Wahlhelfer zu Hause aufsuchen, um die fehlende Stimme abzuholen. Die Wahlkreise konkurrieren untereinander um die höchste Zustimmungsrate. 99 Prozent sollten es am besten sein – und so muss hier und da manipuliert werden.

Aufgabe
International ist es mittlerweile üblich, dass Wahlbeobachter aus anderen Ländern die heimischen Wahlen überprüfen. Stell dir vor, du wärst einer dieser Wahlbeobachter und müsstest die Wahl vom 7.5.1989 in der DDR beobachten.
Beurteile ausgehend vom Bericht über die Wahlen in der DDR, ob die Wahl als frei bezeichnet werden kann und welche Rolle die Parteien bei dieser Wahl spielen.
Verfasse dazu einen Bericht, den du in einer Pressekonferenz der Öffentlichkeit vorstellen willst.

In einem Bericht vom 7. Mai 1989 über die Wahl im Ort Menz (Brandenburg) hält die Staatssicherheit fest, dass der ehemalige Parteivorsitzende der CDU (Name geschwärzt) alle Kandidaten auf dem Wahlzettel durchgestrichen hat.

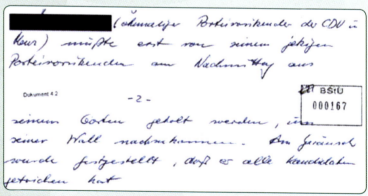

Bruno Zandonella, Thema im Unterricht, Wahlen für Einsteiger, Bundeszentrale für politische Bildung, Juli 2009

5.2 Der politische Entscheidungsprozess
Wie wird die Regierung gebildet?

M 1 Nach der Wahl ist vor der Koalition – Schlagzeilen

M 2 Die Etappen der Regierungsbildung

Nach einer Bundestagswahl wählt der Deutsche Bundestag auf Vorschlag des Bundespräsidenten mit der Mehrheit seiner Mitglieder den Bundeskanzler oder die Bundeskanzlerin. Bis es so weit ist und die neue Bundesregierung ihre Arbeit aufnehmen kann, sind aber meist schon einige Wochen vergangen, in denen intensive Verhandlungen über die Bildung einer mehrheitsfähigen Koalition und das künftige Regierungsprogramm geführt wurden. Aus den bisherigen Bundestagswahlen ging erst einmal eine Partei mit absoluter Mehrheit hervor, die ihr eine Alleinregierung ermöglicht hätte (CDU/CSU 1957); sonst waren zur Mehrheitsbildung stets mindestens zwei Koalitionspartner erforderlich.

Meist stehen die Wunschpaarungen auf Grund fester Koalitionsaussagen schon vor der Wahl fest. Es gibt aber auch Beispiele dafür, dass die Koalitionsfrage bis nach der Wahl offengehalten wurde (so 1969, als sich die FDP in einer kühnen Wende zur Aufnahme von Koalitionsgesprächen mit der SPD entschloss) oder dass der Wahlausgang das angestrebte Bündnis vereitelte (so 2005, als CDU/CSU und FDP die schon sicher geglaubte gemeinsame Mehrheit verfehlten).

Haben sich nach klärenden Vorgesprächen die möglichen Partner gefunden, geht es für sie in den eigentlichen Koalitionsverhandlungen darum, den Vorrat an politischen Gemeinsamkeiten zu ergründen, die groben Züge der gemeinsamen Regierungsarbeit festzulegen und gegebenenfalls ein konkretes Sachprogramm für die einzelnen Politikbereiche zu entwickeln. Darüber hinaus müssen sie sich über personelle Fragen verständigen (insbesondere über die Besetzung der Regierungsposten) und gemeinsame Regeln und Prozeduren für die Zusammenarbeit im Bundestag und in der Regierung, zur Beilegung von Konfliktsituationen usw. vereinbaren.

Das Ergebnis der Verhandlungen wird – mehr oder weniger systematisch, mehr oder weniger ausführlich – in einem Koalitionsvertrag festgehalten, der abschließend durch die Entscheidungsgremien der beteiligten Parteien gebilligt werden muss. Eine solche förmliche Vereinbarung wurde erstmals 1961 zwischen CDU/CSU und FDP geschlossen. Es handelt sich dabei um einen verfassungsrechtlichen Vertrag mit politisch bindender Wirkung, dessen Einhaltung mit rechtlichen Mitteln allerdings nicht erzwungen werden kann. In aller Regel setzen die Koalitionspartner einen Koalitionsausschuss ein, der die Umsetzung der Vereinbarungen laufend überwacht und gegebenenfalls klärend oder ändernd eingreift. Sind die Koalitionsvereinbarungen allgemein zugänglich, wie es heute meist der Fall ist, übt auch die Öffentlichkeit eine Kontrolle darüber aus, wie weit die Koalition ihren selbstgesetzten Versprechen nachkommt.

Die Regierungskoalitionen seit der Wiedervereinigung
CDU/CSU/FDP 1990-98
SPD/Bündnis 90/Die Grünen 1998-2005
CDU/CSU/SPD 2005-2009
CDU/CSU/FDP 2009-2013

M 3 Der Weg zur neuen Regierung

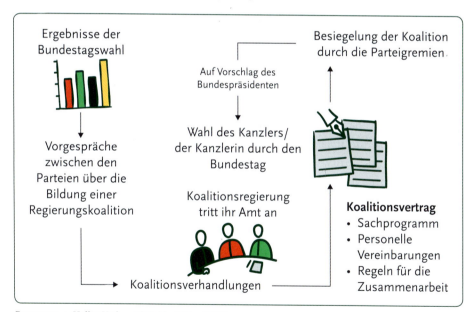

Bergmoser + Höller Verlag AG Zahlenbilder 67253

Aufgaben

1. Bringe die Schlagzeilen in deinem Heft in die richtige chronologische Reihenfolge. Markiere in verschiedenen Farben die formellen (gesetzlich vorgegebenen) und informellen Aspekte der Regierungsbildung (M 1, M 2).
2. Beurteile, welche Vor- und Nachteile der in Deutschland übliche Zwang zur Bildung von Koalitionen hat (M 2, M 3).

Was heißt regieren?

M 4 Was macht ein Bundeskanzler?

M 5 Regieren? Regieren!

Opposition
im Parlament die Gruppe von Abgeordneten, die der Regierungsmehrheit gegenübersteht

Der ehemalige SPD-Vorsitzende Franz Müntefering sagte einmal: „Opposition ist Mist. Lasst das die anderen machen – wir wollen regieren." Alle Politiker wollen regieren! Sie treten in Wahlkämpfen für ihre Parteien an, um eine Mehrheit zu erreichen und „an die Regierung zu kommen". Denn wer regiert, hat die Macht, seine politischen Vorstellungen umzusetzen. Die Regierung hat die Aufgabe der politischen Steuerung. Sie bestimmt, angeführt vom Kanzler / von der Kanzlerin, die Richtlinien der Politik und kann weitreichende Entscheidungen vorbereiten und beeinflussen: Sie kann (zusammen mit der Mehrheit der Abgeordneten im Bundestag) entscheiden, ob Steuern erhöht werden, ob die Bundeswehr zu einem Einsatz ins Ausland geschickt wird, ob soziale Leistungen gekürzt werden oder ob man mehr Geld in Bildung investiert. Die Politiker, die nicht an der Regierung beteiligt sind, haben dagegen nur wenig Einfluss auf die Politik. Sie können meist nur in der Öffentlichkeit sagen, dass sie anderer Meinung sind. Allein die Regierung ist berechtigt, den Kurs des Landes zu bestimmen, und deswegen wollen Politiker regieren.

M 6 Aufbau und Arbeitsweise der Bundesregierung

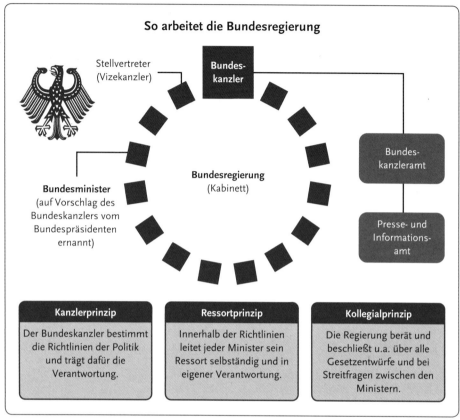

Bergmoser + Höller Verlag AG, Zahlenbilder 67 123

Artikel 65 GG
Der Bundeskanzler bestimmt die Richtlinien der Politik und trägt dafür die Verantwortung.

M 7 Wie mächtig ist der Bundeskanzler?

Der Bundeskanzler wird häufig als mächtigster politischer Akteur in Deutschland bezeichnet. Dies liegt daran, dass er sowohl gegenüber dem Parlament eine besondere Rolle einnimmt als auch innerhalb der Bundesregierung über eine Sonderstellung verfügt. So wird innerhalb der Bundesregierung nur der Bundeskanzler direkt vom Bundestag gewählt. Alle anderen Mitglieder der Regierung werden auf seinen Vorschlag hin vom Bundespräsidenten ernannt. Damit verfügt er über eine besondere demokratische Legitimation. Innerhalb der Bundesregierung besitzt der Bundeskanzler die Richtlinienkompetenz. Das bedeutet, dass er die Grundlinien der Politik, also die allgemeine politische Ausrichtung der Regierungspolitik, bestimmen kann. Gegen den Willen des Kanzlers kann innerhalb der Regierung keine Entscheidung getroffen werden. Das Kabinett kann ihn nicht einfach überstimmen. Wie der Bundeskanzler diese Richtlinienkompetenz ausfüllen kann, hängt entscheidend von seiner Persönlichkeit, seiner Beliebtheit innerhalb der Bevölkerung und seinem Regierungsstil ab. Seine Macht ist natürlich dann beschränkt, wenn er mit einer Koalition

Legitimation
Rechtfertigung der Ausübung staatlicher Gewalt, hier: durch eine Wahl

Kabinett
die Personen, die die Bundesregierung bilden, d. h. der Bundeskanzler und seine Minister

Kabinettsaal im Bundestag. In den wöchentlichen Kabinettssitzungen werden Gesetzesvorlagen beraten und beschlossen und politische Probleme diskutiert.

● Benenne die derzeitigen Kabinettsmitglieder und deren Ressort.

● Recherchiere im Grundgesetz, welche Artikel – neben Art. 65 – die Stellung des Bundeskanzlers beschreiben.

aus verschiedenen Parteien regiert, da er auf andere Parteien einen geringeren Einfluss besitzt.

Auch gegenüber dem Parlament verfügt er über eine Sonderrolle. Wenn der Bundeskanzler den Eindruck hat, dass die Mehrheit der Abgeordneten im Parlament seine Politik nicht mehr unterstützt, dann kann er im Deutschen Bundestag die Vertrauensfrage stellen. Wird er nicht mehr von der Mehrheit der Abgeordneten unterstützt, so kann er Neuwahlen herbeiführen. Viele Abgeordnete fürchten bei Neuwahlen um ihre Wiederwahl und werden so den Kanzler eher unterstützen. Aber wehrlos ist das Parlament beileibe nicht. Das Parlament verfügt über ein starkes Machtmittel: das konstruktive Misstrauensvotum. Über das konstruktive Misstrauensvotum kann das Parlament den Kanzler und damit die gesamte Regierung abwählen. Das Parlament muss dazu allerdings einen neuer Kanzler wählen, weswegen das Misstrauensvotum „konstruktiv" – durch die Wahl eines Nachfolgers – und nicht „destruktiv" – durch die reine Abwahl eines Kanzlers – ist.

Aufgaben

1. Was heißt regieren? Sammelt Überschriften und Berichte aus aktuellen Zeitungen, die deutlich machen, welche politischen Probleme die Bundesregierung gerade bearbeitet (M 4, M 5).
2. Erkläre, welche Prinzipien die Regierungsarbeit leiten (M 6).
3. Der Bundeskanzler gilt als mächtiger politischer Akteur. Was kann er tun, um seine Vorstellungen durchzusetzen? Stelle eine Liste der Machtinstrumente des Bundeskanzlers zusammen. Welches Machtinstrument erscheint dir am wirkungsvollsten? Erstelle eine Hierarchie (M 6, M 7).

Wer kontrolliert die Regierung?

M 8 Die Opposition – Gegenspielerin der Regierung

Die politische Grenzlinie verläuft in erster Linie nicht mehr zwischen dem Parlament auf der einen und der Regierung auf der anderen Seite, die entscheidende Trennungslinie liegt in einem parlamentarischen System zwischen der Regierungs- beziehungsweise Parlamentsmehrheit und der Regierung auf der einen sowie der Opposition auf der anderen Seite. Die Regierungsmehrheit, die heute einen Regierungschef wählt, kann morgen nicht so tun, als ob sie mit dessen Person und Regierung nichts verbinde. Durch eine Verweigerung der Zusammenarbeit mit dem von ihr gestellten Regierungschef würde sie sich selbst einen Fehler bescheinigen – nämlich denjenigen, den falschen Kanzler gewählt zu haben. Die Brücke, über die Parlamentsmehrheit und Regierung im heutigen parlamentarischen Regierungssystem verbunden sind, bilden die Parteien. Jedoch muss dies nicht unbedingt bedeuten, dass Regierung und Parlamentsmehrheit eine absolute Einheit darstellen. Die unterschiedliche Intensität der Beziehungen zwischen diesen beiden Organen hängt in erster Linie ab von der Anzahl der Parteien, die zur Bildung einer Regierung notwendig sind.

Emil Hübner, Informationen zur politischen Bildung Nr. 227, Parlamentarische Demokratie 1, Neudruck 1993, S. 26 f.

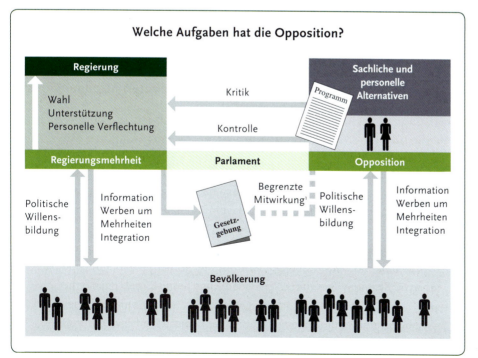

Nach: Bergmoser + Höller Verlag AG, Zahlenbilder 67 260, [1] über Ausschüsse, evtl. Bundesrat

M 9 Wie können Abgeordnete die Regierung kontrollieren?

Stelle dir folgende Situation vor: Die Regierung möchte eine allgemeine Maut für PKW einführen und bringt einen entsprechenden Gesetzesvorschlag in den Bundestag ein. Doch viele Abgeordnete, auch der Regierungsparteien, sind damit nicht einverstanden. Wie sollen sie ihre Kritik äußern?

Folgende Maßnahmen stehen den Abgeordneten zur Verfügung:

- ✓ in einer nicht-öffentlichen Versammlung Bedenken gegenüber der Parteispitze äußern
- ✓ in einer Fernsehtalkshow die Regierung offen und hart kritisieren
- ✓ noch nicht veröffentlichte Informationen heimlich und anonym an die Presse geben
- ✓ in einem Fachausschuss des Bundestages hinter verschlossenen Türen Kritik üben
- ✓ im Kreis aller Abgeordneten ihrer Partei (Fraktion) Bedenken äußern
- ✓ eine Aktuelle Stunde im Bundestag beantragen, in der in aller Breite und öffentlich Mitglieder der Regierung Stellung nehmen müssen. Die Debatte wird sogar im Fernsehen übertragen
- ✓ auf einem Parteitag eine Rede halten, in der sie die Politik der Regierung geißeln

M 10 Interview mit dem Bundestagsabgeordneten Michael Donth

Michael Donth (CDU) ist Mitglied des Deutschen Bundestags und vertritt dort seit 2013 den Wahlkreis Reutlingen.

Herr Donth, wieso braucht die Regierung eine Kontrolle durch den Bundestag?

Macht an sich birgt die Gefahr in sich, dass sie missbraucht werden kann. Deshalb ist es wichtig, dass die Ausübung der Macht durch die Regierung eine Kontrolle durch das Parlament, die gewählten Vertreter des Volkes, erfährt. [...]

Kritiker sagen oft, dass eigentlich nur die Opposition die Regierung kontrollieren würde. Können Sie diesen Vorwurf aus der Sicht der Regierungsfraktionen entkräften?

[...] Letztlich gibt es für alle Abgeordneten im Bundestag die Bilanz; spätestens nach vier Jahren müssen sich alle wieder vor den Wählern verantworten und sich an ihren Taten und Aussagen messen lassen. Da werden die Regierung und deren Partei(en) natürlich auch kritischer beäugt, als die Opposition. Und da jeder meiner Kollegen sich dann in seinem Wahlkreis den Bürgern stellt, ist eine Kontrollfunktion auch hier durchaus erfüllt. [...]

Dem Bundestag stehen verschiedene Kontrollinstrumente zur

Verfügung. Welche dieser Instrumente halten Sie für besonders wirkungsvoll?

Ich denke, da muss man differenzieren: Das allerschärfste Schwert ist sicher das Misstrauensvotum, das zum Regierungswechsel führen kann. Außerdem [...]: die Untersuchungsausschüsse. Am effizientesten sind in meinen Augen die Ausschüsse, in denen ein großer Teil aller geplanten Gesetzesentwürfe ausgearbeitet wird. Hier zeigt sich auch, dass alle Parlamentarier, ob mit oder ohne Regierungsbeteiligung, in der Regel sehr konstruktiv miteinander arbeiten. [...] Gerade in der Arbeit des Bundestages sollte eine Kontrolle weniger eine nachträgliche Überprüfung und dafür umso mehr eine vorgeschaltete Einflussnahme auf Entscheidungen und Beschlüsse der Bundesregierung sein. [...]

Inwieweit wird die öffentliche Wirkung bei der Auswahl der Instrumente berücksichtigt?

Die öffentliche Wirkung ist natürlich insbesondere in einer aktuellen Stunde oder einem Untersuchungsausschuss sicher eines der entscheidenden Kriterien bei der Wahl des Mittels. Hier erzeugt man ein großes Medieninteresse und nimmt somit großen Einfluss auf die Wahrnehmung eines Themas in der Öffentlichkeit, also bei den Wählern. Denn die Öffentlichkeit und die veröffentlichte Meinung nehmen in unserem Staat ja zusätzlich zum Parlament eine wichtige Kontrollfunktion wahr. Man muss sich immer fragen: „Was will ich denn erreichen?" und das Mittel entsprechend wählen.

Interview des Bearbeiters mit Michael Donth MdB über die Wahrnehmung der Kontrollrechte des Bundestags durch die Abgeordneten am 3.6.2014.

Enquete-Kommissionen
überfraktionelle Arbeitsgruppen zur Vorbereitung von Entscheidungen über umfangreiche und bedeutsame Sachkomplexe

Untersuchungsausschuss
Die Abgeordneten des Bundestages können einen Untersuchungsausschuss bilden, wenn mindestens ein Viertel aller Abgeordneten zustimmen. Ziel des Ausschusses ist die Aufklärung politischer Missstände.

Art. 67 GG
(1) Der Bundestag kann dem Bundeskanzler das Misstrauen nur dadurch aussprechen, dass er mit der Mehrheit seiner Mitglieder einen Nachfolger wählt und den Bundespräsidenten ersucht, den Bundeskanzler zu entlassen. Der Bundespräsident muss dem Ersuchen entsprechen und den Gewählten ernennen.
(2) Zwischen dem Antrage und der Wahl müssen achtundvierzig Stunden liegen.

Aufgaben

1. Versetze dich in einen Abgeordneten der Regierungsfraktion und der Opposition. Entscheide auch mithilfe von M 9, welche Maßnahmen die beiden treffen sollen, um Kritik an der Regierung zu üben. Wähle dazu die Maßnahmen aus, die dir am sinnvollsten erscheinen und begründe deine Auswahl.

2. Überprüfe die folgenden Aussagen zur Kontrolle der Regierung. Stimmen sie? Begründe deine Entscheidungen (M 9, M 10).
   - Hauptaufgabe des Bundestages ist die Kontrolle der Regierung.
   - Bei der Auswahl der Kontrollmöglichkeiten ist die öffentliche Wirkung von entscheidender Bedeutung.
   - Nur die Opposition kontrolliert die Regierung.
   - Regierung und Parlament sind nicht vollständig voneinander getrennt.

zu Aufgabe 2
Entwirf weitere Aussagen zur Kontrolle der Regierung und lasse sie von deinem Nachbarn überprüfen.

Wie frei ist ein Abgeordneter?

M 11   Die Streitfrage: Mopedfahren schon ab 15 Jahren?

In Sachsen, Sachsen-Anhalt und Thüringen startete zum 1. Mai 2013 ein Modellversuch, der vorsieht, dass bereits 15-Jährige einen Führerschein der Klasse M erwerben dürfen. Dieser erlaubt das Fahren von Mopeds und kleineren vierrädrigen Gefährten wie Quads mit einer Höchstgeschwindigkeit von bis zu 45 Stundenkilometern. In den übrigen dreizehn Bundesländern dürfen 15-Jährige nach wie vor nur auf 25 Stundenkilometer gedrosselte Mofas fahren. Die Verkehrsminister der drei Länder wollen durch den Modellversuch eine bessere Mobilität vor allem junger Leute auf dem Land erreichen. Die Entscheidung ist umstritten und in vielen Internet-Foren wird darüber diskutiert, ob Jugendliche mit schneller fahrenden Gefährten nicht überfordert sind.

Stephan (8.7.2013 16:04)
Na endlich … Ich sehe das mal aus Sicht der schnelleren Verkehrsteilnehmer: Mofas sind extreme Verkehrsbehinderer (weil sie nicht mal auf den Fahrradweg dürfen!), da man sie bei unserer hohen Verkehrsdichte oft nur mit hohem Risiko oder längere Zeit gar nicht überholen kann. Gut, dass das bald ein Ende hat. Davon abgesehen reizt es die Jugendlichen dann auch sicher deutlich weniger, ihr Fahrzeug zu frisieren.

Heidi (7.7.2013 19:08)
Ich finde die Idee absolut super. Ich muss sonst meine Tochter noch ein Jahr lang zum Reiten fahren (12 Kilometer Landstraße). Mit dem Mofa ist es deutlich gefährlicher.

Gerd (7.7.2013 17:34)
Es ist doch unverantwortlich, dass die Jugend, die sich sonst auch kaum an Regeln hält, jetzt eine Lizenz zum Schnellfahren bekommt.

Anne (7.7.2013 16:56)
Sind unsere Politiker jetzt völlig verrückt geworden? Seit in Österreich 15-Jährige Moped fahren dürfen, steigt die Zahl der Moped-Unfälle dort sprunghaft. Und das wollen wir jetzt auch bei uns?

Ralf (8.7.2013 20:02)
Ich habe eine Schreinerei auf dem Land in einem kleinen Dorf. Busse gibt es nicht. Also habe ich Probleme, Azubis zu bekommen, weil diese oft nicht mobil sind. Wenn die in Zukunft Moped fahren dürfen, wäre mir damit sicher geholfen.

M 12 Der Abgeordnete – wie soll er entscheiden?

Der Deutsche Bundestag soll entscheiden, ob der Mopedführerschein bereits für 15-Jährige eingeführt werden soll. Diese Entscheidung ist nicht unumstritten und die Abgeordneten werden von unterschiedlicher Seite beeinflusst. Irgendwann muss der Abgeordnete aber wissen, ob er dem Gesetz zustimmt oder nicht. Sein Problem ist dabei, dass er es nicht allen recht machen kann.

Elterngruppe
Du vertrittst eine Gruppe von Eltern aus dem Wahlkreis des Abgeordneten. Ihr habt euch zusammengeschlossen, da ihr davon überzeugt seid, dass es viel zu gefährlich ist, eure Kinder schnelle Mopeds fahren zu lassen. Erfahrungen aus Österreich haben gezeigt, dass es zu vielen schweren Unfällen kommt. Der Abgeordnete will kommendes Wochenende in den Wahlkreis kommen und ihr plant bereits eine Kundgebung auf dem Marktplatz, um auf eure Forderung aufmerksam zu machen.

Fraktionsführer der Regierungspartei
Die Mehrheit der Abgeordneten und auch die Regierung sind dafür, die Altersgrenze abzusenken. Innerhalb der Fraktion gibt es aber einige Abgeordnete, die sich nicht sicher sind, ob sie dem Vorschlag zustimmen. Der Bundeskanzler hat mit dir telefoniert und er wünscht sich, dass die Fraktion im Bundestag geschlossen zustimmt und das Thema damit endlich erledigt ist.

Einfacher Abgeordneter der Regierungsfraktion
Du bist Mitglied des Verkehrsausschusses und musst bald entscheiden, ob du für oder gegen den Gesetzentwurf stimmst. Im Vorfeld setzen sich verschiedene Menschen mit dir in Verbindung, um deine Entscheidung zu beeinflussen.

Azubi in einem Betrieb auf dem Land
Du bist 15 Jahre alt und um in die Berufsschule zu kommen, musst du sehr weit fahren. Mit dem Bus ist das fast nicht zu schaffen. Ein Moped würde dir sehr helfen. Du hast bereits mit den anderen Berufsschülern gesprochen und dabei gemerkt, dass es sehr vielen von ihnen auch so geht wie dir.

Vorsitzender der Handwerkskammer der ländlichen Region
Viele eurer Auszubildenden haben große Schwierigkeiten, den Ausbildungsbetrieb oder die Berufsschule mit öffentlichen Verkehrsmitteln zu erreichen. Deine Hoffnung ist, dass sich diese Situation entspannen würde, wenn 15-Jährige bereits Moped fahren dürften.

M 13 Die Vertreter des Volkes

Die Abgeordneten des Deutschen Bundestags sind stellvertretend für die Bürgerinnen und Bürger in Deutschland gewählt, um für das Volk die richtigen Entscheidungen zu treffen. Wir geben ihnen bei der Wahl mit unserer Stimme den Auftrag, die Interessen der ganzen Bevölkerung im Parlament zu vertreten. Mit unserem Votum für einen Abgeordneten ist aber keinesfalls ein konkreter Auftrag verbunden – etwa wie sich ein Abgeordneter bei einer bestimmten Abstimmung verhalten soll. Das ist das Prinzip des freien Mandats – und im Grundgesetz festgeschrieben.

Wenn wir die Abgeordneten für vier Jahre in den Bundestag wählen, dann treffen wir diese Entscheidung aber nicht nur wegen ihrer Person, sondern auch aufgrund ihrer Zugehörigkeit zu einer politischen Partei. Bei der Zweitstimme wird es besonders deutlich: Damit wählen wir eine Partei, keine Person. Das hat einen Grund: Parteien spielen in einer Demokratie eine wichtige Rolle. Wenn wir einen Politiker wählen, dann gibt uns seine Mitgliedschaft in einer Partei Aufschluss über seine politischen Überzeugungen und Ziele. Im besten Fall wissen wir also, für welches politische Programm der einzelne Kandidat steht. Um solche Interessen aber auch im Parlament durchzusetzen, bilden Abgeordnete Fraktionen.

Wenn es nun also um Abstimmungen geht, erwarten die Fraktionen in der Regel von ihren Mitgliedern, dass sie so votieren, wie es zuvor beschlossen wurde. Das bezeichnet man als Fraktionsdisziplin. Einen rechtlichen Zwang, im Sinne der eigenen Fraktion auftreten oder abstimmen zu müssen, gibt es jedoch nicht. Das freie Mandat sichert somit die individuelle Verantwortlichkeit der Abgeordneten und die Fraktionsdisziplin seine kollektive Verantwortlichkeit. Aber es gibt auch Abstimmungen – oft über Fragen, die besonders das Gewissen jedes einzelnen Abgeordneten berühren – bei denen die Fraktionsdisziplin bewusst aufgehoben ist.

Deutscher Bundestag Pressestelle, www.bundestag.de (20.11.2010)

Fraktion
Die Fraktionen sind Vereinigungen von mind. 5 % der Mitglieder des Bundestages, die derselben Partei angehören. Mit dem Fraktionsstatus sind bestimmte Rechte verbunden.

Gruppe
Abgeordnete, deren Zusammenschluss nicht Fraktionsstärke erreicht, können sich zu Gruppen zusammenschließen. Gruppen haben weniger Rechte als Fraktionen.

Art. 38 GG
(1) Die Abgeordneten des Deutschen Bundestages werden in allgemeiner, unmittelbarer, freier, gleicher und geheimer Wahl gewählt. Sie sind Vertreter des ganzen Volkes, an Aufträge und Weisungen nicht gebunden und nur ihrem Gewissen unterworfen.

○ Überlege, wie sich die Stellung der Abgeordneten verändert, wenn die Regierung nur über eine knappe Mehrheit verfügt.

○ zu Aufgabe 3
Stelle das Spannungsverhältnis, in dem sich die Abgeordneten befinden, in einer Zeichnung oder Karikatur dar.

Aufgaben

1. Formuliere ausgehend von den Kommentaren in M 11 Argumente für bzw. gegen das Absenken der Altersgrenze für den Moped-Führerschein.
2. Bildet Gruppen und teilt die fünf Rollen untereinander auf. Stellt euch vor, der Abgeordnete hat euch alle in seine Bürgersprechstunde eingeladen. Ihr müsst nun versuchen, ihn von eurer Position zu überzeugen. Im Anschluss an das Streitgespräch muss der Abgeordnete sich entscheiden und seine Entscheidung vor der Klasse begründen (M 12).
3. In Art. 38, 1 GG steht, dass die Abgeordneten des Deutschen Bundestages in ihren Entscheidungen frei und nur ihrem Gewissen unterworfen sind. Arbeite heraus, warum der Abgeordnete in der Praxis der Parlamentsarbeit auch die Wünsche seiner Fraktion berücksichtigen muss (M 13).

Wie arbeitet der Deutsche Bundestag?

M 14 Wo sind die Abgeordneten?

Bundestagsdebatten finden häufig vor leeren Rängen statt. Auch in der Öffentlichkeit werden sie kaum wahrgenommen. Politik-Talkshows erzielen dagegen regelmäßig hohe Einschaltquoten.

M 15 Der Deutsche Bundestag im Zentrum der Demokratie

Der Bundestag ist das einzige direkt gewählte Verfassungsorgan des Bundes. Er steht damit im Zentrum der deutschen Demokratie. Die übrigen Verfassungsorgane werden vom Bundestag bestellt.

Der Bundestag ist eine Mischform aus Arbeitsparlament und Redeparlament. Im Plenum finden richtungweisende politische Debatten statt. Und „hinter den Kulissen" arbeiten die Ausschüsse.

In den Plenarsitzungen finden die öffentlichkeitswirksamen Auseinandersetzungen statt. Diese Parlamentsdebatten dienen vor allem dazu, die Wähler über die verschiedenen Positionen der im Bundestag vertretenen Parteien zu informieren. Rederecht haben alle Abgeordneten sowie Mitglieder der Bundesregierung und des Bundesrates. Zu besonderen Anlässen dürfen auch hohe Staatsgäste im Plenarsaal sprechen.

Das Plenum nimmt wichtige **Kontrollrechte** des Parlaments wahr: In aktuellen Stunden, großen Anfragen, Regierungsbefragungen und Fragestunden befassen sich die Abgeordneten mit aktuellen Themen oder fordern mündliche Stellungnahmen der Bundesregierung ein.

Im Plenum wird schließlich auch über Gesetzesvorlagen abgestimmt. Der Bundestag ist beschlussfähig, wenn mindestens die Hälfte der Abgeordneten anwesend ist.

In den **Ausschüssen** können die Abgeordneten in kleinerer Runde die Gesetzesvorlagen diskutieren und den hinzugezogenen externen Sachverständigen zuhören. Die Fraktionen entsenden die Experten unter ihren Abgeordneten in die Ausschüsse. Dieses geschieht entsprechend ihren Kräfteverhältnissen im Parlament. Die Ausschüsse erarbeiten die Vorlagen, die anschließend dem Plenum zur Abstimmung vorgelegt werden. Die anderen Fraktionsmitglieder werden durch ihre Vertreter in den Ausschüssen über die Vorlagen infor-

Petitionsausschuss
Befasst sich mit Eingaben von Bürgern, die sich bspw. von einer Bundesbehörde ungerecht behandelt fühlen oder Anregungen für Änderungen bestehender Gesetze haben.

miert und übernehmen häufig deren Rat.
Man unterscheidet zwischen den ständigen Ausschüssen und einer Anzahl von Ausschüssen, die nur im Bedarfsfall eine Rolle spielen. Diese werden wieder aufgelöst, nachdem sie ihre Aufgabe bewältigt haben. Im Grundgesetz ist nur die Bildung von Ausschüssen für Angelegenheiten der Europäischen Union, Auswärtige Angelegenheiten, für Verteidigung und ein Petitionsausschuss festgeschrieben. Die Anzahl der ständigen Ausschüsse des Bundestages lag in der Legislaturperiode 2009-2013 bei 22. Oft entsprechen die Ausschüsse den in der Regierung vertretenen Fachministerien.

Das Parlament ist ebenfalls für die Gesetzgebung, die Verabschiedung des Haushalts und die Schaffung einer Regierung durch die Wahl des Bundeskanzlers zuständig. Eine weitere Hauptaufgabe ist die Kontrolle der Exekutive. Hierzu dienen nicht zuletzt **Untersuchungsausschüsse**.

Nach: Martin Hetterich, Stephan Trinius, www.bpb.de (28.8.2013)

M 16 Die Organisation des Deutschen Bundestags

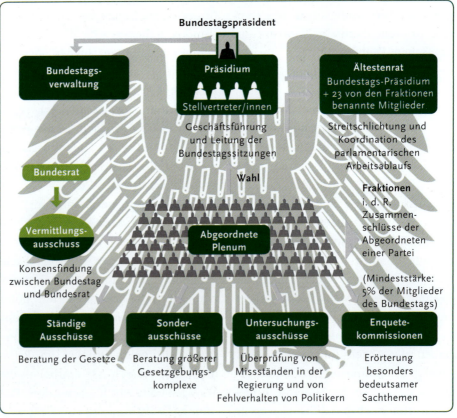

Nach: Bergmoser + Höller Verlag AG, Zahlenbilder 64 110

M 17 Ist die Kritik am Parlament berechtigt?

Abgeordnete sind verpflichtet, an Ausschusssitzungen zu den Gesetzen teilzunehmen, die ihr Ausschuss (z. B. der Verteidigungsausschuss) gerade bearbeitet. Sie müssen Fachleute hören und umfangreiches Informationsmaterial durcharbeiten, das ihr Mitarbeiterstab oder der wissenschaftliche Dienst des Bundestages zusammengetragen haben; es kostet sie Zeit, etwa im Arbeitskreis ihrer Fraktion eine kritische Anfrage an die Bundesregierung zu formulieren oder sich um Kontakte zu den Medien zu kümmern, ohne die sie ihre Anliegen nicht wirksam vertreten können. Auch für die Einzelinteressen und Probleme der Bürgerinnen und Bürger setzen sich die Abgeordneten oft in mühsamer Kleinarbeit ein. Die Arbeit im Wahlkreis erfordert zusätzlichen Zeitaufwand.

Da muss die Plenumsdebatte oft zurückstehen. Dort werden nach getaner Ausschussarbeit häufig die allen Abgeordneten bereits bekannten Argumente ausgetauscht, die niemanden, der sich monate-, manchmal jahrelang mit einer Frage auseinandergesetzt hat, noch zu einem Meinungswandel veranlassen können. Trotzdem sind diese Debatten kein überflüssiges Ritual: Die Sprecherinnen und Sprecher der Fraktionen reden bewusst „zum Fenster hinaus", um der Öffentlichkeit die Gründe für ihre Sachentscheidungen zu vermitteln und so die in der Demokratie wichtige Transparenz zu ermöglichen.

Ein weiteres Stereotyp der Parlamentskritik behauptet, dass die Parlamentarierinnen und Parlamentarier zu viel streiten und zu wenig Einigkeit beweisen. Wie wenig das mit der Realität zu tun hat, zeigt schon die Statistik der Bundestagsgesetzgebung. Die meisten Gesetze werden nämlich im Einvernehmen von den [...] Fraktionen verabschiedet. In den Augen der Öffentlichkeit decken freilich die Meinungsverschiedenheiten über die Steuerpolitik, die Rentenreform, die Arbeitsförderung, die Gesundheitspolitik oder die Zuwanderung die Gemeinsamkeiten auf anderen Gebieten zu. Solche Themen erfordern weitreichende Weichenstellungen und die Abstimmung mit den Interessen großer gesellschaftlicher Gruppen. [...] Die Präsentation der Politik in den Medien trägt ein Übriges zur kritischen Haltung der Bevölkerung gegenüber der (Partei-) Politik bei: Im Kampf um Einschaltquoten und Verkaufszahlen am Kiosk geben die Medien dem Zwang zu Verknappung, zu Dramatisierung und Zuspitzung immer stärker nach.

Ursula Münch, in: Information zur politischen Bildung aktuell, Bundestagswahlen 2002, Bonn 2002, S. 7

Transparenz
Durchsichtigkeit, hier: Nachvollziehbarkeit einer Entscheidung

Stereotyp
etwas, was ständig wiederkehrt

🖉 zu Aufgabe 3
Verwende die genannten Begriffe als Hilfestellung.

Aufgaben

1. Die beiden Bilder aus M 14 können auch als Vorwurf an die Abgeordneten verstanden werden. Formuliere, welcher Vorwurf hier erhoben wird.
2. Erläutere, warum man den Bundestag als Mischung aus Rede- und Arbeitsparlament bezeichnen kann (M 15).
3. Entwirf eine kurze Rede aus der Sicht eines Abgeordneten, in der er sich gegen die Parlamentskritik zur Wehr setzt (M 15 – M 17).

Methode

M 18 Dimensionen des Politischen unterscheiden

Politik aus unterschiedlichen Blickwinkeln

Was ist Politik? Um zu ordnen, was man alles unter Politik verstehen kann, haben Wissenschaftler sich der englischen Sprache bedient, denn dort gibt es drei verschiedene Bezeichnungen für das Wort „Politik": polity, policy und politics. Alle Begriffe werden im Deutschen mit „Politik" übersetzt, doch meinen sie jeweils verschiedene Aspekte von Politik.

Policy steht für die **Inhalte** von Politik. Der Begriff policy beschreibt, was eine Partei oder Regierung erreichen oder tun will, es geht um das Programm. Dazu gehören politische Themenfelder wie Familien-, Hochschul- oder auch Außenpolitik. In der Wissenschaft werden diese Bereiche als Politikfelder bezeichnet. Untersucht man ein bestimmtes Politikfeld, z. B. die Wirtschaftspolitik, dann spricht man von policy-Analyse.

Wenn die Bürger von guter oder schlechter Politik sprechen, dann meinen sie meist die policy-Dimension der Politik. Sie loben oder kritisieren z. B. die Schulpolitik der Landesregierung.

Den **Prozess der Meinungs- und Entscheidungsfindung** bezeichnet man als **politics**. Er ist durch unterschiedliche Interessen und Akteure geprägt. Wer sich in diesem Prozess durchsetzen kann, entscheidet über die inhaltliche Ausgestaltung der Politik, bestimmt also die policy-Dimension der Politik. Der Prozess der Meinungs- und Entscheidungsfindung umfasst sowohl die Auseinandersetzung in den Medien und in der Öffentlichkeit als auch die Debatte und das Ringen in den Parlamenten. Es geht um Mehrheiten und Kompromisse und auch um die Macht, seine Meinung durchsetzen zu können. Politics bezeichnet demnach den Prozess, wie eine Entscheidung ausgehandelt wird und zustande kommt.

Der **Rahmen**, in dem dieser Prozess der Entscheidungsfindung stattfindet, wird als **polity** bezeichnet. Politische Entscheidungen werden in Institutionen getroffen, die nach bestimmten Regeln arbeiten. So beschließt der Bundestag als Institution die Gesetze. Die Art und Weise, wie Gesetze entstehen – der Gang der Gesetzgebung – ist wiederum genau festgelegt. Zur polity-Dimension gehören also auch die Grenzen, die der Politik gesetzt sind. Im Grundgesetz werden die Menschen- und Bürgerrechte garantiert. Diese Rechte dürfen durch politische Entscheidungen nicht beschränkt werden. So bildet Art. 1 des Grundgesetzes, die Garantie der Menschenwürde, einen übergeordneten Rahmen für die Politik. Auch muss sich die Politik an geltende Gesetze halten. Es geht also um Gesetze, Regeln, Werte und Verfahren. Der Gestaltungsspielraum der Politik ist deshalb nicht unbegrenzt.

Übersicht

Bezeichnung	Erscheinungsform	Merkmale	Ziel	Dimension
Policy	Programme, Inhalte, Politikfelder	Verwirklichung von Politikzielen, Inhalte von Gesetzen, Problemlösen	Gestaltung des öffentlichen Lebens	Inhalt
Politics	Interessen, Konflikte	Macht, Aushandlung, Beteiligung, Entscheidung	Durchsetzung der eigenen Interessen	Prozess
Polity	Verfassung, Gesetze, Institutionen	Entscheidungsverfahren, Regeln	Ordnung, Sicherung von Grundrechten	Rahmen

Politikdimensionen-Rallye

Rallye-Regeln:

1. Die Klasse wird in drei gleich große Gruppen aufgeteilt. Jede Gruppe erhält eine Kennfarbe, z.B. rot, gelb, grün und startet an einer von drei vorbereiteten Stationen. An jeder Station befindet sich jeweils ein Auslagetisch für Präsentationskarten (oder eine magnetische Tafel oder ein Flipchart). Je eine Station steht dabei für „polity", „politics" und „policy".
2. Jede Gruppe wird mit den inhaltlich gleichen 13 Kärtchen von rechts ausgestattet, aber jede Gruppe erhält die Karten in ihrer jeweils eigenen Farbe.
3. Nachdem sich jede Gruppe an einer Station platziert hat, berät sie für fünf Minuten, welche ihrer Karten sie an der gerade aufgesuchten Station mit der Schrift nach unten liegen lassen soll, um die Politikbeispiele der jeweiligen Politikdimension richtig zuzuordnen. Nach fünf Minuten muss die Entscheidung per Gruppendiskussion gefallen sein, denn dann wird (gegen den Uhrzeigersinn) zur nächsten Station aufgerückt, wo sich der Vorgang wiederholt, bevor jede Gruppe dann nach weiteren fünf Minuten ihre verbleibenden Karten an der dritten Station ablegt.
4. Schließlich wird ausgewertet: Jede Gruppe bekommt pro richtig gelegtes Kärtchen einen Punkt. Diskutiert in der Klasse, welche Kärtchen welcher Farbe nicht richtig abgelegt wurden und sammelt die Punkte.

Nach: http://wiki.zum.de, Stichwort: Lernspiele im Sprachunterricht, Abruf am 24.4.2011

1. Infostand einer politischen Partei
2. Maßnahmen zum Hochwasserschutz
3. Debatte im rheinland-pfälzischen Landtag
4. Schüler-Demonstration vor dem Landtag in Mainz
5. Baufertigstellung der Umgehungsstraße
6. parteiinterne Diskussionen zur Bildungsreform
7. Grundgesetz
8. Durchführung einer Bildungsreform
9. Kindergeld
10. Streik
11. Bundestagswahl
12. Urheberrechtsgesetz
13. Kandidaten-Redegefecht im Fernsehen („TV-Duell")

Was wir wissen

Regieren
M 5

Die Bundesregierung mit dem Kanzler an der Spitze hat die zentrale Aufgabe der politischen Führung. Einerseits soll der Wille der Parlamentsmehrheit von der Regierung in praktische Politik umgesetzt werden. Andererseits formt die Regierung den Mehrheitswillen des Parlaments auch durch politische Initiativen entscheidend mit.

Stellung des Bundeskanzlers
M 6, M 7

In der Regierung hat der Bundeskanzler eine hervorgehobene Stellung. Er bestimmt nach Art. 65 GG „die Richtlinien der Politik und trägt dafür die Verantwortung" (Kanzlerprinzip), d. h. er legt umfassende Ziele fest (wie z. B. große Reformvorhaben). Darüber hinaus macht er dem Bundespräsidenten Vorschläge zur Ernennung und Entlassung von Kabinettsmitgliedern. Innerhalb der Richtlinien leiten die Minister ihr Ministerium selbständig (Ressortprinzip). Abgeschwächt wird das Kanzlerprinzip auch durch das Kabinettsprinzip. So berät und beschließt das Kabinett als Ganzes über alle Gesetzesentwürfe und entscheidet bei Streitfragen über die Zuständigkeit zwischen einzelnen Ministerien.

Kontrolle der Regierung
M 8 – M 10

Gewaltenverschränkung

Eine wichtige Aufgabe des Bundestags ist die Kontrolle der Regierung. Dies ist die Hauptaufgabe der Opposition. In der Praxis der Parteiendemokratie bilden nämlich die Regierung mit dem Bundeskanzler und die Regierungsparteien, die ja die Mehrheit im Parlament haben, eine Handlungseinheit. Man spricht in diesem Zusammenhang auch von Gewaltenverschränkung. Zwar üben auch die eigenen Abgeordneten Kritik an der Regierung, doch tun sie dies meist nicht öffentlich. So werden die Kontrollinstrumente des Bundestages wie Kleine und Große Anfrage, Aktuelle Stunden, Fragestunden, Untersuchungsausschüsse etc. hauptsächlich von der Opposition in Anspruch genommen. Außerdem kann die Opposition ihre Kritik wirksam über die Medien äußern und sich dort als die bessere Alternative präsentieren.

Stellung der Abgeordneten
M 13

Abgeordnete, die derselben Partei angehören, schließen sich im Bundestag zu einer Fraktion zusammen. Die Fraktionen sind die politische Heimat für die Abgeordneten und bilden den organisatorischen Rahmen der Arbeit im Bundestag, denn anders wäre der Bundestag wohl kaum entscheidungsfähig. Bei Abstimmungen folgen die Abgeordneten in der Regel der von der Fraktion festgelegten Linie (Fraktionsdisziplin), obwohl sie eigentlich nach Art. 38 GG in ihren Entscheidungen frei sind (freies Mandat).

Arbeitsweise des Bundestages
M 15 – M 17

Der Bundestag ist überwiegend ein Arbeitsparlament, d. h. die Hauptarbeit der Abgeordneten findet nicht im Plenum des Bundestages statt, sondern in den Fachausschüssen, die sich mit der Ausarbeitung von Gesetzen beschäftigen. Dort beraten die Abgeordneten, hören Fachleute an, diskutieren die Gesetzentwürfe und verändern diese.

Was wir können

Insgesamt 3.592 Kleine Anfragen an die Bundesregierung

In der 17. Wahlperiode (2009-2013) regierte eine schwarz-gelbe Koalition unter Kanzlerin Angela Merkel. SPD, Bündnis'90/Grüne und DIE LINKE bildeten die Opposition. Insgesamt stellten die Fraktionen des Deutschen Bundestags in dieser Wahlperiode 3.592 Kleine Anfragen, davon die SPD 457, die Grünen 1.434 und DIE LINKE 1.659. Große Anfragen gab es insgesamt 54, davon 24 von der SPD, 14 von DIE LINKE und 13 von Bündnis'90/Die Grünen.

Deutscher Bundestag, Referat Parlamentsdokumentation, 1.9.2013

Fragerechte des Bundestags

Große Anfrage
Schriftliche Anfrage zu einem größeren politischen Themenkomplex durch eine Fraktion bzw. mindestens 5 % der Abgeordneten

An die Beantwortung durch die Bundesregierung schließt sich in der Regel eine Debatte vor dem Bundestag an.

Kleine Anfrage
Schriftliche Anfrage zu konkreten Einzelthemen durch eine Fraktion bzw. mindestens 5 % der Abgeordneten

Die Antwort erfolgt schriftlich durch das jeweils zuständige Bundesministerium.

Fragestunde
Einzelfragen zur mündlichen oder schriftlichen Beantwortung, von einzelnen Abgeordneten eingebracht

Mündliche Beantwortung in den beiden wöchentlichen Fragestunden des Bundestags

Möglichkeit für die Abgeordneten, mit Zusatzfragen nachzuhaken

Aktuelle Stunde
Politische Debatte mit Kurzbeiträgen zu einem aktuellen Thema auf Verlangen einer Fraktion bzw. von mindestens 5 % der Abgeordneten oder nach Vereinbarung

Redezeit für die Abgeordneten: 5 min; Gesamtdauer: 1 Stunde + Redezeit der Regierung

Hauptfunktionen:
- Beschaffung von Informationen
- öffentliche Herausforderung der Regierung durch die Opposition
- Gelegenheit, die Haltung der Opposition darzulegen

nach: Bergmoser + Höller Verlag AG, Zahlenbilder 66 250

Aufgabe
Erkläre, weshalb die Fraktionen die parlamentarischen Fragerechte so unterschiedlich stark einsetzen. Wähle für deine Erklärung Begriffe aus dieser Begriffswolke aus:

Abgeordnete · Bundestag · Öffentlichkeit · Legislative · Gewaltenverschränkung · Gewaltenteilung · Opposition · Wahlen · Kontrollrechte · Kontrolle · Exekutive

5.3 Das Zusammenwirken der Verfassungsorgane im Gesetzgebungsprozess

Das Problem – Energiesicherheit in Deutschland

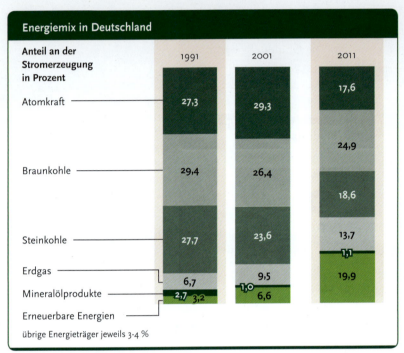

dpa-Grafik 16752; Quelle: Arbeitsgemeinschaft Energiebilanzen (AGEB)

Gesetzentwurf zur Änderung des Atomgesetzes
A. Problem und Ziel: Die nuklearen Folgen der Erdbebenkatastrophe in Japan bedeuten einen Einschnitt für die friedliche Nutzung der Kernenergie auch in Deutschland. Im Lichte dieser Ereignisse hat die Bundesregierung mit den Ministerpräsidenten der Länder, in denen Kernkraftwerke betrieben werden, die Sicherheit aller deutschen Kernkraftwerke durch die Reaktor-Sicherheitskommission […] überprüfen lassen und zudem durch eine Ethikkommission „Sichere Energieversorgung" einen gesellschaftlichen Dialog zu den Risiken der Nutzung der Kernkraft und zu der Möglichkeit eines beschleunigten Übergangs in das Zeitalter der erneuerbaren Energien angestoßen. Die Bundesregierung hat unter Einbeziehung der Ergebnisse der Reaktor-Sicherheitskommission und der Ethikkommission „Sichere Energieversorgung" sowie des absoluten Vorrangs der nuklearen Sicherheit beschlossen, die Nutzung der Kernenergie zum frühestmöglichen Zeitpunkt zu beenden.

Bundestag, Drucksache 17/6070, Gesetzentwurf der Fraktionen der CDU/CSU und FDP

M 1 Der Streit um die Atomenergie

Die rot-grüne Bundesregierung unter Bundeskanzler Gerhard Schröder hatte 2002 den geordneten Ausstieg aus der Atomkraftnutzung beschlossen. Die Laufzeit der bestehenden Atomkraftwerke wurde auf durchschnittlich 32 Jahre seit ihrer Inbetriebnahme festgelegt.
Nach dem Wahlsieg der CDU/CSU und FDP im Jahr 2009 einigten sich die neuen Regierungsparteien im Koalitionsvertrag auf eine Neuausrichtung der Atompolitik. Im Herbst 2010 verabschiedete die Regierungskoalition im Rahmen ihres „Energiekonzeptes" ein äußerst umstrittenes Gesetz, das die Atomenergie als „Brückentechnologie" sah und in Abkehr von den Plänen der Vorgängerregierung eine Verlängerung der Laufzeiten für Atomkraftwerke beinhaltete.
Infolge der Reaktorkatastrophe von Fukushima in Japan im Frühjahr 2011 vollzog die Regierung jedoch eine erneute Kehrtwende. Die beschlossene Laufzeitverlängerung für Atomkraftwerke wurde wieder zurückgenommen. Stattdessen brachten die Regierungsparteien unter Angela Merkel ein Gesetz für den beschleunigten Ausstieg aus der Atomkraft auf den Weg.

M 2   Abschied vom Kern: Strittig sind nur noch Details

Fast ein halbes Jahrhundert hat die Atomenergie Politik und Nation gespalten. Unzählige teils leidenschaftlich, teils verbitterte Debatten wurden im Bundestag geführt. Doch jetzt ist alles anders. Noch nie waren sich die Fraktionen so einig. Diese Einigkeit über den Atomausstieg kam so plötzlich, dass die Redner versuchten, Unterschiede zu finden, wo es längst keine mehr gab. SPD-Fraktionschef Frank-Walter Steinmeier warf lediglich der Kanzlerin „Unaufrichtigkeit und falsches Pathos" vor. Um dann aber zu betonen, dass sie einer Meinung seien: Sie sei „genau dort jetzt angekommen, wo Rot-Grün die Dinge schon gestaltet" habe. […] Was Tschernobyl nicht vermochte, das machte Fukushima nun mehr als deutlich: „Die Risiken der Kernenergie sind nicht beherrschbar", brachte es Bundeskanzlerin Angela Merkel (CDU) auf den Punkt. „Wer das erkennt, muss eine neue Bewertung vornehmen. Ich habe eine neue Bewertung vorgenommen", sprach Merkel vergangenen Donnerstag in ihrer Regierungserklärung „Der Weg zur Energie der Zukunft" vor dem Bundestag. […]
Das Tempo, in dem die Bundesregierung aus der Kernenergie aussteigen will, ist (Gregor Gysi) hingegen zu gering: Die letzten Atomkraftwerke sollen laut Merkel bis 2022 vom Netz genommen werden. Für den Chef der Linksfraktion bedeutet diese Tatsache „elf weitere Jahre Fukushima-Risiko". Ein kompletter Ausstieg sei bereits bis 2014 möglich. Seine Fraktion stellte einen entsprechenden Antrag. Jürgen Trittin, Fraktionschef von Bündnis90/Die Grünen, kritisierte Details der Kabinettsbeschlüsse: „Bei all diesen Gesetzen gibt es massiven Änderungsbedarf." Seine Fraktion will die Kernkraftwerke bis 2017 abschalten. In einem weiteren Antrag verlangt sie, auf eine sogenannte Kaltreserve zu verzichten. Als Zugeständnis an die Bundesnetzagentur will die Regierung ein Atomkraftwerk, das zeitnah abgeschaltet werden soll, nur auf Stand-by-Modus herunterfahren. Wirtschaftsminister Philipp Rösler (FDP) entgegnete auf Steinmeiers Kritik, dass die Berücksichtigung der Versorgungssicherheit im Konzept von „Rot-Grün" komplett gefehlt hätte, aber „im Sinne von Netzstabilität" notwendig sei. „Ein Blackout wäre volkswirtschaftlich nicht zu verantworten", betonte auch Gerda Hasselfeldt, Vorsitzende der CSU-Landesgruppe: „Der Strom darf nicht ausfallen." Und aller gegenseitiger Kritik zum Trotz setzte sich, fast am Ende einer turbulenten Woche, Einigkeit durch.

Verena Renneberg, Das Parlament, 14.6.2011

Abgeordnete stimmen am 30.6.2011 im Deutschen Bundestag über den Ausstieg aus der Atomenergie ab.

Fast ein halbes Jahrhundert hat die Atomenergie Politik und Nation gespalten. Erstellt in Zusammenarbeit mit Geschichte eine Ausstellung/ Wandzeitung über den Atomstreit in der Bundesrepublik Deutschland.

Recherchiere den Ablauf der Atomkatastrophe von Fukushima und beschreibe, welche Folgen der Reaktorunfall für Mensch und Umwelt hatte.

Aufgaben

1. Erstelle eine kurze Chronologie zur Atomgesetzgebung und nenne jeweils stichwortartig den Grund für die Gesetzesvorhaben (M 1).
2. Erläutere, wie die Debatte über das neue Atomgesetz im Bundestag verlief. Worin waren sich die Parteien einig, worüber wurde gestritten (M 2)?

Das neue Atomgesetz in der Diskussion

M 3 Stellungnahmen zum Gesetz

„Ich bin gegen die Nutzung der Kernenergie, da immer noch ungeklärt ist, was mit dem Atommüll geschehen soll."

„Die Atomkraft ist im Betrieb eine saubere Technologie. So kann klimafreundlich Energie erzeugt werden."

„Atomkraft ist nicht sicher und deshalb nicht zu verantworten. Das wissen wir seit den Katastrophen von Tschernobyl und Fukushima."

„Solange die regenerativen Energien noch nicht so weit sind, brauchen wir die Atomkraft. Stromausfälle kann sich ein Industrieland wie Deutschland nicht leisten."

„Atomkraftwerke können billig Strom produzieren. Davon profitiere ich als Konsument."

M 4 Kontrovers diskutiert: der Ausstieg aus der Atomkraft

a) Sicher ist sicher

Die Briten haben einen wunderbaren Ausdruck: „elephant in the room". Ein Elefant, den keiner sieht, der aber dennoch Debatten bestimmt –
5 meist als unsichtbarer Bremser. Die Kernkraft war so ein „elephant in the room" in Deutschland: Sie dominierte über Jahre hinweg den Diskurs, sie machte Energiepolitik zur Frage von
10 Macht und Prinzipien. Entscheidungen über Atompolitik hatten dadurch eine Halbwertzeit von allerhöchstens zwei Legislaturperioden; sicher war in dieser Frage nur die Unsicherheit.
15 Diese Zeit ist nun vorbei, zum Glück. Mit dem schwarz-gelben Ausstieg könnte es bald erstmals eine Atomentscheidung mit Aussicht auf Bestand geben. Erstmals ist Inves-
20 toren damit ein Mindestmaß an Kalkulierbarkeit gegeben. Für den deutschen Strommarkt ist dies das wichtigste Signal: Wer hier investieren will, weiß wieder, woran er ist.
25 Daneben tritt eine andere Sicherheit, deren Bedeutung sich in der Katastrophe in Fukushima aufs Neue manifestiert hat. Die deutschen Kernkraftwerke mögen gut gepflegt gewe-
30 sen sein doch die Abschaltung der sieben ältesten Anlagen plus Krümmel macht das Leben in diesem Land objektiv sicherer. Ob die anderen Reaktoren teils noch bis 2022 hätten
35 laufen müssen, mag umstritten sein. Dass es fixe Enddaten für sie gibt, ist gut.
Der Kampf für und gegen Kernkraft hat viele Kräfte gebunden in diesem Land; er hat die energiepolitische De-
40 batte in einem Maße bestimmt, das zur Bedeutung dieser Energieform in

keinem Verhältnis mehr stand. Der Ausstieg setzt diese Kräfte nun frei. Sie werden gebraucht werden: für eine Energieversorgung ohne unüberschaubare Risiken und Müll für Generationen, ohne Raubbau an fossilen Ressourcen. Der Weg ist steinig, aber das Ziel stimmt.

b) Ein Bärendienst

Die Wende von der Wende in der Energiepolitik ist und bleibt ein populistisches Manöver. So schrecklich die Bilder vom Unglück in Fukushima auch waren – die Sicherheit der 17 deutschen Kernkraftwerke wurde dadurch nicht berührt. Wir leben weder auf einer Erdbebenspalte, noch müssen wir mit Tsunamis rechnen. Es geht einzig und alleine um unsere veränderte Wahrnehmung. Rund 70 Prozent der Deutschen sprechen sich inzwischen gegen Kernenergie aus, ohne dass sich an den objektiven Bedingungen für die Reaktorsicherheit hierzulande etwas verändert hätte. Die Physikerin Merkel weiß das. Aber die Politikerin Merkel fürchtet sich.

Die Bundesregierung folgt dem Meinungsumschwung in fast panischer Weise. Wissenschaftlich sorgfältig erarbeitete Energieszenarien für die nächsten 40 Jahre werden über den Haufen geworfen. Acht Kraftwerke gehen von heute auf morgen vom Netz und werden ohne weitere Prüfung stillgelegt. Die anderen Anlagen folgen im Abstand weniger Jahre. Klagen die Konzerne erfolgreich gegen diese Enteignung, kann das den Steuerzahler Milliarden kosten. Zugleich importieren wir Atomstrom aus Frankreich, damit unser Netz stabil bleibt.

Merkel hat vor der aktuellen Angst einer Mehrheit kapituliert. Doch der Union wird dieses Einknicken nichts nutzen, weil Gegner wie Anhänger das hastige Wendemanöver als solches durchschauen. Auch der Sache selbst, nämlich einer klimafreundlichen, sicheren und bezahlbaren Energieversorgung, hat die Kanzlerin mit ihrer Atomwende einen Bärendienst erwiesen. Es wird Jahrzehnte dauern, bis die Kernenergie durch erneuerbare Energie ersetzt wird. So lange steigen der CO_2-Ausstoß ebenso wie die Strompreise. Die Rechnung kommt noch.

*Michael Bauchmüller (a), Daniel Goffart (b),
Das Parlament 14.6.2011*

Zeitgleich zur Debatte im Bundestag fordern Menschen vor dem Brandenburger Tor den Ausstieg aus der Kernenergie.

Aufgaben

1. Nimm Stellung zu den Aussagen aus M 3. Welche leuchten dir ein und welche nicht? Überprüfe die Aussagen mithilfe einer Internetrecherche. Teilt euch dazu in Gruppen und präsentiert eure Ergebnisse im Plenum.
2. a) Stelle die Argumente aus M 3 und M 4 gegenüber.
   b) Ist der Ausstieg aus der Atomkraft die richtige Entscheidung? Verfasse eine begründete Stellungnahme in Form eines Leserbriefs.

Analysiere den Streit um das neue Atomgesetz und unterscheide dabei die drei Dimensionen des Politischen. (vgl. S. 210)

Wie verläuft der Gesetzgebungsprozess?

M 5 Etappen der Gesetzgebung

Mit Gesetzen versucht die Politik das gesellschaftliche Leben zu regeln und Probleme zu lösen. Das Gesetzgebungsverfahren verläuft immer nach einem strengen Muster. Wie dieses Verfahren abläuft und wer daran beteiligt ist, zeigt folgendes Schaubild.

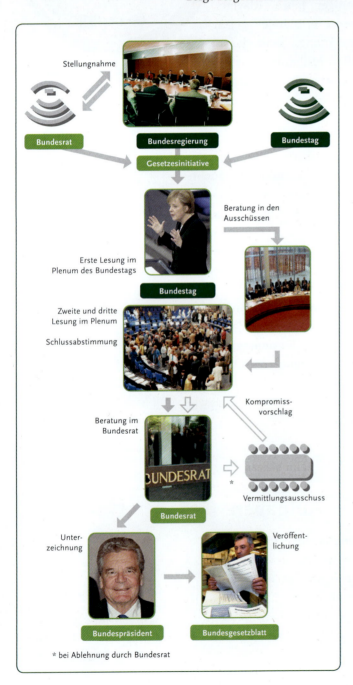

Die meisten Gesetze, die in den Bundestag eingebracht werden, sind Vorlagen der Regierung. Die Entwürfe werden in den zuständigen Fachministerien erarbeitet.

Generell können Gesetzentwürfe von der Bundesregierung, aus dem Bundestag oder vom Bundesrat eingebracht werden.

Die erste Beratung im Plenum des Bundestages dient der Begründung des Gesetzesvorhabens und der Erörterung der Grundsätze der Vorlage. Es erfolgt noch kein Beschluss.

Der Gesetzentwurf wird anschließend an die fachlich zuständigen Ausschüsse überwiesen und dort intensiv beraten. Dort können in sogenannten „hearings" auch Experten von außerhalb zu einem Gesetz gehört werden. Der Ausschuss kann dann dem Plenum eine Abänderung, Annahme oder Ablehnung des Entwurfs empfehlen.

Die zweite Lesung (Beratung) des Entwurfs erfolgt auf der Grundlage der Ausschussempfehlung. Über die einzelnen Bestimmungen wird dann abgestimmt.

Die dritte Lesung schließt sich unmittelbar an. Anschließend erfolgt die Schlussabstimmung.

Das im Bundestag beschlossene Gesetz wird dann dem Bundesrat zugeleitet. Die Zustimmung des Bundesrats ist erforderlich, wenn es sich um ein Zustimmungsgesetz handelt, in der Sache also Bund und Länder zuständig sind. Bei einem Einspruchsgesetz kann der Bundestag einen Einspruch des Bundesrats in einer weiteren Abstimmung überstimmen.

Bei Uneinigkeit über ein Zustimmungsgesetz und einer drohenden Ablehnung kann der Vermittlungsausschuss angerufen werden, der einen Kompromissvorschlag erarbeitet, über den Bundestag und Bundesrat erneut abstimmen. Bundestag und Bundesrat entsenden je 16 ihrer Mitglieder in den Vermittlungsausschuss. Können sich die Vertreter dabei nicht einigen, ist das Gesetz – wenn es sich um ein zustimmungspflichtiges Gesetz handelt – gescheitert.

Nach der Verabschiedung des Gesetzes wird es dem zuständigen Minister und dem Bundeskanzler zur Unterzeichnung vorgelegt.

Anschließend muss noch der Bundespräsident das Gesetz unterzeichnen. Er kann seine Unterschrift nur verweigern, wenn er der Auffassung ist, dass das Gesetz gegen die Verfassung verstößt.

Das Gesetz wird im Bundesgesetzblatt verkündet und tritt in Kraft.

M 6 Auf den Weg gebracht – das neue Atomgesetz

Einigung im Kanzleramt: Die schwarz-gelbe Regierungskoalition hat ein neues Konzept für den Ausstieg aus der Kernenergie bis zum Jahr 2022 vorgelegt.

Nun hat auch der Bundespräsident das Gesetz unterschrieben. Das teilte das Bundespräsidialamt in Berlin mit. Damit kann die Regelung in Kraft treten.

Kabinett beschließt Atom-Ausstieg: Atommeiler laufen nur noch bis ins Jahr 2022. Ausbau erneuerbarer Energie und des Stromnetzes sollen in dem Gesetzentwurf gefördert werden.

Der Bundestag berät in zweiter und dritter Lesung über das Atomgesetz und stimmt darüber ab.

Die Bundeskanzlerin begründet in einer Regierungserklärung vor dem Bundestag, warum das Atomgesetz erneut geändert werden soll. Der Bundestag berät in erster Lesung darüber.

Der Bundesrat stimmt dem Atomausstieg zu.

Das Gesetz zum Automausstieg wird an die zuständigen Ausschüsse überwiesen.

Erklärfilm „Gesetzgebung"

Mediencode: 71049-07

Vor der zweiten und dritten Lesung des von den Koalitionsfraktionen CDU/CSU und FDP in den Bundestag eingebrachten Entwurfs eines dreizehnten Gesetzes zur Änderung des Atomgesetzes hat der Ausschuss für Umwelt, Naturschutz und Reaktorsicherheit über den Entwurf diskutiert und Experten angehört.

Aufgaben

1. Ordne die Meldungen den Stationen des Gesetzgebungsverfahrens zu und begründe deine Entscheidung (M 5, M 6).
2. Stelle dir vor, du würdest einen Interessenverband (z. B. Greenpeace oder den Bundesverband Energie- und Wasserwirtschaft) vertreten. An welcher Stelle des Gesetzgebungsprozesses würdest du versuchen, Einfluss zu nehmen? Begründe deine Entscheidung (M 5, M 6).

Methode

M 7 Wie man politische Prozesse analysieren kann – der Politikzyklus

Modelle sind wichtige Instrumente, mit denen wir die politische Wirklichkeit vereinfacht abbilden können, um sie besser zu verstehen. Im Modell wird nur das Wichtigste dargestellt. Der Politikzyklus ist ein solches Modell und ihm liegt ein gewisses Verständnis von Politik zugrunde: Politik wird hier als eine (endlose) Kette von Versuchen zur Bewältigung gesellschaftlicher Probleme verstanden.
Viele Probleme werden von der Politik gelöst. Es gibt aber auch Probleme, die die Politik dauerhaft beschäftigen, wie z. B. die Energiepolitik.

Am Beginn des Politikzyklus steht ein Problem, mit dem sich die Politik beschäftigen muss. Es wird öffentlich darüber gestritten, was man tun soll. Dabei spielen auch die Medien eine ganz wichtige Rolle. Es folgt das Gesetzgebungsverfahren in Bundestag und Bundesrat. Ist eine Entscheidung getroffen, dann wird diese wieder in der Öffentlichkeit diskutiert und bewertet. Wenn das Problem damit beseitigt werden kann, dann wird der Politikzyklus nur einmal durchlaufen. Verändert sich das Problem oder sind die getroffenen Maßnahmen nicht wirksam, dann beginnt der Zyklus von vorn. Deshalb spricht man davon, dass Politik eine (endlose) Kette von Versuchen ist, gesellschaftliche Probleme zu lösen.

Kategorien	Schlüsselfragen
Problem	Worin besteht das Problem? Welche Aufgabe hat die Politik zu lösen?
Auseinandersetzung Öffentliche Debatte	Was wirkt auf die Auseinandersetzung ein? Welche Interessen haben die Akteure? Welche Interessenkonflikte und Interessenkonstellationen gibt es? Welche Ziele verfolgen die beteiligten Akteure? Welche Lösungsmöglichkeiten werden diskutiert? Wie sind die Machtkonstellationen?
Gesetzgebungsprozess	Greift der Gesetzgeber das Problem auf? Wie versuchen die Interessen Einfluss auf den Gesetzgebungsprozess zu nehmen?
Entscheidung Beschlussfassung	Zu welchen Ergebnissen hat die Auseinandersetzung geführt? Welche Akteure/Interessen konnten sich durchsetzen?
Bewertung der Entscheidung	Welche Akteure bewerten das Ergebnis positiv? Welche negativ? Welche Interessen und Wertvorstellungen beeinflussen die Bewertung?
Problem gelöst? Problem verändert?	Ist das Problem gelöst oder ist nur die Problemlage verändert? Greift der Vollzug der Entscheidung an den Ursachen an oder werden nur die Folgen bekämpft? Schafft es das Problem erneut auf die politische Agenda?

5.3 Das Zusammenwirken der Verfassungsorgane im Gesetzgebungsprozess

Der Bundesrat im Gesetzgebungsverfahren

M 8 Warum gibt es den Bundesrat?

In einem föderalen Staat schließen sich mehrere Gliedstaaten zu einem Bündnis zusammen. So bilden die 16 deutschen Länder gemeinsam einen Bundesstaat, die Bundesrepublik Deutschland. In einem Bundesstaat ist der Gesamtstaat für alles zuständig, was einheitlich geordnet werden muss. Darauf sollte er sich aber auch beschränken, denn die übrigen Angelegenheiten sollen die Gliedstaaten selbst regeln. In Deutschland ist der Bundesrat das Bindeglied zwischen Bund und Ländern. Er ist die Interessenvertretung der Länder auf Bundesebene. Er ist ein Verfassungsorgan des Bundes, besteht aber aus Vertretern der Länder. Über den Bundesrat können die Länder in vielen Fällen die Gesetzgebung des Bundes beeinflussen. Auch in Angelegenheiten der Europäischen Union können die Länder mitwirken. Ihre Mitwirkungsrechte sind dabei genau festgelegt. Der Bundesrat kann keine Änderungen an einem vom Bundestag beschlossenen Gesetz vornehmen. Stimmt er dem Gesetz aber nicht zu, so kann er den Vermittlungsausschuss anrufen. Bei Zustimmungsgesetzen ist die Zustimmung des Bundesrates zwingend erforderlich. Zustimmungsbedürftig sind insbesondere verfassungsändernde Gesetze, aber auch alle Gesetze, die die Finanzen und Verwaltungszuständigkeit der Länder betreffen.

vgl. dazu auch Kap. 5.4

Die Länder der Bundesrepublik Deutschland

Stimmenverteilung im Bundesrat	
Nordrhein-Westfalen	6
Bayern	6
Baden-Württemberg	6
Niedersachsen	6
Hessen	5
Sachsen	4
Rheinland-Pfalz	4
Berlin	4
Sachsen-Anhalt	4
Thüringen	4
Brandenburg	4
Schleswig-Holstein	4
Mecklenburg-Vorpommern	3
Hamburg	3
Saarland	3
Bremen	3

Aufgaben

1. Wende den Politikzyklus auf das Problem der Atompolitik an (M 1 – M 8) und beantworte die Schlüsselfragen. Achte dabei besonders darauf, wie die Reaktorkatastrophe von Fukushima die Wahrnehmung des Problems verändert hat (M 7).
2. Der Gesetzgebungsprozess in Deutschland ist sehr kompliziert. Sammle Argumente, die für bzw. gegen das Verfahren sprechen (M 5 – M 8).
3. Recherchiere im Internet, welche aktuellen Mehrheitsverhältnisse im Bundesrat gegeben sind. Prüfe, ob der Bundesrat einen Gesetzentwurf des Bundestags blockieren könnte (M 8).

Der Bundespräsident – Makler oder Mahner in der Politik?

M 9 Die verfassungsrechtliche Stellung des Bundespräsidenten

Erklärfilm
„Bundespräsidentenwahl"

Mediencode: 71049-08

Trotz seiner geringeren Machtfülle verfügt der Bundespräsident über vielfältige Wirkungsmöglichkeiten, die sich aus seinen grundsätzlichen Aufgaben wie aus seiner persönlichen Autorität herleiten. Der Bundespräsident vertritt den Bund völkerrechtlich und schließt im Namen des Bundes Verträge mit anderen Staaten ab. Nach einem entsprechenden Beschluss des Bundestages ruft er den Verteidigungsfall aus. Im Gesetzgebungsverfahren fällt ihm die Aufgabe zu, die Bundesgesetze auszufertigen und zu verkünden. Dabei hat er das Recht, sie auf ihre Übereinstimmung mit dem Grundgesetz zu überprüfen. Im Falle des Gesetzgebungsnotstands (Art. 81 GG) kann er zur Lösung des zwischen Regierung und Bundestag entstandenen Konflikts beitragen. Weitgehend eingeschränkt ist aber das Recht des Bundespräsidenten zur Auflösung des Bundestags (Art. 63, 68 GG).

Auf Vorschlag des Bundespräsidenten wählt der Bundestag den Bundeskanzler. Nach der Wahl nimmt der Bundespräsident die Ernennung des Kanzlers vor und ernennt auf dessen Vorschlag auch die Bundesminister. Nicht zu unterschätzen ist die Rolle, die der Bundespräsident als oberster Repräsentant des Staates spielt. Durch Gespräche und Gesten, Empfänge und Ehrungen, Reisen und Reden trägt er maßgeblich zu dem Bild bei, das man sich im In- und Ausland von der Bundesrepublik macht.

© Bergmoser + Höller Verlag AG, Zahlenbilder 67 100

M 10 Der Bundespräsident – ein politisches Amt?

Ernst Benda (1925 – 2009) war von 1968 bis 1969 Bundesinnenminister und von 1971 bis 1983 Präsident des Bundesverfassungsgerichts.

SZ: Welchen politischen Handlungsspielraum gibt das Grundgesetz dem Bundespräsidenten?
Benda: Er kann die notwendigen politischen Entscheidungen selbst nicht fällen. Die sind Sache des Gesetzgebers. Der Bundespräsident kann politische Tätigkeiten anregen und unterstützen. Er kann als ehrlicher Makler zwischen den politischen Parteien vermitteln und sie veranlassen, sich den gemeinsamen Fragen zu stellen.
SZ: Wie weit kann und darf der Makler auch als Mahner auftreten?

Benda: Der Makler ist immer auch ein Mahner. Selbstverständlich kann und soll er mahnen. Es gehört gerade zu den wichtigsten Aufgaben des Bundespräsidenten, die politisch Handelnden auf die großen Probleme des Landes hinzuweisen.

SZ: Wie konkret kann der Mahner werden?

Benda: Der Bundespräsident kann auch Anregungen geben, wie die großen Probleme gelöst werden können.

SZ: Haben die bisherigen Bundespräsidenten diese Mahner-Rolle ausgefüllt?

Benda: Dies hängt natürlich sehr von den einzelnen Persönlichkeiten ab. Unvergessen ist die so genannte Ruck-Rede des Bundespräsidenten Herzog im Jahr 1997. Sie hat bisher keine unmittelbaren Aktionen ausgelöst, obwohl sie der Sache nach eine dringende Mahnung an alle politisch Aktiven gewesen ist, tätig zu werden.

Interview: Helmut Kerscher, Süddeutsche Zeitung, 15.3.2005

M 11 Soll der Bundespräsident vom Volk gewählt werden?

Sollte der Bundespräsident direkt vom Volk gewählt werden? Darüber streiten die Politiker Dieter Wiefelspütz (SPD) und Jörg van Essen (FDP).

Blickpunkt: Herr van Essen, warum will die FDP eine Direktwahl des Präsidenten? Sind wir mit dem bisherigen Verfahren nicht gut gefahren?

van Essen: Durchaus. Es war ja auch nach den Erfahrungen der Weimarer Republik, in der der Reichspräsident fast so etwas wie ein Ersatzkaiser mit weitgehenden Befugnissen war, eine sehr bewusste Entscheidung unserer Verfassungsmütter und -väter. Sie wollten eine repräsentative Figur mit eingeschränkten Rechten. Daran wollen wir auch keine Änderungen vornehmen. Aber wir glauben, nach fünfzig Jahren stabiler Demokratie sollten wir darüber nachdenken, wie wir die Menschen stärker in die politischen Entscheidungen einbeziehen können. Wir halten die Wahl des Bundespräsidenten für ein solches Feld. [...]

Wiefelspütz: [...] Wir haben mit dem bisherigen Verfahren immer sehr überzeugende Personen in das Amt des Bundespräsidenten gewählt. Sie waren immer Persönlichkeiten, die das ganze Volk repräsentiert haben. [...] [E]ine Direktwahl des Bundespräsidenten passt nicht in unser Staatsgefüge, weil es dann Spitzenpolitiker unterschiedlicher Legitimation gäbe: der eine, der Bundespräsident, vom Volk gewählt, der andere, der eigentlich politisch mächtigere Bundeskanzler, indirekt vom Parlament gewählt. Das passt nicht zusammen.

Jörg van Essen, Dieter Wiefelspütz, www.bundestag.de, 19.12.2007

Aufgaben

1. Der Bundespräsident – ein politisches Amt? Erläutere, wie der Bundespräsident die Politik beeinflussen kann (M 9, M 10).
2. Beurteile, ob der Bundespräsident direkt gewählt werden sollte (M 11).

Die Präsidenten der Bundesrepublik Deutschland

Theodor Heuss (FDP)
1949 – 1959

Heinrich Lübke (CDU)
1959 – 1969

Gustav Heinemann (SPD)
1969 – 1974

Walter Scheel (FDP)
1974 – 1979

Karl Carstens (CDU)
1979 – 1984

Richard v. Weizsäcker (CDU)
1984 – 1994

Roman Herzog (CDU)
1994 – 1999

Johannes Rau (SPD)
1999 – 2004

Horst Köhler (CDU)
2004 – 2010

Christian Wulff (CDU)
2010 – 2012

Joachim Gauck (parteilos)
seit März 2012

dpa-Grafik 16197

Die Gewaltenteilung

M 12   Für Putin steht das Urteil fest

Ein russisches Gericht hat den ukrainischen Filmregisseur Oleg Senzow zu 20 Jahren Gefängnis wegen „Terrorismus" verurteilt. Den Mitangeklagten Alexander Koltschenko verurteilten die Richter im südrussischen Rostow am Don zu zehn Jahren Haft. Obwohl beide nie die russische Staatsbürgerschaft beantragten, wurde ihnen als Russen der Prozess gemacht. Den Männern wurde in dem international umstrittenen Prozess von der Staatsanwaltschaft vorgeworfen, im
15 Mai 2014 das Büro einer prorussischen Partei auf der von Russland annektierten Krim in Brand gesetzt und geplant zu haben, eine Lenin-Statue in Simferopol in die Luft zu sprengen.
20 Senzow hatte die Anschuldigungen zurückgewiesen, in der ersten Anhörung vor Gericht sprach er von einem „po- 20 litischen Verfahren". [...] Der Richterspruch sei „der Gipfel der Ungerechtigkeit und Rechtlosigkeit". Auch der 25 Westen und die ukrainische Regierung kritisieren den Prozess als politisch 25 motiviert. [...]
Nach Angaben von Anwälten der Angeklagten wurden Zeugen gefoltert, 30 um sie zu Aussagen gegen Senzow und Koltschenko zu zwingen. Die Zeugen 30 sollten Belege dafür liefern, dass die beiden Männer der rechtsextremen ukrainischen Gruppierung „Rechter 35 Sektor" angehören. Zwei Zeugen, die sich weigerten auszusagen, wurden im Zusammenhang mit dem Fall zu langjährigen Haftstrafen verurteilt.

Stefan Stuchlik, www.tagesschau.de, 25.8.2015

Oleg Senzow während seines Prozesses

Verfassungsorgan
Staatsorgan, dessen Rechte und Pflichten in der Verfassung festgeschrieben sind.

Ständige Verfassungsorgane des Bundes
Deutscher Bundestag
(Abschnitt III GG, Art. 38 – 48)
Bundesrat
(Abschnitt IV GG, Art. 50 – 53)
Bundespräsident
(Abschnitt V GG, Art. 54 – 61)
Bundesregierung
(Abschnitt VI GG, Art. 62 – 69)
Bundesverfassungsgericht
(Art. 93, 94, 99, 100 GG)

Nichtständige Verfassungsorgane des Bundes
Gemeinsamer Ausschuss
(Abschnitt IV a. GG, Art. 53a)
Bundesversammlung
(Abschnitt V GG, Art. 54)

M 13   Das Prinzip der geteilten Macht

Lange Zeit haben die Menschen darunter gelitten, dass sie von Politikern oder Monarchen regiert wurden, die sehr viel Macht hatten. Diese Herr-
5 scher konnten mehr oder weniger frei entscheiden, was in einem Staat passieren sollte. Sie konnten Steuern erheben, Gesetze erlassen, Kriege beginnen und die Freiheiten ihrer Un-
10 tertanen beliebig einschränken. Da diese Herrscher eine allumfassende, absolute Macht besaßen, nannte man diese Herrschaftsform Absolutismus. Damit es den Menschen besser ge-
15 hen konnte, musste diese Macht gebrochen werden. Man musste also eine „politische Spielregel" erfinden, die verhindert, dass wenige Menschen in einem Staat zu viel Macht bekommen. Diese Spielregel nennt 20 sich Gewaltenteilung. Das Prinzip der Gewaltenteilung ist denkbar einfach. Es gibt verschiedene Institutionen in einem Staat, unter denen die Macht aufgeteilt ist. Keine dieser In- 25 stitutionen ist so mächtig, dass sie die anderen beiden Institutionen bestimmen oder gar beherrschen kann. Man spricht deshalb auch von einem System geteilter Macht. 30
Doch welche Institutionen sind dies und über welche Macht verfügen sie?

An erster Stelle steht die Legislative, d. h. die gesetzgebende Gewalt. In unserem Land sind dies der vom Volk gewählte Bundestag und der Bundesrat, die Gesetze beschließen können. Dies geschieht in einem komplizierten Verfahren, das dazu beitragen soll, dass nicht eine Partei zu viel Einfluss auf die Gesetze nehmen kann.

Die nächste Gewalt ist die Exekutive, d. h. die Regierung und die Verwaltung. Jeder kennt Vertreter dieser Gewalt, denn sie begegnen uns im Alltag bspw. als Polizisten, die darüber wachen, dass die Regeln in unserer Gesellschaft eingehalten werden. Auf Bundesebene stellt die Regierung – also der Bundeskanzler und die Minister mit ihren Ministerien – die Exekutive dar.

Die dritte Gewalt ist die Judikative, d. h. die rechtsprechende Gewalt. Verstößt jemand gegen die Gesetze, dann landet er vor Gericht. Dort sorgen Richter und Staatsanwälte dafür, dass die Täter bestraft werden. Die Richter sind dabei allerdings an die Gesetze gebunden – und diese Gesetze können sie nicht selbst verabschieden. Das war früher anders: Manche Herrscher konnten selbst die Gesetze bestimmen und ausführen – eine unabhängige Justiz gab es nicht und so waren die Menschen der Willkür ausgeliefert.

Oftmals werden die Medien als „vierte Gewalt" bezeichnet, denn sie kontrollieren ebenfalls die Politik, indem sie kritisch über politische Maßnahmen berichten und Skandale aufdecken.

Ein weiteres Element der Gewaltenteilung stellt der Föderalismus dar. Der Bund darf nicht alles alleine entscheiden, sondern muss bei vielen politischen Problemen die Bundesländer mit einbeziehen. Dies macht zwar das Regieren manchmal kompliziert, verhindert aber, dass die Politiker in Berlin zu viel Macht bekommen. Da Bund und Länder sich nicht auf einer Ebene befinden, spricht man in diesem Zusammenhang auch von vertikaler Gewaltenteilung.

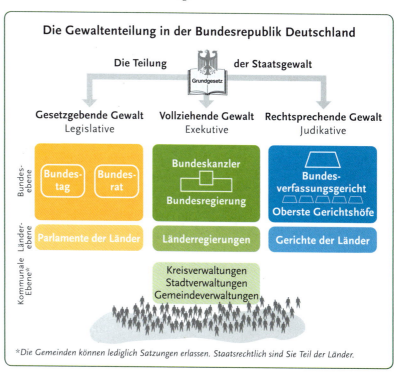

Bergmoser + Höller Verlag AG, Zahlenbilder 61 110

Aufgaben

1. Das Prinzip der Gewaltenteilung sorgt für ein System aus Macht und Kontrolle. Überlegt euch, über welche Macht die einzelnen Verfassungsorgane in Deutschland verfügen und wer sie jeweils kontrolliert. Gestaltet dazu ein Plakat (M 12, M 13).
2. Bewertet ausgehend vom Prinzip der Gewaltenteilung den Fall von Oleg Senzow. (M 12, M 13).
3. Erläutere, wie auch der Föderalismus zur Gewaltenteilung in Deutschland beiträgt (M 13).

Das Bundesverfassungsgericht –
Hüter der Verfassung oder Ersatzgesetzgeber?

M 14 Das Bundesverfassungsgericht als Gesetzgeber?

BVerfG billigt den europäischen Rettungsschirm ESM

Das Bundesverfassungsgericht entscheidet: Hartz-IV-Sätze sind verfassungswidrig, weil sie Grundrechte verletzen

Das Bundesverfassungsgericht hat das reformierte Bundeswahlgesetz in zentralen Punkten für verfassungswidrig erklärt

M 15 Die Aufgaben des Verfassungsgerichts

Das Bundesverfassungsgericht wird nur auf Antrag tätig. Ein Katalog von Verfahrensarten schreibt vor, wann das Gericht angerufen werden kann.
5 Die Einzelheiten sind im Grundgesetz und im „Gesetz über das Bundesverfassungsgericht" geregelt. Die wichtigsten Verfahren im Überblick:

Die Verfassungsbeschwerde
10 Jeder, der sich durch die öffentliche Gewalt in seinen Grundrechten verletzt fühlt, kann eine Verfassungsbeschwerde erheben. Sie kann sich gegen die Maßnahme einer Behörde,
15 gegen das Urteil eines Gerichts oder gegen ein Gesetz richten.
Die Verfassungsbeschwerde bedarf der Annahme zur Entscheidung. Sie ist anzunehmen, wenn ihr grund-
20 sätzliche verfassungsrechtliche Bedeutung zukommt, wenn die geltend gemachte Grundrechtsverletzung besonderes Gewicht hat oder wenn der
25 Beschwerdeführerin oder dem Beschwerdeführer durch die Versagung

der Entscheidung zur Sache ein besonders schwerer Nachteil entsteht. Über diese Annahmevoraussetzungen hat das Bundesverfassungsgericht vor 30 einer Entscheidung über die Verfassungsbeschwerde selbst zu befinden. Die Verfassungsbeschwerde ist in der Regel erst zulässig, nachdem die Beschwerdeführerin oder der Be- 35 schwerdeführer die sonst zuständigen Gerichte erfolglos angerufen hat. Verschiedene Einlegungsfristen sind zu beachten. Die Verfassungsbeschwerde muss schriftlich eingereicht und 40 begründet werden.

Das Normenkontrollverfahren
Nur das Bundesverfassungsgericht darf feststellen, dass ein Gesetz mit dem Grundgesetz nicht vereinbar ist. 45 Wenn ein anderes Gericht ein Gesetz für verfassungswidrig hält und es deshalb nicht anwenden will, muss es zuvor die Entscheidung des Bundesverfassungsgerichte einholen (konkre- 50 te Normenkontrolle). Darüber hinaus

können die Bundesregierung, eine Landesregierung oder ein Drittel der Mitglieder des Bundestages die Verfassungsmäßigkeit einer Rechtsnorm überprüfen lassen (abstrakte Normenkontrolle).

Der Verfassungsstreit

Das Bundesverfassungsgericht kann auch dann angerufen werden, wenn zwischen Verfassungsorganen oder zwischen Bund und Ländern Meinungsverschiedenheiten über die gegenseitigen verfassungsmäßigen Rechte und Pflichten bestehen (Organstreit, Bund-Länder-Streit). Gegenstand eines Organstreits können beispielsweise Fragen des Parteien-, Wahl- oder Parlamentsrechts sein. Im Bund-Länder-Streit geht es häufig um Kompetenzprobleme. Ferner ist das Gericht unter anderem auch für Wahlprüfungsbeschwerden, Parteiverbote und Verfassungsbeschwerden von Gemeinden zuständig.

www.bundesverfassungsgericht.de

Wegweisende Urteile
Menschenwürde
Keine Abwägung Leben gegen Leben: Diesem Grundsatz fiel am 4. Mai 2010 das Luftsicherheitsgesetz, das den Abschuss gekaperter Passagierflugzeuge erlaubte, zum Opfer.

Privatsphäre
Meine Daten gehören mir. Dieses „Grundrecht auf informationelle Selbstbestimmung" entwickelte das Gericht im „Volkszählungsurteil" vom 15. Dezember 1983. Es wurde grundlegend für den Datenschutz. Am 3. März 2004 kassierten die Richter teilweise den „großen Lauschangriff", das Abhören von Wohnungen. Es gebe einen unantastbaren „Kernbereich privater Lebensgestaltung".

Religion
Das Kruzifix muss raus: Am 16. Mai 1995 fiel das bayerische Schulgesetz, das Kruzifixe im Klassenzimmer vorschrieb.

Meinung
Polemik darf sein: Am 10. Oktober 1995 hob das Gericht den Rang der Meinungsfreiheit hervor. Anlass war das Tucholsky-Zitat „Soldaten sind Mörder".

M 16 Das Bundesverfassungsgericht mischt mit

Karikatur: Klaus Stuttmann

M 17 Hat das Gericht zu viel Macht?

Warum bestimmt eigentlich Karlsruhe über die Gleichstellung von Homosexuellen, die Familienpolitik oder das Steuerrecht? [...] Und überhaupt: Wie politisch darf das Verfassungsgericht sein?
Die Kritik am Bundesverfassungsgericht ist nicht neu. Im Gegenteil: Sie ist so alt wie das Bundesverfassungsgericht selbst. Doch der Kritik liegt ein Missverständnis zugrunde. Das Bundesverfassungsgericht war nie unpolitisch. Schon seit seiner Gründung im Jahr 1951 lag es immer wieder im Streit mit der Legislative und der Exekutive. Seit mehr als sechs

Jahrzehnten steht das Gericht deshalb unter Generalverdacht der Einmischung in die Politik sowie der verfassungsrechtlichen Knebelung des Gesetzgebers. [...]

In der Theorie heißt es, „das Bundesverfassungsgericht wacht über die Einhaltung des Grundgesetzes". Doch die Praxis sieht ganz anders aus. Das Bundesverfassungsgericht ist eben nicht nur Garant für die Menschenwürde und die Grundrechte. Die Verfassungsrichter wachen nicht nur darüber, dass in der Politik die demokratischen Spielregeln eingehalten werden, etwa im Wahlrecht oder bei den Kontrollrechten des Parlaments gegenüber der Regierung.

Vielmehr ist das Bundesverfassungsgericht ein politisches Gericht, es urteilt nicht nur über politische Entscheidungen, sondern macht auch Politik. [...]

Der politische Einfluss des Gerichts ist groß, schließlich gibt es kaum noch eine politische Entscheidung, die ohne Zutun des Bundesverfassungsgerichts gefällt wird. Schon im Gesetzgebungsverfahren wissen alle Beteiligten, ein Kläger findet sich nach der Verabschiedung eines Gesetzes immer. [...] Doch die Parteien sind vor allem auch selber schuld daran, dass das Bundesverfassungsgericht so viel Macht hat und ihnen deshalb immer wieder vorschreibt, welche Politik sie zu machen haben.

Einerseits neigt die Politik dazu, unpopuläre Entscheidungen nach Karlsruhe zu delegieren, etwa bei der Europäischen Integration. Immer wieder werden politische Streitfragen nach Karlsruhe getragen, weil sich die Politik nicht traut, den Wählern reinen Wein einzuschenken. Anderseits ist das Bundesverfassungsgericht zu einem Kampfplatz der Opposition verkommen. Wann immer diese politische Mehrheitsentscheidungen nicht akzeptiert will, wie zuletzt bei der Einführung des Betreuungsgeldes, ruft sie nach einem Urteil aus Karlsruhe, um so die verlorene politische Auseinandersetzung zu verlängern.

Christoph Seils, Cicero, März 2013

Recherchiere nach weiteren wegweisenden Urteilen des Bundesverfassungsgerichts (wie z. B. die Parteienverbote in den 1950er-Jahren oder das „Out-of-area"- Urteil 1994) und stelle die Hintergründe zu einem Urteil dar.

zu Aufgabe 4
Suche Argumente für die beiden Thesen und stelle sie in einer Tabelle gegenüber.

Aufgaben

1. Erläutere, welche Aufgaben das Bundesverfassungsgericht im politischen System der BRD erfüllt (M 15).
2. Ordne die Beispiele in M 14 den einzelnen Verfahren des Bundesverfassungsgerichts zu. Begründe deine Entscheidung.
3. „Das Bundesverfassungsgericht mischt sich zu sehr in die Politik ein!" „Erst die Politik verleiht Karlsruhe seine Macht!" Suche Argumente für die beiden Thesen und stelle sie in einer Tabelle gegenüber. Diskutiert die beiden Thesen. Entscheide dich abschließend für eine Position (M 15 – M 17).

Was wir wissen

Politik beschäftigt sich mit der Lösung von Problemen und Konflikten, die für die Gesellschaft von Bedeutung sind. Damit die Lösung für alle Gesellschaftsmitglieder verbindlich ist, wird sie häufig in Form von Gesetzen herbeigeführt. Gesetze enthalten Regeln, denen sich die Betroffenen nicht entziehen können. Sie schützen die Menschen (z. B. Lebensmittelgesetz), ordnen das gesellschaftliche Zusammenleben (z. B. im Bereich des Luft- und Straßenverkehrs) und steuern das Verhalten der Menschen (z. B. Gesetz zur Besteuerung von Zigaretten).

Gesetze

Die Gesetzgebung ist ein langwieriger Prozess, an dem Bundesregierung, Bundestag und Bundesrat mitwirken. Aber auch einzelne Interessengruppen versuchen, über ihre Interessenorganisationen oder die öffentliche Meinung Einfluss zu nehmen. Das Initiativrecht haben Bundesregierung, Bundesrat und Bundestag (mindestens fünf Prozent der Abgeordneten). Die meisten Initiativen kommen von der Bundesregierung. Die Entwürfe werden von den Fachministerien ausgearbeitet, vom Kabinett abgesegnet und in den Bundestag eingebracht. Nach den Beratungen im Plenum (1. Lesung) wird der Entwurf an die Ausschüsse verwiesen. Dort findet eine intensive Beratung statt. Experten können befragt, strittige Themen ausdiskutiert und Kompromisse gefunden werden. Unter anderem hier versuchen Interessenverbände, Gesetze in ihrem Sinne zu beeinflussen. Der überarbeitete Entwurf kommt zur 2. und 3. Lesung und zur Beschlussfassung ins Plenum zurück. Anschließend wird im Bundesrat beraten und abgestimmt. Am Ende muss der Bundespräsident das Gesetz unterzeichnen, damit es in Kraft treten kann. Im Bundesanzeiger wird es veröffentlicht.

Gang der Gesetzgebung
M 5, M 8

Politik kann als (endloser) Versuch zur verbindlichen Lösung gesellschaftlicher Probleme oder Konflikte gesehen werden. Am Anfang steht dabei ein ungelöstes Problem. Ob es sich tatsächlich um ein politisches Problem handelt und wie dieses zu lösen ist, darum wird öffentlich diskutiert. Es folgt der formale Gesetzgebungsprozess. Die parlamentarische Mehrheit macht einen Vorschlag, wie das Problem allgemeinverbindlich gelöst werden soll. Ist das Gesetz vom Bundestag (und Bundesrat) verabschiedet, so muss es umgesetzt werden. Dabei wird es diskutiert und bewertet. Ist das Problem gelöst, so endet der Politikzyklus. Erfolgt eine Neubewertung des Problems, dann beginnt der Zyklus von Neuem.

Politikzyklus
M 7

Der Bundespräsident wird von der Bundesversammlung (durch Vertreter des Bundestags und der Länder) auf fünf Jahre gewählt. Um seine überparteiliche Stellung nicht zu gefährden, lässt er eine Parteimitgliedschaft oder berufliche Verpflichtungen für die Dauer seiner Amtszeit ruhen. Zu seinen Aufgaben gehören:
- völkerrechtliche Vertretung des Bundes und Abschluss von Verträgen mit anderen Staaten im Namen des Bundes
- Prüfung, Unterzeichnung und Verkündung von Gesetzen

Der Bundespräsident
M 9

Was wir wissen

Bedeutung des Amtes
M 10, M 11

- Vorschlag, Ernennung und Entlassung des Bundeskanzlers
- Ernennung und Entlassung der Bundesminister
- Begnadigungsrecht

Bei diesen Aufgaben handelt es sich weitestgehend um formale Kompetenzen, denn der Bundespräsident hat dabei nur einen geringen Entscheidungsspielraum, es sei denn, er hat begründete Zweifel an der Verfassungsmäßigkeit eines Vorgangs oder eines Gesetzes. Dann kann er seine Unterschrift verweigern. Der tatsächliche Einfluss des Bundespräsidenten beruht auf seiner Überzeugungskraft und seinem Ansehen in der Öffentlichkeit. Gelegentlich wird die Frage nach einer Direktwahl des Bundespräsidenten aufgeworfen.

Die Gewaltenteilung
M 13

Durch die Gewaltenteilung, also die Aufteilung der Staatsgewalt auf verschiedene Organe und Personen, sollen Machtkonzentration und Missbrauch politischer Macht verhindert werden. Sie ist ein Grundprinzip der Demokratie. Bei der klassischen Gewaltenteilung werden die drei grundlegenden Staatsfunktionen, die gesetzgebende Gewalt (Legislative), die ausführende Gewalt (Exekutive) und die rechtsprechende Gewalt (Judikative) unabhängigen Staatsorganen (Parlamenten, Regierung, Gerichten) zugewiesen. In der politischen Praxis ergeben sich jedoch Abweichungen von der strikten Gewaltenteilung, da z.B. die Regierung (Exekutive) und Teile des Parlaments (Mehrheitsfraktionen) als Einheit handeln (Gewaltenverschränkung). Darüber hinaus erfolgt eine weitere Teilung der Staatsgewalt auch durch den föderalen Aufbau Deutschlands (vertikale Gewaltenteilung).

Das Bundesverfassungsgericht
M 15, M 17

Das Bundesverfassungsgericht ist oberster Hüter der Verfassung. Es ist allen anderen Verfassungsorganen (Bundestag, Bundesregierung, Bundesrat, Bundespräsident) gegenüber selbstständig, unabhängig und diesen gleichgeordnet.
Ihm kommen wichtige Aufgaben zu:
- Es entscheidet bei Streitigkeiten zwischen obersten Verfassungsorganen (Organstreit);
- es entscheidet, ob Bürger in ihren Grundrechten verletzt wurden (Verfassungsbeschwerden);
- es kontrolliert bestehende Gesetze hinsichtlich ihrer Übereinstimmung mit der Verfassung (konkrete und abstrakte Normenkontrolle);
- und es entscheidet, ob eine Partei verboten werden soll (Parteiverbot).

Durch seine Rechtsprechung konkretisiert das höchste Gericht die Bestimmungen des Grundgesetzes und entwickelt sie weiter. Kritik erfährt das Gericht, wenn es dem Gesetzgeber detaillierte Lösungsvorschläge unterbreitet („Ersatzgesetzgeber") oder der Verdacht entsteht, die Opposition benutze das Gericht, um unliebsame politische Mehrheitsentscheidungen zu blockieren (Justizialisierung von Politik). Doch genießt das Bundesverfassungsgericht nach wie vor sehr hohes Ansehen. Der Sitz des 1951 gegründeten Gerichts ist Karlsruhe.

Was wir können

Schlagzeilen zuordnen

Mehrwertsteuer für Hoteliers
Abgeordnete der CDU fordern, dass die Entscheidung, Hoteliers nur mit dem ermäßigten Mehrwertsteuersatz zu belasten, zurückgenommen wird.

Bürgerproteste gegen neues Industriegebiet
Die Ankündigung der Stadtverwaltung, ein neues Industriegebiet auszuweisen, löst eine Flut an Leserbriefen aus.

Autofahren zukünftig mit 17
Bundesregierung macht den Weg frei für das „begleitete Autofahren mit 17". Von der Neuregelung, der Bundestag und Bundesrat noch zustimmen müssen, erhofft sich das Kabinett insgesamt weniger Verkehrsunfälle.

Entscheidung des höchsten Gerichts
Das Rauchverbot in Bayern verstößt nicht gegen das Grundgesetz. Das Bundesverfassungsgericht verwarf eine Verfassungsbeschwerde gegen die per Volksentscheid beschlossene Regelung.

Bundesaußenminister fordert eine Welt ohne Atomwaffen
Staaten sollen abrüsten.

Atomkraftwerke sollen länger laufen
Der Bundestag berät darüber, ob die Laufzeiten für Atomkraftwerke verlängert werden sollen.

Volksentscheid in Bayern
Die Bürger Bayerns stimmen per Volksentscheid für ein strengeres Rauchverbot.

Viele Schulgebäude in schlechtem Zustand
Zur Sanierung fehlt jedoch in vielen Gemeinden das Geld.

45.000 Lehrer fehlen
Jetzt sollen Pensionäre unterrichten.

Alterung der Gesellschaft
In Ostdeutschland mehr offene Lehrstellen als Bewerber.

Aufgabe
Ordne die Meldungen den einzelnen Phasen des Politikzyklus zu und begründe deine Entscheidung.

5.4 Das Land Rheinland-Pfalz im föderalen System

Sitzenbleiben in der Schule – eine Frage der Leistung oder des Bundeslandes?

M 1 Bundesländer streiten um die Ehrenrunde

Hinweis
Die Materialien M 1 – M 9 können als Ausgangspunkt für ein gemeinschaftliches Projekt „Rheinland-Pfalz" in Zusammenarbeit mit Erdkunde und Geschichte genutzt werden.

In Hamburg ist das Sitzenbleiben schon abgeschafft, in Rheinland-Pfalz steht ein Modellversuch bevor, und nun peilt auch die neue rot-grüne Koalition in Niedersachsen neue Lösungen für lernschwache Kinder an. Mittelfristig wolle man die Ehrenrunde für Schüler abschaffen, sagte die designierte niedersächsische Kultusministerin Frauke Heiligenstadt (SPD). [... Sie] verwies auf die guten Erfahrungen, die man mit dem Verzicht aufs Durchfallen an integrierten Gesamtschulen gemacht habe: „Wir haben an den Schulen die niedrigste Schulabbrecher-Quote überhaupt."
Blanker Unsinn – heißt es dagegen aus Bayern zu den Überlegungen. [...] Kultusminister Spaenle warnte vor Änderungen: „Man entkleidet sich ohne Not eines pädagogischen Instruments, das den Schülern die Möglichkeit bietet, Versäumtes nachzuarbeiten. Das hat nichts mit Strafe zu tun."

www.tagesschau.de (16.2.2013)

M 2 Für welche Gesetze sind die Länder zuständig?

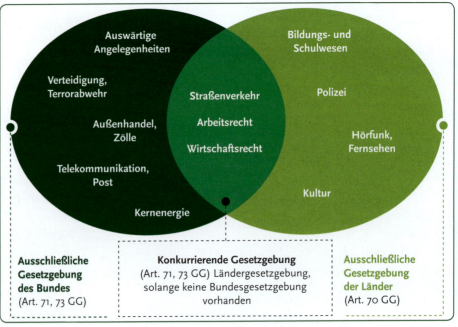

Autorengrafik

M 3 Kommentar: ein deutscher Sadismus

Der deutsche Föderalismus ist so, dass er sogar die alten Spruchweisheiten Lügen straft: „Variatio delectat" sagen die Lateiner. Vielfalt macht Freude. Die Vielfalt gibt es in Deutschland, die Freude nicht: Die 16 Bundesländer leisten sich 16 verschiedene Bildungssysteme. Das ist keine schöne Abwechslung. Wem macht es Freude, wenn in Deutschland einige tausend verschiedene Lehrpläne gelten? Wem macht es Freude, wenn jedes Bundesland seine eigenen Hochschulen betreibt? Wenn hier Studiengebühren erhoben werden und dort nicht? Wem macht es Freude, wenn ein Lehrer aus Hamburg nicht in München unterrichten darf, weil ihm ein Seminarschein fehlt? Und wer hat Freude daran, dass ein Umzug mit schulpflichtigen Kindern von Hamburg nach München einer Auswanderung nach Australien gleichkommt? Wer hat sein Vergnügen, wenn ein Juniorprofessor leichter von Berlin nach Bologna wechselt, als von Berlin nach Potsdam? Und wem macht es Spaß, dass jedes Land seine Schulformen festlegt und die Ausbildung seiner Lehrer regelt? Der Spaß beschränkt sich auf die 16 Kultusminister und ihre Bürokratien.
Die Anforderungen im Gymnasium weichen so stark voneinander ab, dass Jugendliche besser in Köln bleiben, wenn Väter oder Mütter eine neue Arbeitsstelle in München antreten. Ist das die Bürgernähe, von der Landespolitiker reden, wenn sie den Föderalismus verteidigen? Dieser Bildungsföderalismus ist praktizierte Bürgerferne, er ist schikanös, er ist eine staatsrechtliche Spielform des Sadismus: Er quält die Lehrer, er quält die Eltern und er quält die Schüler.

Heribert Prantl, Süddeutsche Zeitung, 17.5.2010

Thomas Plaßmann, Baaske Cartoons, Müllheim

Sadismus
Lust auf Quälerei und Grausamkeit

Aufgaben

1. Ist Sitzenbleiben eine sinnvolle pädagogische Maßnahme? Stellt euch dazu auf einer Streitlinie in eurem Klassenzimmer auf. Diskutiert anschließend im Plenum (M 1).
2. „Würde ich in Hamburg leben, dann könnte ich nicht sitzenbleiben! Das ist ungerecht!" Nimm Stellung zu dieser Aussage. Würdest du eine bundesweit einheitliche Lösung bevorzugen?
3. Beurteile die Aussage des Kommentators in M 3, der Bildungsföderalismus sei „Sadismus".

Warum gibt es den Föderalismus in Deutschland?

M 4 Eine Geschichte von Macht und Ohnmacht

Zur Vertiefung:
Erklärfilm
„Länderfinanzausgleich"

Mediencode: 71049-09

Wie kein anderes Land legt die Bundesrepublik Wert auf ihren föderalen Charakter. Das hat historische Wurzeln. [...]
Im Gegensatz zu den französischen Nachbarn westlich des Rheins hat es auf dem Gebiet der Deutschen immer föderale Strukturen gegeben. Während die Franzosen schon früh Paris zu ihrer Hauptstadt und zum Sitz einer starken Zentralregierung machten, waren östlich des Rheins die Landesfürsten die eigentlichen Herrscher.
Mit der föderalen Tradition der Deutschen wurde erstmals zur Zeit des Nationalsozialismus gebrochen. Die Nazi-Führung machte sich bald nach der sogenannten „Machtübernahme" vom 30. Januar 1933 an die Gleichschaltung der Länder. [...] Damit hatte die Nazi-Führung in Berlin die gesamte Macht an sich gerissen, um sich über die Belange der Länder je nach politischem Willen hinwegsetzen zu können.
[...] Nach dem Desaster des Zweiten Weltkriegs sollte eine Machtkonzentration in Händen der Zentralregierung für die Zukunft ausgeschlossen werden. Deshalb legte der Parlamentarische Rat bei der Ausarbeitung des Grundgesetzes großen Wert darauf, dass die Rechte der Länder geschützt und garantiert werden. Zugleich sollte durch eine starke Gesetzgebungskompetenz der Länder eine Kontrolle der Zentralregierung etabliert werden. Durch unterschiedliche politische Machtverhältnisse in Bund und Ländern ist diese gegenseitige Kontrolle bis heute quasi garantiert.
Aber es gab von Anfang an auch Bedenken und Strukturfehler, die den deutschen Föderalismus vor große Probleme gestellt haben. Größe und Wirtschaftskraft der Länder waren so unterschiedlich, dass es permanente Ausgleichsleistungen geben musste. Deshalb hatten schon die Alliierten in den 1950er Jahren Änderungsbedarf beim Zuschnitt der Länder erkannt und bei der Bundesregierung angemahnt. Aber diese und alle anderen diesbezüglichen Versuche sind gescheitert – zuletzt in Berlin und Brandenburg, die 1996 einen Fusionsversuch starteten, der in einer Volksbefragung scheiterte.
[...] Aber der Wunsch nach einer Reform des Föderalismus ist groß, denn bei bestimmten Konstellationen der Mehrheitsverhältnisse ist ein Regieren fast unmöglich geworden. Deshalb hat die große Koalition aus Union und SPD 2006 ein Reformpaket verabschiedet, das den Ländern

GG Artikel	Was dazu im Grundgesetz steht
20	„Die Bundesrepublik Deutschland ist ein demokratischer und sozialer Bundesstaat"
79	Das bundesstaatliche Prinzip darf nicht aufgehoben oder geändert werden
30	Eigenstaatlichkeit der Länder
50 23	Mitwirkung der Länder an der Gesetzgebung des Bundes und in Angelegenheiten der Europäischen Union durch den Bundesrat
70-74	Gesetzgebung: Aufteilung der Zuständigkeiten zwischen Bund und Ländern
83-91d	Zuordnung der staatlichen Verwaltungsaufgaben, Gemeinschaftsaufgaben, Verwaltungszusammenarbeit
104a-109a	Finanzhoheit. Verteilung des Steueraufkommens zwischen Bund und Ländern, unabhängige Haushaltswirtschaft, gemeinsame Verpflichtung zur Haushaltsdisziplin

einerseits Kompetenzen entzieht, ihnen aber andererseits auch weiterhin starke Mitsprache garantiert. Das gilt vor allem für die Bildungspolitik, die ausschließlich Ländersache ist. Auch beim Beamtenrecht, beim Strafvollzug und im Umweltrecht haben die Länder Kompetenzen bekommen bzw. für sich erhalten können. Insgesamt ist aber der Anteil von Gesetzen, denen die Länder zustimmen müssen, von über 50 auf 33 Prozent gesunken.

Matthias von Hellfeld, Deutsche Welle, 20.1.2012

M 5 Föderalismus – Pro und Kontra

Die landsmannschaftlichen, geschichtlichen, wirtschaftlichen und kulturellen Eigenheiten können so besser erhalten und weiterentwickelt werden.

Chancen und Wettbewerb der politischen Parteien werden dadurch gefördert, dass sie trotz Minderheitsposition im Gesamtstaat die politische Verantwortung in Gliedstaaten übernehmen können.

Die Gliedstaaten stehen zwangsläufig im Wettbewerb zueinander. Konkurrenz belebt. Erfahrungsaustausch fördert den Fortschritt und beugt bundesweiten Fehlentwicklungen vor.

Der Föderalismus erfordert langwierige Verhandlungen, um zu gemeinsamen Lösungen zu kommen. Darüber kann viel kostbare Zeit vergehen.

Wechselseitige Kontrolle, gegenseitige Rücksichtnahme und Kompromisszwang verhindern oder erschweren doch zumindest Extrempositionen. Der Föderalismus wirkt ausgleichend und damit auch stabilisierend.

Die in dieser Weise verflochtene Staatstätigkeit ist kompliziert und manchmal für den Bürger schwer zu überschauen.

Zur klassischen horizontalen Trennung der Staatsgewalten (Legislative – Exekutive – Judikative) kommt im Bundesstaat die vertikale Gewaltenteilung zwischen dem Gesamtstaat und den Gliedstaaten hinzu.

Die staatlichen Organe sind regionalen Problemen im Bundesstaat näher als im Einheitsstaat. Vergessene „Provinzen" gibt es nicht.

Die Gliederung in kleinere staatliche Einheiten schafft mehr Bürgernähe und eröffnet mehr Chancen zur Mitbestimmung.

Nach: Konrad Reuter, Bundesrat und Bundesstaat – Der Bundesrat der Bundesrepublik Deutschland, 13. Auflage, 2006, S. 7 ff.

Aufgaben

1. Erläutere, weshalb der Föderalismus eine starke Stellung in Deutschland hat (M 4).
2. Ist der deutsche Föderalismus noch zeitgemäß? Ordne die Argumente aus M 4 und M 5 der Pro- und Kontra-Seite zu. Begründe, welche Argumente dich am meisten und am wenigsten überzeugen.

Politik für Rheinland-Pfalz – Wir machen's einfach?

M 6   Wer steht zur Wahl?

Zur Landtagswahl in Rheinland-Pfalz am 13. März 2016 traten insgesamt 14 Parteien an. Hier ein Kurzprofil der Wahlprogramme zu den Parteien, die in den Landtag einzogen:

	Familien- und Bildungspolitik	Wirtschaftspolitik / Infrastruktur	Energie- und Umweltpolitik	Innenpolitik	Flüchtlingspolitik
SPD	• Ausbau gebührenfreier Bildungsangebote • Erweiterter Ausbau von Angeboten für Pflegebedürftige und ihre Angehörigen	• V. a. Herausforderungen des demografischen Wandels und Digitalisierung im Fokus, z.B. 1.000 freie WLAN-Hotspots auf kommunaler Ebene			• Forderung nach einer fairen, europaweiten Zuteilung der Flüchtlinge • Auf- und Ausbau einer Willkommenskultur, z. B. verbesserter Zugang zum Arbeitsmarkt für Flüchtlinge
CDU	• Bekämpfung des Unterrichtsausfalls durch Schaffung neuer Lehrerstellen • Einführung eines „Landesfamiliengelds"		• „vernünftiger" Ausbau von Windkraftanlagen • Änderung des Erneuerbaren Energien Gesetzes hin zur Verhinderung von Preisanstiegen	• finanzielle und personelle Stärkung von Polizei und Feuerwehr	• Reduzierung der Zahl ankommender Flüchtlinge („Tageskontingente") • Schnellere Rückführung von Flüchtlingen ohne Bleibeperspektive und straffälligen Asylsuchenden
Die GRÜNEN	• Förderung von flächendeckenderund qualitativ hochwertiger Kinderbetreuung • Ausbau von Gesamtschulen • Umsetzung des Konzepts der Inklusion • Gleiche Zugangschancen zu Bildung für alle	• V. a. Stärkung kleiner und mittelständischer Unternehmen	• Ausbau erneuerbarer Energien • Halbierung des Energieverbrauchs in Rheinland-Pfalz bis 2050 • Maßnahmen zur Emissionsreduzierung, z. B. Förderung von Elektrobussen • Ausbau des öffentlichen Nahverkehrs und Car-Sharing-Modelle		• Unterstützung von Organisationen und Ehrenamtlichen bei der Integration von Flüchtlingen • Sozialticket für Flüchtlinge und Menschen mit geringem Einkommen
FDP	• Beibehaltung des mehrgliedrigen Schulsystems	• Bau weiterer Rheinbrücken • Maßnahmen zur Vereinfachung von Unternehmensgründungen	• Distanzierung von der vollständigen Umstellung auf erneuerbare Energien bis 2030	• Verbesserung der Personalsituation bei Justiz und Polizei	• Verpflichtende Integrationsvereinbarungen • Schaffung eines Einwanderungsgesetzes
AfD	• Erhalt des dreigliedrigen Schulsystems • Leitbild der traditionellen Familie – gegen ein Adoptionsrecht für homosexuelle Paare	• Verbesserung der Gesundheitsversorgung und Infrastruktur im ländlichen Raum		• Effiziente Verwaltung • Restriktiver Einsatz staatlicher Mittel	• Bejahung des Rechts auf Asyl • Rasche Abschiebung abgelehnter, krimineller und extremistischer Asylbewerber

M 7 Wer sitzt im Landtag?

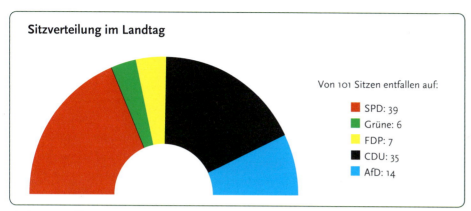

Nach: www.wahlen.rlp.de, Stand: 24.3.2016

M 8 Die Verfassung des Landes Rheinland-Pfalz im Überblick

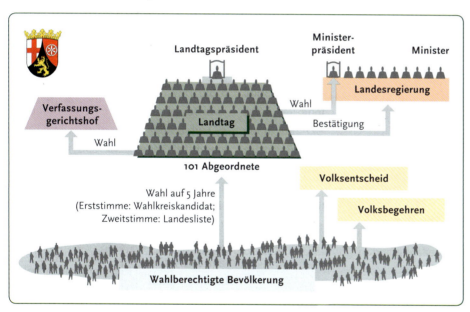

© Bergmoser + Höller Verlag AG, Zahlenbilder 71020

Volksbegehren und Volksentscheid auf Landesebene

Wie in den meisten Bundesländern sieht die Verfassung von Rheinland-Pfalz Volksbegehren und Volksentscheide als Elemente direkter Demokratie vor. Sie bieten die Möglichkeit, Beschlüsse der Landtagsmehrheit und der von ihr getragenen Landesregierung zu korrigieren oder – bei fehlender politischer Initiative seitens der Regierung – die Gesetzgebung selbst in die Hand zu nehmen.

Direkte Demokratie auf Bundesebene

Das Grundgesetz sieht derzeit eine direktdemokratische Mitwirkung des gesamten deutschen Volkes nur bei einer Neugestaltung bzw. einer in seinen Grundfesten verändernden Umgestaltung des Grundgesetzes (Art. 146 GG) sowie bei der Neugliederung des Bundesgebietes (Art. 29 [2] ff. GG) vor. Letzterer Artikel bestimmt allerdings, dass es sich nicht um eine bundesweite Abstimmung, sondern lediglich um ein Territorialplebiszit in den betroffenen Bundesländern handelt. Dabei können die Bürger der entsprechenden Bundesländer den Zusammenschluss oder die Aufteilung ihrer Länder in einem Volksentscheid bestätigen oder ablehnen.

Aufgaben

1. Arbeite aus den Wahlprogrammen der Parteien heraus, welche Probleme und Herausforderungen das Bundesland Rheinland-Pfalz in den kommenden Jahren bewältigen muss und wo sich politische Konflikte abzeichnen (M 6, M 7).
2. Recherchiert das aktuelle Regierungsprogramm und vergleicht es mit den Wahlprogrammen aus M 6.

Der Landtag in Rheinland-Pfalz

M 8 Landtag debattiert über den Sinn des Sitzenbleibens

Abstimmung im Landtag in Mainz

Rheinland-Pfalz – Wenn es nach dem Willen der CDU-Opposition geht, muss die Regierung beim Thema Sitzenbleiben nachsitzen. Und wenn man der Argumentation von Rot-Grün folgt, müssen die Christdemokraten noch so manche Ehrenrunde in Sachen Bildungspolitik drehen. Die Landtagsdebatte zum Thema Sitzenbleiben wurde höchst temperamentvoll geführt.

Dabei versuchte Bildungsministerin Doris Ahnen (SPD) der CDU sämtlichen Wind aus den Segeln zu nehmen. „Das Sitzenbleiben wird nicht abgeschafft", stellte die Sozialdemokratin klar. Das Land startet nach ihrer Lesart lediglich einen Modellversuch. Bei diesem soll ausgelotet werden, ob „eine bessere individuelle Förderung das Sitzenbleiben in letzter Konsequenz überflüssig macht", erläuterte Ahnen. [...]

Die oppositionelle CDU hält die rot-grüne Initiative für wenig sinnvoll. „Das Abschaffen des Sitzenbleibens verschärft die Probleme und verschiebt sie in die Zukunft", argumentierte der CDU-Bildungspolitiker Guido Ernst. Eine Klassenwiederholung kann seiner Ansicht nach auch „ein positiver Neustart sein. Denn es ist belastend, immer der Letzte zu sein, der etwas versteht", so der Christdemokrat. Und er ergänzte: „Ehrenrunden können den Sinn für Eigenverantwortung schärfen."

Dietmar Brück, Rhein-Zeitung, 8.3.2013

M 9 Der Landtag im politischen Prozess

Welche Aufgaben hat der Landtag?
Der Landtag Rheinland-Pfalz ist das oberste Organ der politischen Willensbildung im Land. Seine 101 Mitglieder werden alle fünf Jahre vom Volk gewählt.
Die wichtigsten Aufgaben des Landtags sind:
- die öffentliche Diskussion der unterschiedlichen Interessen der Bevölkerung
- die Wahl des Ministerpräsidenten und die Bestätigung der Landesregierung
- die parlamentarische Kontrolle der Landesregierung und der ihr nachgeordneten Verwaltung
- die Festlegung des Landeshaushalts und die Landesgesetzgebung.

Wie arbeitet der Landtag?
Einmal im Monat tagt der Landtag zwei oder drei Tage als Ganzes (Plenum), um Gesetze und Anträge zu beraten und zu beschließen, aktuelle Themen zu erörtern und Fragen an die Regierung zu stellen. In der Zeit zwischen den Plenarsitzungen tagen die Ausschüsse. Sie sind kleine, spezialisierte Arbeitsgremien, in denen die Abgeordneten die Detailarbeit leisten und Empfehlungen für das Plenum erarbeiten.

Vorstand und Ältestenrat sind die Leitungsgremien des Landtags. Sie bereiten den Arbeitsplan des Landtags, die Tagesordnung und den Ablauf der Plenarsitzungen vor.

Die Abgeordneten der gleichen Partei schließen sich zu Fraktionen zusammen. Die Fraktionen sind also die politischen Gliederungen des Landtags. Die Fraktionen koordinieren die Arbeit ihrer Mitglieder. Sie ermöglichen ihnen, sich auf bestimmte Politikbereiche zu spezialisieren, sie führen die Auffassungen der Fraktionsmitglieder zu den Themen, die im Landtag behandelt werden, zu gemeinsamen Standpunkten zusammen und sie bringen gemeinsamen Initiativen, Anträge und Anfragen im Landtag ein.

Wie entscheidet der Landtag? Die Gesetzgebung

Die Gesetzgebung wird nach Artikel 107 der Landesverfassung durch das Volk im Wege des Volksentscheids und durch den Landtag ausgeübt.

Gesetzesvorlagen können durch die Landesregierung, aus der Mitte des Landtags oder im Wege eines Volksbegehrens eingebracht werden. Letzteres war in Rheinland-Pfalz noch nicht der Fall. Gesetzesvorlagen aus der Mitte des Landtags können Fraktionen oder acht Abgeordnete einbringen.

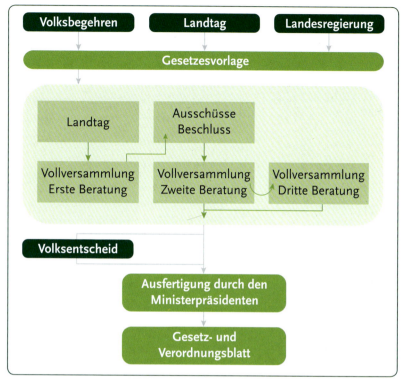

In der Regel werden Gesetzesvorlagen im Plenum des Landtags in zwei Lesungen beraten; verfassungsändernde Gesetze müssen in drei Lesungen beraten werden.

Der vom Plenum des Landtags verabschiedete Gesetzesbeschluss wird von dem Präsidenten des Landtags dem Ministerpräsidenten zugeleitet. Der Ministerpräsident fertigt das Gesetz aus und verkündet es binnen eines Monats im Gesetz- und Verordnungsblatt.

© 2016 Landtag Rheinland-Pfalz, www.landtag.rlp.de

zu Aufgabe 2
Hier könnt ihr eure Recherche beginnen:
www.spdfraktion-rlp.de
www.cdu-fraktion-rlp.de
www.gruene-fraktion-rlp.de
www.landtag-rp.de

Tipp
Auf der Startseite des Landtags gibt es einen informativen Film zum politischen System von Rheinland-Pfalz.

Aufgaben

1. Erstellt ein Lernplakat zur Stellung und den Aufgaben des Landtages in Rheinland-Pfalz. Beantwortet dazu die Leitfragen in M 9.
2. Dokumentiert eine aktuelle Debatte im Landtag zu einem schulischen Thema (M 8).

→ Was wir wissen

Rheinland-Pfalz – eine parlamentarische Demokratie M 7	Das Land Rheinland-Pfalz versteht sich als „demokratischer und sozialer Gliedstaat Deutschlands" (Art. 74 Abs. 1 Landesverfassung). Das politische System entspricht dem Typ der repräsentativen parlamentarischen Demokratie. Die in der Landesverfassung vorgesehenen direktdemokratischen Elemente Volksbegehren und Volksentscheid spielten aufgrund der bestehenden hohen Hürden (Quoren, Kosten) praktisch keine Rolle.
Der Landtag – Wahlsystem und Aufgaben M 7, M 9	Der Landtag wird auf fünf Jahre bestellt und besteht aus 101 Mitgliedern. Hinzu kommen gegebenenfalls Überhang- und Ausgleichsmandate. Die Abgeordneten werden wie auf Bundesebene nach den Grundsätzen einer mit der Personenwahl verbundenen Verhältniswahl gewählt. Dem Landtag obliegt die Aufgabe der Gesetzgebung sowie die Wahl und Kontrolle der Landesregierung.
Landesregierung M 6, M 7	Die Landesregierung ist ein Kollegialorgan (Ministerrat; Kollegialprinzip). Den Vorsitz im Ministerrat führt der Ministerpräsident (Richtlinienkompetenz). Die Landesminister leiten ihr Ressort selbstständig (Ressortprinzip).
	Bei der Bildung und Abberufung der Landesregierung kommt dem Landtag ein stärkeres Mitspracherecht zu als dem Bundestag gegenüber der Bundesregierung. So wählt das Landesparlament mit der Mehrheit seiner Mitglieder den Ministerpräsidenten, und dieser ernennt die Landesminister. Die Landesregierung als Ganzes bedarf jedoch vor der Übernahme der Geschäfte noch der ausdrücklichen Bestätigung durch die einfache Mehrheit des Landtags.
Gewaltenteilung durch Föderalismus M 4	Durch die Aufteilung staatlicher Macht zwischen dem Bund und den Ländern wird die klassische Gewaltenteilung in Legislative, Exekutive und Judikative durch eine vertikale Gewaltenteilung ergänzt. Die Aufteilung der Macht zwischen dem Bund und den Ländern stellt ebenso ein Instrument zur Machtbeschränkung des Staates dar.
Föderalismus in der Kritik M 5	Die wichtigsten Argumente für bzw. gegen den Föderalismus sind: Pro: <ul><li>Verhinderung zu großer Machtkonzentration beim Bund</li><li>Stärkere Berücksichtigung regionaler Interessen</li><li>Mehr Mitwirkungsmöglichkeiten für die Bürger</li><li>Es entsteht ein Wettbewerb zwischen den Ländern um die besten politischen Konzepte und Lösungen</li></ul> Kontra: <ul><li>Ungleiche Bildungs- und Lebenschancen in den Ländern</li><li>Hoher Kosten- und Arbeitsaufwand durch die Doppelung der staatlichen Organe</li><li>Unklare Verantwortlichkeiten</li><li>Blockade von Reformen durch unterschiedliche politische Kräfteverhältnisse und Dauerwahlkampf in Deutschland</li></ul>

Was wir können

**Wider die Föderalismuskritik –
Für einen Wettbewerb zwischen den Bundesländern**

Egal, ob es um das Abitur, ganz allgemein um Schulsysteme, um die Lehrerausbildung, das Hochschulwesen, die Lebensmittelaufsicht, die Atomaufsicht, den Verfassungsschutz, den öffentlich-rechtlichen Rundfunk oder den Straßenbau geht – stets scheint es Argumente dafür zu geben, warum gerade in diesem Bereich Schluss sein sollte mit der Bundesstaatlichkeit. Erstaunlicherweise setzen dabei Menschen, die sonst dem Staat kritisch gegenüberstehen, ein großes Vertrauen in den Zentralstaat. Wenn erst einmal die entsprechenden Zuständigkeiten in einer Bundesbehörde gebündelt seien, dann – so die Vorstellung – laufe alles wie am Schnürchen. Dabei zeigt die Lebenserfahrung bei bereits zentralisierten Aufgaben: Das ist mitnichten so. Im Gegenteil: Wenn auf Bundesebene etwas schief läuft, dann läuft es in einem viel größeren Maßstab schief.
Nehmen wir als Beispiel die Schulpolitik. Sicherlich mag es nervig sein, wenn bei einem Umzug von Oldenburg nach Stuttgart Schüler und Eltern mit neuen Anforderungen konfrontiert werden. Es kann auch sein, dass in einem Gymnasium in Bayern höhere Ansprüche gestellt werden als in einem Gymnasium in Berlin. [...] Zentralismus bringt nicht automatisch bessere Ergebnisse: Das französische Schulsystem mit seinen zentralstaatlich festgelegten Prüfungen erweist sich in den Pisa-Untersuchungen als keineswegs leistungsfähiger als das deutsche, föderalistische.

Markus Reiter, www.dradio.de, 12.6.2013

Aufgabe
Nenne ausgehend vom Text die Argumente für und wider den Föderalismus in Deutschland. Entscheide dich abschließend für eine Position und begründe deine Entscheidung.

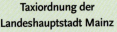

Taxiordnung der Landeshauptstadt Mainz
vom 18.12.2001
§ 4 Ordnung auf den Taxiplätzen
(1) Auf den Taxiplätzen dürfen nur dienstbereite Taxen stehen. Sie sind in der Reihenfolge ihrer Ankunft aufzustellen.
(2) Jede Lücke ist sofort durch Nachrücken des nächsten Taxis zu schließen.
(3) Das Taxi muss so aufgestellt sein, dass der jeweilige Fahrgast unbehindert ein- und aussteigen kann.
(4) Alle Taxen müssen stets fahrbereit sein und so aufgestellt werden, dass sie den Verkehr nicht behindern.
[…]

Denkmalschutzgesetz (DSchG) Rheinland-Pfalz
§ 2 Pflicht zur Erhaltung und Pflege
(1) Eigentümer, sonstige Verfügungsberechtigte und Besitzer sind verpflichtet, die Kulturdenkmäler im Rahmen des Zumutbaren zu erhalten und zu pflegen. […]
(2) Die Zumutbarkeit ist unter Berücksichtigung der durch die Eigenschaft als Kulturdenkmal begründeten Situationsgebundenheit im Rahmen der Sozialbindung des Eigentums und dessen Privatnützigkeit zu bestimmen. […]

Sparkassengesetz (SpkG) Rheinland-Pfalz
§ 2 Aufgaben, öffentlicher Auftrag
(1) Die Sparkassen haben als kommunale Wirtschaftsunternehmen die Aufgabe, vorrangig im Gebiet ihres Errichtungsträgers die Versorgung mit geld- und kreditwirtschaftlichen Leistungen zu sichern.
(2) Die Sparkassen stärken als öffentliche Banken den Wettbewerb im Kreditgewerbe. Sie erbringen ihre Leistungen für die Bevölkerung, die Wirtschaft, den Mittelstand und die öffentliche Hand nach wirtschaftlichen Grundsätzen und den Anforderungen des Marktes. Die Sparkassen fördern die Vermögensbildung breiter Bevölkerungsschichten sowie die Erziehung junger Menschen zu eigenverantwortlichem wirtschaftlichem Verhalten. Sie tragen zur Verbesserung der Eigenkapitalausstattung insbesondere junger und mittelständischer Unternehmen im Geschäftsgebiet bei. […]

Straßenverkehrs-Zulassungs-Ordnung (StVZO)
§ 67 Lichttechnische Einrichtungen an Fahrrädern
(1) Fahrräder müssen für den Betrieb des Scheinwerfers und der Schlussleuchte mit einer Lichtmaschine ausgerüstet sein, deren Nennleistung mindestens 3 W und deren Nennspannung 6 V beträgt (Fahrbeleuchtung). Für den Betrieb von Scheinwerfer und Schlussleuchte darf zusätzlich eine Batterie mit einer Nennspannung von 6 V verwendet werden (Batterie-Dauerbeleuchtung). Die beiden Betriebsarten dürfen sich gegenseitig nicht beeinflussen.

Straßenverkehrs-Ordnung (StVO)
§ 8 Vorfahrt

(1) An Kreuzungen und Einmündungen hat die Vorfahrt, wer von rechts kommt. Das gilt nicht, wenn die Vorfahrt durch Verkehrszeichen besonders geregelt ist (Zeichen 205, 206, 301, 306) oder für Fahrzeuge, die aus einem Feld- oder Waldweg auf eine andere Straße kommen.

Grundgesetz
Art. 1

(1) Die Würde des Menschen ist unantastbar. Sie zu achten und zu schützen ist Verpflichtung aller staatlichen Gewalt.

6

Recht und Rechtsprechung

Überall, wo Menschen zusammen leben, geben sie sich eine Ordnung. In modernen Demokratien ist diese Ordnung überwiegend in Form von Gesetzen niedergelegt. Diese enthalten Vorschriften darüber, wie Menschen sich in bestimmten Situationen verhalten müssen, wie sie ihr Gemeinwesen organisieren oder wirtschaftlich zusammenarbeiten. Jugendliche haben eine besondere Stellung innerhalb der Rechtsordnung, da sie besonders schutzbedürftig sind.

→ Kompetenzen

Am Ende dieses Kapitels solltest du Folgendes können:

- Grundlagen und Aufbau unserer Rechtsordnung beschreiben
- Aufgaben des Rechts erläutern
- Altersbezogenheit von ausgewählten Rechtsregeln darstellen
- einen Gerichtsbesuch vorbereiten und auswerten
- Erscheinungsformen und Ursachen von Jugendkriminalität analysieren
- Angemessenheit und Sinn von Strafen beurteilen

Was weißt du schon?

- Überlegt, welchen Zweck die einzelnen Regelungen erfüllen sollen.
- Diskutiert anschließend, ob ihr die Gesetze für notwendig erachtet.

6.1 Jugendliche vor dem Gesetz

Rechte und Pflichten von Jugendlichen

M 1 Was ist erlaubt?

1. Der Aufenthalt von Kindern in Gaststätten ist grundsätzlich verboten.	stimmt	stimmt nicht
2. Videoshops dürfen im Schaufenster Kassetten/DVDs ausstellen, die ab 18 freigegeben sind.	stimmt	stimmt nicht
3. Kinder und Jugendliche dürfen sich in Begleitung ihrer Erziehungsberechtigten in öffentlichen Spielhallen aufhalten.	stimmt	stimmt nicht
4. Jugendlicher ist, wer 14, aber noch nicht 18 Jahre alt ist.	stimmt	stimmt nicht
5. Jugendlichen ist das Rauchen in der Öffentlichkeit erlaubt.	stimmt	stimmt nicht
6. Werbefilme oder Werbeprogramme für Tabakwaren dürfen nur nach 18 Uhr vorgeführt werden.	stimmt	stimmt nicht

M 2 Rechtsvorschriften für Jugendliche

Auszüge aus dem Jugendschutzgesetz (JuSchG) (vom 23. Juli 2002, zuletzt geändert am 20. Juli 2010)

§ 1 Begriffsbestimmungen
(1) Im Sinne dieses Gesetzes
1. sind Kinder Personen, die noch nicht 14 Jahre alt sind,
2. sind Jugendliche Personen, die 14, aber noch nicht 18 Jahre alt sind [...].

§ 6 Spielhallen, Glücksspiele
(1) Die Anwesenheit in öffentlichen Spielhallen [...] darf Kindern und Jugendlichen nicht gestattet werden. [...]

§ 4 Gaststätten
(1) Der Aufenthalt in Gaststätten darf Kindern und Jugendlichen unter 16 Jahren nur gestattet werden, wenn eine personensorgeberechtigte oder erziehungsbeauftragte Person sie begleitet oder wenn sie in der Zeit zwischen 5 Uhr und 23 Uhr eine Mahlzeit oder ein Getränk einnehmen. Jugendlichen ab 16 Jahren darf der Aufenthalt in Gaststätten ohne Begleitung einer personensorgeberechtigten oder erziehungsbeauftragten Person in der Zeit von 24 Uhr und 5 Uhr morgens nicht gestattet werden. [...]

§ 12 Bildträger mit Filmen oder Spielen
[...] (3) Bildträger, die nicht oder mit „Keine Jugendfreigabe" [...] gekennzeichnet sind, dürfen
1. einem Kind oder einer jugendlichen Person nicht angeboten, überlassen oder sonst zugänglich gemacht werden [...].

§ 11 Filmveranstaltungen
[...] (5) Werbefilme oder Werbeprogramme, die für Tabakwaren oder alkoholische Getränke werben, dürfen [...] nur nach 18 Uhr vorgeführt werden.

M 3 Rauchen erst ab 18 Jahren?

Ab dem 1. Januar 2009 muss man 18 Jahre alt sein, um Zigaretten kaufen zu dürfen. Das ist jetzt beschlossene Sache. [...] „Rauchen pfui" heißt es schon ab 1. September 2007 auch in deutschen Bussen, Bahnen, Taxis und öffentlichen Gebäuden. Wer trotzdem nicht auf seinen Qualmstängel verzichten kann, muss das in Zukunft in extra Raucherhäuschen tun. Wer dagegen verstößt, muss bis zu 1.000 Euro Strafe zahlen. Damit ist ein weiterer wichtiger Schritt für den Jugend- und Nichtraucherschutz getan. Ob und inwiefern man in Zukunft in Kneipen und Restaurants noch qualmen darf, ist indessen noch unsicher. Denn die Zuständigkeit dafür liegt bei den einzelnen Bundesländern.

www.geo.de, 25.05.2007

M 4 Killerspiele im Kinderzimmer verbieten?

Nach dem Amoklauf von Erfurt 2002 und dem von Emsdetten im Jahre 2006 wurde von Pädagogen, Eltern und anderen Fachleuten immer wieder gefordert, das Jugendschutzgesetz zu verschärfen. Sogenannte „Killerspiele", wie zum Beispiel „Counter Strike" oder „Doom 3", sollten für Kinder und Jugendliche verboten werden.
Seit 2003 werden die Spiele daher von der „Unterhaltungssoftware Selbstkontrolle" begutachtet und eingestuft (von der „Freigabe ohne Altersbeschränkung" bis zur Verwehrung der Freigabe für Jugendliche). Zudem wurde das Jugendschutzgesetz im Hinblick auf Computerspiele verschärft. Die Änderung trat am 1. Juli 2008 in Kraft und verbessert den Schutz von Kindern und Jugendlichen insbesondere vor gewaltbeherrschten Computerspielen.
Für den Kriminologen Christian Pfeiffer steht der Zusammenhang zwischen gewaltverherrlichenden Computerspielen und den Schulamokläufen fest. Selbst wenn nicht jeder, der diese Spiele spielt, selber zum Amokläufer wird: Der Konsum dieser Art von Computerspielen geht nicht spurlos an Kindern und Jugendlichen vorüber. Der jüngste Amoklauf von Winnenden (2009) hat die Diskussion erneut entfacht. Der Attentäter hatte regelmäßig Killerspiele gespielt. Die strengeren Gesetze sind dabei längst in Kraft.

Aktualisiert nach: Britta Scholtys, www.tagesschau.de, 22.11.2006

Bildschirmansicht aus einem Ego-Shooter-Spiel

Aufgaben

1. a) Übertrage M 1 in dein Heft.
   b) Kreuze an, welche Antwort deiner Meinung nach stimmt bzw. nicht stimmt.
   c) Wo bist du unsicher? Vergleiche deine Ergebnisse mit denen deines Partners.
2. Überprüfe deine Antworten mithilfe von M 2.
3. a) Sammle Argumente für bzw. gegen die Aussage „Das Jugendschutzgesetz ist lebensfremd und altmodisch – Kinder rauchen heutzutage schon ab 12".
   b) Vergleiche deine Argumente mit denen eines Partners. Diskutiert dann eure Ergebnisse in der Klasse (M 3).
4. Sollten Killerspiele für Jugendliche verboten werden? Führt in der Klasse hierüber ein Streitgespräch (M 4).

Eine Tat – viele Folgen

M 5   Rico B. rastet aus

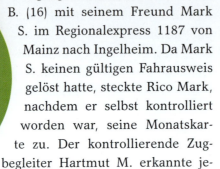

Am vergangenen Mittwoch fuhr Rico B. (16) mit seinem Freund Mark S. im Regionalexpress 1187 von Mainz nach Ingelheim. Da Mark S. keinen gültigen Fahrausweis gelöst hatte, steckte Rico Mark, nachdem er selbst kontrolliert worden war, seine Monatskarte zu. Der kontrollierende Zugbegleiter Hartmut M. erkannte jedoch, dass es sich bei dem Ausweis nicht um das Eigentum Marks handelte und stellte Rico zur Rede. Rico begann indes, den Zugbegleiter übel zu beschimpfen. Hartmut M. rief daraufhin die zuständige Bahnpolizei und übergab Rico B. an der nächsten Haltestelle den wartenden Beamten, die ihn in Gewahrsam nahmen.

Aus dem Strafgesetzbuch (StGB)

§ 185 Beleidigung
Die Beleidigung wird mit Freiheitsstrafe bis zu einem Jahr oder mit Geldstrafe und, wenn die Beleidigung mittels einer Tätlichkeit begangen wird, mit Freiheitsstrafe bis zu zwei Jahren oder mit Geldstrafe bestraft.

§ 263 Betrug
(1) Wer in der Absicht, sich oder einem Dritten einen rechtswidrigen Vermögensvorteil zu verschaffen, das Vermögen eines anderen dadurch beschädigt, dass er durch Vorspiegelung falscher oder durch Entstellung oder Unterdrückung wahrer Tatsachen einen Irrtum erregt oder unterhält, wird mit Freiheitsstrafe bis zu fünf Jahren oder mit Geldstrafe bestraft.
(2) Der Versuch ist strafbar.

Jugendgerichtsgesetz (JGG)
§ 1 Persönlicher und sachlicher Anwendungsbereich
(1) Dieses Gesetz gilt, wenn ein Jugendlicher oder ein Heranwachsender eine Verfehlung begeht, die nach den allgemeinen Vorschriften mit Strafe bedroht ist.
(2) Jugendlicher ist, wer zur Zeit der Tat vierzehn, aber noch nicht achtzehn, Heranwachsender, wer zur Zeit der Tat achtzehn, aber noch nicht einundzwanzig Jahre alt ist.
§ 3 Verantwortlichkeit
Ein Jugendlicher ist strafrechtlich verantwortlich, wenn er zur Zeit der Tat nach seiner sittlichen und geistigen Entwicklung reif genug ist, das Unrecht der Tat einzusehen und nach dieser Einsicht zu handeln. [...]

M 6 Das Gerichtsverfahren – der Weg bis zur Verurteilung

Der Angeklagte durchlief in den ersten beiden Lebensjahren mehrere „Pflegestellen" und wurde dann adoptiert. Seit Beginn der Pubertät zeigte er ein problematisches Sozialverhalten, das zu einem Dauerclinch mit den Eltern führte, aber auch mit seinen Lehrern und Rektoren der von ihm bisher besuchten Schulen. Eine Unterbringung in einer Wohngruppe konnte nicht realisiert werden, da er weder zur Schule ging, noch eine Arbeit hatte. Strafrechtlich war der Angeklagte bereits viermal in teilweise nicht unerheblicher Art und Weise in Erscheinung getreten. An einem Sommertag gegen 12:16 Uhr wurden der Angeklagte sowie sein Freund im Zug 32082 von Mainz Hbf nach Ingelheim von dem Prüfbeamten kontrolliert. Da der Freund keinen gültigen Fahrausweis bei sich hatte, steckte ihm der Angeklagte, nachdem er selbst kontrolliert worden war, seine Schülermonatskarte zu, damit sein Freund gegenüber dem Beamten den Eindruck erwecken konnte, er sei ebenfalls im Besitz eines Fahrausweises. Die Täuschungshandlung wurde jedoch bemerkt. Hierauf beleidigte der Angeklagte den Beamten mit den Worten: „Leck mich am Arsch". Wenig später rief er ihm das Wort „Hurensohn" zu. Am Bahnhof in Ingelheim wurde er der ❶ übergeben. Die Staatsanwältin beantragte beim ❷ keine Untersuchungshaft – es bestand keine Fluchtgefahr. Außerdem war die Verhältnismäßigkeit nicht gegeben. Sie erhob beim zuständigen Gericht ❸. Nun musste sich auch der hinzugezogene ❹ mit dieser Angelegenheit befassen.

Er konnte wegen der früheren Verurteilungen des Angeklagten, da der Angeklagte 16 Jahre und 10 Monate alt war und da an seiner strafrechtlichen Verantwortlichkeit keinerlei Zweifel bestanden, keine ❺ bewirken, wie es der Angeklagte gerne gehabt hätte. Das Gericht prüfte die Anklageschrift und eröffnete das Hauptverfahren. In der ❻ wurde der Bahnbeamte als Zeuge vernommen. In den Plädoyers forderte die Staatsanwältin eine ❼. Sein Rechtsanwalt forderte eine ❽. Der Angeklagte verzichtete auf sein Schlusswort. Die ❾ verkündete dann das ❿. Für das Gericht lag es nahe, gegen den Angeklagten einen Dauerarrest von 2 Wochen zu verhängen, da die in der Vergangenheit überlegten und verhängten Sanktionen den Angeklagten nicht so beeindruckt hätten, dass er sich von der Begehung weiterer Straftaten hätte abhalten lassen. Andererseits sah das Gericht die schwierige persönliche Situation des Angeklagten. Da die Problembereiche nach Auffassung des Gerichts durch das Herausgehen aus der Familie und die Hilfestellung durch andere im Rahmen des „betreuten Jugendwohnens" aufgefangen und begleitet werden könnten, hat das Gericht dem Angeklagten eine entsprechende Weisung erteilt. Der Verteidiger verzichtete darauf, ⓫ einzulegen.

zu Aufgabe 2
Sammle mögliche Argumente eines Plädoyers und schreibe diese jeweils auf ein Kärtchen. Bringe nun die Argumente in eine überzeugende Reihenfolge, indem du die Kärtchen ordnest.

Aufgaben

1. Ordne die Begriffe aus M 7 den entsprechenden Leerstellen in M 6 zu.
2. Entwirf ein kurzes Plädoyer aus der Sicht der Staatsanwältin (M 6).
3. Hältst du das Urteil in M 6 für gerecht? Diskutiert den Fall in der Klasse.

M 7 Wichtige Begriffe aus dem Gerichtsverfahren

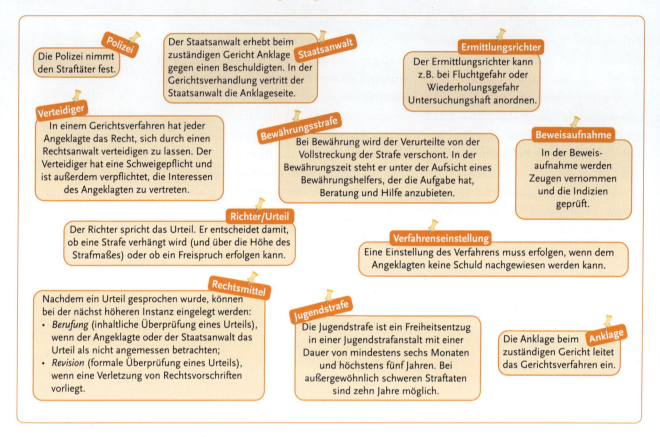

Polizei
Die Polizei nimmt den Straftäter fest.

Staatsanwalt
Der Staatsanwalt erhebt beim zuständigen Gericht Anklage gegen einen Beschuldigten. In der Gerichtsverhandlung vertritt der Staatsanwalt die Anklageseite.

Ermittlungsrichter
Der Ermittlungsrichter kann z.B. bei Fluchtgefahr oder Wiederholungsgefahr Untersuchungshaft anordnen.

Verteidiger
In einem Gerichtsverfahren hat jeder Angeklagte das Recht, sich durch einen Rechtsanwalt verteidigen zu lassen. Der Verteidiger hat eine Schweigepflicht und ist außerdem verpflichtet, die Interessen des Angeklagten zu vertreten.

Bewährungsstrafe
Bei Bewährung wird der Verurteilte von der Vollstreckung der Strafe verschont. In der Bewährungszeit steht er unter der Aufsicht eines Bewährungshelfers, der die Aufgabe hat, Beratung und Hilfe anzubieten.

Beweisaufnahme
In der Beweisaufnahme werden Zeugen vernommen und die Indizien geprüft.

Richter/Urteil
Der Richter spricht das Urteil. Er entscheidet damit, ob eine Strafe verhängt wird (und über die Höhe des Strafmaßes) oder ob ein Freispruch erfolgen kann.

Verfahrenseinstellung
Eine Einstellung des Verfahrens muss erfolgen, wenn dem Angeklagten keine Schuld nachgewiesen werden kann.

Rechtsmittel
Nachdem ein Urteil gesprochen wurde, können bei der nächst höheren Instanz eingelegt werden:
- *Berufung* (inhaltliche Überprüfung eines Urteils), wenn der Angeklagte oder der Staatsanwalt das Urteil als nicht angemessen betrachten;
- *Revision* (formale Überprüfung eines Urteils), wenn eine Verletzung von Rechtsvorschriften vorliegt.

Jugendstrafe
Die Jugendstrafe ist ein Freiheitsentzug in einer Jugendstrafanstalt mit einer Dauer von mindestens sechs Monaten und höchstens fünf Jahren. Bei außergewöhnlich schweren Straftaten sind zehn Jahre möglich.

Anklage
Die Anklage beim zuständigen Gericht leitet das Gerichtsverfahren ein.

M 8 Instanzen eines Jugendstrafprozesses

Jugendrichter
Jugendrichter sind Richter mit besonderer Ausbildung. Die Öffentlichkeit ist von Verfahren gegen Jugendliche grundsätzlich ausgeschlossen, die Eltern können teilnehmen. Bei Verhandlungen gegen Heranwachsende (18-21 Jahre) kann die Öffentlichkeit auf Antrag ausgeschlossen werden.

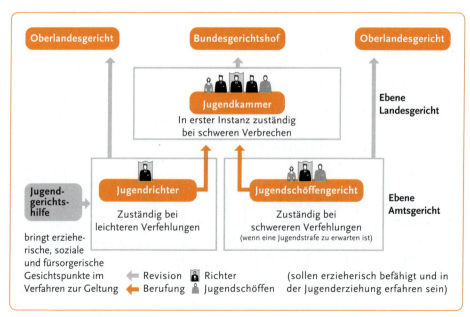

Bergmoser + Höller Verlag 129520

Methode

M 9 Vorbereitung und Auswertung eines Gerichtsbesuchs

Vorbereitung eines Gerichtsbesuchs

Gerichtsverhandlungen sind in der Regel öffentlich, so dass sie auch von Schulklassen besucht werden können. Bei einem solchen Besuch kann man einen guten Eindruck davon gewinnen, wie ein Strafprozess abläuft und wie sich die einzelnen Beteiligten vor Gericht verhalten. Bei der Auswahl der Gerichtsverhandlung solltet ihr allerdings darauf achten, dass die Verhandlung auch für einen Besuch geeignet ist. Sucht euch am besten eine Verhandlung vor dem Jugendgericht aus. Bei einer günstigen Terminwahl ist der Jugendrichter sicher bereit, nach der Verhandlung auf eure Fragen zu antworten. Termin deshalb frühzeitig absprechen! Fragt auch beim Jugendrichter, wie lange die Verhandlung voraussichtlich dauern wird und ob mit einem Urteilsspruch zu rechnen ist. Überlegt, welche Punkte euch bei dem Besuch besonders interessieren. Der folgende Beobachtungsbogen kann euch dabei helfen.

Beobachtungsbogen für einen Gerichtsbesuch

1. Aufruf der Sache durch den Vorsitzenden, dem die Verfahrensleitung obliegt.
Worum geht es bei der Verhandlung?

↓

2. Befragung des Angeklagten zu seinen Personalien
Ergebnisse der Befragung notieren

↓

3. Verlesung des Anklagesatzes durch den Staatsanwalt
Was wird dem Angeklagten zur Last gelegt?
Auf welche Vorschriften beruft sich der Staatsanwalt?

↓

4. Vernehmung des Angeklagten zur Person und zur Sache
Worüber wird der Angeklagte vom Vorsitzenden belehrt?

↓

5. Die Beweisaufnahme
Mit welchen Hinweisen eröffnet der Vorsitzende die Beweisaufnahme?
Wie verläuft die Vernehmung der Zeugen ab?
Welche Fragen stellen andere Verfahrensbeteiligte?
Was sagen die Zeugen und Sachverständigen zur Sache aus?

6. Plädoyer des Staatsanwalts oder Klägers (und ggf. des Nebenklägers)
Wie argumentiert dieser?

↓

7. Plädoyer des Verteidigers
Wie argumentiert der Verteidiger?
Was spricht seines Erachtens zu Gunsten des Angeklagten?

↓

8. Letztes Wort hat der Angeklagte
Was sagt der Angeklagte?

↓

9. Urteilsberatung
Wie lange dauert diese?

↓

10. Verkündung des Urteils
Wie fällt das Urteil aus?
Wie wird es begründet?

↓

11. Abschließende persönliche Stellungnahme des Beobachters
Dauer der gesamten Verhandlung
Wie führt der Vorsitzende die Verhandlung?
Eindrücke und offene Fragen

Recht und Gerechtigkeit in Gerichtsverfahren

M 10   Polizei ließ Verdächtigen zu lange schmoren

Es war der seit Jahren höchste Sachschaden bei einer Straftat in Gießen, den die Unbekannten am 16. Juli 2011 bei einer Aktion am Rande der damaligen NPD-Demonstration anrichteten. Bis heute sind die Täter, die bei ihrem Angriff auf eine Filiale der Volksbank und das Haus der Studentenverbindung Chattia einen Schaden in Höhe von 150.000 Euro verursachten, nicht gefasst. Wie die AZ jetzt erfuhr, ging einer der Verdächtigen [...] im Nachgang der Ereignisse gerichtlich gegen die Polizei vor – und bekam teilweise Recht.

In einem Verfahren entschied das Gießener Amtsgericht [...], dass der Frankfurter an dem besagten Samstag im Juli 2011 zu lange von der Polizei festgehalten worden war, nämlich bis fast 23 Uhr. Die Polizei habe den Verdächtigen über die erkennungsdienstlichen Maßnahmen hinaus über Stunden „bloß verwahrt". Daher gab das Amtsgericht der Feststellungsklage des Mannes, wonach seine Festnahme rechtswidrig gewesen sei, teilweise statt. [...] Fünf Personen nahm die Polizei [...] in Haft, darunter den späteren Kläger, gegen den ein „vager Anfangsverdacht" bestand. Der indes war nicht zu erhärten, trotzdem verblieb der Mann auch nach der Spurensicherung noch stundenlang im Gewahrsam der Polizei. Nach Meinung des Amtsgerichts aus nicht nachvollziehbaren Gründen, denn ein Freiheitsentzug zur erkennungsdienstlichen Behandlung müsse sich auf das dazu unbedingt notwendige Zeitmaß beschränken.

Mö, Gießener Allgemeine Zeitung, 15.2.2013

> Beurteile, inwieweit es sich bei dem in M 6 geschilderten Fall um ein Beispiel für Gewaltenteilung handelt.

M 11   Grundsätze der Rechtsprechung und des Strafrechts

Aufgabe der Rechtsprechung ist die Wahrung und Durchsetzung des Rechts. Dafür hat der Staat Gerichte eingerichtet. Sie entscheiden bei Rechtskonflikten zwischen Staat und Bürger und zwischen einzelnen Bürgern in einem Verfahren nach festgelegten Regeln, was rechtens ist. [...]

Das Grundgesetz garantiert in einer Reihe von Verfassungsbestimmungen eine Rechtsprechung nach den Prinzipien des Rechtsstaates.

Richterliche Unabhängigkeit (Art. 97 GG)

Die Rechtsprechung ist nach Art. 92 GG den Richtern anvertraut. Richter sind unabhängig und nur dem Gesetz unterworfen (Art. 97 GG). Sie unterliegen bei der Wahrnehmung ihrer Aufgaben keinerlei Weisungen. [...] Richter können nicht abgesetzt oder versetzt werden. Eine Dienstaufsicht sorgt lediglich dafür, dass sie ihre Amtsgeschäfte ordnungsgemäß erledigen. Nur bei schweren Dienstpflichtverletzungen, etwa Unterschlagung von Beweismaterial, kann ein Richter entlassen werden. [...]

Recht auf den gesetzlichen Richter (Art. 101 GG)

[...] Das Grundgesetz verbietet Ausnahmegerichte. Es darf beispielsweise keine Sondergerichte geben, die nur politische Straftaten oder nur Sittlichkeitsdelikte aburteilen. Durch Gesetz ist geregelt, welches Gericht für eine Sache zuständig ist, zum Beispiel das Amtsgericht, das Verwaltungsgericht, das Arbeitsgericht. Auch innerhalb der Gerichte legt ein Geschäftsverteilungsplan fest, welcher Richter einen Fall zu übernehmen hat. Es wäre unzulässig, einen Fall dem nach dem Geschäftsverteilungsplan zuständigen Richter zu entziehen und einem anderen zu übertragen, weil dieser als besonders streng oder milde gilt. [...]

Anspruch auf rechtliches Gehör (Art. 103 GG)

Wer vor Gericht steht, als Partei in einem Zivilprozess oder als Angeklagter in einem Strafverfahren, muss Gelegenheit haben, sich zu dem Sachverhalt zu äußern. [...]

Garantien für das Strafverfahren (Art. 103 GG)

Zu den elementaren Grundsätzen eines Rechtsstaates gehören zwei Garantien, die für das Strafverfahren gelten: das Verbot der Rückwirkung und das Verbot der Doppelbestrafung. Die präzise Formulierung von Art. 103 Abs. 2, der „Magna Charta des Strafrechts", geht auf den römischen Rechtsgrundsatz „Nullum crimen, nulla poena sine lege" (Kein Verbrechen, keine Strafe ohne Gesetz) zurück. Das Rückwirkungsverbot hatte und hat eine zentrale Bedeutung bei der Ahndung von Verbrechen des nationalsozialistischen Herrschaftssystems und des SED-Staates. Täter können nur wegen solcher Verbrechen zur Rechenschaft gezogen werden, die auch damals schon strafbar waren, das gilt zum Beispiel für Mord.
Ein rechtmäßig bestrafter oder freigesprochener Täter kann wegen derselben Tat nicht noch einmal angeklagt werden. Nur bei besonders schwerwiegenden Gründen, etwa wenn entscheidende neue Beweise vorliegen, ist eine Wiederaufnahme des Verfahrens zulässig. [...]

Rechtsgarantien bei Freiheitsentziehung (Art. 104 GG)

Freiheitsentziehung, das Festhalten einer Person, kann nur von einem Richter angeordnet werden. Die Polizei benötigt zur Verhaftung eines Verdächtigen einen richterlichen Haftbefehl. Sie kann ihn vorläufig festnehmen, wenn er auf frischer Tat ertappt wurde oder Fluchtgefahr besteht. Spätestens am folgenden Tage muss der Festgenommene einem Richter vorgeführt werden, der über Freilassung oder Fortdauer der Haft entscheidet.

Horst Pötzsch, Die Deutsche Demokratie, 5. überarbeitete und aktualisierte Auflage, Bonn 2009, S. 134-136.

Der Schutz eines Beschuldigten vor Willkür hat eine lange Tradition. Stelle in einem Referat die Inhalte und den historischen Zusammenhang der „Habeas Corpus Akte" und der „Magna Charta" dar.

Aufgaben

1. Erläutere, gegen welche Grundsätze des Rechtsstaats in M 10 verstoßen wurde.
2. Zeige auf, inwiefern der Fall dennoch ein Beleg für einen funktionierenden Rechtsstaat ist (M 10, M 11).

Unterschiede zwischen zivil- und strafrechtlicher Verantwortlichkeit

M 12 Vandalismus an der Schule

Heiko (15) und Bruno (13) kennen sich schon aus dem Kindergarten und sind ein eingeschworenes Team. Als die Zeugnisse fällig sind und Heiko
5 entsetzt ein „wird nicht versetzt nach Klasse 10" in seinem Zeugnis lesen muss, entscheidet er, es der Schule „heimzuzahlen". Bruno ist selbstverständlich mit von der Partie. Da Bru-
10 no auf seinen Bruder Charlie (6) aufpassen muss, beschließt er, diesen einfach mitzunehmen. Gegen 22:00 Uhr ziehen sie los. Da sie es nicht schaffen, in die Schule einzudringen, werfen sie aus Frust sechs Fens- 15 terscheiben ein und besprühen die Eingangstür mit Graffiti. Dabei werden sie von Passanten beobachtet, die umgehend die Polizei alarmieren. Der Schaden beläuft sich nach vor- 20 läufigen Schätzungen der Polizei auf circa 5.000 €.

M 13 Was sagt das Gesetz?

Strafgesetzbuch (StGB)
§ 303
Sachbeschädigung
(1) Wer rechtswidrig eine fremde Sache beschädigt oder zerstört, wird mit Freiheitsstrafe bis zu zwei Jahren oder mit Geldstrafe bestraft.

Bürgerliches Gesetzbuch (BGB)
§ 823
Schadensersatzpflicht
(1) Wer vorsätzlich oder fahrlässig das Leben, den Körper, die Gesundheit, die Freiheit, das Eigentum oder ein sonstiges Recht eines anderen widerrechtlich verletzt, ist dem anderen zum Ersatz des daraus entstehenden Schadens verpflichtet.
§ 828
Minderjährige
(1) Wer nicht das siebente Lebensjahr vollendet hat, ist für einen Schaden, den er einem anderen zufügt, nicht verantwortlich.
(2) Wer das siebente, aber nicht das zehnte Lebensjahr vollendet hat, ist für den Schaden, den er bei einem Unfall mit einem Kraftfahrzeug, einer Schienenbahn oder einer Schwebebahn einem anderen zufügt, nicht verantwortlich. Dies gilt nicht, wenn er die Verletzung vorsätzlich herbeigeführt hat.

(3) Wer das 18. Lebensjahr noch nicht vollendet hat, ist, sofern seine Verantwortlichkeit nicht nach Absatz 1 oder 2 ausgeschlossen ist, für den Schaden, den er einem anderen zufügt, nicht verantwortlich, wenn er bei der Begehung der schädigenden Handlung nicht die zur Erkenntnis der Verantwortlichkeit erforderliche Einsicht hat.

Jugendgerichtsgesetz (JGG)
§ 1
Persönlicher und sachlicher Anwendungsbereich
(1) Dieses Gesetz gilt, wenn ein Jugendlicher oder ein Heranwachsender eine Verfehlung begeht, die nach den allgemeinen Vorschriften mit Strafe bedroht ist.
(2) Jugendlicher ist, wer zur Zeit der Tat vierzehn, aber noch nicht achtzehn, Heranwachsender, wer zur Zeit der Tat achtzehn, aber noch nicht einundzwanzig Jahre alt ist.
§ 3
Verantwortlichkeit
Ein Jugendlicher ist strafrechtlich verantwortlich, wenn er zur Zeit der Tat nach seiner sittlichen und geistigen Entwicklung reif genug ist, das Unrecht der Tat einzusehen und nach dieser Einsicht zu handeln. [...]

M 14 Stufen der Deliktsfähigkeit

Deliktsfähigkeit

Deliktsfähigkeit ist die Fähigkeit einer Person, wegen einer unerlaubten Handlung, bei der ein Schaden entstanden ist, haftbar (Pflicht zum Schadensersatz) gemacht werden zu können.

Deliktsunfähig	Beschränkt deliktsfähig	Voll deliktsfähig
Minderjährige unter sieben Jahren und Personen, deren freie Willensbetätigung krankheitsbedingt ausgeschlossen ist.	Minderjährige zwischen 7 und 18 Jahren (Spezialfall zwischen 7 und 10: Minderjährigenhaftung bei vorsätzlich verursachtem Verkehrsunfall) und Taubstumme.	Volljährige (ab 18 Jahren)

M 15 Stufen der Strafmündigkeit

Strafmündigkeit

Die alters- und geistesbedingte Fähigkeit, für das Unrecht einer strafbaren Handlung einzustehen.

Strafunmündig	Strafmündig nach Jugendgerichtsgesetz (JGG)	Strafmündig
Personen unter 14 Jahren sind strafrechtlich nicht verantwortlich.	Personen mit Vollendung des 14. Lebensjahres sind bedingt verantwortlich, nämlich falls die „Strafreife" vorhanden ist, also „die Fähigkeit, das Unrecht der Tat einzusehen und nach dieser Einsicht zu handeln" (§ 3 JGG).	Erwachsene sind voll strafmündig, doch wird bei Heranwachsenden (18 – 21 Jahre) in der Regel das Jugendstrafrecht angewendet. Ab dem 21. Geburtstag muss das Erwachsenenstrafrecht angewendet werden.

Wegen der Schwere der strafrechtlichen Sanktionen liegt die Altersgrenze für die Verantwortlichkeit im Strafrecht im Vergleich zur Deliktsfähigkeit im Zivilrecht höher.

Aufgaben

1. Schreibe für jede der an der Tat (M 12) beteiligten Personen ein knappes Gutachten, in dem du darauf eingehst, welche Rechtsfolgen für die Personen jeweils möglicherweise zu erwarten sind. Unterscheide dabei zivil- und strafrechtliche Folgen (M 12 – M 15).
2. Erkläre, warum eine Tat zivil- und strafrechtliche Folgen haben kann.

Zivil- und Strafprozess im Vergleich

M 16 Wie unterscheiden sich Zivil- und Strafprozess?

Auch im Prozessrecht werden die Unterschiede zwischen Zivilrecht und Strafrecht, das zum öffentlichen Recht gehört, deutlich.

Der **Zivilprozess** dient der Feststellung, Durchsetzung und Sicherung privater Ansprüche (z. B. Einhaltung vertraglicher Pflichten). Er findet vor den Zivilgerichten (Amtsgericht, Landgericht, Oberlandesgericht, Bundesgerichtshof) statt, die zur ordentlichen Gerichtsbarkeit gehören. Der Zivilprozess unterscheidet sich grundsätzlich von anderen Prozessarten, etwa dem Strafprozess. Der Zivilprozess wird durch die Parteien selbst in Gang gesetzt, nämlich durch Erhebung der Klage (z. B. durch Brunos Schule, die den Schaden an dem Gebäude ersetzt haben möchte). Die Wahrheit wird nicht von Amts wegen ermittelt, sondern das Gericht entscheidet aufgrund der Tatsachen, die die streitenden Parteien dem Gericht unterbreiten. Nur wenn die Parteien sich uneins sind, erhebt das Gericht (auf Antrag) Beweis. Das Gericht ist an die Anträge der Parteien gebunden. Sie bestimmen im Wesentlichen den Gang und Ablauf des Verfahrens. Es ist deutlich, dass im Zivilprozess die Gerichte eher die Rolle eines Vermittlers oder Schiedsrichters übernehmen. Das Urteil soll einen gerechten Ausgleich zwischen den Parteien herbeiführen.

Sinn und Zweck des **Strafprozesses** ist es, Schuld oder Unschuld des Angeklagten festzustellen und gegebenenfalls den Verurteilten einer der Schwere der Tat entsprechenden Strafe zuzuführen. Das Verfahren folgt einem festgelegten Ablauf. Herr des Ermittlungsverfahrens ist die Staatsanwaltschaft, doch übernimmt meist die Polizei die Aufgabe der Ermittlung des Tathergangs. Die Strafverfolgungsbehörden (Polizei, Gerichte, Staatsanwaltschaft) sind von Amts wegen verpflichtet, die Strafverfolgung einzuleiten, wenn ein strafrechtlich relevanter Sachverhalt bekannt wird, bspw. wenn die Polizei einen Einbruch beobachtet. Viele Straftaten werden aber auch von Privatpersonen zur Anzeige gebracht, z. B. weil sie Opfer oder Zeuge einer Straftat geworden sind. Gibt es einen hinreichenden Tatverdacht, so erhebt die Staatsanwaltschaft Anklage und es folgt ein gerichtliches Strafverfahren im Rahmen der ordentlichen Gerichtsbarkeit. Die Polizei muss nunmehr alle be- und entlastenden Tatsachen zusammentragen, die es nachher dem Gericht ermöglichen zu entscheiden, ob eine Straftat vorgelegen hat oder nicht. Erst im gerichtlichen Verfahren wird die Schuld des Täters festgestellt und das Strafmaß festgelegt.

Bei einer Verletzung des Rechts droht im Rechtsstaat die Verfolgung durch die staatlichen Vollzugsorgane. Sitzung des Jugendgerichts im Prozess gegen zwei jugendliche Straftäter (Landgericht Kiel). Aus Gründen des Persönlichkeitsschutzes sind die Gesichter der Angeklagten (links im Bild) nicht zu sehen.

M 17 Ablauf eines Zivil- und eines Strafprozesses

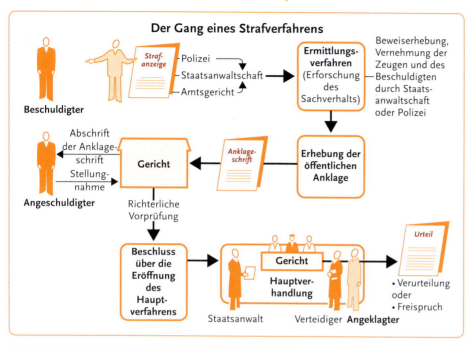

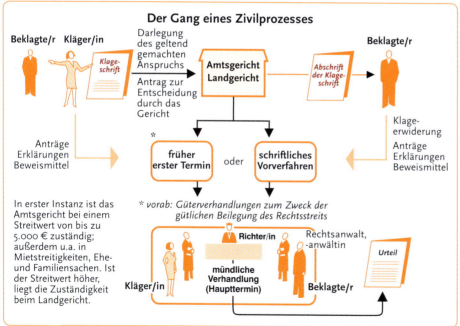

© Bergmoser + Höller Verlag AG, Zahlenbilder 129520 und 129810

Aufgabe

Vergleiche Straf- und Zivilprozess und nenne die Gemeinsamkeiten und Unterschiede (M 16, M 17). Erkläre die Unterschiede auch mit Hilfe deines Wissens über den Aufbau unserer Rechtsordnung.

Arbeite zunächst wahlweise nur mit den Grafiken oder nur mit dem Text.

Welchen Sinn hat Strafe?

M 18 Warum muss Strafe sein?

A: „Ich denke v. a. an ganz junge Straftäter, 14- und 15-Jährige, die von zu Hause nicht gerade das Beste mitbekommen haben. Wenn man diesen noch unfertigen Menschen lediglich die Härte des Gesetzes zeigte, würden sie nichts lernen. Mit einer Strafe sollte eine Einsicht vermittelt werden. Gerade Jugendliche sollte man v. a. auch erziehen, damit sie sich bessern können."

B: „Stellen Sie sich einfach mal vor, dass Ihrem Kind ein großes Unrecht angetan wurde, dass Sie tatenlos zusehen mussten, wie Ihr Kind unter der Tat litt. Glauben Sie wirklich, dass Sie in diesem Moment an den Täter oder die Gesellschaft denken können?
Ich für meinen Teil wäre nur noch an der Verurteilung des Täters interessiert."

C: „Ich sehe einen anderen Punkt als besonders wichtig an. Wir leben ja schließlich nicht für uns alleine, sondern in einer Gesellschaft. Bei der Bestrafung von Menschen wirkt dies auf andere und zeigt ihnen, dass der Staat über wirksame Mechanismen verfügt und man sich auf eine angemessene Strafe einstellen muss."

Christian Hallas, Jugend und Kriminalität – Probleme und Lösungsansätze, in: RAAbits Sozialkunde Politik, I/E2, Reihe 3, Stuttgart 2007, S. 16

M 19 Unterschiedliche Strafzwecke

M 20 Rechtsfolgen von Jugendstraftaten

Maßnahmen	Art der Durchführung oder Wirkung	Gründe der Rechtsfolgeanforderung
A. Erziehungsmaßregeln (§ 9 JGG) 1. Weisungen 2. Erziehungsbeistandschaft 3. Fürsorgeerziehung	• Gelten nicht als Strafen, kein Eintrag ins Strafregister • Gebote und Verbote zur Regelung der Lebensführung, z. B. Arbeitsstelle annehmen, in einem Heim wohnen u. a.; durch gerichtlich bestellte Erziehungsbeistände, z. B. Helfer des Jugendamts, Verwandte, Lehrer u. a. • In Erziehungsheimen oder in fremden Familien	• Einmalige Straftaten, die durch Umstände der Lebensführung wesentlich mitverursacht wurden • Wenn mangelnde elterliche Erziehungsmöglichkeit als Tätermerkmal festgestellt wird • Wenn bei einer 17-Jährigen die Familie eine drohende Verwahrlosung nicht aufhalten kann
B. Zuchtmittel (§ 13 JGG) 1. Verwarnung 2. Auflagen 3. Jugendarrest	• Gelten nicht als Strafen • Förmliche Zurechtweisung des Täters aufgrund eines Jugendstrafprozesses • Verpflichtungen, die dem Jugendlichen das Unrecht eindringlich in Erinnerung rufen, z. B. Dienst in gemeinnützigen Einrichtungen • Freizeitarrest bis zu 5 Freizeiten • Kurzarrest bis 6 Tage, Dauerarrest bis 4 Wochen	• Einmalige Straftaten, für die der Jugendliche in seiner Person selbst verantwortlich ist • Schäden aus Übermut – Wiedergutmachung und persönliche Entschuldigung • Delikte aus mangelnder Selbstkontrolle bei besonderer Gelegenheit, z. B. leichter Diebstahl, Körperverletzung u. a.
C. Jugendstrafe (§ 17, 18 JGG) 1. Freiheitsentzug von bestimmter Dauer	• Bei „schädlicher Neigung", d. h. wenn Erziehungsmaßregeln und Zuchtmittel nicht ausreichen • Mind. 6 Monate, höchstens 10 Jahre, Strafaussetzung und vorzeitige Entlassung möglich zur Bewährung	• Schwere Straftaten mit hohem Schuldgehalt • Insbesondere bei Heranwachsenden und Feststellung „schädlicher Neigung" z. B. bei Wiederholungstätern
D. Maßregeln der Besserung und Sicherung (§ 7 JGG)	• Meist begleitend zu den Maßnahmen A bis C, z. B. Entziehungskur bei Drogen, Führungsaufsicht, Entziehung der Fahrerlaubnis	• Im Zusammenhang mit bestimmten Straftaten

Horst Becker, Stundenblätter Recht, Stuttgart 1990, Arbeitsblatt 10

M 21 Aus dem Polizeibericht

+ + + Die sechzehnjährige Schülerin A. zerkratzte in leicht alkoholisiertem Zustand nach einer Party die Tür eines parkenden Mercedes. In der Befragung gab sie an, sie könne „solche Leute" nicht leiden. Die Polizei schätzt den Schaden auf 2.500 €. + + +

+ + + Beim Klauen erwischt wurde der 14-jährige M., der in einem Kaufhaus die CD der Gruppe „One Direction" in seiner Jacke versteckt hatte und sich damit an der Kasse vorbeischleichen wollte. + + +

+ + + Die 15-jährige B. warf „zum Spaß" einen großen Stein von einer Autobahnbrücke. Dabei starb eine Mutter von drei Kindern. + + +

+ + + Der Jugendliche S. (17 Jahre) schlug einen gleichaltrigen Jungen so zusammen, dass das Opfer mit Verletzungen ins Krankenhaus eingeliefert werden musste. + + +

+ + + Der drogenabhängige D. (18) bedrohte einen Passanten mit einem Messer, um diesen zur Herausgabe seines Smartphones zu zwingen. + + +

Aufgaben

1. Ordne die Aussagen der Personen den Strafzwecken zu (M 18, M 19).
2. Als Richter sollt ihr Maßnahmen nach dem Jugendstrafrecht verhängen. Begründet eure Maßnahme mit Hilfe der Straftheorien (M 19 – M 21).

Wirkt Strafe? Strafvollzug zwischen Sühne und Resozialisierung

M 22 Offener Vollzug – Knast ohne Gitter

Etwa 5.000 Jugendliche im Alter von 14 bis 20 Jahren verbringen einen Teil ihrer Jugendzeit als Strafgefangene im Knast. Die Rückfallquote, d. h. die Wahrscheinlichkeit, wieder straffällig zu werden, liegt für inhaftierte Jugendliche bei 78 Prozent.

Offener Vollzug
Anstalten des offenen Vollzuges haben keine oder nur verminderte Vorkehrungen gegen Flucht. Das Leben im offenen Vollzug ist den allgemeinen Lebensverhältnissen weit stärker angeglichen als im geschlossenen Vollzug. Der offene Vollzug ist in besonderer Weise dazu geeignet, den Übergang des Gefangenen in die Freiheit zu erleichtern, z. B. durch Arbeit außerhalb der Anstalt.

Seit neun Monaten wohnt Ivan im Seehaus. [...] Die Einrichtung ist ein sogenannter Jugendstrafvollzug in freien Formen. Man könnte auch sagen: Es ist ein Jugendknast ohne Gitter, ohne Mauern. Die 14- bis 23-Jährigen, die hier wohnen, haben sich aus einem gewöhnlichen Knast heraus für das Seehaus beworben. Sie verbringen dann ihre gesamte Haftzeit in der Einrichtung. Das Seehaus ist nicht lascher als das Leben hinter Gittern – aber es hat mehr mit dem wahren Leben in Freiheit zu tun.

Ivan ist 19, er stammt aus Kasachstan. Mit seiner Mutter und Schwester kommt er im Alter von sechs Jahren nach Deutschland, der Vater bleibt in der Heimat. Seine kriminelle Karriere beginnt früh. Ladendiebstähle, Fahrraddiebstähle, Schlägereien auf der Straße, in der Schule.

„Alle hatten Angst und Respekt vor dir und man musste sich einfach beweisen in der Gruppe", sagt Ivan rückblickend. Er ist ein hagerer junger Mann, der jünger wirkt als er ist, sein Gesicht hat jungenhafte Züge. Lange meinen es die Richter gut mit ihm, vielleicht zu gut. Er wird immer wieder zu Bewährungsstrafen verurteilt, kommt mit einem blauen Auge davon. Die letzte Chance, immer wieder.

Wegen schwerer gemeinschaftlicher Körperverletzung und Hehlerei landet er schließlich im Jugendknast Adelsheim, bemüht sich um einen Platz im Projekt „Chance" des Seehauses. Die Einrichtung ist Mitglied der Diakonie und orientiert sich an christlichen Normen und Werten. Strafe in Freiheit, Freiheit als Strafe. Kann das funktionieren? [...] Das Hauptziel des Projekts ist die Resozialisierung der Jugendlichen. Sie werden trainiert für ein späteres Leben in Freiheit – und ohne Kriminalität. Um das zu erreichen durchlaufen die Straftäter ein hartes, konsequentes erzieherisches Trainingsprogramm.

Der Tag ist auf die Minute genau geplant. Er beginnt morgens um 5.45 Uhr und endet um 22 Uhr. „Wir sind sehr streng, aber wir haben die Jungs auch sehr gern", sagt Abrell. Die Jugendlichen leben in Wohngemeinschaften. Sie sind Teil der Mitarbeiterfamilien und deren Kindern.

Viele der Straftäter kommen aus zerrütteten Familien, haben im Heim gelebt und erleben zum ersten Mal ein normales Familienleben – mit gemeinsamen Mahlzeiten, Regeln, Absprachen, Zuwendung. Die Integration in die Familien ist Teil des Resozialisierungsprozesses des Seehauses.

Ein weiteres Ziel ist es, den Straftätern einen Schulabschluss zu ermöglichen. Außerdem können sie eine Ausbildung in der hauseigenen Schreinerei, Zimmerei oder Metallwerkstatt beginnen. Bislang haben alle Jugendlichen nach der Maßnahme einen Ausbildungs- oder Arbeitsplatz gefunden.

Samuel Asiedu Poku, Der Spiegel, 5.5.2011

M 23 Probleme des Jugendstrafvollzugs

Zu den größten Problemen des Jugendstrafvollzugs gehört das Spannungsverhältnis zwischen dem Vollzugsziel, die Jugendlichen zu
5 befähigen, künftig ein Leben ohne Straftaten in sozialer Verantwortung zu führen, und der Unterbringung in einem streng reglementierten Umfeld mit gleichzeitiger Vollversor-
10 gung. [...]
Das fremdbestimmte Leben der Gefangenen führt meist [...] dazu, dass sich eine so genannte Gefangenensubkultur entwickelt. Das heißt, die
15 Häftlinge unterwerfen sich einer Ordnung, die deutlich von den offiziellen Regeln abweicht und Gewalt als statusbestimmendes Mittel definiert. Diesen Problemen sollen der
20 offene Vollzug oder der Jugendstrafvollzug in freien Formen entgegenwirken. [...]
Der offene Vollzug zeichnet sich gegenüber dem geschlossenen Vollzug
25 durch verminderte oder fehlende bauliche und technische Vorkehrungen gegen eine Flucht aus. Die Jugendlichen bleiben dem Status nach zwar Strafgefangene. Der Vollzug
30 findet aber außerhalb einer Haftanstalt in Einrichtungen der Jugendhilfe, also in Heimen oder in Wohngemeinschaften mit Hauseltern statt. Dahinter steht die Idee, Sicherung
35 nicht durch Gitter und Mauern zu erreichen, sondern durch fachlich gut ausgebildetes Personal. [...]
Es ist grundsätzlich zu begrüßen, wenn versucht wird, den Vollzug der
40 Jugendstrafe so frei wie möglich zu gestalten. [...] Eine Auswertung des baden-württembergischen Projektes „Chance" hat gezeigt, dass die Jugendlichen erkennbare Fortschritte erzielten, was ihr Kontaktverhalten, 45 ihre Empathiefähigkeit und ihr Leistungsverhalten betrifft. Außerdem konnte festgestellt werden, dass Subkulturen sich in dieser freieren Vollzugsform viel weniger ausprägen 50 konnten. Das wiederum bedeutet, dass der Vollzug in freien Formen auch als Schutzraum für schwächere Jugendstrafgefangene geeignet ist. [...] 55
Der Vollzug in freien Formen ist dennoch kein Allheilmittel, sondern kann nur Teil eines viel breiteren Angebots im Jugendstrafvollzug sein. So darf man nicht unterschätzen, dass 60 eine freiere Ausgestaltung des Vollzuges die Jugendlichen in einzelnen Bereichen ungleich mehr belastet. Es gibt weniger Rückzugsmöglichkeiten und die Freizeit ist sehr engmaschig 65 reguliert. Manch einen kann das Konzept auch aus persönlichen Gründen überfordern. Die Folge ist nach bisherigen Erfahrungen eine hohe Quote von bis zu 51 Prozent der Jugend- 70 lichen, die teils auf eigenen Wunsch aus einem Vollzug in freien Formen ausgenommen und in eine geschlossene Jugendvollzugsanstalt zurückverlegt wurden. 75

Dr. Tobias Block, Alescha Lara Savinsky, Legal Tribune ONLINE, 8.10.2012

Empathie
Einfühlsvermögen

Aufgaben

1. Arbeite die Vorteile des offenen Strafvollzugs heraus (M 22, M 23).
2. Nimm Stellung zur Forderung, den geschlossenen Strafvollzug komplett abzuschaffen (M 22, M 23).

Alternative Strafmethoden

M 24   Der Täter-Opfer-Ausgleich

§ 46a StGB

Hat der Täter

1. in dem Bemühen, einen Ausgleich mit dem Verletzten zu erreichen (Täter-Opfer-Ausgleich), seine Tat ganz oder zum überwiegenden Teil wiedergutgemacht oder deren Wiedergutmachung ernsthaft erstrebt oder

2. in einem Fall, in welchem die Schadenswiedergutmachung von ihm erhebliche persönliche Leistungen oder persönlichen Verzicht erfordert hat, das Opfer ganz oder zum überwiegenden Teil entschädigt, so kann das Gericht die Strafe nach § 49 Abs. 1 mildern oder, wenn keine höhere Strafe als Freiheitsstrafe bis zu einem Jahr oder Geldstrafe bis zu 360 Tagessätzen verwirkt ist, von Strafe absehen.

Ziel des TOA ist es, die negativen Auswirkungen einer Straftat unter Einschaltung eines neutralen Schlichters außergerichtlich zu beseitigen oder doch wenigstens zu verringern. Täter und Opfer erhalten deshalb Gelegenheit, im Gespräch über den Vorfall eine für beide Seiten akzeptable Konfliktlösung zu suchen, die mit einer einvernehmlichen Schadenswiedergutmachung verbunden ist. Die Besonderheit des TOA ist es, dass sowohl Opfer als auch Täter von seiner erfolgreichen Durchführung profitieren. Den Interessen der Opfer werden im Rahmen des TOA naturgemäß mehr Beachtung geschenkt als bei einem „normalen" Verfahrensablauf, den sie nicht selten vor allem damit verbinden, ihren Zeugenpflichten nachkommen zu müssen, ohne selbst eine vielleicht erhoffte – materielle oder immaterielle – Genugtuung zu erfahren. Der Beschuldigte seinerseits kann in zweierlei Hinsicht von einem TOA profitieren. Zum einen kann dieser zu einem vergleichsweise glimpflichen Ausgang des Verfahrens führen. Zum anderen kann und soll die Konfrontation mit dem nicht selten traumatischen Erlebnis auf Opferseite wiederum dazu beitragen, Verantwortung für das Tun zu übernehmen, alternative Konfliktlösungsstrategien zu erlernen und im günstigen Fall einer künftigen Straftat vorzubeugen. [...] Zugleich kann der Täter dem Opfer zeigen, dass er dessen Betroffenheit durch die Tat ernst nimmt und dass ihm die Tat leid tut.

In den letzten [15] Jahren [2015] ist in Rheinland-Pfalz ein flächendeckendes Netz von Konfliktschlichtungsstellen eingerichtet worden, wobei Staatsanwaltschaften und Gerichte bei der Beauftragung zur Durchführung eines TOA insbesondere auf ein Netz von freien Trägern der Straffälligenhilfe zurückgreifen können. Zur Durchführung des TOA wird in der Praxis regelmäßig wie folgt verfahren: Der von Seiten der Staatsanwaltschaft oder des Gerichts mit der Durchführung des TOA betraute Vermittler versucht zunächst sowohl bei Täter als auch Opfer die Bereitschaft zu einer einvernehmlichen Konfliktschlichtung auszuloten. [...] Das Gelingen oder das Scheitern des TOA wird der beauftragenden Behörde sodann seitens der ersuchten Stelle mitgeteilt. Die Mediation bei den Konfliktschlichtungsstellen hat zuletzt in der Mehrzahl der Verfahren zu einer Aussöhnung der Konfliktparteien geführt.

Nach: www.mjv.rlp.de (12.3.2013)

M 25 Schüler als Richter

Die Straftaten, mit denen sich die „Schülerrichter" befassen müssen, sind zu 90 Prozent Ladendiebstähle – vom Lippenstift bis zum MP3-Player. Aber auch Schwarzfahren, Fahren ohne Führerschein, Sachbeschädigung, Missbrauch von Notrufen oder Körperverletzung gehören zu den Delikten. Die Staatsanwaltschaft kann solche „leichten Fälle" den Teen Courts aus jeweils drei Schülern zuweisen. Wenn die Beschuldigten die vom Schülergremium vorgeschlagene Maßnahme erfolgreich hinter sich bringen, wird das Verfahren im Regelfall ohne Erhebung einer Anklage eingestellt.

Grundidee des „kriminalpädagogischen Jugendprojekts" ist, dass sich jugendliche Täter im Gespräch mit Gleichaltrigen eher vom Unrecht ihrer Tat überzeugen lassen. „Am Anfang ist es ihnen meist peinlich, aber dann ist das Eis meist schnell gebrochen", sagt Rolf Nucklies [Projektleiter]. Viele seien sogar froh, dass ihnen endlich jemand einmal richtig zuhöre und ihnen Hilfestellung zur Bewältigung ihrer Probleme anbiete. Der Diplomsportler Nucklies hält sich bei den meist 40- bis 60-minütigen „Verhandlungen" im Hintergrund. Da er im Gegensatz zu den Schülern die Akte des „Angeklagten" kennt, kann er bei Bedarf eingreifen: „Wenn ich merke, dass geschwindelt wird, kann ich ihnen sagen: Fasst doch da nochmal nach!"

Bei den Sanktionen sind die bisher tätigen 24 „Schülerrichter" in Hessen sehr kreativ. So musste ein Ladendieb, der Schreiner werden wollte, die Ahndung von Diebstählen im Mittelalter recherchieren – und einen Handpranger bauen. Ein Jugendlicher, der mit seinem frisierten Mofa zu schnell gefahren war, musste den Bremsweg mit 45 Stundenkilometern berechnen und bei der Versicherung nachfragen, welcher Schaden bei einem Unfall übernommen worden wäre. Andere Delinquenten mussten auf ein T-Shirt einen Spruch gegen Diebstahl sticken oder malen. Zum Strafenkatalog gehören auch das Einkassieren des Handys, das Ablegen eines Sportabzeichens oder die Arbeit im Altenheim.

Seit dem Start des Modellprojekts in Wiesbaden wurden 130 Fälle von den Teen Courts behandelt. Nur jeder zehnte Straftäter wurde rückfällig – die Quote im Jugendstrafrecht liege bei knapp 80 Prozent, sagte Oberstaatsanwalt Hans-Josef Blumensatt. Allerdings seien beide Zahlen kaum vergleichbar: Die Schülergerichte urteilten nicht über Intensivtäter. „Wir haben hier den unteren Bereich der Kriminalität – und die Täter sind bereit mitzuwirken." Deshalb seien Teen Courts nur eine sinnvolle Ergänzung, aber kein Ersatz für Jugendgerichte.

Angela Schiller (dpa), www.main-netz.de, 20.5.2008

Aufgaben

1. Beschreibe, welche Vorteile für Opfer, Täter und die Gesellschaft mit dem Täter-Opfer-Ausgleich verbunden sind (M 24).
2. Seit längerem wird diskutiert, so genannte Schülergerichte auch in Rheinland-Pfalz einzuführen. Verfasse einen Leserbrief für eine Tageszeitung, in dem du für bzw. gegen dieses Vorhaben plädierst (M 25).

Was wir wissen

Jugendliche vor Gericht
M 5 – M 11

Wird eine Straftat angezeigt, so kommt es zu einem Strafverfahren und gegebenenfalls zur Verurteilung durch ein Gericht. Fälle von Jugendkriminalität werden vor speziellen Jugendgerichten verhandelt.

Für den Täter bedeutet eine Verurteilung den Verlust von Freiheit und Ehre. Zur Verhinderung von Willkür hat deshalb der Angeklagte während des Gerichtsverfahrens vom Grundgesetz garantierte Rechte, die von den Gerichten beachtet werden müssen. Die Bindung der Justiz an Recht und Gesetz ist ein zentrales Wesensmerkmal des Rechtsstaats.

Rechtliche Verantwortlichkeit
M 12 – M 15

Die zivilrechtliche Verantwortlichkeit ist bis zur Vollendung des 18. Lebensjahres eingeschränkt. So haften Kinder unter sieben Jahren nicht für einen Schaden, den sie durch eine unerlaubte Handlung verursacht haben. Sie sind nicht deliktsfähig. Von der Vollendung des siebenten bis zur Vollendung des 18. Lebensjahres sind Jugendliche beschränkt deliktsfähig und können nur für ihr Handeln verantwortlich gemacht werden, wenn sie die erforderliche Reife und Einsicht besaßen, ihre Verantwortlichkeit zu erkennen.

Im Strafrecht, mit dessen Hilfe der Staat wichtige Rechtsgüter (Leben, Gesundheit, Eigentum) schützt, sind Jugendliche bis zur Vollendung des 14. Lebensjahres nicht schuldfähig und daher strafunmündig. Ab dem 14. Lebensjahr gilt die eingeschränkte Strafmündigkeit. Jugendliche können dann für eine Tat verantwortlich gemacht werden, wenn sie die erforderliche Reife besaßen, das Unrecht ihres Handelns zum Tatzeitpunkt zu erkennen. Die volle Strafmündigkeit gilt ab dem 18. Lebensjahr, doch wird das Jugendstrafrecht meist auch noch auf Heranwachsende bis zur Vollendung des 21. Lebensjahres angewendet.

Straf- und Zivilprozess
M 16, M 17

Auch im Gerichtsverfahren wird der Unterschied zwischen Privatrecht und öffentlichem Recht deutlich. So ist der Ablauf eines Strafprozesses streng geregelt. Um den Rechtsfrieden aufrechtzuerhalten, muss der Staat Straftaten verfolgen und die Täter zur Rechenschaft ziehen. Im Zivilprozess haben die streitenden Parteien einen großen Einfluss auf den Ablauf des Verfahrens. Aufgabe des Gerichts ist es hier, einen verbindlichen und gerechten Ausgleich zwischen den Parteien herbeizuführen.

Strafzwecke
M 18 – M 21

Bei der Verhängung einer Strafe berücksichtigen die Gerichte unterschiedliche Strafzwecke. Bei der Vergeltung wird die Strafe in Bezug zur Schwere der Tat gesetzt und dem Opfer bzw. der Gesellschaft ein Ausgleich für erlittenes Unrecht verschafft. Von der Bestrafung des Täters soll zudem eine abschreckende Wirkung auf die Gesellschaft ausgehen (allgemeine Prävention). Die individuelle Prävention zielt darauf, den Täter von weiteren Straftaten abzuhalten, ihn zur Reue zu bewegen und seine Resozialisierung zu ermöglichen. Bemüht sich der Täter nach der Straftat selbst um einen Ausgleich mit dem Opfer, so besteht bei minderschweren Straftaten die Möglichkeit, die Strafe zu mildern bzw. ganz davon abzusehen (Täter-Opfer-Ausgleich).

Was wir können

Beim Vollzug der Strafe stehen die Strafzwecke in einem gewissen Widerspruch. So bereiten die Haftbedingungen in geschlossenen Einrichtungen nur unzureichend auf ein Leben in Freiheit vor. Mit offenen bzw. flexiblen Vollzugsformen lässt sich das Ziel der Wiedereingliederung in die Gesellschaft meist besser erreichen.

Strafvollzug
M 22 – M 25

Misshandlung von Seniorin löst Debatte über Jugendgewalt aus

Die Misshandlung einer 83-jährigen Rentnerin durch zwei 13-Jährige in München hat eine Debatte über Jugendgewalt ausgelöst. […] Der Kinderpsychologe Wolfgang Bergmann sprach am Donnerstag von einer Zunahme von Gewalttaten bei Jugendlichen und nannte als Grund dafür einen „restlosen Verfall" der Kultur. Unterdessen forderte die Junge Union Bayern eine Absenkung der Strafmündigkeit auf zwölf Jahre für bestimmte Fälle. „Diese soll nur für Taten gegen das Leben oder die körperliche Unversehrtheit gelten", sagte der stellvertretende Landesvorsitzende und Leiter des Fachbereichs Innere Sicherheit, Karlheinz Roth. Wenn ein 13-Jähriger imstande sei, ein derartiges Verbrechen zu begehen, solle er sich nicht hinter dem Schutzschild der altersbedingten Unmündigkeit verstecken können. „Durch ihre Tat beweisen die Täter eine perfide Reife, der die Gesellschaft begegnen muss", sagte Roth.

Nach: ddp-bay, www.themenportal.de (11.3.2010)

Aufgabe
Lest zunächst die Zeitungsmeldung. Führt dann eine Debatte zu der Frage, ob das Strafmündigkeitsalter auf zwölf Jahre herabgesetzt werden sollte. Folgende Aspekte sollten dabei Berücksichtigung finden: rechtliche Verantwortlichkeit, Strafmündigkeit, Straftheorien, Strafvollzug.

6.2 Unsere Rechtsordnung

Welche Rechte hat ein Mensch?

M 1   Auszug aus der Menschenrechtskonvention

Artikel 1: Alle Menschen sind frei und gleich an Würde und Rechten geboren. [...]

Artikel 2: Jeder hat Anspruch auf alle in dieser Erklärung verkündeten Rechte und Freiheiten, ohne irgendeinen Unterschied, etwa nach Rasse, Hautfarbe, Geschlecht, Sprache, Religion, politischer oder sonstiger Anschauung, nationaler oder sozialer Her-
5 *kunft, Vermögen, Geburt oder sonstigem Stand. [...]*

Artikel 3: Jeder hat das Recht auf Leben, Freiheit und Sicherheit der Person.

Artikel 4: Niemand darf in Sklaverei oder Leibeigenschaft gehalten werden; [...].

Artikel 5: Niemand darf der Folter oder grausamer, unmenschlicher oder erniedrigender Behandlung oder Strafe unterworfen werden.

10 *Artikel 7: Alle Menschen sind vor dem Gesetz gleich und haben ohne Unterschied Anspruch auf gleichen Schutz durch das Gesetz. [...]*

Artikel 9: Niemand darf willkürlich festgenommen, in Haft gehalten oder des Landes verwiesen werden.

Artikel 10: Jeder hat [...] Anspruch auf ein gerechtes und öffentliches Verfahren vor
15 *einem unabhängigen und unparteiischen Gericht. [...]*

Artikel 13: 1. Jeder hat das Recht, sich innerhalb eines Staates frei zu bewegen und seinen Aufenthaltsort frei zu wählen. 2. Jeder hat das Recht, jedes Land, einschließlich seines eigenen, zu verlassen und in sein Land zurückzukehren.

Artikel 14: 1. Jeder hat das Recht, in anderen Ländern vor Verfolgung Asyl zu suchen
20 *und zu genießen. [...]*

Artikel 16: [...] Eine Ehe darf nur bei freier und uneingeschränkter Willenseinigung der künftigen Ehegatten geschlossen werden. Die Familie ist die natürliche Grundeinheit der Gesellschaft und hat Anspruch auf Schutz durch Gesellschaft und Staat.

Artikel 17: 1. Jeder hat das Recht, sowohl allein als auch in Gemeinschaft mit anderen
25 *Eigentum innezuhaben. [...]*

Artikel 18: Jeder hat das Recht auf Gedanken-, Gewissens- und Religionsfreiheit; [...]

Artikel 19: Jeder hat das Recht auf Meinungsfreiheit und freie Meinungsäußerung; [...]

Artikel 20: 1. Alle Menschen haben das Recht, sich friedlich zu versammeln und zu Vereinigungen zusammenzuschließen. [...]

30 *Artikel 21: 1. Jeder hat das Recht, an der Gestaltung der öffentlichen Angelegenheiten seines Landes unmittelbar oder durch frei gewählte Vertreter mitzuwirken. [...]*

Artikel 22: Jeder hat als Mitglied der Gesellschaft das Recht auf soziale Sicherheit [...].

Artikel 23: 1. Jeder hat das Recht auf Arbeit, auf freie Berufswahl, auf gerechte und befriedigende Arbeitsbedingungen sowie auf Schutz vor Arbeitslosigkeit. [...]
35 *3. Jeder, der arbeitet, hat das Recht auf gerechte und befriedigende Entlohnung. [...]*

Artikel 26: 1. Jeder hat das Recht auf Bildung. [...]

Resolution 217 A (III) der UN-Generalversammlung vom 10. Dezember 1948

M 2   Woher kommen die Menschenrechte?

Im Grunde ist die Geschichte der Menschenrechte eine Geschichte immer wiederkehrenden Zorns. Sie handelt von der Verzweiflung machtloser Menschen, von Niederlagen, aber auch von hart erkämpften Siegen und Revolutionen. Seit Jahrhunderten flammt die Idee universeller Rechte immer wieder dort auf, wo die Unterdrückung groß ist. Martin Luther King, der für die Gleichberechtigung von Afroamerikanern kämpfte, die chinesischen Demonstranten, die auf dem Platz des Himmlischen Friedens Demokratie forderten, aber auch Schüler und Studenten, die heute für bessere Bildung auf die Straßen gehen – sie alle entwickelten die Idee der Menschenrechte zu unterschiedlichen Zeiten und an unterschiedlichen Orten fort. Natürlich gibt es auch immer wieder Rückschläge und vor allem Opfer – beim Tian'anmen-Massaker gingen die chinesischen Machthaber 1989 mit Panzern gegen die Demonstranten vor, sie töteten viele Hundert Menschen und erstickten so die Demokratiebewegung. Den Menschen in der DDR jedoch gelang im selben Jahr ihre friedliche Revolution. Der Historiker Michael Geyer sagt deshalb, die Menschenrechte wüchsen nicht kontinuierlich, sondern ähnlich wie die Wirtschaft in zyklischen Bewegungen. Man könnte auch sagen, sie sind wie Lava, die immer wieder heftig und an verschiedenen Stellen ausbricht, dann voranströmt, die Erde verformt und irgendwann erkaltet. [...]

Es dauerte (lange) bis erstmals ein Vorläufer der Menschenrechte in einem modernen Verfassungsdokument auftauchte. Damals (im 13. Jahrhundert) wurde Europa von absolutistischen Herrschern regiert, die zwar einzelnen Ständen in der Gesellschaft Rechte zusprachen, aber niemals auf die Idee gekommen wären, jeden ihrer Untertanen gleich zu behandeln. Doch in England brodelte es um 1215 herum. Die Barone stritten mit dem König und erkämpften sich schließlich die Magna Charta, die erstmals festlegte, dass kein freier Mann ohne Gerichtsurteil eingesperrt werden durfte. Knapp 400 Jahre später wurden diese Rechte in der sogenannten Habeas Corpus Akte noch einmal verstärkt. Seitdem war jeder Untertan der englischen Krone vor willkürlicher Verfolgung geschützt.

Die bislang wohl wichtigste Epoche der Menschenrechte war jedoch das 18. Jahrhundert. Wenn man so will, gab es damals gleich mehrere heftige Eruptionen und Lavaströme. Innerhalb von nur wenigen Jahren entstanden zwei der wichtigsten Menschenrechtsdokumente der Neuzeit. Die Siedler in Amerika befreiten sich 1776 von ihrem Mutterland, da sie die Herrschaft der britischen Krone als willkürlich und anmaßend empfanden. Neben den unveräußerlichen Rechten wie Freiheit und „Streben nach Glück" [...] schrieben sie auch freie Wahlen in ihren ersten Verfassungsdokumenten nieder.

Nur wenig später, 1789, griffen auf der anderen Seite des Atlantischen Ozeans Bürgermilizen Waffenlager

Nelson Mandela kämpfte gegen das rassistische Apartheidregime in Südafrika. Mit 24 Jahren trat er dem African National Congress bei, einer Organisation, die für die Gleichberechtigung kämpfte. Er wurde wegen Widerstands verurteilt und 28 Jahre lang eingesperrt. Nach dem Ende der Apartheid wurde Nelson Mandela 1994 der erste schwarze Präsident Südafrikas.

Mahatma Gandhi war der Kopf der indischen Unabhängigkeitsbewegung. Er überzeugte seine Anhänger, die Brutalität der Polizei und Soldaten nicht mit Vergeltung zu beantworten und gewaltfreien Widerstand zu leisten. Die Unabhängigkeit von den britischen Kolonialherren erreichten die Inder 1947.

Daw Aung San Suu Kyi ist die Anführerin im gewaltlosen Kampf gegen das Militärregime in Myanmar. Die Politikerin setzt sich seit den späten 1980er-Jahren für Demokratie ein. Obwohl sie 1991 den Friedensnobelpreis erhielt, stand sie lange Zeit unter Hausarrest.

und Militärstellungen an, um sich gegen die Ausbeutung durch den französischen König zu wehren. In der französischen Nationalversammlung verabschiedeten die Revolutionäre eine „Erklärung der Menschen- und Bürgerrechte", die radikaler war, als alles bisher. Das Recht auf Freiheit, Sicherheit und Widerstand gegen Unterdrückung wurde nicht nur für Franzosen, sondern für alle Menschen aller Länder und Staatsformen niedergeschrieben. Doch die Jahre der Französischen Revolution entpuppten sich als Jahre des Mordens und der Gewalt. Als die Schriftstellerin Olympe de Gouges darauf hinwies, dass die Frauen noch immer keine Rechte hatten, wurde ihr von den Revolutionären der Kopf auf der Guillotine abgeschlagen.

Kaum hundert Jahre später tauchte ein neues Problem auf. Es war die Zeit der Industrialisierung – in immer größer werdenden Fabriken schufteten Menschen für Hungerlöhne, ohne rechtlich geschützt zu sein. Die Unterdrückung durch den Staat war auf einmal nicht mehr die alleinige Quelle der Unfreiheit, die Machtverhältnisse begannen zu zersplittern. Als Gegenpol zu Fabrikbesitzern und Industriellen entstand in Deutschland die Arbeiterbewegung, aus der die heutige SPD hervorging. Deren Kampf richtete sich nun verstärkt auf die wirtschaftlichen und sozialen Rechte wie angemessene Mindestlöhne, ausreichend Freizeit und Zugang zu Bildung.

Es ist bemerkenswert, dass die individuellen Freiheitsrechte nur wenig später in manchen Ländern in Vergessenheit gerieten. […] In Nazi-Deutschland zählte der Einzelne nicht viel. […] Was folgte, waren in kurzen Abständen die größte Katastrophe der menschlichen Geschichte und der größte Sieg der Menschenrechtsidee. Nachdem im Zweiten Weltkrieg, den Deutschland 1939 begonnen hatte, halb Europa zu Trümmern geschossen und 55 Millionen Menschen gestorben waren, war die Einsicht innerhalb der neu gegründeten UNO groß, dass nur ein Dokument wie die Allgemeine Erklärung der Menschenrechte ein klares Bekenntnis gegen einen mordenden und unterdrückenden Staat sein könnte.

Es war wie so oft in den vergangenen Jahrhunderten: Auf die politische Krise folgte ein neues menschenrechtliches Dokument, das sich wie flüssige Lava über die historischen Schichten legte. Doch anzunehmen, dass es einen automatischen Mechanismus von Aktion und Reaktion gäbe, wäre von Grund auf falsch. Egal ob in politischen Gremien, in Hörsälen, Fabriken oder auf der Straße – ohne den Widerstand und den Kampf Einzelner bewegte sich nie etwas voran.

Fabian Dietrich, in: fluter – Magazin der Bundeszentrale für politische Bildung, Ausgabe 29/2008, S. 7 f.

M 3 Drei Generationen von Menschenrechten

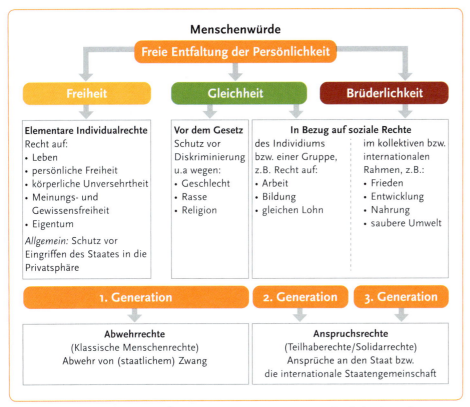

Axel Herrmann, Menschenwürde, Menschenrechte, Thema im Unterricht, Lehrerheft 11/1997, S. 7

Aufgaben

1. Ordne die Aussagen und Situationen in der Randspalte den einzelnen Menschenrechten (M 1) zu. Formuliere selbst Aussagen oder Situationen zu drei weiteren Menschenrechten.
2. Stellt die Geschichte der Menschenrechte in einem Zeitstrahl dar (M 2).
3. Die Menschenrechte werden in verschiedene Generationen eingeteilt (M 3). Ordne die einzelnen Menschenrechte (M 1) den verschiedenen Generationen von Menschenrechten zu und begründe deine Entscheidung.
4. Welches Menschenrecht ist dir persönlich am wichtigsten? Wähle eines aus und begründe vor der Klasse, warum es so wichtig ist.

Menschenrechte im Alltag

Wenn du anderer Meinung bist, sage es!

Wir schützen Fremde, versprochen!

Studiere ein Semester in England.

Sage, was dir wichtig ist!

Du kannst lernen und werden, was du willst.

Die Würde des Menschen ist unantastbar. (Art. 1 GG)

Bestimme über dein eigenes Leben.

Wahlbeteiligung bei der Landtagswahl hoch.

Politik betrifft uns 6/2011

Alltag ohne Menschenrechte

M 4 Überall auf der Welt werden Menschenrechte verletzt

Journalisten ermordet
Im Januar 2009 werden die Journalistin Anastasia Baburowa und der Menschenrechts-Anwalt Stanislaw Markelow in Moskau auf offener Straße getötet. Gewalt und Repressionen sind für Oppositionelle und Menschenrechtler in Russland beinahe alltäglich.

Todesstrafe in den USA
Es half alles nichts: Unterschriftensammlungen, Mahnwachen, sogar der Papst hat sich für ihn eingesetzt. […] Der Amerikaner Troy Davis wurde hingerichtet. Selten waren die Zweifel an einem Todesurteil und am US-Justizsystem so groß. Die Frage wird bleiben: Ging es auch um Davis' Hautfarbe?

Homosexuelle diskriminiert
Wer in Ägypten homosexuell ist, macht sich strafbar. Zehn Männer werden im Januar aus diesem Grund von der Sittenpolizei verhaftet. Sie müssen erniedrigende Untersuchungen und Gewalt über sich ergehen lassen, Menschenrechtler bezeichnen das als Folter.

Regimekritiker in China in Haft

Der Künstler und Regimekritiker Ai Weiwei ist von der chinesischen Regierung festgenommen worden und für mehrere Monate ins Gefängnis gesteckt worden. Weiwei wurde unter dem Vorwand der Wirtschaftskriminalität festgenommen. Beobachter behaupten jedoch, dass seine kritischen Äußerungen zur politischen Lage in China der eigentliche Grund für seine Verhaftung waren.

Autorentext

Verbrechen vom Staat am Bürger

Verbrechen vom Staat am Bürger
Der Begriff der „Menschenrechtsverletzungen" ist nichts weiter als der beschönigende Ausdruck für schwerste Verbrechen, die vom Staat am Bürger verübt werden. Menschenrechtsverletzungen als Verbrechen, die im Auftrage, mit Billigung bzw. Duldung oder im Schutz von Regierungen begangen werden, gefährden im allerhöchsten Maße den inneren wie den äußeren Frieden eines jeden Staatswesens.

Helmut Frenz, Menschenrechte – Anspruch und Wirklichkeit, in: Gisela Klent-Kozinowski u.a. (Hg.), Das Recht, ein Mensch zu sein, Baden-Baden 1988, S. 21

Oppositionelle inhaftiert

Nach den Unruhen im Zuge der iranischen Präsidentschaftswahlen 2009 werden bis zum Ende des Jahres 5000 Oppositionelle, darunter Studenten, Journalisten und Anwälte inhaftiert. Im August beginnen Schauprozesse, die mit unabhängigen Verfahren wenig gemein haben. Die Angeklagten sind zuvor von der Außenwelt isoliert, haben keine Verteidiger. Misshandlungen und erzwungene Geständnisse sollen die Regel sein.

Texte: Hanna Ziegler, www.sueddeutsche.de (10.1.2012)

Aufgaben

1. Untersucht, welche Menschenrechte in den betroffenen Ländern verletzt werden. (M 4)
   Bezieht euch dabei auch auf die Forderungen von Menschenrechtlern (M 1) oder die Menschenrechtskonvention der Vereinten Nationen (Recherche).
2. Recherchiert im Internet Hintergründe zu einem Fallbeispiel und präsentiert eure Ergebnisse auf einer Wandzeitung.

Grundrechte und Grundgesetz

M 5 Grundrechte im Grundgesetz

© Bergmoser + Höller Verlag AG, Zahlenbilder 60 110

M 6 Besondere Merkmale der Grundrechte

„Die Würde des Menschen ist unantastbar. Sie zu achten und zu schützen ist Verpflichtung aller staatlichen Gewalt" – mit diesem Satz beginnt nach der Präambel nicht nur der Grundrechtsteil, sondern der gesamte Text des Grundgesetzes. Die Menschenwürde ist der Grund dafür, dass es die Menschenrechte gibt, sagt Artikel 1 des Grundgesetzes. Sie sind „Grundlage jeder menschlichen Gemeinschaft, des Friedens und der Gerechtigkeit in der Welt". Das Grundgesetz selbst spricht also zuerst von Menschenrechten. Dann aber heißt es in Artikel 1, Absatz 3: „Die folgenden Grundrechte binden Gesetzgebung, vollziehende Gewalt und Rechtsprechung als unmittelbar geltendes Recht." Das Grundgesetz nennt also beides, die Grund- und die Menschenrechte, denn beide Begriffe benennen etwas sehr Ähnliches, aber nicht das Gleiche. Der Begriff der Menschenrechte kommt ursprünglich aus der Philosophie und der Staatstheorie. Seit dem 19. Jahrhundert hat sich mit Schwerpunkt in der westlichen Welt die Vorstellung durchgesetzt, dass jeder Mensch von Geburt an Rechte hat. Das geht auf die Aufklärung und den Humanismus zurück, die diese Menschenrechte als Teil der menschlichen Natur ansehen, aus christlicher Sicht sind sie von Gott gegeben. Sie sind unveräußerlich, das heißt, auf sie kann niemand verzichten, sie sind unteilbar und gelten weltweit. Diese Rechte hat der Mensch also, auch ohne dass der Staat sie gewährt. Deshalb sind sie ungeschriebenes Recht, ihre Grenzen sind also auch nicht genau definiert. Eine Definition aber haben alle Mitgliedstaaten der Vereinten Nationen unterschrieben: die Allgemeine Erklärung der Menschenrechte von 1948.

Grundrechte sind etwas ganz Ähnliches: Ihrem Inhalt nach sind sie oft identisch mit den Menschenrechten. Der Unterschied besteht darin, dass der Staat selbst sie anerkannt hat, sie sind staatlich garantiert, so wie es die Grundrechte im Grundgesetz sind. Dadurch, dass der Staat sie anerkennt, haben sie in ihrer Formulierung eine konkretere Form bekommen und sind – je nach Staat und System – für den Einzelnen einklagbar und durchsetzbar. Das Grundgesetz bezieht sich also auf die Idee der Menschenrechte und stellt klar, dass es sie mit den Grundrechten umsetzen will.

Gudula Geuther, in: Informationen zur politischen Bildung 305, Grundrechte, Bundeszentrale für politische Bildung, 1/2010

M 7 Das Grundgesetz als „Hausordnung"

Das Grundgesetz trat am 23.5.1949 in Kraft. Seit dem Beitritt der DDR am 3.10.1990 gilt das GG als Verfassung für die gesamte Bundesrepublik Deutschland. Eine Verfassung regelt – mehr oder weniger ausführlich – die Grundordnung eines Staates, insbesondere auch die Grundwerte und dessen Staatsform. So schreibt das Grundgesetz ausdrücklich fest, dass die Bundesrepublik Deutschland eine Demokratie, ein Bundesstaat, ein Rechtsstaat und ein Sozialstaat zu sein hat. Auch werden die Aufgaben und Befugnisse der obersten ständigen Verfassungsorgane (Bundestag, Bundesregierung, Bundesrat, Bundespräsident Bundesverfassungsgericht) und die wichtigsten Bestimmungen zur Stellung der Bürger niedergelegt. Das Grundgesetz kann deshalb auch als die „Hausordnung" unseres Staates umschrieben werden, da es die Werte und Regeln enthält, die unser Zusammenleben bestimmen.

An den Anfang des Grundgesetzes setzten die Verfassungsgeber bewusst das Bekenntnis zur unantastbaren Würde des Menschen, die der Staat zuallererst zu achten und zu schützen hat. Es folgt ein Katalog von Grundrechten, die jedem zustehen und die der Staat nicht antasten darf. Sie sind nicht bloß schöne Worte, sondern unmittelbar geltendes Recht. Parlament, Regierung und Rechtsprechung müssen sich an die Grundrechte und an die Verfassung halten und alle Gesetze müssen mit dem Grundgesetz vereinbar sein.

Aufgaben

1. Wähle ein Grundrecht aus und erläutere mithilfe eigener Recherchen seine genaue Bedeutung (M 5).
2. Arbeite den Unterschied zwischen Menschen- und Grundrechten heraus (M 6).
3. Erkläre, warum man das Grundgesetz auch als „Hausordnung" für unseren Staat bezeichnen kann (M 7).

Grundrechte im Widerstreit – wie darf der Staat handeln?

M 8 Folter in Deutschland? Der Fall Gaefgen

Magnus Gaefgen wurde am 28. Juli 2003 wegen Mordes an dem 11-jährigen Jakob Metzler zu einer lebenslangen Freiheitsstrafe verurteilt.

27. September 2002: In Frankfurt wird der elf Jahre alte Bankierssohn Jakob von Metzler von dem mit ihm bekannten 27-jährigen Jura-Studenten Magnus Gaefgen unter einem Vorwand in seine Wohnung gelockt und dort erstickt. Daraufhin legt Gaefgen die Leiche in den Kofferraum seines Autos, fährt zur Villa der Eltern des Jungen und wirft einen Erpresserbrief mit einer Lösegeldforderung in Höhe von einer Million Euro in die Zufahrt. Dann versteckt er die Leiche des Jungen unter einem Steg an einem See.

29. September 2002: Die Familie zahlt das geforderte Lösegeld. Die Polizei beobachtet Gaefgen bei der nächtlichen Geldübergabe und observiert ihn, um den Aufenthaltsort des Jungen zu erfahren.

30. September 2002: Da Gaefgen keine Versuche macht, seine Geisel aufzusuchen, und stattdessen eine Reise bucht, wird er am Nachmittag festgenommen.

01. Oktober 2002: Gaefgen führt die Polizei im Verhör auf falsche Spuren. Der Frankfurter Polizeivizepräsident Wolfgang Daschner lässt ihm am Morgen durch einen Polizeibeamten Schmerzen androhen, Schmerzen, die er noch nie erlebt habe, um den Aufenthaltsort des Kindes zu erfahren. Daraufhin nennt Gaefgen das wahre Versteck, ohne dass die Drohung wahr gemacht werden muss. Die Leiche wird gefunden. Daschner fertigt einen schriftlichen Aktenvermerk über seine Vorgehensweise an und informiert zugleich die Staatsanwaltschaft.

M 9 „Es gibt Dinge, die sehr wehtun" – Ein Interview mit Wolfgang Daschner

Der damalige Vize-Polizeipräsident Daschner wurde am 20. Dezember 2004 wegen der Folterdrohungen zu einer Geldstrafe auf Bewährung verurteilt. Der Europäische Gerichtshof für Menschenrechte rügte das milde Urteil in einer Entscheidung vom 1. Juni 2010.

SPIEGEL: Herr Daschner, warum haben Sie als Polizist ein Verbrechen angeordnet?

Daschner: Um das Leben des Jungen zu retten. [...] Wir gingen davon aus, dass Jakob von Metzler in absoluter Lebensgefahr war, wir hatten keine Zeit mehr zu verlieren. In dieser Situation gibt es zwei Möglichkeiten: Die Hände in den Schoß zu legen ist eine mit der Folge, dass quasi unter den Augen der Polizei das Kind stirbt oder schwere gesundheitliche Schäden eintreten. Und Magnus G. war nicht bereit, uns den Aufenthaltsort zu sagen. Den Fall würde ich als unterlassene Hilfeleistung einstufen, wenn nicht sogar als Tötung durch Unterlassen. Der Staat hat [...] die Verpflichtung, von seinen Bürgern Unrecht abzuwehren.

SPIEGEL: Aber nur im rechtlich klar definierten und erlaubten Rahmen.

Daschner: Opfer und Angehörige haben Anspruch darauf, dass die Polizei alles tut, um weitere Schäden zu vermeiden. Deshalb blieb aus meiner Sicht nur die Entscheidung, dafür zu sorgen, dass der Aufenthaltsort des Kindes bekannt wird. [...]

SPIEGEL: Sie haben betont, Sie würden sich wieder so verhalten. Fordern Sie eine rechtliche Absicherung solcher Methoden?

Daschner: Ich habe klargestellt, dass eine derartige Maßnahme nur im absoluten Ausnahmefall ergriffen werden kann, wenn es keine anderen Möglichkeiten gibt, Menschenleben zu retten oder schwere gesundheitliche Beeinträchtigungen zu verhindern. Ob man dazu eine gesetzliche Ermächtigung schaffen muss oder ob die vorhandenen rechtlichen Grundlagen ausreichen, mögen die Rechtsgelehrten entscheiden. Ich gehe nach wie vor davon aus, dass das hessische Polizeigesetz wie in allen Bundesländern nicht nur den Auftrag, sondern auch die Befugnis zur Abwehr von Gefahren enthält. Und je schwerwiegender die Gefahr, desto eher muss auf das Polizeigesetz zurückgegriffen werden können.

Interview: Wilfried Voigt, Der Spiegel, 24.2.2003

unmittelbarer Zwang
die Einwirkung auf Personen oder Sachen durch körperliche Gewalt, ihre Hilfsmittel und durch Waffen.

M 10 Rechtliche Bestimmungen

Art. 5 Allgemeine Erklärung der Menschenrechte
Niemand darf der Folter oder grausamer, unmenschlicher oder erniedrigender Behandlung oder Strafe unterworfen werden.

Art. 1 Abs. 1 Grundgesetz
Die Würde des Menschen ist unantastbar. Sie zu achten und zu schützen ist Verpflichtung aller staatlichen Gewalt.

Art. 2 Abs. 2 Grundgesetz
Jeder hat das Recht auf Leben und körperliche Unversehrtheit. Die Freiheit der Person ist unverletzlich. In diese Rechte darf nur auf Grund eines Gesetzes eingegriffen werden.

Art. 104 Abs. 1 Grundgesetz
[...] Festgehaltene Personen dürfen weder seelisch noch körperlich misshandelt werden.

§ 136a Strafprozessordnung (StPO)
(1) Die Freiheit der Willensentscheidung und der Willensbetätigung des Beschuldigten darf nicht beeinträchtigt werden durch Misshandlung [...]. Zwang darf nur angewandt werden, soweit das Strafverfahrensrecht dies zulässt.

§ 12 Hessisches Gesetz über die öffentliche Sicherheit und Ordnung (HSOG)
(2) Unter den in den §§ 52 bis 55 der Strafprozessordnung genannten Voraussetzungen ist die betroffene Person zur Verweigerung der Auskunft berechtigt. Dies gilt nicht, wenn die Auskunft für die Abwehr einer Gefahr für Leib, Leben oder Freiheit einer Person erforderlich ist.

§ 52 HSOG
(1) Unmittelbarer Zwang kann von den Polizeibehörden [...] angewendet werden, wenn andere Zwangsmittel nicht in Betracht kommen oder keinen Erfolg versprechen oder unzweckmäßig sind [...]. (2) Unmittelbarer Zwang zur Abgabe einer Erklärung ist ausgeschlossen.

Aufgabe

Simuliert eine Gerichtsverhandlung, in der Wolfgang Daschner sich verantworten muss. Bildet dazu zwei Gruppen für die Rollen der Staatsanwaltschaft und der Verteidigung. Eine weitere Gruppe bereitet sich auf die Rolle des Richters und seiner zwei Beisitzer vor. Erarbeitet in euren Gruppen auf der Grundlage der Materialien M 8 – M 10 die Plädoyers für die Anklage sowie für die Verteidigung. Bestimmt ein Mitglied eurer Gruppe, das das Plädoyer hält und am Ende ein Strafmaß für Daschner fordert.

Zuerst erfolgt das Plädoyer des Staatsanwaltes, dann das der Verteidigung, abschließend Urteilsspruch und Urteilsbegründung des Richterkollegiums.

Welche Aufgaben hat das Recht?

M 11 Wozu brauchen wir Regeln?

Fall 1: Mützen und Kappen während des Unterrichts

Während der letzten Monate werden vor allem in den Jahrgangsstufen 8 und 9 regelmäßig Mützen und Kappen im Unterricht aufbehalten. Lehrer bemängeln das unpassende Erscheinungsbild im Unterricht. Sie empfinden es auch als Missachtung ihrer Person, wenn junge Menschen vor ihnen die Kopfbedeckung aufbehalten.

Fall 2: Ball zerstört zentralen Schulcomputer

Schon zum zweiten Mal ist ein hart aufgepumpter Lederball durch das geöffnete Fenster der Schulleiterin geflogen und hat den Rechner samt Monitor umgestoßen und größere Teile der Festplatte zerstört. Das häufige Ballspielen auf den Pausenhöfen und um das Schulgebäude herum hat bereits mehrere Glasscheiben zerstört und auch anderen Sachschaden verursacht.

Fall 3: Streit um den Ausflug ins Erlebnisbad

Die Planung des nächsten Wandertages hat in der Klasse 8a für viel Ärger gesorgt. Die Mehrheit möchte gerne in ein Erlebnisbad fahren, in dem es eine Riesen-Wasserrutsche und andere Attraktionen gibt. Zwei Schülerinnen haben bereits gesagt, dass ihre Eltern da aus religiösen Gründen bestimmt nicht mitspielen werden, drei weitere Schüler haben sich wegen des hohen Eintrittspreises beschwert.

M 12 Was sind Gesetze?

Wenn wir von Rechtsregeln sprechen, so meinen wir meist Gesetze. Gesetze werden in einem vorgeschriebenen Verfahren von den Parlamenten, zum Beispiel dem Bundestag, beschlossen. Gesetze sind allgemeinverbindliche Handlungsanweisungen und müssen von allen Betroffenen eingehalten werden. Aufgeschrieben sind die Gesetze zu allen möglichen Lebensbereichen in Gesetzbüchern (Grundgesetz, Bürgerliches Gesetzbuch, Strafgesetzbuch, Sozialgesetzbuch, …). Von 1949 bis 2013 wurden vom Deutschen Bundestag insgesamt 7.590 Bundesgesetze verabschiedet. Hinzu kommen die Gesetze und Rechtsverordnungen der 16 Bundesländer und auch das Recht der Gemeinden (Satzungen). Die Gesamtheit aller gültigen Gesetze bezeichnet man als Rechtsordnung. Nicht alle Gesetze sind gleich wichtig. Das wichtigste Gesetz in Deutschland ist das Grundgesetz. In ihm stehen nämlich die wichtigsten Spielregeln für das Zusammenleben der Menschen und den Aufbau des Staates in Deutschland. Alle Gesetze, die in Deutschland erlassen werden, müssen mit dem Grundgesetz vereinbar sein.

M 13 Aufgaben des Rechts

Die wichtigste Aufgabe des Rechts ist die verbindliche Ordnung des Zusammenlebens der Menschen. Wenn es Konflikte zwischen den Menschen gibt, so hilft das Recht, diese zu lösen. Deshalb gibt es zum Beispiel viele Regeln, die das Verhältnis von Vermietern und Mietern betreffen, denn zwischen diesen Parteien gibt es häufig Streit. Auch im Straßenverkehr muss jeder Teilnehmer wissen, was erlaubt ist und was nicht, sonst bräche schnell Chaos auf den Straßen aus. So sichert das Recht Frieden und Sicherheit in einer Gesellschaft. Wie wichtig diese Aufgabe ist, wird erst deutlich, wenn man sich eine Gesellschaft vorstellt, in der es kein Recht bzw. niemanden gibt, der für die Einhaltung des Rechts sorgt. Sehr schnell würden sich manche Menschen rücksichtslos verhalten oder gar Streit mit Gewalt austragen. Es würden das Recht des Stärkeren, Willkür und Unsicherheit herrschen. Auch wenn es zunächst widersinnig klingt: Das Recht sichert so auch unsere Freiheit, denn die Freiheit beginnt erst da, wo das Recht dafür sorgt, dass uns andere Menschen nicht willkürlich Schaden zufügen können. Damit das Recht eingehalten wird, muss es durchgesetzt werden. Allein der Staat, vertreten durch die Staatsanwaltschaft, durch Polizei und Gerichte, stellt sicher, dass sich die Menschen auch an die Gesetze halten. Deshalb spricht man auch vom Gewaltmonopol des Staates. In einer Demokratie müssen sich dabei aber Behörden, Polizei und Gerichte selbst auch an das geltende Recht halten. Mit Hilfe der unabhängigen Gerichte kann jeder Einzelne überprüfen lassen, ob der Staat auch im Einklang mit den Gesetzen handelt.

zu Aufgabe 3
Sammle Beispiele, wie das Recht dazu beiträgt, dass die Menschen friedlich zusammenleben können.

Aufgaben

1. Bildet Gruppen und setzt euch mit den in M 10 geschilderten Fällen auseinander. Entscheidet, ob das Problem durch a) eine allgemein geltende Regel oder b) individuelle Vereinbarung der Betroffenen gelöst werden soll. Solltet ihr euch für den Lösungsweg a) entscheiden – formuliert die allgemeine Regel schriftlich. Begründet und vergleicht eure Ergebnisse.
2. In Aufgabe 1 habt ihr selbst allgemeine Regeln formuliert. Nennt nun die Gemeinsamkeiten und Unterschiede zwischen euren Regeln und echten Gesetzen (M 11, M 12).
3. Stelle zusammen, welche Aufgaben (man spricht auch von Funktionen) das Recht erfüllt (M 13).

Wie ist unsere Rechtsordnung aufgebaut?

M 14 Der Aufbau unserer Rechtsordnung

© Bergmoser + Höller Verlag, Zahlenbilder 128020

Das in Deutschland geltende Recht wird allgemein eingeteilt in die beiden großen Rechtsgebiete Privatrecht und öffentliches Recht. Das Privatrecht (oder Zivilrecht) regelt die Rechtsbeziehungen der einzelnen Bürger untereinander. Bei der Gestaltung ihrer Rechtsbeziehungen sind die Bürger frei und gleichberechtigt (Privatautonomie). Kern des Privatrechts ist das bürgerliche Recht, das im Bürgerlichen Gesetzbuch niedergelegt ist. Es enthält Regelungen für den bürgerlichen Alltag, z. B. Kauf und Verkauf, Verträge, Leihe und Schenkung, Eheschließung und Scheidung usw. Das öffentliche Recht regelt die Beziehungen des Einzelnen zur öffentlichen Gewalt (Verwaltung, Polizei, Gerichte) und die Beziehungen der öffentlichen Gewalten zueinander, z. B. zwischen Bund und Land. Der öffentlichen Gewalt gegenüber ist der einzelne Bürger untergeordnet (z. B. müssen Steuern entrichtet werden). Doch kann der Einzelne gegen eine Maßnahme der öffentlichen Gewalt klagen, wenn er sich ungerecht behandelt fühlt.

M 15 Das Gerichtswesen in Deutschland

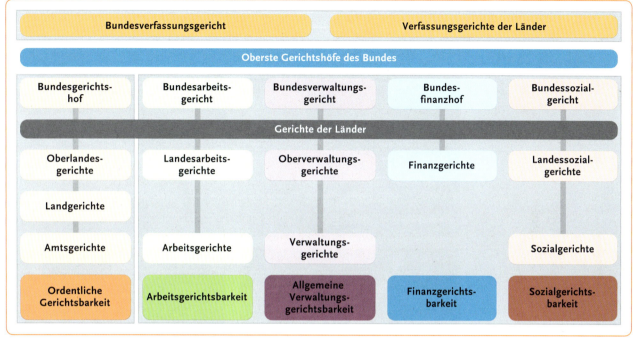

© Bergmoser + Höller Verlag, Zahlenbilder 128010

Das Gerichtswesen in Deutschland ist in mehrere Zweige gegliedert. Neben der Verfassungsgerichtsbarkeit sind das die ordentliche Gerichtsbarkeit, die Verwaltungs-, Arbeits-, Sozial- und Finanzgerichtsbarkeit. Da Deutschland ein Bundesstaat ist, sind die Gerichte zwischen Bund und Ländern aufgeteilt. Die Gerichte des Bundes sind dabei übergeordnet. Das Bundesverfassungsgericht und die Verfassungsgerichte der Länder entscheiden über die Auslegung der Verfassung (Grundgesetz) und über die Vereinbarkeit von normalen Gesetzen mit der Verfassung. Straf- und Zivilverfahren werden bei denen ordentlichen Gerichten geführt. Alle anderen Verfahren bei den besonderen Gerichten.

Aufgaben

1. Entwickelt in Partnerarbeit ein Tafelbild, das die Unterschiede zwischen Privatrecht und öffentlichem Recht anschaulich darstellt (M 14).
2. Entscheide, welcher Gerichtszweig für die Verhandlung folgender Streitfälle zuständig wäre (M 15):
   - Herr Heinzeler klagt gegen die fehlerhafte Berechnung seines HartzIV-Bescheides.
   - Frau Ziller wird wegen Diebstahls angeklagt.
   - Der Bundesrat ist der Ansicht, dass er am Gesetzgebungsverfahren zum Atomausstieg beteiligt werden muss, der Bundestag bestreitet dies.
   - Herr Müller möchte sich gegen eine fällige Steuernachzahlung wehren.
   - Frau Tumb möchte einklagen, dass sie die Äpfel vom Baum des Nachbarn behalten darf, wenn sie auf ihr Grundstück fallen.
   - Herr Barnetta möchte gegen seine fristlose Entlassung klagen.
3. Erkundet, welche Gerichte sich in eurer Stadt befinden bzw. wo die nächsthöheren Gerichte zu finden sind.

Das Jugendschutzgesetz – wie werden Jugendliche in der Öffentlichkeit geschützt?

M 16 Was dürfen Jugendliche?

Kennt ihr euch aus im Jugendschutz? Geht davon aus, dass die abgebildeten Personen 16 Jahre alt sind. Entscheidet dann für jedes Bild: „erlaubt" oder „nicht erlaubt". Überprüft anschließend eure Antworten mit Hilfe von M 17.

M 17 Der Sinn des Jugendschutzes

Pflege und Erziehung der Kinder und Jugendlichen gehören zu den wichtigsten Aufgaben und Pflichten der Eltern oder erziehungsberechtigten Personen. Gesetzliche Bestimmungen zum Jugendschutz machen den Auftrag des Staates und der Gesellschaft deutlich, Eltern und Erzieher in der Erfüllung ihrer Aufgaben zu unterstützen und das Anrecht des Kindes auf Erziehung zu sichern. Kinder und Jugendliche sind vor finanzieller Ausbeutung, seelischen Zwängen und Gefährdungen durch Abhängigkeiten zu schützen. Bestimmungen zum Jugendschutz sind keine Strafinstrumente gegen junge Menschen, sondern wenden sich zunächst an den Erwachsenen, um ihn anzuhalten, nachteilige Einflüsse auf die Entwicklung der Kinder und Jugendlichen abzuwenden. Dabei müssen die Gesetzgeber zwei Erziehungsziele gegeneinander abwägen. Einerseits hat jeder Mensch auch schon früh ein Recht auf freie Entfaltung seiner Persönlichkeit. Andererseits sind die Eltern und letztlich auch der Staat verpflichtet, Schaden von Kindern und Jugendlichen abzuwenden.

Nach: Jugendzentrum im Paul-Gerhardt-Haus, www.pg-muenster.de (12.6.2011)

M 18 Bestimmungen zum Schutz Jugendlicher

		Kinder	Jugendliche	
		unter 14 Jahre	unter 16 Jahre	unter 18 Jahre
§ 4	Aufenthalt in Gaststätten	🟢🔴	🟢🔴	🟢 bis 24 Uhr
	Aufenthalt in Nachtbars, Nachtclubs oder vergleichbaren Vergnügungsbetrieben	🔴	🔴	🔴
§ 5	Anwesenheit bei öffentlichen Tanzveranstaltungen, u. a. Disco (Ausnahmegenehmigung durch zuständige Behörde möglich)	🟢🔴	🟢🔴	🟢 bis 24 Uhr
	Anwesenheit bei Tanzveranstaltungen von anerkannten Trägern der Jugendhilfe. Bei künstl. Betätigung o. zur Brauchtumspflege	🟢 bis 24 Uhr	🟢 bis 24 Uhr	🟢 bis 24 Uhr
§ 6	Anwesenheit in öffentlichen Spielhallen Teiln. an Spielen mit Gewinnmöglichkeiten	🔴	🔴	🔴
§ 7	Anwesenheit bei jugendgefährdenden Veranstaltungen und in Betrieben (Die zuständige Behörde kann Alters- und Zeitbegrenzungen sowie andere Auflagen anordnen)	🔴	🔴	🔴
§ 8	Aufenthalt an jugendgefährdenden Orten (Die zuständige Behörde kann Maßnahmen zur Gefahrabwehr treffen)	🔴	🔴	🔴
§ 9	Abgabe/Verzehr von Branntwein, branntweinhaltigen Getränken u. Lebensmitteln Abgabe/Verzehr anderer alkoholischer Getränke; z. B. Wein, Bier o. ä. (Ausnahme: Erlaubt bei 14- und 15-jährigen in Begleitung einer personensorgeberechtigten Person (Eltern))	🔴	🔴	🟢
§ 10	Abgabe und Konsum von Tabakwaren	🔴	🔴	🔴
§ 11	Kinobesuche Nur bei Freigabe des Films und Vorspanns: „ohne Altersbeschr./ab 6/12/16 Jahren" (Kinder unter 6 Jahren nur mit einer erziehungsbeauftragten Person. Die Anwesenheit ist grundsätzlich an die Altersfreigabe gebunden! Ausnahme: „Filme ab 12 Jahren": Anwesenheit ab 6 Jahren in Begleitung einer personensorgeberechtigten Person [Eltern] gestattet.)	🟢 bis 20 Uhr	🟢 bis 22 Uhr	🟢 bis 24 Uhr
§ 12	Abgaben von Filmen o. Spielen (auf DVD, Video usw.) nur entsprechend der Freigabekennzeichen: „ohne Altersbeschr./ab 6/12/16 Jahren"	🟢	🟢	🟢
§ 13	Spielen an elektron. Bildschirmspielgeräten ohne Gewinnmög. Nur an den Freigabekennzeichen: „ohne Altersbeschr./ab 6/12/16 Jahren"	🟢	🟢	🟢

Erklärungen zur Tabelle

Das Jugendschutzgesetz (JuSchG)

erlaubt: 🟢
erlaubt nicht: 🔴

Das Gesetz gilt nicht für verheiratete Jugendliche. Eltern müssen nicht alles erlauben, was das Gesetz gestattet. Sie tragen bis zur Volljährigkeit die Verantwortung. Doppelungen in § 4 und § 5, da Kindern und Jugendlichen in Begleitung der Eltern manches erlaubt ist, manches wiederum nicht.

Öffentlichkeit: Alle Orte, die jedermann ohne weiteres zugänglich sind und der Teilnehmerkreis, auch der eingeschränkte, untereinander nicht in rechtlicher oder sonstiger Bedeutsamkeit steht.
Personensorgeberechtigte Person sind Vater, Mutter (also Eltern) oder der Vormund.
Erziehungsbeauftragte Person nimmt Erziehungsaufgaben nach Vereinbarung mit den Eltern wahr, z. B. die Begleitung des Jugendlichen in eine Disco. Das kann jede Person über 18 Jahre sein, die in der Lage ist, die vereinbarten Erziehungsaufgaben zu erfüllen.

Aufgaben

1. Erkläre, welche Ziele mit dem Jugendschutz in der Bundesrepublik Deutschland verfolgt werden (M 17).
2. Diskutiert, welche Bestimmungen des Jugendschutzgesetzes ihr lockern oder verschärfen würdet. Begründet eure Entscheidung mit den grundsätzlichen Zielen des Jugendschutzes (M 18).

Was wir wissen

Menschenrechte
M 1 – M 7

Menschenrechte gelten als „angeborene" Rechte jedes einzelnen Menschen, unabhängig davon, in welchem Staat der Welt er lebt. Allen Menschenrechten zu Grunde liegt die Vorstellung, dass die Würde des Menschen nicht verletzt werden darf. In Deutschland sind die Menschenrechte als Grundrechte in unserer Verfassung, dem Grundgesetz, verankert. Sie bilden die Grundlage unserer Rechtsordnung. Deshalb darf auch staatliches Handeln nicht gegen die Menschenrechte verstoßen. Die Idee der Menschenrechte hat sich über viele Jahrhunderte entwickelt und wird heute allgemein anerkannt. Allerdings gibt es Staaten, in denen Menschenrechte gebrochen werden.

Recht
M 12

Das Zusammenleben der Menschen in einem Gemeinwesen (Staat) erfordert verbindliche Verhaltensregeln für jeden Einzelnen. Ein Großteil dieser Regeln sind Gesetze, die von den Parlamenten erlassen werden und deren Einhaltung mit Hilfe von Staatsanwaltschaft, Polizei und Gerichten erzwungen werden kann (staatliches Gewaltmonopol). Die Gesamtheit der in Deutschland gültigen Gesetze und Rechtsregeln bezeichnet man als Rechtsordnung. Das wichtigste Gesetz unserer Rechtsordnung ist unsere Verfassung, das Grundgesetz. Alle anderen Gesetze müssen mit dem Grundgesetz vereinbar sein.

Aufgaben des Rechts
M 13

Ganz allgemein ordnet das Recht das menschliche Zusammenleben (z. B. im Straßenverkehr). Da das Recht sagt, was erlaubt ist und was nicht, werden Konflikte vermieden oder lassen sich in einem geordneten Verfahren lösen, notfalls mit Hilfe der Gerichte. So trägt das Recht zur Sicherung des Friedens in der Gesellschaft bei. Es verbietet Vergeltung und Faustrecht und gewährleistet so die Freiheit jedes Einzelnen. Auch hilft es, Gerechtigkeit in einer Gesellschaft zu verwirklichen, denn vor dem Gesetz müssen alle Menschen gleich behandelt werden.

Rechtsgebiete
M 14

Man unterscheidet das öffentliche Recht vom Privatrecht. Das öffentliche Recht regelt das Verhältnis des Staates zum Einzelnen und das Verhältnis staatlicher Organe untereinander, wobei in Bezug zu den Bürgern ein Über- bzw. Unterordnungsverhältnis gilt. Im Privatrecht (oder Zivilrecht), das die Beziehungen der Menschen zueinander regelt, sind die einzelnen Bürgerinnen und Bürger gleichberechtigt.

Gerichtswesen
M 15

Das Gerichtswesen umfasst die Verfassungsgerichtsbarkeit (z. B. Bundesverfassungsgericht), ordentliche Gerichtsbarkeit (Zivil- und Strafgerichtsbarkeit) und besondere Gerichtsbarkeit (z. B. Finanz- oder Verwaltungsgerichtsbarkeit).

Jugendschutz
M 16 – M 18

Das Jugendschutzgesetz (JuSchG) zeigt die Schutzfunktion des Rechts. Es schützt Minderjährige vor gesundheitlichen und sittlichen Gefahren in der Öffentlichkeit und den Medien. So sind der Aufenthalt in Gaststätten und Diskotheken, das Rauchen oder der Genuss von Alkohol abhängig vom Alter beschränkt oder verboten.

Was wir können

Totale Freiheit?

Bei einer Familienfeier schwärmt dein älterer Cousin Jakob davon, dass er einer Studentengruppe beigetreten sei, die für absolute Freiheit und Anarchie eintritt. In einem Politiklexikon liest du zu Hause zum Stichwort „Anarchie" folgenden Eintrag:

Anarchie — LEXIKON

Das griechische Wort „anarchos" bedeutet übersetzt so viel wie „Herrschaftslosigkeit" oder „Gesetzlosigkeit". Eine Gesellschaft, in der Anarchie herrscht, ist eine Gesellschaft, in der niemand das Sagen hat. Hier gibt es keine staatliche Gewalt, keine gewählten Volksvertreter in einem Parlament, keine Monarchie oder irgendeine sonstige Herrschaftsform. Diejenigen, die eine Anarchie wollen (man nennt sie Anarchisten), treten für die totale Freiheit des Menschen ein. Es soll keine Regeln geben, keiner soll über den anderen herrschen und man soll nicht nach Gesetzen leben, die von anderen Menschen oder einer Regierung gemacht werden.

Gerd Schneider, Christiane Toyka-Seid, Das junge Politiklexikon, 3. Aufl., Bonn 2008, S. 14

Aufgabe

Du bist beunruhigt über die Aktivitäten deines Cousins. Verfasse eine E-Mail an Jakob, in der du ihm die Vorteile einer funktionierenden Rechtsordnung erläuterst.

EU-Führerschein

Die dritte EG-Führerscheinrichtlinie bringt uns die Einführung neuer Fahrerlaubnisklassen, Änderungen des Führerscheinformates, der Gültigkeit sowie modifizierte Sicherheitsmerkmale. Seit 2013 wurde der neue EU-Führerschein in allen Mitgliedsstaaten eingeführt. Die Einführung der EU Fahrerlaubnis in Kartenform soll die Vielzahl der Führerscheinarten reduzieren.

Feinstaub

Seit 2005 gilt die EU-Richtlinie zur Verringerung des Schadstoffausstoßes in Ballungsräumen. Zu diesem Zweck wurden von der EU Grenzwerte festgelegt. Seit dem Sommer 2008 bekommen wir diese Richtlinie durch die zunehmende Schaffung von städtischen Umweltzonen (momentan ca. 50 in Deutschland) zu spüren. Diese dürfen nämlich nur mit entsprechender Plakette befahren werden.

EU-Biosiegel

Auch was öko ist, bestimmt die EU. Seit 1.7.2010 gibt es das neue EU-Bio-Logo. Lebensmittel, die damit gekennzeichnet sind, dürfen nicht gentechnisch verändert oder mit chemischen Pflanzenschutzmitteln behandelt worden sein. Tiere müssen artgerecht gehalten und mit ökologisch produziertem Futter gefüttert worden sein.

Kroatien wird 28. Mitgliedsstaat

Am 1. Juli 2013 wurde Kroatien 28. Mitglied der EU. Am 5. Dezember 2011 hatte der Rat für Allgemeine Angelegenheiten der EU die Aufnahme Kroatiens beschlossen. Die kroatische Bevölkerung stimmte in einem Referendum am 22. Januar 2012 für den EU-Beitritt. Der Deutsche Bundestag und der Deutsche Bundesrat stimmten 2013 für den Beitritt, so wie zuvor alle anderen Mitgliedsstaaten der EU.

7

Politik in der Europäischen Union

Europäische Politik bestimmt unser Leben in Deutschland mehr, als wir denken. Im europäischen „Haus" befinden sich nunmehr 28 Staaten und weitere Staaten wollen Mitglied der Europäischen Union werden.

 Kompetenzen

Am Ende dieses Kapitels solltest du Folgendes können:
- Meilensteine in der Entwicklung der EU und Ziele der europäischen Integration kennen
- Beispiele für Einflussnahmen der EU auf das Leben in den Mitgliedstaaten nennen
- demokratische Mitwirkungsmöglichkeiten im europäischen Willensbildungs- und Entscheidungsprozess einschätzen und nutzen
- wichtige politische Organe der EU und den Entscheidungsprozess beschreiben
- Errungenschaften und Gefährdungen der europäischen Integration beurteilen

Was weißt du schon?
- Benenne die Staaten der Europäischen Union.
- Europa bedeutet für mich ... – Finde mithilfe der Beispiele möglichst viele Satzergänzungen, die zeigen, welche Bedeutung für dich die Europäische Union hat.

7.1 Die Europäische Union – „in Vielfalt geeint"?

Leben in Europa – gibt es eine europäische Jugend?

M 1 Freizeit in Europa

Hinweis:
Die Materialien in den Kapiteln 7.1 und 7.2 können als Ausgangspunkt für ein gemeinschaftskundliches Projekt „Europa" in Zusammenarbeit mit Erdkunde und Geschichte genutzt werden.

Jugendliche Polen beim Grillen während eines Festivals.

Flashmob zu Ehren von Michael Jackson in Paris

DreamHack (LAN-Party) in Jönköping/Schweden

Kissenschlacht unter Jugendlichen am Internationalen Tag der Kissenschlacht in Bologna

M 2 Was eint, was trennt die Jugend Europas?

„Die Pfade werden kurviger", der französische Soziologe Vincenzo Cicchelli über die Jugend Europas, was sie eint, was sie trennt – und woran sie sich in diesen unsicheren Zeiten orientieren kann.

Le Monde: Haben die jungen Europäer eine gemeinsame Kultur?
Cicchelli: Ja. Die Jugendlichen hören die gleiche Musik – Rock, Pop, Rap –, sie lesen die gleichen Comicbücher, tragen die gleiche Kleidung, spielen die gleichen Videospiele, und sie machen ausgiebig Gebrauch von den neuen Kommunikationsmitteln: Internet, Chat, SMS, soziale Netzwerke.

Es ist eine Kultur des Kontakts, unmittelbar und abgeschirmt von den Eltern, die sich entfalten konnte, weil die Familie sie zugelassen hat, sie selber nutzt und weil die Erziehung sich vor allem stark verändert hat. Sie ist nicht mehr an Autorität gebunden, sondern an eine ausgehandelte Autonomie. Alle Untersuchungen zeigen, dass Junge und Erwachsene nunmehr gemeinsame Werte haben, die weder der religiöse Glaube noch der Gehorsam sind, sondern die Autonomie, der Respekt vor anderen, die Toleranz, die Sorge um sich.

Le Monde: Führen die Jugendlichen also von einem Ende zum anderen Europas das gleiche Leben?

Cicchelli: Nein, die Unterschiede zwischen den Ländern bleiben unverkennbar. Skandinavien zum Beispiel ist geprägt von einer starken Vorstellung von Autonomie, mit einem frühzeitigen Weggang von den Eltern, aber mit einem staatlich geförderten Studium: diese lange Zeitspanne vor dem Eintritt ins Berufsleben wird positiv erlebt, wie eine Experimentierphase, in der die Jugendlichen reisen, arbeiten, studieren können. In den südlichen Ländern ist es hingegen die Familie, die das Studium finanziert, den Kindern hilft, sich niederzulassen, was erklärt, warum sie das Elternhaus später verlassen. Aber heute erschüttert diese Generation eine massive Arbeitslosigkeit, die mehr als die Hälfte der jungen Spanier betrifft, 30 Prozent der Italiener. Und es ist kein Zufall, dass man in diesen Ländern ,die Empörten' trifft, die ,eine Arbeit, eine Zukunft' wollen. Frankreich nimmt eine Mittelstellung ein, wo der Staat das Studium finanziert und ein Wohngeld zahlt, das die familiären Zuschüsse ergänzt. Großbritannien hat eine Sonderstellung, aufgrund seiner liberalen Option, die die jungen Leute drängt, sich finanziell sehr früh selbst zu tragen und sich für kurze, übrigens teure, Studien zu entscheiden – auch wenn die Krise dieses Modell verändert.

Le Monde: Erasmus und die immer häufigeren Aufenthalte in den Ländern Europas – tragen sie dazu bei, eine neue Kultur zu formen?

Cicchelli: Ein bisschen, aber Erasmus betrifft sehr wenige Studenten, weniger als zwei Prozent. Die Austausche tragen gleichwohl dazu bei, ein Generationsbewusstsein zu entwickeln. Es entsteht auch ein europäischer Markt des Studiums und der Diplome, mit Studenten, die ihre Abschlüsse jenseits der Grenzen ihres Heimatlandes machen ...

Interview: Isabelle Rey-Lefebvre, Süddeutsche Zeitung, 31.5.2012

ERASMUS

Das Programm ERASMUS richtet sich an **Hochschulen** und ist auf die Lehr- und Lernbedürfnisse von Studierenden ausgerichtet. Auch Einrichtungen und Organisationen, die allgemeine oder **berufliche Bildungslehrgänge mit Fachhochschulniveau** anbieten, können sich beteiligen. Das Programm ist mit einem Etat von **3,114 Milliarden Euro** ausgestattet. Ziel ist es, bis 2013 drei Millionen Studierenden die Möglichkeit zu geben, einen Teil ihres Studiums im Ausland zu absolvieren.

Nationale Agentur für ERASMUS ist der Deutsche Akademische Austauschdienst (DAAD)
→ *http://eu.daad.de*

Aufgaben

1. Stellt in einer Tabelle, ausgehend von M 1, M 2 und euren Erfahrungen mit Jugendaustauschen, Gemeinsamkeiten und Unterschiede jugendlicher Lebenswelten in Europa gegenüber.
2. Stelle zusammen, welche Vorteile ein Praktikum, ein Auslandsjahr oder ein Studium im Ausland bringen kann.

○

Informiert euch über europäische Bildungsprogramme. Ladet dazu ehemalige Praktikanten und Studenten ein, und befragt diese nach ihren Erfahrungen.

Warum gibt es die Europäische Union?

M 3 Das europäische Haus

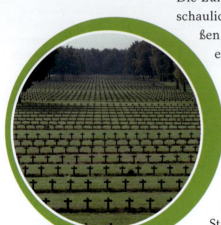

Auf dem Soldatenfriedhof in Lommel in Belgien liegen aus dem Zweiten Weltkrieg 38.560 und aus dem Ersten Weltkrieg 542 gefallene deutsche Soldaten begraben. Er ist der größte Soldatenfriedhof des Zweiten Weltkriegs in Westeuropa.

Rehabilitation
Wiedereingliederung eines Kranken

Die Europäische Union lässt sich anschaulich mit dem Bild eines großen Hauses vergleichen. Die ersten Bewohner des Hauses waren die sechs Gründerstaaten der EU (Deutschland, Frankreich, Italien, Belgien, Niederlande und Luxemburg), die 1951 bereit waren, ihre Entscheidungsgewalt (Souveränität) über die Kohle- und Stahlindustrie und damit über die Produktion von Waffen einer zentralen europäischen Behörde zu überlassen. Die sechs Staaten haben gleichsam den ersten Vertrag (Montanunion) für das Zusammenleben im gemeinsamen Haus geschlossen – die Hausordnung. Bis heute wurde diese Hausordnung, die die Prinzipien des Zusammenlebens beschreibt, durch zahlreiche Verträge erweitert. Immer mehr vormals nationale Entscheidungen und Regelungen wurden so in gemeinsames politisches Handeln überführt (Vergemeinschaftung).

Parallel dazu wurde das Haus weiter ausgebaut (Erweiterung der EU). Heute umfasst das Haus 28 Bewohner und weitere Staaten wollen beitreten. Um das Zusammenleben in der Hausgemeinschaft zu regeln und zu fördern, müssen gemeinsame politische Institutionen geschaffen werden – die politischen Organe der EU. Für die Weiterentwicklung der Hausordnung, den Entwurf und den Ausbau des Hauses, sind die Architekten, die Staats- und Regierungschefs der EU-Staaten zuständig. Über die Einhaltung der Hausordnung wacht die Europäische Kommission und der Europäische Gerichtshof. Das Europäische Parlament und der Ministerrat beschließen Regeln auf der Grundlage der Verträge, welche die Politik der EU-Staaten bestimmen.

Warum war gerade nach 1945 die Zeit für die europäische Integration gekommen?

Angesichts des Leids und Elends zweier Weltkriege auf europäischem Boden wollten die Menschen in Europa endlich Frieden. Ein schneller Wiederaufbau des zerstörten Europa und die Steigerung des Wohlstands waren nur durch wirtschaftliche Kooperation und die Schaffung größerer Wirtschaftsräume zu bewerkstelligen. Ferner mussten die alten europäischen Großmächte angesichts einer neuen Weltordnung, die durch die Supermächte USA und Sowjetunion bestimmt wurde, befürchten, wirtschaftlich und politisch an den Rand gedrängt zu werden. Die Integration diente insofern der Selbstbehauptung Europas. Für Deutschland stellte die Aufnahme in die europäische Staatengemeinschaft einen entscheidenden Schritt zur Rehabilitation und zur Anerkennung dar.

Was hält die Staaten im europäischen Haus zusammen?

Die Europäer haben aus der durch Krieg und Feindschaft geprägten eu-

ropäischen Geschichte gelernt, dass
Frieden und Wohlstand auf Dauer
nur durch ein Miteinander möglich
sind. Auf der Grundlage der Menschenrechte und der Demokratie soll
Europa in Vielfalt geeint das Wohlergehen der Menschen fördern. Einig sind sich die Mitgliedsstaaten
nämlich in ihren gemeinsamen Zielen. Erstens wollen sie erreichen,
dass es allen EU-Ländern wirtschaftlich gut geht und die Menschen in
Wohlstand leben können. Zweitens

kümmern sie sich darum, dass in
Europa und der Welt Frieden und Sicherheit herrschen. Drittens haben
sie sich vorgenommen, allen in der
EU lebenden Menschen die gleichen
demokratischen Grundrechte und
Grundfreiheiten zu garantieren, ein
Leben ohne Diskriminierungen und
mit Chancengleichheit für alle. Vier-
tens sollen nach dem Motto „in Vielfalt geeint" die Kulturen und Tradi-
tionen der unterschiedlichen Staaten
respektiert werden.

M 4 Das europäische Haus im Bau – Meilensteine

Im Jahr 1951 gründeten sechs Staaten
die „Europäische Gemeinschaft für
Kohle und Stahl" (EGKS), auch „Montanunion" genannt.

Mitten in Rom am 25. März 1957,
18 Uhr. Draußen, auf dem Kapitols-
platz, hat sich trotz strömenden Re-
gens eine riesige Menschenmenge
versammelt. Drinnen, im festli-
chen Saal des alten Konservatoren-
palasts, herrschen Stolz, Freude und
auch etwas Erleichterung: Noch bis
zur allerletzten Minute hat man um
die Einzelheiten gefeilscht. Jetzt sitzen die Vertreter Belgiens, Deutschlands, Frankreichs, Italiens, Luxem-
burgs und der Niederlande an einem
langen Tisch und unterzeichnen die
Verträge zur Gründung der Europäischen Wirtschaftsgemeinschaft
(EWG). Zum Abschluss schenkt der
Bürgermeister von Rom allen Teil-
nehmern eine goldene Medaille. In
den Dokumenten, die „Römische Verträge" genannt werden, steht, dass
die sechs Länder nicht nur bei Kohle und Stahl, sondern in der gesamten

Wirtschaft zusammenarbeiten wollen. Am gleichen Abend gründeten
die sechs Länder übrigens
auch die Europäische
Atomgemeinschaft
(EAG oder Eu-
ratom). Damit
wollten sie er-
reichen, dass
die Kernkraft
in Europa
friedlich ge-
nutzt würde,
also zum Bei-
spiel in Kern-
kraftwerken, und
nicht etwa zur Her-
stellung gefährlicher
Atomwaffen. In den folgenden Jahren traten immer mehr Länder den Europäischen Gemeinschaften (EG) bei, wie sich das Bündnis
ab 1967 nannte. 1992 vereinbarten
die mittlerweile zwölf Mitgliedsländer in der niederländischen Stadt
Maastricht, sich nicht nur wirtschaftlich, sondern auch politisch enger zu-

*Die Europäische Union –
ein unvollendetes Bau-
werk.*

Erweiterungen

1973 Dänemark, Groß-
      britannien, Irland
1981 Griechenland
1986 Portugal, Spanien
1995 Finnland, Österreich,
      Schweden
2004 Estland, Lettland,
      Litauen, Malta,
      Polen, Slowakei,
      Slowenien, Tsche-
      chische Republik,
      Ungarn, Zypern
2007 Bulgarien, Rumänien
2013 Kroatien

sammenzuschließen. 1993 trat dieser „Vertrag von Maastricht" in Kraft
und begründete die „Europäische
Union". „Union" kommt vom latei-
nischen Wort „unio", „Vereinigung".
Mit dieser Namensänderung wollten
die Europäer zeigen, dass sie nun
noch näher zusammengerückt waren. 2002 führte die EU eine gemeinsame Währung ein und machte damit
einen weiteren großen Schritt: Heute klimpert in 18 EU-Ländern der
Euro im Geldbeutel. Am Anfang, mit
nur wenigen Mitgliedern, konnte die
EU leicht und schnell Entscheidungen treffen. Als immer mehr Länder
der EU beitraten, die alle eine eigene
Meinung hatten, wurde das immer
schwieriger. Doch wie sollte die EU
handlungsfähig bleiben, wenn in Zukunft sogar noch mehr Länder beitreten würden? Der Versuch, in einer eigenen „Verfassung" neue Spielregeln
für die EU festzulegen, klappte nicht.
Die Wähler in Frankreich und in den
Niederlanden waren dagegen. 2007

nahmen die damaligen 27 EU-Staaten
einen neuen Anlauf und unterzeichneten in der portugiesischen Hauptstadt schließlich den „Vertrag von
Lissabon". Mit 287 Seiten ist der ganz
schön umfangreich. Im Vertrag stehen nicht nur neue Abstimmungsre-
geln. Der Vertrag stärkt auch die Rolle des Europäischen Parlamentes, in
dem die direkt gewählten Abgeordneten sitzen. Er gibt auch den Auftrag,
die Grundrechte jedes einzelnen Bür-
gers zu schützen, beispielsweise das
Recht auf Bildung oder Gesundheit.
Außerdem kann jeder EU-Bürger ein
neues Gesetz auf den Weg bringen –
vorausgesetzt, er hat vorher eine Million Unterschriften gesammelt. Am
1. Dezember 2009 ist der Vertrag von
Lissabon in Kraft getreten. Im Juli
2013 trat Kroatien als 28. Mitgliedsland der EU bei.

Nach: http://ec.europa.eu © Europäische Union,
1995-2015, Für die Wiedergabe und Anpassung
ist allein C.C.Buchner Verlag GmbH & Co. KG
verantwortlich.

M 5   Ein Projekt ohne Vorbild

Am 13.12.2007 unter-
zeichneten die Vertreter
der Mitgliedstaaten der
EU den Vertrag von Lissa-
bon. Er trat am 1.12.2009
in Kraft.

Für das europäische Einigungsprojekt
gab es weder ein Vorbild noch einen
fertigen Bausatz, verbunden mit einem festen Zeitplan und einem klaren Ziel. Die Einigung vollzog sich
daher nicht durch einen einzigen,
großen historischen Akt, sie bedurfte
zahlreicher Anläufe und vieler Kompromisse. Es gab am Anfang auch keine Entscheidung darüber, nach welchem Leitbild Europa gestaltet werden
sollte: Die einen hatten einen Bundesstaat im Sinn – also eine Föderation
mit abgestuften Zuständigkeiten zwi-

schen der Zentrale und den Gliedern,
ausgestattet mit Regierung und Parlament. Andere strebten nur einen Staa-
tenbund an – eine lockere Verbindung
ohne Aufgabe wichtiger Zuständigkeiten durch die Nationalstaaten an eine
europäische Behörde. Die Zusammenarbeit sollte durch die nationalen Regierungen bewerkstelligt werden.
Dann gab es diejenigen, die zunächst
nur ganz enge, spezifische Bereiche an
Europa übertragen wollten, zum Beispiel die Zuständigkeit für Zölle, für
die Landwirtschaft oder die Wettbe-

werbskontrolle. Falls sich die Integration in einem solchen spezifischen Ausschnitt bewähren würde, könnte man vorsichtig weitere Funktionen an Europa abgeben.

Die Europapolitik ließ vieles von diesen Alternativen über lange Zeit unentschieden in der Schwebe. Kein Anhänger des Europagedankens sollte verprellt werden, nur weil seine eigene programmatische Überzeugung nicht weiter auf der Tagesordnung stand. So nahm der Einigungsprozess einen Mischcharakter an – von allen Überzeugungen fand etwas seinen Niederschlag. In der Konsequenz bedeutet dies: Wer Europa verstehen will, dem ist nicht ein einfaches Konzept als Orientierung anzubieten. Die vielen geglückten kleinen Schritte und die vielen fehlgeschlagenen Versuche haben sich ohne jede Gesetzmäßigkeit in Europa ereignet, gleichsam wie die Ablagerungen in Tropfsteinhöhlen, die Ausformungen von Küstenformationen oder die Jahresringe der Bäume. Wer Europa verstehen will, kommt nicht umhin, diese „Jahresringe" der Entwicklungsschritte abzutasten.

Werner Weidenfeld, Europa leicht gemacht. Antworten für junge Europäer, Bonn 2007, S. 96

Europatag

Am 9. Mai 1950 unterbreitete Robert Schuman, damaliger französischer Außenminister, seinen Vorschlag für ein Vereintes Europa als unerlässliche Voraussetzung für die Aufrechterhaltung friedlicher Beziehungen (Schuman-Erklärung). Dieser Tag gilt als Grundstein der heutigen Europäischen Union.

Motto der EU

„In Vielfalt geeint" – dies ist das offizielle Motto bzw. der offizielle Slogan der Europäischen Union. Der Vertrag über eine Verfassung für Europa enthält erstmals einen offiziellen Leitspruch für die Europäische Union.

M 6 Europäische Symbole

Die zwölf kreisförmig angeordneten Sterne der europäischen Flagge symbolisieren Vollkommenheit, Vollständigkeit und Einheit. Die Sterne auf der Flagge stehen daher für die Harmonie der europäischen Völker. Die Zahl der Sterne hat nichts mit der Anzahl der Mitgliedstaaten zu tun.

Seit 1972 ist der letzte Satz von Ludwig van Beethovens 9. Symphonie die Hymne des Europarats. Bei der Komposition ließ sich Beethoven von Schillers Gedicht „Ode an die Freude" inspirieren.

Offizielle Hymne der Europäischen Union ist die „Ode an die Freude" seit 1986. Die Hymne hat bisher keinen offiziellen Text und kann daher nicht gesungen, sondern nur instrumental gespielt werden.

1. Sammelt Merkmale, die Europa für euch als einheitlichen Raum definieren.
2. Die Europäische Union lässt sich anschaulich mit dem Bild eines Hauses vergleichen. Das Fundament bilden die gemeinsamen Werte und Ziele. Im Erdgeschoss wohnen die Gründerstaaten. In den oberen Geschossen wohnen die hinzugekommenen Mitglieder. An der Hausfassade stehen die Meilensteine, die das Leben im europäischen Haus prägen und prägten. Zeichnet in Gruppen das europäische Haus auf ein großes Plakat. Vergleicht eure Ergebnisse (M 3 – M 5).
3. Braucht die EU gemeinsame Symbole? Diskutiert diese Frage in Gruppen (M 6).

Die Europäische Union – eine Friedensgemeinschaft?

M 7 Die EU erhält den Friedensnobelpreis – „Vom Krieg zum Frieden: eine europäische Geschichte"

Rede des damaligen Präsidenten des Europäischen Rates Van Rompuy anlässlich der Verleihung des Friedensnobelpreises an die Europäische Union, Oslo, 10.12.2012:

Verleihung des Friedensnobelpreises 2012 an die EU, vertreten durch den damaligen Präsidenten des Europäischen Rates Herman Van Rompuy, den damaligen Kommissonspräsidenten José Manuel Durão Barroso und den Präsidenten des Europaparlaments Martin Schulz (Stand: 2016).

Eure Majestäten, Königliche Hoheiten, verehrte Staats- und Regierungschefs, verehrte Mitglieder des Norwegischen Nobelpreis-Komitees, Exzellenzen, meine Damen und Herren, voller Demut und Dankbarkeit nehmen wir hier gemeinsam den Friedensnobelpreis im Namen der Europäischen Union entgegen. In Zeiten der Unsicherheit erinnert dieser Tag die Menschen in Europa und der ganzen Welt an den ureigensten Zweck der Europäischen Union: die Brüderlichkeit zwischen den europäischen Nationen jetzt und in Zukunft zu stärken. Dies ist unsere Aufgabe. Dies war die Aufgabe der Generationen vor uns. Und dies wird die Aufgabe der Generationen nach uns sein. [...]

Der Krieg ist so alt wie Europa. Unser Kontinent trägt die Narben von Speeren und Schwertern, Kanonen und Gewehren, Schützengräben und Panzern. Für unsere Tragödie fand Herodot vor 2500 Jahren folgende Worte: „Im Frieden begraben die Söhne ihre Väter. Im Krieg begraben die Väter ihre Söhne". Nach zwei schrecklichen Kriegen, die unseren Kontinent und die Welt in den Abgrund gestürzt haben, verwirklichte Europa doch einen dauerhaften Frieden. In jenen dunklen Tagen lagen die Städte in Trümmern und die Herzen vieler Menschen waren voll Trauer und Verbitterung. [...]

Natürlich hätte der Friede auch ohne die Union nach Europa kommen können. Vielleicht. Wir werden es niemals erfahren. Aber er wäre ganz anders gewesen. Wir haben dauerhaften Frieden, keinen frostigen Waffenstillstand. [...]

Hier kommt die „Geheimwaffe" der Europäischen Union ins Spiel: Eine einzigartige Methode, unsere Interessen so eng miteinander zu verknüpfen, dass ein Krieg nahezu unmöglich wird. Durch ständige Verhandlungen zu immer mehr Themen zwischen immer mehr Ländern gemäß der goldenen Regel von Jean Monnet: „Mieux vaut se disputer autour d'une table que sur un champ de bataille." („Es ist besser, sich am Verhandlungstisch zu streiten, als auf dem Schlachtfeld.")

www.europa.eu (12.3.2013)

Umstrittene Auszeichnung

Die hohe Auszeichnung für die Europäische Union ist nicht unumstritten. Drei frühere Preisträger, der südafrikanische Erzbischof Desmond Tutu, der argentinische Menschenrechtler Adolfo Peréz Esquivel und die nordirische Friedensaktivistin Mairead Maguire forderten in einem gemeinsamen Schreiben die Stockholmer Nobelstiftung auf, die Verleihung des Friedensnobelpreises an die EU zurückzuziehen. Sie erklärten, dass die EU „eindeutig kein Vorkämpfer für den Frieden" sei, und dass der Wille des Preisstifters Alfred Nobel durch die Entscheidung des Komitees verfälscht würde. „Die EU strebt nicht nach der Verwirklichung von Nobels globaler Friedensordnung ohne Militär", schrieben sie weiter. Die EU gründe kollektive Sicherheit auf militärischen Zwang und die Durchführung von Kriegen.
(taz, 4.12.12)

● Beurteile die Einwände der Menschenrechtler zur Verleihung des Nobelpreises an die EU.

M 8 Frieden – langweilig?

Karikatur: Chappatte

M 9 Wie schafft die EU Frieden?

Die europäische Geschichte führte schließlich zu der Erkenntnis, dass es nicht möglich war, durch Kriege eine dauerhafte politische Ordnung in Europa zu bilden. Im Friedensschluss wurde immer zugleich der Keim zur Vorbereitung des nächsten Krieges gelegt. Vor diesem Hintergrund konnte sich nach dem 2. Weltkrieg das Konzept der Integration entfalten – als kluge Strategie der Verflechtung ehemals verfeindeter Staaten. Flankiert wurde der schmerzhafte Verzicht auf staatliche Souveränität durch ein Programm der Wohlstandsentwicklung über den Aufbau eines gemeinsamen Marktes. Zentral war auch die Idee, dass kleine Staaten nicht mehr Objekte der Machtpolitik ihrer größeren Nachbarn sein sollten. Europäische Integration hat sich in diesem Sinne als eine Sicherheitsgemeinschaft entwickelt, die ihren Mitgliedern Schutz vor Bevormundung und Unterwerfung durch die unmittelbaren Nachbarn versprach. Garant für den Frieden ist dabei das hohe Maß an wirtschaftlicher und politischer Verflechtung, das weltweit ohne Beispiel ist. Gemeinsame Institutionen ermöglichen die friedliche Konfliktlösung, da sie gleichrangige Chancen der Mitwirkung und Entscheidung garantieren.

> Entwerft ein Plakat, auf dem die Leistungen der EU für den Frieden in Europa beworben werden.

Aufgaben

1. „Die EU hat Europa über 60 Jahre Frieden gebracht und damit die größte Errungenschaft europäischer Integration". Erläutere mithilfe der Rede anlässlich der Verleihung des Friedensnobelpreises diese These (M 7).
2. Nimm zur Aussage der Karikatur (M 8) Stellung.
3. Arbeite heraus, wie die EU den Frieden in Europa garantiert (M 9). Ergänze weitere Aspekte.

Eine gemeinsame Außen- und Sicherheitspolitik am Beispiel des Ukraine-Konflikts

M 10 Der Ukraine-Konflikt in der Karikatur

Russischer Bär
Zumeist in Westeuropa verwendete Darstellung (Allegorie), die auf die Größe und Stärke des Landes anspielt.

Stier und Prinzessin
Europa ist die Tochter des phönizischen Königs Agenor und der Telephassa. Zeus verliebte sich in sie. Er verwandelte sich wegen seiner argwöhnischen Gattin Hera in einen Stier. Sein Bote Hermes trieb eine Kuhherde in die Nähe der am Strand von Sidon spielenden Europa, die der Zeus-Stier auf seinem Rücken entführte.

Karikatur: Harm Bergen

M 11 Die Vorgeschichte des Ukraine-Konflikts

Mit dem Zusammenbruch des Kommunismus und dem Zerfall der UdSSR im Jahr 1991 erhielten viele Volksgruppen der Sowjetunion einen eigenen Staat. So entstanden aus ehemaligen Sowjetrepubliken z. B. die baltischen Staaten, Georgien, Weißrussland und die Ukraine. Die russische Außenpolitik war bemüht, Einfluss auf diese neu entstandenen Staaten zu behalten. Russland musste allerdings hinnehmen, dass die baltischen Staaten Mitglied der EU und der NATO wurden. Die Bevölkerung der Ukraine orientiert sich in ihrem westlichen Teil stark an Europa und der EU. Im Süden und Osten der Ukraine ist diese Ausrichtung nicht vorhanden, die Bevölkerung ist eher Russland verbunden. Die Energieversorgung der Ukraine hängt vom russischen Gaskonzern Gazprom ab.

Nach: Dietrich Claus, www.demokratie-gestalten.eu (1.10.2015)

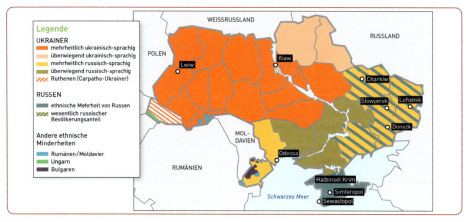

Daten: Bayrischer Rundfunk, www.br.de, 3.12.2013

M 12 Konsequenzen aus der Krim-Krise: EU beschließt Sanktionen gegen Russland

Bei einem Sondergipfel in Brüssel 2014 haben sich die 28 europäischen Staats- und Regierungschefs auf dreistufige Sanktionsmaßnahmen gegen Russland
5 verständigt. Verhandlungen über Visaerleichterungen und ein neues Rahmenabkommen mit Russland wurden ausgesetzt. Sollte Russland sich weiter weigern, Gespräche mit der Ukraine
10 zu führen, drohte die EU eine härtere Gangart mit Einreiseverboten oder Kontensperrungen an. Am 17.3.2014 verfügte die EU Reisebeschränkungen und das Einfrieren der Gelder
15 bestimmter aufgelisteter Personen, darunter sind Separatisten und Separatistengruppen als auch Personen in der russischen Exekutive und Legislative, die die Annexion der Krim
20 betrieben oder unterstützt haben. Ferner verhängte die EU ein Ausfuhrverbot für Rüstungsgüter und Gütern mit doppeltem Verwendungszweck (dual use) zu militärischen Zwecken
25 oder militärische Endnutzer sowie damit zusammenhängende Dienstleistungen und eine Beschränkung des unmittelbaren und mittelbaren Zugangs zu den Kapitalmärkten für bestimmte Finanzinstitute (z. B. Gaz-
30 prombank). Am 22.6.2015 fasste der Rat der Europäischen Union den Beschluss, die wegen der Ukraine-Krise gegen Russland verhängten Wirtschaftssanktionen bis zum 31. Januar
35 2016 zu verlängern. Die Staats- und Regierungschefs der EU-Mitgliedsländer knüpfen die Dauer der Sanktionen an die vollständige Umsetzung der Minsker Vereinbarungen.
40 Als Gegenmaßnahmen verhängte Russland 2014 u. a. ein Einfuhrverbot von EU-Lebensmitteln und Visasperren (Einreiseverbote) gegen Personen aus der Europäischen Uni-
45 on (Politiker und Militärs). Das Lebensmittelembargo umfasst ein vollständiges Importverbot für Fleisch, Fisch, Käse, Milch, Gemüse und Obst aus der EU. Die EU-Staaten be-
50 fürchten 2015 Einnahmeverluste von bis zu 7 Mrd. Euro.

Ukraine-Konflikt und Energieversorgung

Die Energiesicherheit der zentraleuropäischen Staaten ist stark von russischen Gaslieferungen abhängig. Da diese zu einem erheblichen Teil durch Pipelines in der Ukraine transportiert werden, gefährdet der Ukraine-Konflikt die Energieversorgung mit Erdgas in der EU insbesondere in Deutschland. Russland liefert ca. 35 % des Erdgasbedarfs nach Deutschland. Andererseits sind die Exporte von Gas für Russland eine wichtige Einnahmequelle.

Minsker Abkommen

Das Protokoll von Minsk („Minsk I") ist die schriftliche Zusammenfassung der Ergebnisse der Beratungen der aus Ukraine, der OSZE und Russland zur Umsetzung des Friedensplanes des ukrainischen Präsidenten Petro Poroschenko und der Initiativen des russischen Präsidenten Wladimir Putin. Das Protokoll wurde am 5. September 2014 im weißrussischen Minsk unterzeichnet. Bereits am 28. September jedoch flammten die Kämpfe im Osten der Ukraine erneut auf. Am 12. Februar 2015 kam auf Initiative von Deutschland und Frankreich ein erneutes Waffenstillstandsabkommen zustande: „Minsk II". Die NATO wirft Moskau vor, das Abkommen von Minsk durch Waffenlieferungen in die Ostukraine zu brechen.

M 13 Wer ist wofür zuständig?

In die Gemeinsame Außen- und Sicherheitspolitik sind alle Akteure des außenpolitischen Handelns eingebunden:

Der Europäische Rat: Staats- und Regierungschefs legen Grundsätze und Leitlinien der GASP fest. Sie können einstimmig gemeinsame Strategien beschließen, die für alle Staaten bindend sind und von der EU durchgeführt werden.

Der Rat: Außenminister, die monatlich unter Anwesenheit eines Mitglieds der Europäischen Kommission im Rat zusammentreten. Der Rat kann auf der Basis einer gemeinsamen Strategie mit qualifizierter Mehrheit gemeinsame Standpunkte oder Aktionen beschließen. Die gemeinsame Aktion ist das stärkste Instrument gemeinsamen Handelns in der Außenpolitik. Solche Aktionen können sowohl politische als auch andere, z. B. militärische Maßnahmen einschließen. Für Beschlüsse, die nicht auf einer gemeinsamen Strategie beruhen, ist Einstimmigkeit erforderlich.

Hoher Vertreter der Union für Außen- und Sicherheitspolitik: Der Hohe Vertreter ist zugleich Vizepräsident der Europäischen Kommission, Vorsitzender des Rates für Auswärtige Angelegenheiten und Außenbeauftragter des Europäischen Rates. Ernannt wird der Hohe Vertreter mit qualifizierter Mehrheit nach Zustimmung des Kommissionspräsidenten vom Europäischen Rat. Er soll die EU gemeinsam mit dem neuen Präsidenten des Europäischen Rates nach außen vertreten.

PSK: Das Politische und Sicherheitspolitische Komitee leitet die Tagesarbeit. Die Mitglieder des PSK erhalten ihre Weisungen direkt aus den Außenministerien der Mitgliedstaaten. Im PSK arbeiten Experten aus den nationalen Ministerien, die unter Leitung des PSK in Arbeitsgruppen Spezialthemen beraten, etwa die Bekämpfung des internationalen Terrorismus.

Botschafter der Mitgliedstaaten und die Delegationen der Europäischen Kommission: Sie arbeiten im Rahmen der GASP eng zusammen und stimmen sich gegenseitig ab.

Europäisches Parlament: Es ist im Wesentlichen auf Konsultationsrechte beschränkt, kann lediglich über das Haushaltsrecht Einfluss nehmen.

Europäischer Auswärtiger Dienst: Zur Unterstützung des Hohen Vertreters der Europäischen Union für Außen- und Sicherheitspolitik diesem unterstellt. Der EAD umfasst 3.645 Mitarbeiter, 1.611 davon arbeiten in der Zentrale, 2.034 in den Delegationen. Dazu kommen ca. 4.000 Angestellte in den Missionen der EU für ziviles und militärisches Krisenmanagement.

Bei allen Beschlüssen, für die Einstimmigkeit vorgeschrieben ist, kann ein Mitgliedstaat sich der Stimme enthalten; er kann damit aber Beschlüsse nicht verhindern (man spricht von „konstruktiver Enthaltung"). Das Land, das sich der Stimme enthalten hat, ist nicht verpflichtet, diesen Beschluss durchzuführen, akzeptiert aber, dass er für alle anderen Staaten bindend ist und unterlässt alles, was die Ausführung des Beschlusses durch die anderen Staaten behindern könnte.

Nach: © Copyright 2015, Euro-Informationen, www.eu-info.de (2.10.2015)

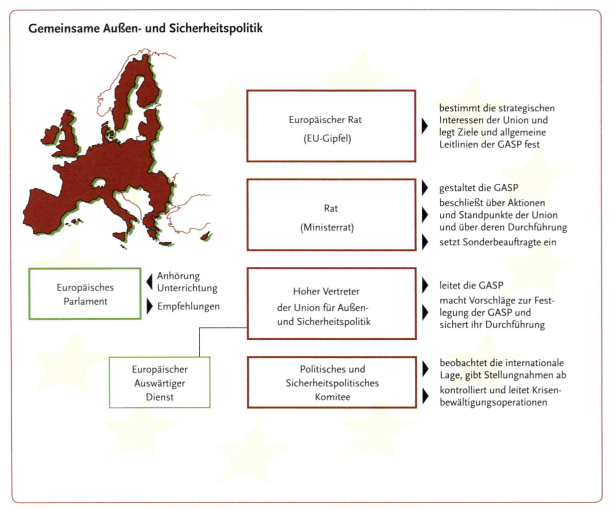

© Bergmoser + Höller Verlag AG, Zahlenbilder 715 200

Aufgaben

1. Interpretiere die Karikatur M 10.
2. Analysiere, welche außenpolitischen und sicherheitspolitischen Strategien und Instrumente der EU im Ukraine-Konflikt zur Verfügung stehen (M 11 – M 13).
3. Erörtere, ob die Sanktionen der EU gegen Russland sinnvoll sind (M 11 – M 13).

Gibt es Grenzen europäischer Einigung?

M 14 Diese Länder streben in die Gemeinschaft

Folgende Länder haben den Status offizieller Beitrittskandidaten, d. h. der Rat der Außenminister der EU hat beschlossen, Verhandlungen über den Beitritt aufzunehmen:

Türkei
Aufnahmeantrag vom 14. 4. 1987; seit 3. 10. 2005 Beitrittsverhandlungen

Montenegro
Aufnahmeantrag vom 15. 12. 2008; Beitrittsverhandlungen seit 29.6.2012

Serbien
Aufnahmeantrag vom 22. 12. 2009; Beitrittsverhandlungen seit 21.1.2014

Mazedonien
Aufnahmeantrag vom 22. 3. 2004; Beitrittsverhandlungen noch nicht festgelegt

Albanien
Seit dem 24. Juni 2014 ist Albanien offizieller Beitrittskandidat der Europäischen Union.

M 15 Der Stand der Erweiterungsdebatte

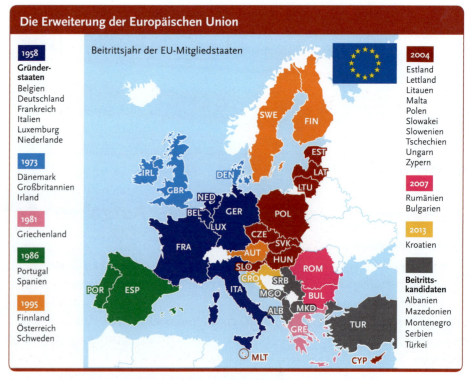

Globus-Grafik 10147; Quelle: Europäische Kommission, Stand 2015

M 16 Erweiterung – wozu?

Im Verlaufe der vergangenen 50 Jahre hat die Europäische Union ihre innere Integration kontinuierlich vertieft und gleichzeitig neue Mitglieder aufgenommen. Meistens liefen diese beiden Prozesse parallel zueinander. Dadurch ist die heutige EU, die 28 Mitgliedstaaten und eine Bevölkerung von ca. 500 Millionen Menschen zählt, sicherer, wohlhabender und einflussreicher geworden als die ursprüngliche Europäische Wirtschaftsgemeinschaft mit ihren sechs Mitgliedern und einer Bevölkerung von weniger als 200 Millionen Menschen. Eine wachsende Mitgliedschaft war von Anfang an ein Wesenselement der europäischen Integration. Die Debatte über die Erweiterung ist so alt wie die EU selbst. Bei jeder Aufnahme eines neuen Mitglieds verändert sich die EU. Das Nachdenken darüber, was aus uns werden könnte, zwingt uns dazu, auch darüber nachzudenken, was wir heute sind und was wir morgen sein wollen. Die Aufnahme von Ländern Mittel- und Osteuropas und des Mittelmeerraums in den Jahren 2004 und 2007 hat sich für die EU als großer Erfolg erwiesen, auch wenn sie von manchen zum Sündenbock für allerlei soziale und wirtschaftliche Probleme in der EU gemacht wird. Die letzte Erweiterungsrunde hat den Raum des Friedens, der Stabilität und der Demokratie in Europa ausgedehnt und durch die Vergrößerung von Märkten, die Schaffung neuer Geschäftsmöglichkeiten und die Integration schnell wachsender Volkswirtschaften in den Binnenmarkt die europäische Wirtschaft gestärkt. Die EU ist heute die größte Wirtschaftszone der Welt. Der größere Binnenmarkt und die neuen wirtschaftlichen Chancen haben den Wohlstand und die Wettbewerbsfähigkeit der Europäer gesteigert.

Olli Rehn, in: Die Erweiterung verstehen, Europäische Gemeinschaften, 2007, S. 1, © Europäische Union, 1995-2015, Für die Wiedergabe und Anpassung ist allein C.C.Buchner Verlag GmbH & Co. KG verantwortlich.

M 17 Wer kann Mitglied werden?

Der Vertrag von Lissabon legt die Grundsätze für die Aufnahme neuer Mitgliedstaaten fest. In Art. 6 Abs. 1 heißt es: „Die Union beruht auf den Grundsätzen der Freiheit, der Demokratie, der Achtung der Menschenrechte und Grundfreiheiten sowie der Rechtsstaatlichkeit; diese Grundsätze sind allen Mitgliedstaaten gemeinsam." Die sog. Kopenhagener Kriterien konkretisieren diese allgemeinen Grundsätze:

- Politische Kriterien: stabile Institutionen, die die Rechtsstaatlichkeit, die Menschenrechte und die Achtung und den Schutz von Minderheiten garantieren.
- Wirtschaftliche Kriterien: eine funktionsfähige Marktwirtschaft und die Fähigkeit, dem Wettbewerb und den Marktkräften in der EU standzuhalten.
- Fähigkeit zur Erfüllung der Verpflichtungen aus der EU-Mitgliedschaft und zur Übernahme der Ziele der politischen Union sowie der

Art. 49 EU-Vertrag
Jeder europäische Staat, der die in Artikel 2 genannten Werte achtet und sich für ihre Förderung einsetzt, kann beantragen, Mitglied der Union zu werden.

Literaturtipp
Holger-Michael Arndt, Der westliche Balkan: So nah und doch so fern – Beitrittsdebatte um die Balkanstaaten, in: D&E, Heft 66, 2013, S. 32 – 40

Wirtschafts- und Währungsunion.
- Übernahme des gesamten europäischen Rechtsbestands und dessen wirksame Anwendung mittels geeigneter Verwaltungs- und Justizstrukturen.

Der Beitrittsprozess besteht im Großen aus drei Schritten: Zunächst wird ein Land zu einem offiziellen Kandidaten für die EU-Mitgliedschaft ernannt, was jedoch noch nicht bedeuten muss, dass offizielle Verhandlungen aufgenommen werden. In einem einstimmigen Beschluss des Rates beschließen dann zu einem gegebenen Zeitpunkt die EU-Mitgliedstaaten gemeinsam, offizielle Beitrittsverhandlungen mit dem Kandidatenland aufzunehmen: Ihre Grundlage sind die 35 Kapitel des EU-Besitzstandes, d. h. die verbindlichen Rechte und Pflichten der EU. Das Bewerberland ist verpflichtet, den gesamten Besitzstand und seine Rechtsvorschriften zu übernehmen. Auch auf seine Anwendung und Durchsetzung muss das Land sich vorbereiten und alle notwendigen Reformen durchführen, um die Beitrittskriterien zu erfüllen. Wenn alle Verhandlungen erfolgreich abgeschlossen und alle Reformen durchgeführt sind, müssen die Kommission, der Rat und das Europäische Parlament dem Beitrittsvertrag zustimmen, der dann vom Kandidatenland und sämtlichen Mitgliedstaaten unterzeichnet und ratifiziert werden muss. Danach erfolgt der Beitritt zur EU. Die derzeitige Erweiterungspolitik der EU konzentriert sich auf die Länder des westlichen Balkans [und] die Türkei [...]. Das Europäische Parlament verfolgt alle Beitrittsgespräche sehr genau: Der Ausschuss für Auswärtige Angelegenheiten des EP hält regelmäßig Aussprachen mit den beteiligten Vertreterinnen und Vertretern der Kommission und der Regierungen sowie Expertinnen und Experten ab. Außerdem veröffentlicht das EP jährliche Entschließungen über die Fortschritte von Bewerberländern und potenziellen Kandidatenländern, die häufig den Beitrittsprozess beeinflussen.

Europa 2015, Europäisches Parlament, Informationsbüro in Deutschland (Hrsg.), 21.11.2014, S. 49 ff.

zu Aufgabe 1
Analysiert vorab die politische und wirtschaftliche Situation eines möglichen Beitrittslandes und beurteilt, ob die Kopenhagener Kriterien bereits erfüllt werden.

Aufgaben

1. „Alle europäischen Staaten sollten zukünftig Mitglied der Europäischen Union werden!" Diskutiert diese Forderung in Gruppen mithilfe der Materialien M 14 und M 15 sowie an einem konkreten Länderbeispiel eurer Wahl.
2. Informiert euch in Gruppenarbeit über die Beitrittskandidaten und den Stand der Verhandlungen.
3. Fasse die Begründungen für die stetige Erweiterung der EU zusammen (M 15, M 16).
4. Diskutiert, wie groß das europäische Haus werden soll. Hat die EU bereits eine kritische Größe erreicht oder kann sie noch viele weitere Staaten aufnehmen (M 14 – M 16)?

299

7.1 Die Europäische Union – „in Vielfalt geeint"?

Methode

M 18 Karikaturen interpretieren – Wie groß soll das europäische Haus werden?

Gerhard Mester, Baaske Cartoons, Müllheim

Gerhard Mester, Baaske Cartoons, Müllheim

Thomas Plaßmann, Baaske Cartoons, Müllheim

Eine Karikatur stellt zeichnerisch ein aktuelles Thema aus Politik, Gesellschaft oder Wirtschaft dar. Der Karikaturist interpretiert in überspitzter Weise einen Sachverhalt, sodass versteckt seine Sicht des Problems deutlich wird.

Vorgehen bei der Karika-Tour

Hängt die Karikaturen an den Wandseiten eures Klassenzimmers aus.
In kleinen Gruppen betrachtet ihr nun die einzelnen Darstellungen.
Nach 2 – 3 Minuten wechseln die Gruppen auf ein Signal des Lehrers im Uhrzeigersinn zur nächsten Karikatur. Diese wird unter der gleichen Fragestellung betrachtet. Wenn der Rundgang mit der Kurzbesprechung der übrigen Karikaturen abgeschlossen ist, werden die Bilder abgehängt. Der Lehrer lässt nun jede Gruppe verdeckt eine Karikatur ziehen. Mithilfe eines Frage-Leitfadens bespricht nun jede Gruppe ausführlich „ihre" Karikatur.

Leitfragen

1. Was stellt der Zeichner oder die Zeichnerin dar?
   → Aussage oder Thema der Karikatur
2. Wie und mit welchen Mitteln (Figuren, Objekte, Symbole) wird das Thema dargestellt?
   → Zeichnerische Elemente
3. Ist aus der Karikatur eine bestimmte Einstellung, Position oder Deutung des Zeichners oder der Zeichnerin erkennbar?
   → Tendenz der Karikatur
4. Wie beurteilt ihr die Aussage?
   → Eigene Position
5. Welche Fragen ergeben sich für euch aus der Karikatur?
   → Weitere Fragen
6. Einigt euch auf eine Kernaussage
   → Kernaussage

Was wir wissen

Jugendliche in Europa
M 2

In vielen Bereichen haben sich die Lebensrealitäten der Jugendlichen in Europa angeglichen. Von einer einheitlichen europäischen Jugendkultur kann man jedoch nicht sprechen, weil sich die wirtschaftlichen und kulturellen Lebensverhältnisse von Jugendlichen in den europäischen Ländern zum Teil erheblich unterscheiden.

Friedensprojekt Europa
M 3

Das friedliche Zusammenleben der Nationen auf dem Europäischen Kontinent ist vor allem für die jüngere Generation eine Selbstverständlichkeit geworden, doch führten die die Europäer jahrhundertelang gegeneinander Krieg. Erst nach den schrecklichen Erfahrungen des Zweiten Weltkriegs reifte die Idee eines vereinten und friedlichen Europas. Durch die gemeinsame Kontrolle kriegswichtiger Industrien (Montanunion) war der Grundstein für eine dauerhafte friedliche Kooperation zwischen den europäischen Staaten gelegt.

Entwicklung der EU
M 4

Charakteristisch für die Entwicklung des europäischen Hauses ist seit der Unterzeichnung der Römischen Verträge im Jahr 1957 ein Wechselspiel von Vertiefung und Erweiterung. Immer mehr Politikbereiche wurden in die Zuständigkeit der Europäischen Union übertragen und immer mehr Staaten wurden in die EU aufgenommen. Das Fundament der europäischen Einigung sind die gemeinsamen Werte: Wahrung der Menschenrechte, Frieden, Freiheit, Rechtsstaatlichkeit und Demokratie. Die europäische Integration bescherte Europa die längste Friedensepoche in ihrer bisherigen Geschichte.

Gemeinsame Werte
M 5

Gemeinsame Außenpolitik
M 10 – M 13

Die Gemeinsame Außen- und Sicherheitspolitik der EU (GASP) unterliegt einem komplizierten Abstimmungsprozess. Die grundlegende Ausrichtung der EU-Außenpolitik wird vom Europäischen Rat, also den Staats- und Regierungschefs der Europäischen Union, festgelegt. Die Umsetzung der Vorgaben in Beschlüsse erfolgt durch den Rat der Außenminister (unter Vorsitz des Hohen Vertreters) oder durch die Verteidigungsminister. Die Europäische Kommission unterbreitet in ihrem Zuständigkeitsbereich (z. B. Entwicklungspolitik, Humanitäre Hilfe und Nachbarschaftspolitik) ebenfalls Vorschläge zur Außenpolitik. Das „Gesicht" der Gemeinsamen Außenpolitik ist der „Hohe Vertreter", der die Beschlüsse umsetzt. Da dieser in allen drei Institutionen vertreten ist, soll ein einheitlicheres Auftreten der EU nach außen erreicht werden.

Erweiterung der EU
M 14 – M 17

Neben den sechs Gründerstaaten haben heute schon 22 weitere Staaten (Stand: 2016) im europäischen Haus ihren Platz gefunden. Doch wirft jede Erweiterung Fragen nach den damit verbundenen Vor- und Nachteilen auf. Kritiker von Erweiterungen verweisen regelmäßig auf die drohende Unregierbarkeit der EU, die negativen Auswirkungen auf die heimischen Arbeitsmärkte, auf die finanziellen Folgen und die kulturellen Unterschiede zwischen Mitglieds- und Kandidatenländern. Allerdings hat die EU gezeigt, dass sie auch große Erweiterungsrunden wie die Osterweiterung 2004 verkraften kann.

Was wir können

Kontrovers diskutiert: Soll die Türkei in die EU?

> Die Türkei ist heute etwa so wohlhabend wie Portugal zum Zeitpunkt der EU-Aufnahme.

> In zehn Jahren hat die Türkei 80 Millionen Einwohner und damit mindestens so viele wie Deutschland. Oder wie derzeit die zehn neuen EU-Staaten zusammen. Die Türkei ist zu groß. Sie wäre mittelfristig das bevölkerungsreichste EU-Land und hätte damit auch die meisten Stimmen.

> Die Türkei gehört nicht zu Europa. Die Türkei ist ein muslimisches Land, ihre Aufnahme würde die europäische Identität gefährden. Europa endet am Bosporus. Mit einer EU-Mitgliedschaft der Türkei wären der Iran und der Irak unsere direkten Nachbarn.

> Ein Beitritt der Türkei würde das politische System, die Demokratie und die wirtschaftlichen Reformen in der Türkei stabilisieren.

> Die Türkei ist wirtschaftlich zu unterentwickelt. Ihre Mitgliedschaft können wir uns nicht leisten. Mit einem Sechstel der deutschen Wirtschaftskraft ist die Türkei so arm, dass nach Berechnungen der EU-Kommission jedes Jahr zwischen 16,5 und 27,5 Milliarden Euro in die Türkei fließen müssten.

> Ein rascher Beitritt der Türkei würde eine Brücke zwischen dem christlich geprägten Europa und dem islamischen Nahen Osten schlagen. Eine demokratische und rechtsstaatliche Türkei wird auch als Modell für die islamische Welt eine große Anziehungskraft gewinnen.

> Wir haben der Türkei den Beitritt seit 1963 versprochen und müssen glaubwürdig bleiben.

> Mit der Türkei als Regionalmacht im Nahen und Mittleren Osten würde Europa zum „Global Player" und könnte den Vereinigten Staaten in der islamischen Welt eine eigene Sicherheitspolitik entgegensetzen.

Aufgaben
1. Ordne zunächst die Pro- und Kontra-Argumente und stelle diese einander gegenüber.
2. Nimm anschließend eine Gewichtung vor und nimm begründet Stellung dazu, ob die Türkei bereits jetzt Mitglied der EU werden sollte.

7.2 Wie demokratisch ist die EU?

Wer entscheidet in der EU? – Der lange Weg der EU-Gesetzgebung

Beispiele für „EU-Gesetze"

Empfehlung

Die EU empfahl der deutschen Regierung im Jahr 2014 eine verbesserte Lohnentwicklung in Deutschland ins Auge zu fassen, da die Produktivität in Deutschland deutlich schneller steigt als die Löhne.

Verordnungen

Verpflichtende Angaben auf verpackten Lebensmitteln dienen dem Schutz der Verbraucher. Diese sollen erkennen, woraus die Lebensmittel bestehen und welche Eigenschaften sie haben. Die „Lebensmittel-Informationsverordnung" der EU gilt seit dem 13.12.2014 EU-weit.

Beschluss

Die EU-Außenminister beschlossen am 17.3.2014 ein Einreiseverbot gegen russische Politiker, welche die Stabilität und Sicherheit der Ukraine gefährden oder untergraben.

Richtlinie

Am 13.6.2014 trat die neue EU-Verbraucherrechtlinie in Deutschland in Kraft: Das Verbraucherschutzniveau wird verbessert, die Rechtsvorschriften in den EU-Mitgliedstaaten werden angeglichen, Hindernisse auf dem EU-Binnenmarkt werden beseitigt und die Kosten beim grenzüberschreitenden Handel werden verringert.

M 1 „Gesetze" der EU – die gemeinschaftlichen Rechtsakte

Die in den EU-Verträgen niedergelegten Ziele werden mithilfe unterschiedlicher Rechtsakte verwirklicht. Einige dieser Rechtsakte sind verbindlich, andere nicht, manche gelten für alle andere nur für einige EU-Mitgliedstaaten.

- Empfehlungen und Stellungnahmen sind nicht rechtsverbindlich; sie geben lediglich den Standpunkt der Organe zu einer bestimmten Frage wieder.
- Verordnungen sind ab dem Zeitpunkt ihrer Verabschiedung auf Gemeinschaftsebene für jedermann verbindlich; sie gelten unmittelbar in jedem Mitgliedstaat und müssen nicht erst in nationales Recht umgesetzt werden.
- Beschlüsse beziehen sich auf ganz bestimmte Themen; sie sind in allen ihren Teilen für diejenigen verbindlich, an die sie gerichtet sind. Eine Entscheidung kann an alle Mitgliedstaaten, einen Mitgliedstaat, ein Unternehmen oder eine Einzelperson gerichtet sein.
- Richtlinien legen Ziele fest, wobei es Aufgabe der Mitgliedstaaten ist, diese auf nationaler Ebene anzuwenden; sie geben den Mitgliedstaaten Ergebnisse verbindlich vor, stellen ihnen jedoch frei, wie sie diese erreichen.

© Copyright 2016, Euro-Informationen, Gesetzgebung, www.eu-info.de, Abruf am 26.2.2016

M 2 Fallbeispiel: Soll die EU ihre Bürger vor den gesundheitlichen Gefahren des Rauchens schützen?

In Art. 5 des EU-Vertrages heißt es: „In den Bereichen, die nicht in ihre ausschließliche Zuständigkeit fallen, wird die Gemeinschaft nach dem **Subsidiaritätsprinzip** *nur tätig, sofern und soweit die Ziele der in Betracht gezogenen Maßnahmen besser auf Gemeinschaftsebene erreicht werden können." Die EU-Kommission muss bei jeder Gesetzesinitiative nachweisen, dass sie die jeweilige Aufgabe besser lösen kann als die Regionen oder die Mitgliedstaaten.*

Das Problem: Rauchen kann tödlich sein – hoher Tabakkonsum schädigt alle

Rauchen verursacht hohe Gesundheitsgefahren und hohe Kosten für die Allgemeinheit. Weltweit sterben nach Angaben der Weltgesundheitsorganisation (WHO) jährlich sechs Millionen Menschen an den Folgen des Tabakkonsums. Damit ist Tabakkonsum das größte vermeidbare Gesundheitsrisiko weltweit. Die durch den Tabakkonsum verursachten ge-

sundheitlichen Folgen wie Krebs, Herz-/Kreislauf- und Atemwegserkrankungen verursachen jährlich Kosten von rund 25 Mrd. Euro. Die
15 EU beschloss bereits 2002 eine Tabakproduktrichtlinie zur Bekämpfung des Tabakkonsums, die 2006 nochmals verschärft wurde. Werbung für Zigaretten wurde einge-
20 schränkt, die schädlichen Zusatzstoffe begrenzt und große, abschreckende Warnhinweise auf den Zigaretten-

packungen vorgeschrieben. Im Jahr 2015 nahmen die Warnhinweise mindestens 30 Prozent der Vorderseite 25 und 40 Prozent der Rückseite einer Packung ein. Die Europäische Kommission hält die bisherigen Maßnahmen für nicht ausreichend, um die Gesundheit der Bürger wirksam zu 30 schützen und unterbreitete dem Europäischen Parlament und dem Ministerrat Vorschläge zur Überarbeitung der Tabakrichtlinie.

Dezember 2012: Vorschlag der EU-Kommission zur Kennzeichnung und Verpackung

Alle Packungen von Zigaretten und Tabak zum Selbstdrehen müssen einen kombinierten textlichen und bildlichen Warnhinweis tragen, der 75 Prozent der Vorder- und der Rückseite der Packung einnimmt, und sie dürfen keine Werbeelemente tragen. Die gegenwärtigen Informationen über Teer, Nikotin und Kohlenmonoxid, die als irreführend betrachtet wurden, werden durch eine seitlich auf der Packung angebrachte Informationsbotschaft ersetzt, der zu entnehmen ist, dass Tabakrauch über 70 krebserregende Stoffe enthält. Den Mitgliedstaaten steht es frei, in begründeten Fällen neutrale Einheitsverpackungen ein-

zuführen. [...] Nikotinhaltige Erzeugnisse (z. B. elektronische Zigaretten), deren Nikotingehalt unter einer bestimmten Schwelle liegt, dürfen auf den Markt kommen, müssen aber gesundheitsbezogene Warnhinweise tragen. Produkte, deren Nikotingehalt oberhalb dieser Schwelle liegt, sind nur zulässig, wenn sie als Arzneimittel – wie beispielsweise Nikotinersatztherapeutika – zugelassen sind. Pflanzliche Raucherzeugnisse müssen ebenfalls gesundheitsbezogene Warnhinweise tragen.

ec.europa.eu © Europäische Union, 1995 – 2016, Für die Wiedergabe und Anpassung ist allein der C.C. Buchner Verlag GmbH & Co. KG verantwortlich.

Dezember 2012: Die Zigarettenbranche sieht ihre Eigentumsrechte verletzt

„Ich bin entsetzt, wie weit die Bevormundung gehen soll" – mit dieser Kritik reagierte der Vorsitzende der Gewerkschaft Nahrung-Genuss-Gaststätten, Franz-Josef Möllenberg, auf die Pläne der EU-Kommission. Er warf ihr eine „genussfeindliche Ideologie" vor: „Zu befürchten ist, dass diese Vorgehensweise mit einem Dominoeffekt auf andere Produkte ausgeweitet wird: heute Tabak, morgen der Alkohol im Bier, übermorgen das Fett in der Wurst und nächste Woche der Zucker in der Schokolade." Die Pläne gefährdeten Jobs in der Tabakindustrie, im Anbau und in der Werbung. Nicht anders reagierte die Zigarettenindustrie. Sie verstieg

sich zu der Behauptung, die Kommission schränke die Marktwirtschaft ein. Geistige Eigentumsrechte würden verletzt und eine legale Industrie zerstört. „Die Tabakwirtschaft steht zu ihrem verantwortungsvollen Umgang mit dem Produkt Tabak." Der Zigarettenhersteller Reemtsma bescheinigt der EU-Kommission sogar, eine „Gesundheitsdiktatur" anzustreben. Sollten die Vorschläge in dieser Form Gesetzeskraft bekommen, droht Reemtsma mit einer Klage: „Zur Not würden wir bis zum Europäischen Gerichtshof ziehen."

Timot Szent-Ivanyi, Reaktionen zur Tabakrichtlinie – Firmen drohen mit Klage, www.fr-online.de, 19.12.2012

Februar 2013: Stellungnahme der Bundesärztekammer zum Richtlinienentwurf der EU-Kommission

Die Bundesärztekammer begrüßt die vorgesehenen Regelungen zur Kennzeichnung und Gestaltung der Verpackungen von Tabakerzeugnissen. [...] Die bislang zur Wirkung von Warnhinweisen auf Tabakverpackungen durchgeführten Studien haben zum Ergebnis, dass diese einen nachweisbaren Einfluss auf das gesundheitsbezogene Wissen und die Risikowahrnehmung haben. [...] Darüber hinaus weisen wir darauf hin, dass durch die Einführung eines Plain Packaging (standardisierte Verpackungen) für Tabakerzeugnisse, mit dem diese mit einer einheitlichen neutralen Grundfarbe und einem einheitlichen Schriftdesign für den Markennamen gestaltet werden, die Aufmerksamkeit für die aufgebrachten Warnhinweise erhöht werden kann [...]. Auch verliert das Produkt durch eine neutrale Gestaltung gerade bei Jugendlichen an Attraktivität für den Konsum.

Bundesärztekammer, Stellungnahme der Bundesärztekammer zum Vorschlag für eine Richtlinie des Europäischen Parlaments und des Rates zur Angleichung der Rechts- und Verwaltungsvorschriften der Mitgliedstaaten über die Herstellung, die Aufmachung und den Verkauf von Tabakerzeugnissen und verwandten Erzeugnissen vom 19. Dezember 2012, www.bundesaerztekammer. de, 20.2.2013

Oktober 2013: „Die Welt" berichtet über ein Gespräch mit Rebecca Harms MdEP

Der Tabakriese Philip Morris versucht offenbar besonders heftig, die EU-Abgeordneten zu beeinflussen. Laut Rebecca Harms, Fraktionsvorsitzende der Grünen im Europaparlament, stellte der US-Konzern dafür eigens 160 Lobbyisten ein und gab 1,5 Millionen Euro für Essenseinladungen für die Parlamentarier aus. Nach Medienberichten aus mehreren EU-Ländern sollen sich die Lobbyisten des Konzerns mit mehr als 250 Abgeordneten getroffen haben.

AFP/lw, Tabaklobby verwässert geplante EU-Richtlinie, www.welt.de, 3.10.2013

Februar 2014: EU-Parlament stimmt über Änderung der Tabakrichtlinie ab

Die Europäische Union will mit Schockbildern auf Verpackungen Raucher vom Griff zur Zigarette abhalten. Das EU-Parlament stimmte [...] mit großer Mehrheit für strengere Vorschriften, die ab 2016 gelten sollen. Damit enden zähe Verhandlungen zwischen Unterhändlern des Parlaments und den EU-Staaten. Ab 2016 werden auf den Verpackungen beispielsweise verfaulte Füße oder schwarze Raucherlungen zu sehen sein. Die Warnhinweise sollen dabei deutlich größer werden als bisher: Sie werden 65 Prozent der Vorder- und Rückseiten von Zigarettenschachteln bedecken. [...] Die neuen Vorschriften gelten nach Angaben des Europaparlaments für rund 90 Prozent aller Tabakprodukte. [...] Besonders gefährliche Zusatzstoffe, die Krebs erregen, das Erbgut verändern oder die Fortpflanzungsfähigkeit einschränken können, sollen komplett aus Tabakprodukten verbannt werden. Das Gleiche gilt für Aromen wie Vanille oder Schokolade, die den bitteren Geschmack des Tabaks mildern und deshalb vor allem Jugendlichen den Einstieg ins Rauchen erleichtern. Mentholzigaretten sollen ebenfalls vom Markt genommen werden – allerdings erst ab 2020.

aar/dpa/AFP, Parlamentsbeschluss: EU führt Schockbilder auf Zigarettenpackungen ein, www. spiegel.de, 26.2.2014

März 2014: Der Ministerrat nimmt die überarbeitete EU-Tabakrichtlinie an

Am 14.3.2014 nahm der Rat eine überarbeitete EU-Tabakrichtlinie an, sie trat am 20.5.2014 nach der Veröffentlichung im Amtsblatt der Europäischen Union in Kraft. Deutschland und Österreich wurden im Ministerrat überstimmt. Die Mitgliedstaaten werden zwei Jahre für die Aufnahme der Richtlinie in ihr einzelstaatliches Recht Zeit haben.

November 2014: Klage vor dem EuGH: Marlboro-Hersteller prozessiert gegen Europas Tabakrichtlinie

Der EU steht ein Prozess des weltgrößten privaten Zigarettenherstellers Philip Morris International (PMI) gegen ihre neue Tabakrichtlinie vor dem Europäischen Gerichtshof bevor [...]. Durch die Klage des Marlboro-Herstellers könnte das Vorhaben aber um Jahre aufgeschoben werden, noch einmal geändert oder neu verhandelt werden müssen. Oder gar fallen, sollte der EuGH dem Unternehmen recht geben. „Tabakprodukte sollten reguliert werden, aber die Maßnahmen müssen die EU-Verträge respektieren", sagte der für Rechtsfragen zuständige PMI-Vizepräsident Marc Firestone. Einige Bestimmungen in der Tabakrichtlinie würden „ernsthafte Fragen über die freie Verbraucherwahl, den freien Warenverkehr und Wettbewerb aufwerfen." [...] Besonders erbittert bekämpfen die Multis das sogenannte „Plain Packaging". In Artikel 24 der Richtlinie räumt die EU den Mitgliedstaaten das Recht ein, die Hersteller zu Einheitsverpackungen für Zigaretten ohne Markenlogos, Farben und andere Unterscheidungselemente zu zwingen. [...] Die Tabakindustrie, die Abermilliarden Euro in Werbung und Markenaufbau steckt, hält ihre geistigen Eigentumsrechte für verletzt und spricht von einem Handelshemmnis und unzulässigen Eingriff in den freien Wettbewerb.

Claus Hecking, Klage vor dem EuGH: Marlboro-Hersteller prozessiert gegen Europas Tabakrichtlinie, www.spiegel.de, 3.11.2014

M 3 So funktioniert die Europäische Union

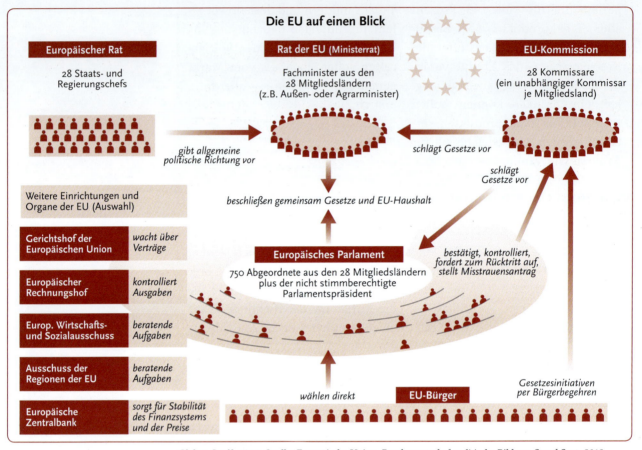

Globus-Grafik 5915; Quelle: Europäische Union, Bundeszentrale f. politische Bildung, Stand Sept. 2013

M 4 Die Organe der EU im Überblick

EU-Organe	Aufgaben	Zusammensetzung	Legitimation
Europäischer Rat	fällt Grundsatzentscheidungen	28 Staats- und Regierungschefs	gewählt durch die Bürger oder die nationalen Parlamente
Europäisches Parlament	beschließt „Gesetze", zusammen mit dem Ministerrat	750 Abgeordnete + der Präsident des EPs	durch die EU-Bürger
Rat der Europäischen Union (Ministerrat)	beschließt „Gesetze", zusammen mit dem EP	28 Fachminister – wechselnd nach Ressort	Ernennung durch die Staats- und Regierungschefs

EU-Organe	Aufgaben	Zusammensetzung	Legitimation
EU-Kommission	• Überwachung der EU-Verträge • Motor der EU-Integration • Initiativrecht für „EU-Gesetze"	28 Kommissare, inkl.: • EU-Kommissionspräsident • Hohe Vertreterin für Außen- und Sicherheitspolitik der EU	Europäischer Rat schlägt EU-Kommissionspräsident vor, der vom EU-Parlament per Wahl bestätigt werden muss. Die anschließend vom Kommissionspräsidenten nominierten Kommissare können vom Parlament entweder als Ganzes bestätigt oder abgewählt werden.
Gerichtshof der Europäischen Union	Wahrung des EU-Rechts bei der Auslegung und Anwendung der Verträge der Europäischen Union	• EuGH: je Mitgliedsland eine Richterin/ein Richter; 11 Generalanwälte • EuG: je Mitgliedsland eine Richterin/ein Richter • Fachgericht: 7 Richter/innen	EuGH, EuG und Fachgerichte: Ernennung seitens der Regierungen der Mitgliedsländer (Europäischer Rat)

Bergmoser + Höller Verlag AG, Zahlenbilder 715420

Aufgaben

1. Stelle die einzelnen Arten von gemeinschaftlichen Rechtsakten einander gegenüber und ordne sie – grafisch – nach dem Grad ihrer Verbindlichkeit an (M 1).
2. Erläutere, warum die EU eine neue Tabakrichtlinie beschlossen hat (M 1 – M 2).
3. Arbeite die unterschiedlichen Interessen der von der Gesetzgebung Betroffenen heraus (M 2 – M 4).
4. Erläutere verschiedene Ansätze zur Lösung des Interessenkonflikts sowie deren Vor- und Nachteile (M 2 – M 4).
5. Analysiere das Zustandekommen der Tabakrichtlinie mithilfe des Politikzyklus (vgl. S. 220).
6. Nimm Stellung zur neuen überarbeiteten EU-Tabakrichtlinie (M 2). Beachte dabei die Beurteilungskriterien: Rechtslage, Durchsetzbarkeit, Effizienz (Kosten/Nutzen), Effektivität (Grad der Zielerreichung), Freiheit, Sicherheit.

zu Aufgabe 2
Analyse der Problemstellung: Was ist?

zu Aufgabe 3 und 4
Auseinandersetzung: Was ist möglich?

zu Aufgabe 6
Urteil: Was soll sein?

Braucht Europa mehr Beteiligung seiner Bürger?

M 6 Das Europaparlament

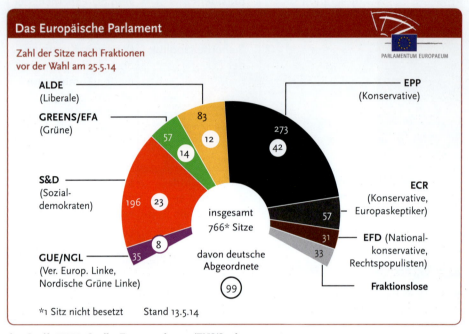

Deutschland entsendet 96 Abgeordnete ins Europaparlament. Nachdem das Bundesverfassungsgericht die 3%-Hürde bei Europawahlen Anfang 2014 für verfassungswidrig erklärt hatte, konnten bei den Wahlen am 25.5.2014 zahlreiche kleine Parteien Abgeordnetensitze erringen. Die Wahlbeteiligung stieg gegenüber 2009 auf 48,1%.

dpa-Grafik 20926; Quelle: Europaparlament/TNS/Scytl

M 7 Hat Europa ein Demokratiedefizit?

Die Partizipation im Sinne der Teilnahme an den alle fünf Jahre stattfindenden Wahlen zum Europäischen Parlament (EP) verfolgt das Ziel, den Bürgerinnen und Bürger durch ihre Stimmabgabe die Möglichkeit zu geben, direkt und unmittelbar Einfluss zu nehmen auf die Zusammensetzung des Europäischen Parlaments. Dies schafft eine Form der direkten Legitimation der vom EP künftig mit verantworteten EU-Politik. Da das Europäische Parlament das einzige, direkt gewählte Organ der EU ist, sind die Europa-Wahlen die Gelegenheit, der Europäischen Union eine gesamteuropäische Legitimation zu vermitteln. Seit 1979, als das Europäische Parlament zum ersten Mal direkt gewählt worden ist, ist die Wahlbeteiligung in allen Mitgliedstaaten der EU kontinuierlich gesunken. 2009 gingen durchschnittlich nur noch ca. 43 % der Wähler zur EU-Wahl. Da immer mehr politische und rechtliche Kompetenzen von den Mitgliedstaaten auf die EU-Ebene übertragen worden sind und inzwischen fast jedes Politikfeld in irgendeiner Art und Weise von der EU-Rechtsetzung betroffen ist, stellt sich die Frage, wie Entscheidungen der EU demokratisch legitimiert sind. In der Öffentlichkeit und vor allem in den Europa-Wissenschaften wird seit den 1990er-Jahren darüber diskutiert, wie das sogenannte Demokratiedefizit der EU abgebaut werden kann. Der Begriff unterstellt, dass die EU – verglichen mit „normalen" politischen Systemen – ein geringeres Maß an demokratischer Legitimität vorzuweisen habe, weil das Europäische Parlament, trotz der politischen Stärkung seiner Kontroll- und Mitwirkungsrechte in den vergangenen Jahrzehnten, noch immer kein richtiges Parlament sei.

Nach: Martin Grosse Hüttmann, Deutschland und Europa, Politische Partizipation in Europa, Heft 62, 2011, S. 28 ff.

M 8 Die EU als vielschichtiges Gebilde

Die Europäische Union wird häufig als „Mehrebenensystem" beschrieben. Diese Bezeichnung hat sich inzwischen eingebürgert, weil damit deutlich gemacht werden kann, dass die Europäische Union und die nationalen politischen Systeme über mehrere Ebenen miteinander verwoben und verflochten sind. So bildet die Europäische Union und ihre Organe gewissermaßen die „äußerste Hülle" des Mehrebenensystems, dann kommen die nationalen politischen Systeme, dann die Regionen bzw. die Länder wie Rheinland Pfalz oder Baden-Württemberg und schließlich auch die Kommunen.

Im Vertrag von Lissabon, der wie eine Verfassung den Aufbau der EU regelt, steht, dass die „Arbeitsweise der Union auf der repräsentativen Demokratie beruht. Die Bürgerinnen und Bürger sind auf Unionsebene unmittelbar im Europäischen Parlament vertreten. Die Mitgliedstaaten werden im Europäischen Rat von ihrem jeweiligen Staats- oder Regierungschef und im Rat von ihrer jeweiligen Regierung vertreten, die ihrerseits in demokratischer Weise gegenüber ihrem nationalen Parlament oder gegenüber ihren Bürgerinnen und Bürgern Rechenschaft ablegen müssen. Alle Bürgerinnen und Bürger haben das Recht, am demokratischen Leben der Union teilzunehmen. Die Entscheidungen werden so offen und bürgernah wie möglich getroffen. Politische Parteien auf europäischer Ebene tragen zur Herausbildung eines europäischen politischen Bewusstseins und zum Ausdruck des Willens der Bürgerinnen und Bürger der Union bei." (Art. 10 EUV)

Europäische Bürgerinitiative

Mit der Europäischen Bürgerinitiative können EU-Bürger die Europäische Kommission direkt zum Handeln auffordern. Die EU-Volksbegehren sind damit vergleichbar mit Verfahren direkter Demokratie wie die Bürger- oder Volksbegehren in Deutschland auf kommunaler oder Landesebene.
Damit eine EU-Bürgerinitiative erfolgreich ist, müssen sich mindestens eine Million Bürger aus sieben Ländern eintragen. EU-Volksbegehren sind seit 2009 möglich. Starten müssen eine solche Initiative mindestens sieben wahlberechtigte EU-Bürger mit Wohnsitz in sieben verschiedenen EU-Ländern. Die Unterschriftensammlung selbst läuft maximal zwölf Monate – über das Internet oder schriftlich. Die EU muss sich bei Erfolg mit dem Thema befassen und hat maximal drei Monate Zeit, zu reagieren. Eine formelle Antwort ist Pflicht, ein Gesetzgebungsverfahren muss die Kommission aber nicht zwingend einleiten. Erstmals überhaupt hat ein EU-Volksbegehren im Frühjahr 2013 die nötige Zahl von einer Million Unterschriften erreicht. Die Initiative „Wasser ist ein Menschenrecht – Right 2 Water" richtet sich gegen EU-Pläne zur Privatisierung der Wasserversorgung.

Erkundigt euch, wie die Kommission auf das erfolgreiche Bürgerbegehren reagierte.

Aufgaben

1. Beurteile, ob man in der EU von einem Demokratiedefizit sprechen kann M 6 – M 8. Berücksichtige dabei insbesondere, wie der Wille der Bürger in die Institutionen der EU übertragen wird.
2. Würdet ihr euch an der Unterschriftenaktion gegen das Vorhaben der EU beteiligen? Sammelt Argumente, die für oder gegen eine Unterstützung der Initiative sprechen (Randspalte).
3. Beurteile, ob die Europäische Bürgerinitiative die Distanz zwischen Bürger und der EU und damit das Demokratiedefizit verringern kann (Randspalte).

Was wir wissen

Demokratiedefizit der EU?
M 6 – M 8

Da die EU-Bürger lediglich ihre eigenen nationalen Abgeordneten in das EU-Parlament wählen können, ist ihr Einfluss auf die Zusammensetzung des EU-Parlaments begrenzt. Außerdem hat das Parlament wiederum nur beschränkten Einfluss auf das sehr komplizierte Gesetzgebungsverfahren in der EU. Eine direkte Beteiligung der Bürger an der Gesetzgebung ist nicht vorgesehen. Deshalb wird der EU häufig der Vorwurf gemacht, sie habe ein Demokratiedefizit. Mit der Einführung eines Europäischen Bürgerbeauftragten und zuletzt der Europäischen Bürgerinitiative, mit der ein Gesetzgebungsverfahren durch die Bürger angeregt werden kann, sollen die Beteiligungsmöglichkeiten verbessert werden.

Institutionen der EU – Gesetzgebung
M 8 – M 12

Grundsätzlich hat nur die Europäische Kommission das Recht, Gesetzesvorschläge einzubringen. Allerdings können das Europäische Parlament, der Ministerrat und der Europäische Rat die Kommission auffordern, tätig zu werden. Die Kommission sorgt als Verwaltungsbehörde für die Umsetzung des Gemeinschaftsrechts in den Mitgliedstaaten und überwacht die Einhaltung des europäischen Rechts.

EU-Kommission

Ein Gesetzesvorschlag der Kommission wird in einem mehrstufigen Verfahren von Rat und Europäischem Parlament beraten. Sofern es im regulären Verfahren nicht zu einer Einigung zwischen Rat und Europäischem Parlament kommt, tritt der Vermittlungsausschuss in Aktion.

Ministerrat

Der Rat der Europäischen Union setzt sich aus den Fachministern der Mitgliedstaaten zusammen, die die jeweiligen nationalen Interessen durchzusetzen versuchen, dabei aber einen Kompromiss mit der Europäischen Kommission und dem Europäischen Parlament finden müssen (institutionelles Dreieck). Der Ministerrat wird auch als Hauptgesetzgeber bezeichnet, weil ohne eine Einigung im Ministerrat keine Gesetze verabschiedet werden können und er in einigen Bereichen (noch) alleine entscheiden kann.

EU-Parlament

Das Europäische Parlament gilt als Sprachrohr der Bürger der EU, da die Abgeordneten von den EU-Bürgern direkt gewählt werden. Ihm kommen wichtige Aufgaben zu: Es entscheidet über den Haushalt der EU und kontrolliert die Arbeit von Kommission und Rat. Außerdem ist es am Gesetzgebungsverfahren beteiligt.

Europäischer Rat

Die Staats- und Regierungschefs der Mitgliedsländer bilden den Europäischen Rat. Er ist nicht am Gesetzgebungsprozess beteiligt, sondern legt zusammen mit dem Kommissionspräsidenten die Leitlinien und allgemeinen Ziele der Union fest.

Europäischer Gerichtshof

Wichtigstes rechtsprechendes Organ ist der Europäische Gerichtshof, der darüber entscheidet, ob die Handlungen der EU-Organe und der Mitgliedstaaten mit den EU-Verträgen übereinstimmen.

Was wir können

A) Bürokratiemonster oder Europa der Bürger?

Reicht die alle fünf Jahre stattfindende Direktwahl eines ansonsten weitgehend wenig beachteten Parlaments aus, um das Europaparlament zum zentralen Forum demokratischer Mitwirkungsmöglichkeiten der europäischen Bürger zu machen? Die EU präsentiert mit beträchtlichem Aufwand ihr Ziel, ein „Europa der Bürger" schaffen zu wollen, während doch „jedem Bürger ins Auge sticht, dass es keine legislativen Entscheidungen gibt, die so weit von ihm entfernt getroffen werden wie die in Brüssel". [...] In diesem Kontext ist viel vom „Demokratiedefizit" der EU die Rede. „Bürokratiemonster", „Expertokratie", „Regelungsmanie" sind damit zusammenhängende Kritikpunkte, die sich möglicherweise auch negativ auf die Wahlbereitschaft auswirken.

Karlheinz Dürr, Die Bedeutung des Europäischen Parlaments in den Augen der Wählerinnen und Wähler, www.bpb.de, 3.4.2014

Aufgabe

Dein Freund erklärt dir, dass er nicht an der Europawahl teilnehmen möchte, weil das EU-Parlament kaum Einfluss habe. Du machst es dir zur Aufgabe, deinem Freund zu erklären, dass das EU-Parlament wesentlich größere Befugnisse habe als er vermute. Du erklärst ihm, warum den Bürgern der Mitgliedsländer die Entscheidungen wesentlich komplizierter erscheinen als die Entscheidungen des Deutschen Bundestages.

B) Wer regiert Europa? – Lobbyisten

Karikatur: Oliver Schopf, 2014

Aufgaben

1. Analysiere die Karikatur vor dem Hintergrund deiner Kenntnisse über den Einfluss von Lobbyisten in Brüssel.
2. Erörtere am Beispiel des Einflusses der Tabakindustrie auf die Gesetzgebung der EU und der Bundesrepublik die Frage, ob Abgeordnete der EU und des Bundestages ihre Kontakte zu Lobbyisten offen legen und Rechenschaft über Präsente ablegen sollten.

7.3 Aktuelle Herausforderungen der EU
Der Euro – (k)eine Erfolgsgeschichte?

Euroländer
Alle Mitgliedstaaten der EU – mit Ausnahme von Großbritannien und Dänemark – haben sich dazu verpflichtet, den Euro als gemeinsame Währung einzuführen und auf die Erreichung und Einhaltung der Konvergenzkriterien hinzuarbeiten. Schweden gilt als Sonderfall, da es absichtlich – und von der Europäischen Kommission geduldet – nicht am Wechselkurssystem des Europäischen Währungssystems teilnimmt und dadurch einen Eurobeitritt vermeidet.

Recherchiere, aus welchen Gründen manche EU-Mitgliedstaaten den Euro (noch) nicht als Währung eingeführt haben.

Zloty
polnische Währung

Forint
ungarische Währung

M 1 Die Euroländer

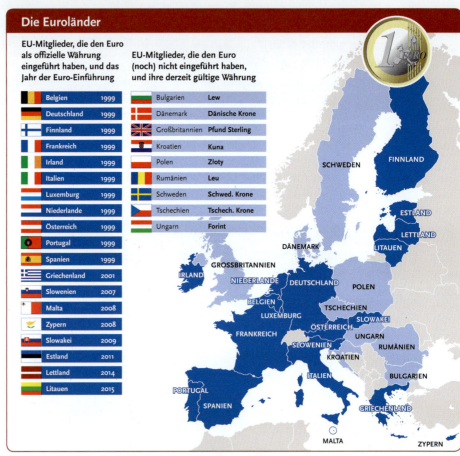

Globus-Grafik 10045, Quelle: Europäische Union, Stand: 2015

M 2 Der Euro – unsere gemeinsame Währung

Wer schon mal nach Polen oder Ungarn gefahren ist, hat sich vielleicht gewundert, dass die Reisenden dort erst einmal auf die Bank mussten, um ihr Geld in Zloty oder Forint umzutauschen. Schließlich sind wir es mittlerweile gewöhnt, in Urlaubsländern wie Spanien oder Frankreich mit der gemeinsamen europäischen Währung zu bezahlen: dem Euro. Der Euro ist eine der wichtigsten Währungen der Welt. Unsere Gemeinschaftswährung hat einige Vorteile. Unternehmen haben es leichter, Waren im Ausland zu kaufen oder zu verkaufen. Und wenn man in Portugal im Supermarkt steht, weiß man sofort, ob das Eis am Stiel teurer ist als zu Hause oder nicht. Auch entfallen die Umtauschgebühren für andere Währungen.
Die Einführung der gemeinsamen Währung war für die Europäische Uni-

on ein gewaltiger Schritt, der Euro sollte zu einem Symbol der europäischen Integration werden und so ein gemeinsames europäisches Wir-Gefühl (Identität) stiften.

An der Währungsunion können nur Staaten teilnehmen, die einander in ihrer wirtschaftlichen Entwicklung ähnlich sind. Um dies zu gewährleisten, hat der Vertrag von Maastricht für die Aufnahme von Ländern in die EWWU feste Kriterien definiert, die sogenannten Konvergenzkriterien.

Konvergenz bezeichnet dabei die allmähliche Annäherung der Teilnehmerländer in wichtigen wirtschaftlichen Grunddaten (Staatsverschuldung, Inflation, Zinsen). Dies ist notwendig, da Spannungen zwischen Ländern entstehen können, wenn sie sich wirtschaftlich unterschiedlich entwickeln. Um dies zu verhindern, wurde außerdem der Stabilitäts- und Wachstumspakt (kurz: Euro-Stabilitätspakt) im Vertrag von Amsterdam 1997 verankert. Der Stabilitäts- und Wachstumspakt fordert von den Euroländern in wirtschaftlich normalen Zeiten einen annähernd ausgeglichenen Staatshaushalt, damit in wirtschaftlich ungünstigen Zeiten Spielraum besteht, durch eine Erhöhung der Staatsausgaben die Wirtschaft zu stabilisieren (Neuverschuldung maximal drei Prozent des Bruttoinlandsprodukts, Schuldenstand maximal 60 Prozent des Bruttoinlandsprodukts). Bei Verstößen gegen diese Regeln drohen dem Mitgliedsland Geldstrafen.

In der Folge der Finanzmarktkrise 2009/2010 wurde deutlich, dass einige Staaten, vor allem Griechenland, trotz der Vorgaben des Stabilitätspaktes sehr hohe Staatsverschuldungen entstehen ließen. Dies führte zu einem starken Wertverlust des Euro gegenüber anderen Währungen und brachte die gesamte Währungsunion ins Wanken.

Währungsunion
Eine Währungsunion ist ein Zusammenschluss von Staaten mit unterschiedlichen Währungen zu einem einheitlichen Währungsraum. Im Gegensatz zu einer Währungsreform bleibt bei der Währungsunion der Wert des Geldes erhalten. Die beteiligten Währungen werden lediglich nach einem bestimmten Austauschverhältnis in die neue Währung umgerechnet.

M 3 Die Entwicklung des Eurokurses

Globus-Grafik 10759; Quelle: Europäische Zentralbank (EZB)

M 4 Welche Auswirkungen haben schwankende Wechselkurse?

Eine Währung ist, vereinfacht ausgedrückt, das Geld, welches in einem Währungsraum als Zahlungsmittel gilt. Es gibt heute über 160 Währungen auf der Welt. Wenn man von einer harten Währung spricht, meint man, dass diese Währung ihre Kaufkraft im Währungsgebiet erhält (Binnenwert der Währung), also über Jahre hinweg die Preise für die Güter nicht oder nur leicht steigen. Es herrscht dann eine geringe Inflation. Eine im Binnenwert harte Währung ist im Allgemeinen auch im Austauschverhältnis (Wechselkurs) zu anderen Währungen stark. Wechselkurse geben das Austauschverhältnis zweier Währungen an. Feste Wechselkurse werden von den Regierungen vereinbart und sollen mittelfristig Schwankungen der Kurse verhindern. Bei freien Wechselkursen bildet sich der Kurs jeden Tag neu aufgrund von Devisenangebot und Devisennachfrage auf den Devisenmärkten. Bekommt man z. B. für einen Euro 2 US-Dollar statt bisher 1,50 USD, dann ist der Euro stärker geworden, er ist aufgewertet worden. Dies führt z. B. dazu, dass Reisen in die USA für Deutsche billiger werden, die Reisen von US-Bürgern ins Euroland hingegen sich verteuern. Komplizierter sind die Auswirkungen auf den Handel. Ein starker Euro führt zu einer Verteuerung der deutschen Exporte in die USA. Warum ist das so? Der amerikanische Importeur bezahlt die deutschen Waren in USD. Der deutsche Exporteur möchte seine Gewinne aus dem Verkauf seines Exportgutes anschließend in Euro umtauschen. Bei einem starken Euro und schwachen USD bekommt er im Devisentausch weniger Euro. Das verringert seine Gewinne. Dies kann den Exporteur dazu bewegen, die Preise für seine Produkte zu erhöhen, was einen Rückgang des Absatzes zur Folge haben kann. Die positive Seite des starken Euro ist, dass die Einfuhren nach Deutschland aus dem Dollarraum sich verbilligen. Öl und Gas, für Deutschland wichtige Einfuhrgüter, werden in Dollar bezahlt. Bei einem starken Euro verringern sich die Kosten.

M 5 Die Europäische Zentralbank

Welche Aufgaben hat die Europäische Zentralbank?
Die EZB
- legt Leitzinssätze für die Eurozone fest und kontrolliert die Geldmenge;
- verwaltet die Währungsreserven der Eurozone und kauft oder verkauft Währungen, um Wechselkurse im Gleichgewicht zu halten;
- sorgt dafür, dass die nationalen Behörden die Finanzmärkte und -institute angemessen beaufsichtigen und dass Zahlungssysteme reibungslos funktionieren;
- genehmigt den Zentralbanken in den Ländern der Eurozone die Ausgabe von Banknoten;
- beobachtet die Preisentwicklung und beurteilt das daraus entstehende Risiko für die Preisstabilität.

http://europa.eu © Europäische Union, 1995-2015, Für die Wiedergabe und Anpassung ist allein C.C.Buchner Verlag GmbH verantwortlich.

Erklärfilm „Leitzins"

Mediencode: 71049-11

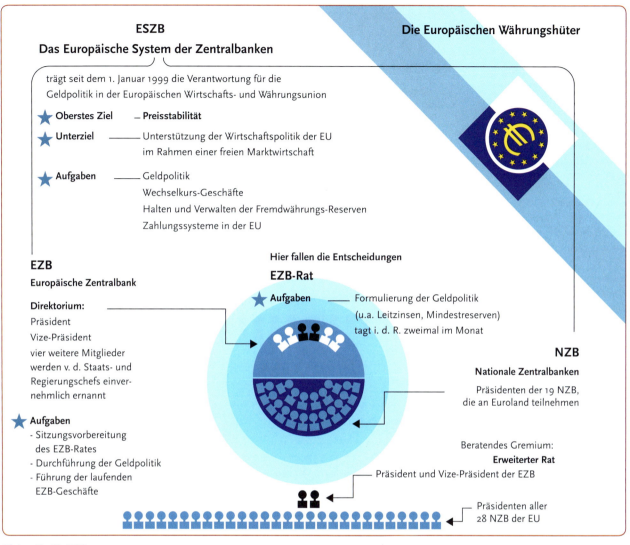

Globus-Grafik 3480

Aufgaben

1. Erläutere, welche Voraussetzungen erfüllt sein müssen, damit ein Land an der Währungsunion teilnehmen kann (M 2).
2. Beschreibe die Entwicklung des Eurokurses und beurteile, ob man diesbezüglich von einer Erfolgsgeschichte sprechen kann (M 3).
3. M 4 beschreibt eine „harte" Währung. Formuliere den Text neu für eine „weiche" Währung. Beginne ab Zeile 5: „Wenn man von einer weichen Währung spricht, ..."
4. Beschreibe Aufbau und Aufgaben der EZB (M 5).
5. Befürwortest du die Rückkehr zu einer eigenen Währung? Begründe deinen Standpunkt.

7. Politik in der Europäischen Union

Stabilitätspakt
Im Stabilitäts- und Wachstumspakt haben sich die Euro-Teilnehmer verpflichtet, ihr jährliches Haushaltsdefizits auf 3 % ihres Bruttoinlandsprodukts (BIP) und den Stand ihrer öffentlichen Verschuldung auf 60 % ihres BIPs zu begrenzen.

Haushaltsdefizit
Ein Haushaltsdefizit (auch Budgetdefizit) entsteht, wenn die Summe der Ausgaben in einem Haushaltsjahr die Summe der Einnahmen überschreitet. Die Differenz (Defizit) muss durch die Aufnahme von Schulden beglichen werden.

Staatsbankrott
Ein Staatsbankrott (auch Staatsinsolvenz) liegt dann vor, wenn ein Staat fällige Forderungen (Gehälter, Zinsen, Schuldentilgung etc.) nicht mehr bedienen kann bzw. wenn die Staatsregierung erklärt, fällige Forderungen nur noch teilweise erfüllen zu können.

EU-Fiskalpakt
Trat am 1.1.2013 in Kraft trat. In diesem neuen zwischenstaatlichen europäischen Vertrag verpflichten sich 25 EU-Staaten (ohne Großbritannien, Tschechien, Kroatien) u. a. zu mehr Haushaltsdisziplin und zur Verankerung von Schuldenbremsen im nationalen Recht, um Krisen, die den Bestand der Wirtschafts- und Währungsunion gefährden, in Zukunft zu verhindern. Der Fiskalpakt stellt somit eine Verschärfung des Stabilitäts- und Wachstumspakt (Euro-Stabilitätspakt) dar.

Wohin steuert die Währungsunion?

M 6 Sorgenkinder der Eurozone

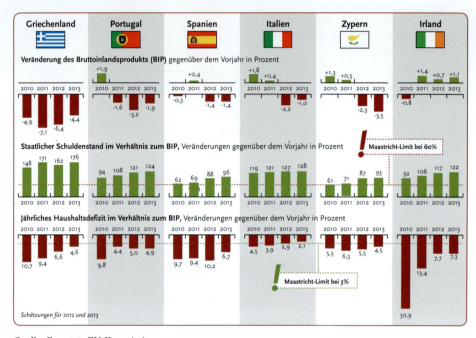

Quelle: Eurostat, EU-Kommission

M 7 Wie ist die Eurokrise entstanden?

Einige Euroländer haben in den vergangen Jahren extrem hohe Schuldenberge angehäuft. Griechenland, Italien und Irland etwa gehören zu den zehn am höchsten verschuldeten Staaten der Welt. Ihre Verbindlichkeiten sind höher als ihre jährliche Wirtschaftsleistung. Die Gründe für die prekäre Lage sind vielfältig. Einige Staaten – allen voran Griechenland – haben den Eurobeitritt genutzt, um günstige Darlehen aufzunehmen. Mussten sie früher mit ihren eigenen Währungen hohe Zinsen zahlen, ermöglichte ihnen die Zugehörigkeit zur Währungsunion eine attraktive Finanzierung. Das ging jedoch nur gut, solange der Schuldenstand nicht übermäßig stieg. Genau das passierte allerdings infolge der Finanzkrise 2008 und der anschließenden Rezession. Die steigenden Schulden allein hätten die Eurozone wohl noch nicht ins Wanken gebracht. Schließlich haben Länder wie die USA oder Japan höhere Verbindlichkeiten als der Durchschnitt der Euroländer. Anders als diese Staaten können die Euro-Mitglieder ihr Geld aber nicht abwerten – also im Vergleich zu anderen Währungen verbilligen – um ihre Schulden zu reduzieren und ihre Waren billiger ins Ausland zu verkaufen. Deshalb ist es in einer Wäh-

7.3 Aktuelle Herausforderungen der EU

rungsunion extrem wichtig, dass alle Teilnehmer eine möglichst einheitliche Wirtschafts- und Finanzpolitik betreiben. Diesen Aspekt haben die Gründungsväter des Euro zu wenig berücksichtigt. Sie haben zwar Schuldenobergrenzen im so genannten Stabilitätspakt vereinbart. Richtig ernst hat die aber kaum jemand genommen.

Stefan Kaiser und Sven Böll, Vorhang auf für den nächsten Rettungsakt, in: www.spiegel.de, 20.7.2011

M 8   Wie hilft der Euro-Rettungsschirm?

Um Geld aufzunehmen, geben Staaten Staatsanleihen aus. Private Anleger und Banken können diese zu einem festen Zinssatz kaufen. Je größer das Risiko, dass der Staat das so geliehene Geld nicht mehr zurückzahlen kann, desto höhere Zinsen muss er dafür bezahlen. Deshalb wird es für einen Staat mit ohnehin hoher Verschuldung immer schwerer, frisches Geld zu erhalten. Niemand möchte ihm mehr etwas leihen. Doch jetzt kommt der Rettungsschirm ins Spiel. Der Rettungsschirm ist eine Art Bürgschaft für den schlechten Schuldner. Er wirkt wie ein Notfallsystem: Er kann direkt mit Geld aushelfen, wenn ein Staat in finanzielle Schwierigkeiten gerät, weil z. B. eine Bank pleite gegangen ist. Der Staat ist deshalb wieder „kreditwürdig". Deshalb erhöht sich die Wahrscheinlichkeit, dass er selbst zu niedrigeren Zinsen wieder Geld aufnehmen kann. In Ausnahmefällen kann der ESM auch selbst Staatsanleihen von Krisenstaaten kaufen.

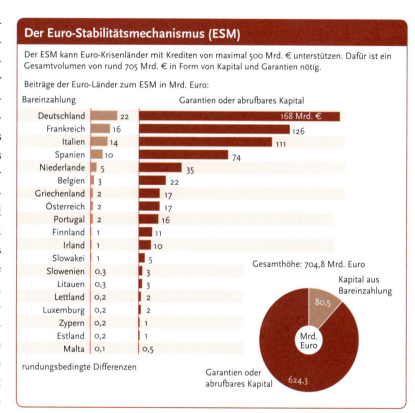

dpa-Grafik 20481; Quelle: ESM

Aufgaben

1. Beschreibe die Entwicklung der Staatsschulden in den Krisenstaaten und in Deutschland im Hinblick auf die Stabilitätskriterien (M 6).
2. Erläutere die Ursachen der europäischen Staatsschuldenkrise (M 6, M 7).
3. Beschreibe die Funktionsweise des Europäischen Stabilitätsmechanismus (M 8).

Migration nach Europa – Herausforderungen für die nationale und europäische Politik

M 9 Menschen auf der Flucht nach Europa

Migration
Der Begriff bezeichnet die Wanderschaft (lat. migrare = wandern) von kleineren oder auch größeren Gruppen von Menschen oder auch ganzen Völkern. Migration gilt als Normalfall der Geschichte und der menschlichen Existenz. Dabei können die Ursachen ganz unterschiedlich sein.

Wie diese Menschen vor der italienischen Insel Lampedusa fliehen jährlich Tausende vor Kriegen und Bürgerkriegen, Hungersnöten und Klimakatastrophen aus Afrika nach Europa. Viele Hunderte bezahlen ihre Flucht mit dem Leben und sterben vor den Toren Europas.

M 10 Europa als Ziel für Asylsuchende

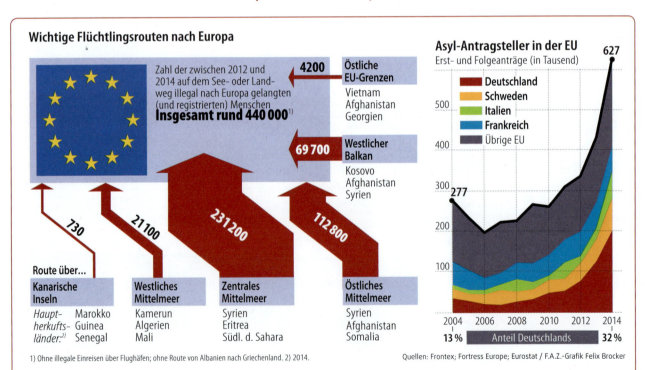

M 11 Rechtliche Dimensionen des Asyls in Deutschland

Jeder Mensch hat gemäß Artikel 14 der Allgemeinen Erklärung der Menschenrechte von 1948 das Recht, in anderen Ländern vor Verfolgung Asyl zu suchen und zu genießen. Trotzdem besitzen politisch Verfolgte nach dem Völkerrecht keinen individuellen Anspruch auf Asyl.

Die Gewährung oder Ablehnung von Asyl gehört vielmehr zu den Rechten eines souveränen Staates. Daran ändert auch das Genfer Abkommen über die Rechtsstellung der Flüchtlinge von 1951 nichts, in der lediglich die rechtliche Absicherung des einmal gewährten Asyls geregelt ist.

Das Grundgesetz der Bundesrepublik Deutschland ging über die Regeln des Völkerrechts weit hinaus und räumte politisch Verfolgten ein subjektives Recht auf Asyl ein. Artikel 16 Absatz 2 Satz 2 bestimmte: „Politisch Verfolgte genießen Asylrecht." Bei der Formulierung dieses Grundrechtes standen die Mütter und Väter des Grundgesetzes unter dem Eindruck des enormen Flüchtlingselends nach dem Zweiten Weltkrieg und der Tatsache, dass viele politisch Verfolgte während des Dritten Reiches ihr Leben nur deshalb hatten retten können, weil sie von anderen Ländern aufgenommen wurden. Als unverzichtbaren Kerngehalt des Asylrechts sah man an, dass Schutzsuchende an der Staatsgrenze nicht zurückgewiesen und nicht abgeschoben werden dürfen in einen möglichen Verfolgerstaat oder einen Staat, in dem die Gefahr der weiteren Abschiebung in einen Verfolgerstaat besteht.

Solange die Zahl der Asylsuchenden relativ gering war, blieb das Grundrecht auf Asyl unumstritten. Erst als seit Mitte der 1970er-Jahre die Flüchtlingszahlen aus den Krisenregionen der Dritten Welt anstiegen und die Zweifel an der Fähigkeit zur Integration der Ankömmlinge wuchsen, stimmte eine Bundestagsmehrheit 1993 für eine Änderung des Artikels 16 GG. Danach genießen politisch Verfolgte zwar weiterhin Asyl, allerdings kann sich nicht mehr auf den Schutzbereich dieses Grundrechtes berufen, wer aus einem „sicheren Drittstaat" einreist. Dazu zählen neben den Staaten der Europäischen Union alle Länder, die die Genfer Flüchtlingskonvention anerkennen, da davon ausgegangen wird, dass Asylsuchende bereits dort Sicherheit finden können. Asylgewährung in Deutschland hängt somit weniger von tatsächlich erlittener Verfolgung als von der Wahl des Fluchtweges ab.

Axel Herrmann, Bundeszentrale für politische Bildung, 11.3.2008

Vor allem im 19. und 20. Jahrhundert wanderten viele Deutsche nach Amerika aus. Schildert die Motive der Auswanderer. Informationen findet ihr z. B. unter *www.dah-bremerhaven.de* oder *www.exil-club.de*.

Flüchtlinge

sind nach der Genfer Flüchtlingskonvention der Vereinten Nationen (UNO) Personen, die sich außerhalb ihres Heimatstaates aufhalten, weil ihnen dort aufgrund ihrer Hautfarbe, Religion, Nationalität, politischen Überzeugung oder Zugehörigkeit zu einer bestimmten sozialen Gruppe Verfolgung droht. Die Staaten, die der Flüchtlingskonvention beigetreten sind, sichern Flüchtlingen eine Grundversorgung zu. Auch dürfen die Flüchtlinge nicht in ein Land zurückgeschickt werden, in dem ihnen Verfolgung droht. Allerdings wenden die Länder verschiedene Regelungen hierbei an.

M 12   Asyl und Migration in der EU

Dublin-Verordnung

Die Dublin-Verordnung regelt, welcher Staat für die Bearbeitung eines Asylantrags innerhalb der EU zuständig ist. So soll sichergestellt werden, dass ein Antrag innerhalb der EU nur einmal geprüft werden muss. Ein Flüchtling muss in dem Staat um Asyl bitten, in dem er den EU-Raum erstmals betreten hat. Dies geschieht besonders häufig an den EU-Außengrenzen, etwa in Italien, Griechenland oder Ungarn. Tut er dies nicht und stellt den Antrag beispielsweise in Deutschland, kann er in den Staat der ersten Einreise zurückgeschickt werden – auch zwangsweise. Die Flüchtlingsfrage wurde europaweit 1990 im Dubliner Übereinkommen geregelt und 2003 durch die Dublin-Verordnung abgelöst. Inzwischen gilt die Dublin-III-Verordnung, die 2013 in Kraft trat.

Resettlement

dauerhafte Neuansiedlung von Flüchtlingen in einem Drittland

Asyl und Integration waren traditionell Bereiche, die von den Mitgliedstaaten, nicht von der Ebene der Europäischen Union aus geregelt wurden. Das kommt nicht von ungefähr, betreffen sie doch zentrale staatliche Fragen wie: „Wer darf, wer soll zu uns kommen?" und: „Wer darf zu uns gehören?"

Seit rund zehn Jahren jedoch haben die Mitgliedstaaten der Europäischen Union nach und nach Teile ihrer Kompetenzen an die EU abgetreten und dies in den Verträgen von Amsterdam 1999, Nizza 2003 und Lissabon 2009 festgelegt. Während die EU-Staaten durch internationales, europäisches und nationales Recht zum Schutz von Flüchtlingen verpflichtet sind, liegt die Aufnahme von Migrantinnen und Migranten weitgehend in nationaler Entscheidungskompetenz.

Bei den Zuwanderungen in die EU handelt es sich zunehmend um „gemischte" Wanderungen von Flüchtlingen und Migranten. Oft lassen sich die Wanderungsursachen nicht klar voneinander unterscheiden; politische, wirtschaftliche und andere Wanderungsgründe überlagern sich. Die Unterscheidung zwischen Flüchtlingen und Migranten wird dadurch erschwert, dass sie sich ähnlicher Netzwerke bedienen und auch Flüchtlinge vermehrt die Hilfe von Fluchthelfern und Schleppern in Anspruch nehmen.

In der EU besteht das Problem, dass Flüchtlinge in der Praxis keine legalen Einreisemöglichkeiten haben, der ihnen Zugang zu einem geordneten Asylverfahren sichern würde. Ähnliches gilt für Migranten, denen entweder keine oder nur wenige legale Zuwanderungsmöglichkeiten offen stehen. Deshalb nehmen beide Gruppen gefährliche irreguläre Zuwanderungswege in Kauf.

Die EU-Staaten haben bei der Gestaltung des legalen Zugangs zur EU Spielräume:

- Bei Flüchtlingen könnten u. a. humanitäre Visa, Botschaftsverfahren, geschützte Einreiseverfahren und Resettlement genutzt werden,
- bei Migranten Visaerleichterungen und Migrations- und Mobilitätsprogramme.
- Demgegenüber sind die Möglichkeiten zur Reduzierung von Wanderungsursachen begrenzt und müssen danach unterschieden werden, ob es sich um erzwungene oder freiwillige Wanderungen handelt.

7.3 Aktuelle Herausforderungen der EU

M 13 Migration und Flucht – schwierige Aufgaben für die Politik

Autorengrafik

Aufgaben

1. Betrachtet das Bild in M 9 und sammelt gemeinsam die verschiedenen Aspekte, die ihr mit dem Thema „Flucht" verbindet.
2. Erläutere die politischen und sozialen Folgen der steigenden Zahl von Asylbewerbern für Deutschland und die anderen Staaten der EU.
3. Entwickle Lösungsvorschläge, wie mit den Problemen rund um die zunehmende Anzahl von Asylsuchenden in den Aufnahmeländern umgegangen werden soll.
4. Erläutere die Möglichkeiten der verschiedenen politischen Ebenen, um das Asylproblem zu lösen (M 12, M 13).

Scheitert die EU an der Flüchtlingspolitik?

M 14 Der ursprünglich geplante EU-Verteilungsschlüssel

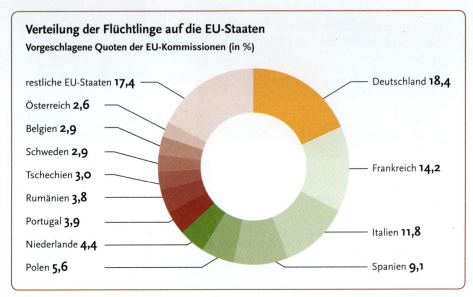

Quelle: www.tagesschau.de, EU-Kommission, 26.6.2015

M 15 Widerstand gegen EU-Flüchtlingsquote

Die EU-Kommission wollte Flüchtlinge in Europa per Quote gerechter verteilen, denn momentan tragen Italien und Griechenland die Hauptlast. Das hätte aber nur geklappt, wenn die Mitgliedsländer mitziehen. Das taten aber viele nicht. **Spanien** ist gegen den EU-Verteilungsschlüssel. „Ich bin mit den gewählten Kriterien nicht einverstanden", sagte Außenminister José Manuel García-Margallo. Die Pläne berücksichtigten die Arbeitslosenquoten der Länder nicht ausreichend. Die Arbeitslosigkeit – Spanien hat mit 23 Prozent eine der höchsten Quoten der EU – sei ein entscheidender Faktor für die Aufnahmekapazität eines Landes. **Frankreich** kündigte zumindest eine Überprüfung der EU-Pläne an. Bisher trügen fünf der 28 Staaten 75 Prozent der Lasten. Mehr Solidarität sei nur möglich, wenn jedes Land seiner Verantwortung gerecht werde. In den am stärksten betroffenen Ländern sollten Flüchtlinge nach gemeinsamen Kriterien Hilfe bekommen, illegale Einwanderer rasch zurückgeschickt werden, fordert die Regierung in Paris. **Großbritannien** wertet jede Abwehr zusätzlicher Einwanderung als Erfolg – lediglich der Flüchtlingsrat hat die Regierung aufgefordert, freiwillig hilfsbedürftige Flüchtlinge aufzunehmen. Aber Großbritannien, Irland und Dänemark genießen in den EU-Verträgen ohnehin einen Sonderstatus und können sich aus sämtlichen Quotenkonzepten ausklinken. **Tschechien**

Flüchtlinge und Asylanträge

Laut dem Flüchtlingshilfswerk UNHCR lag Deutschland im Jahr 2014 zwar auf Platz 2, was die absolute Zahl der Asylanträge (etwa 202.000) betrifft. Doch die absolute Zahl der Flüchtlinge lag in vielen Ländern weit höher: auf Platz 1 lag die Türkei, die fast 1,6 Millionen Flüchtlinge aufgenommen hat. Auf Platz 2 lag Pakistan mit etwa 1,5 Millionen Flüchtlingen, auf Platz 3 der Libanon mit etwa 1,2 Millionen Flüchtlingen. Berücksichtigt man die Bevölkerungszahl der Gastländer, dann war die Belastung des kleinen Libanons mit vier Millionen Einwohnern besonders hoch: hier kamen im Jahr 2014 auf 1.000 Einwohner 232 Flüchtlinge, in Jordanien waren es 87. In der Türkei kamen auf 1.000 Einheimische 21 Flüchtlinge, in Schweden 15 und auf Malta 14. Zum Vergleich: Deutschland hat 2014 bezogen auf 1.000 Einwohner 2,5 Flüchtlinge aufgenommen – diese Zahl dürfte für das Jahr 2015 bei 10 bis 12 liegen.

Nach: © 2015 Landeszentrale für politische Bildung Baden-Württemberg, www.lpb-bw.de (3.12.2015)

lehnt Flüchtlingsquoten grundsätzlich ab. „Quoten würden illegale Migranten, die Europa nicht in ihre Heimatländer zurückzuschicken in der Lage ist, noch ermuntern", kritisiert Ministerpräsident Bohuslav Sobotka. **Ungarn** streitet ebenfalls vehement gegen die Verteilung von Flüchtlingen nach Quoten. „Wir wollen, dass niemand mehr kommt, und die, die schon hier sind, nach Hause gehen", sagt Ministerpräsident Viktor Orban. Der „absurde" Quotenplan grenze „an Wahnsinn", weil er einen Anreiz für Zuwanderung schaffe. **Polen** lehnt Quoten ab und plädiert für eine freiwillige Aufnahme von Flüchtlingen. Auch aus dem Baltikum kommt Ablehnung. Estland und Litauen meinen, nicht so viele Menschen aufnehmen zu können wie vorgeschlagen. **Deutschland** unterstützte die Pläne. Grundsätzliche Unterstützung kam – natürlich – auch aus den Ländern, die momentan die Hauptlast tragen. **Italien** sah in dem Vorschlag der EU einen wichtigen ersten Schritt in Richtung Solidarität. Innenminister Angelino Alfano warnte aber vor einem „Schwindel", weil der Plan nur für neu angekommene Flüchtlinge gelten soll und nicht für die Migranten, die bereits in Italien sind. Zudem wird diskutiert, dass nur Flüchtlinge mit guten Asylchancen auf andere Länder verteilt werden – die übrigen blieben Italiens Problem. **Griechenland** hieß das Vorhaben uneingeschränkt gut. Das Land ist neben Italien der größte Nutznießer der EU-Pläne.

www.tagesschau.de, ARD-aktuell, 26.6.2015

Klage gegen EU-Flüchtlingsquote
Am 2.12.2015 verkündete der slowakische Regierungschef, dass sein Land juristisch gegen eine Pflichtquote zur Aufnahme von Flüchtlingen vorgehen werde. Er forderte den Europäischen Gerichtshof auf, die Entscheidung über die Pflichtquoten für ungültig zu erklären. Bisher ist die Slowakei kaum von der Flüchtlingskrise betroffen. Im Jahr 2015 beantragten nur 154 Menschen Asyl – lediglich acht Anträge wurden genehmigt.

M 16 Ausgewählte Zahlen zu Asylanträgen* im 2. Quartal 2015

Land	EU 28	DE	HU	AT	IT	FR	SE
Anzahl	213.000	80.900	32.700	17.400	> 14.000	> 14.000	> 14.000

Quelle: www.tagesschau.de, 18.9.2015; Länderkürzel laut ISO 3166

*Die Statistik umfasst nur gültige Asylanträge. 600.000 Asylanträge wurden im 2. Quartal 2015 noch auf Zulässigkeit geprüft. Im Vergleich zum 1. Quartal 2015 stieg die Zahl der Asylanträge um mehr als 15 % an. Im Vergleich zum 2. Quartal 2014 sogar um mehr als 85 %.

Aufgaben

1. Laut M 14 und M 15 wären Italien und Griechenland die größten Nutznießer einer Quotenregelung. Erläutere diese Aussage.
2. Arbeite heraus, an welcher Stelle im Politikzyklus (vgl. S. 220) sich die EU-Migrationspolitik derzeit befindet (M 15).
3. „Die mangelnde Solidarität in der EU bei der Lösung der Flüchtlingsfrage zeigt, wie brüchig die europäische Integration ist." Nimm Stellung zu diesem Zitat.
4. Die Aufnahme von Flüchtlingen im Ländervergleich lässt sich statistisch unterschiedlich darstellen: Asylanträge pro Einwohner, absolute Zahl von Anträgen, Anträge gemessen am BIP (Wirtschaftskraft) oder Höhe der Arbeitslosigkeit etc. Erläutere Vor- und Nachteile der unterschiedlichen statistischen Angaben.

zu Aufgabe 1
Informiere dich über das Dublin-Abkommen (vgl. S. 320).

zu Aufgabe 3
Recherchiere nach den Kriterien, die der EU-Quotenregelung zugrunde liegen.

Was wir wissen

Der Euro
M 1 – M 4

Seinen vorläufigen Höhepunkt erreichte der Prozess der stufenweisen Integration mit der Wirtschafts- und Währungsunion, die 2002 zur Einführung des Euro als gemeinsames Zahlungsmittel in Europa führte. Die Teilnahme an der Europäische Währungsunion setzt bis heute die Erfüllung sogenannter Konvergenzkriterien voraus: Die Preise in den Ländern müssen stabil sein und die Verschuldung muss sich in festgelegten Grenzen halten.

Die EZB
M 5

Die für den Euro verantwortliche Notenbank ist die Europäische Zentralbank (EZB) mit Sitz in Frankfurt am Main. Die EZB ist unabhängig und keinen politischen Weisungen unterworfen. Ziel der Geldpolitik der EZB ist die Sicherung der Geldwertstabilität nach innen (in der Praxis wird darunter verstanden, dass die jährliche Teuerungsrate der Verbraucherpreise mittelfristig 2 % nicht übersteigen soll) und nach außen (angemessene Wechselkurse, vor allem gegenüber dem US-Dollar).

Die Eurokrise und der Europäische Stabilitätsmechanismus
M 6 – M 8

Vor allem als Folge der Finanz- und Wirtschaftskrise (2007-2010), aber auch wegen mangelnder Haushaltsdisziplin, waren seit 2010 eine ganze Reihe von Eurostaaten in Zahlungsnöte geraten: Die Zinsen, die sie am Markt zahlen mussten, um sich Geld leihen zu können, stiegen immer mehr an. Um die gemeinsame Währung zu sichern, haben die Euro-Länder den Europäischen Stabilisierungsmechanismus ESM („Rettungsschirm") ins Leben gerufen. Er leiht Geld an in Not geratene Staaten, die am Kapitalmarkt keine oder nur sehr teure Kredite bekommen würden. Die Vergabe von Krediten ist allerdings an strenge Sparauflagen gebunden.

Migration nach Europa
M 9 – M 16

Seit einigen Jahren versuchen immer mehr Menschen aus Afrika und dem Nahen und dem Fernen Osten nach Europa zu migrieren. Viele von ihnen riskieren auf der Flucht ihr Leben oder gelangen nur illegal in die EU. Zahlreiche Flüchtlinge werden auch Opfer von kriminellen Schlepperorganisationen. Nur wenigen gelingt es, als Flüchtlinge anerkannt zu werden und dauerhaft in Europa leben zu können.

Der Entwicklungszusammenarbeit und der Außenpolitik der EU kommt bei der Lösung der Flüchtlingsprobleme langfristig eine Schlüsselrolle zu, weil damit versucht werden kann, den Fluchtursachen zu begegnen. Kurzfristig muss der Flüchtlingsschutz verbessert und der Zugang zu Asylverfahren garantiert werden, ohne dass Flüchtlinge Opfer von Schleppern werden. Ein schnelleres Asylverfahren ist für alle Beteiligten sinnvoll. Die asylsuchenden Menschen sollten erfahren, ob sie in der EU eine Bleibeperspektive haben oder nicht. Außerdem können personelle und finanzielle Ressourcen durch ein schnelles Verfahren geschont werden. Die EU-Mitgliedstaaten müssen von einem gesellschaftlichen Konsens getragene Antworten auf die Frage finden, wie geregelte Migration die entwicklungspolitischen Zielsetzungen der Herkunftsländer und die wirtschaftlichen und sonstigen Interessen der Aufnahmeländer erfüllen.

Was wir können

Auseinandersetzung mit Szenarien zur Zukunft Europas – Quo vadis Europa?

Erläuterungen zu den einzelnen Szenarien:

Titanic: Das Titanic-Szenario beschreibt eine wesentliche Gefährdung bis hin zur Auflösung der europäischen Integration. Die Europäische Union ist nach diesem Szenario nicht fähig, den inneren und äußeren Herausforderungen gerecht zu werden. Innerhalb der Union nehmen die Interessenunterschiede und die Leistungsunterschiede der Mitgliedstaaten insbesondere durch die Erweiterungen immer weiter zu. Die Verteilungskämpfe werden schärfer und die Wertvorstellungen der einzelnen Mitgliedstaaten scheinen unüberbrückbar. Die bestehenden Strukturen und Institutionen der EU erweisen sich als ungeeignet für die große Zahl von Mitgliedstaaten. Das Modell der EU ist gescheitert.

Kerneuropa: Dieses Szenario basiert auf der Annahme, dass die Mitgliedstaaten sich nicht mehr auf neue gemeinsame Ziele hinsichtlich der zukünftigen Entwicklung der Europäischen Union einigen können. Der Gedanke einer großen, föderativen politischen Union aller Mitgliedstaaten geht verloren. In einigen Staaten nehmen Nation und Region in ihrer identitätsstiftenden Bedeutung wieder zu. Diese blockieren aufgrund ihres Mitspracherechts in den europäischen Institutionen eine weitergehende Integration. Schließlich entschließt sich eine überzeugte Gruppe von Mitgliedstaaten zur Zusammenarbeit außerhalb der Strukturen der Europäischen Union.

Methode Monnet: Dieses Szenario schreibt das Muster des Einigungsprozesses der vergangenen Jahre fort. Nach dem Scheitern der Verfassung erweist sich die ständige Suche nach einem kleinsten gemeinsamen Nenner als das beherrschende Prinzip des Integrationsprozesses, der flickenhaft und unvollständig bleibt. Trotz ihrer institutionellen Schwächen und den unterschiedlichen Interessen der Mitgliedstaaten zerfällt die Union nicht. Die bisherigen Erfolge (Frieden, Binnenmarkt, Schengen-Region) halten die Union so zusammen, dass immer wieder Kompromisse und kleine Fortschritte möglich sind.

Offener Gravitationsraum: Wesentliches Merkmal dieses Szenarios ist eine Gruppe von Mitgliedstaaten, die sich dem Ziel einer kontinuierlichen Integrationsvertiefung verpflichtet hat. Die ganzheitlichen Reformbemühungen scheitern an den unterschiedlichen Interessen der Mitgliedstaaten. Dennoch hält eine Mehrheit der Mitgliedstaaten am grundsätzlichen Ziel der Fortentwicklung der EU in Richtung einer politischen Union fest. Sie wählt mit Duldung der anderen Mitgliedstaaten den Weg weiter vertiefter Kooperation, jedoch wird den anderen Mitgliedstaaten die Möglichkeit der Teilnahme an der vertieften Zusammenarbeit zu einem späteren Zeitpunkt gegeben.

Supermacht Europa: Die Staaten sind bereit, der EU immer weiterreichende Kompetenzen in zentralen Politikbereichen zu übertragen (Innen-, Außen-, Verteidigungs-, Wirtschafts- und Sozialpolitik), weil sie davon ausgehen, dass sich die Nationalstaaten nur über den Zusammenschluss in der EU im internationalen Wettbewerb behaupten können. Wirtschaftliche Leistungsfähigkeit, Rechtsstaatlichkeit, ein Wertesystem mit großer internationaler Ausstrahlungs- und Anziehungskraft und erweiterte militärische Fähigkeiten verschaffen der EU eine beachtliche Handlungsbasis. Auf der Grundlage eines sich immer stärker ausprägenden „Wir-Gefühls" entwickelt sich die EU in Richtung eines europäischen Bundesstaates mit eigener Staatsqualität.

Nach: Franco Algieri u.a., Centrum für angewandte Politikforschung, München

Aufgabe

Bildet Gruppen. Lest die Szenarien zur Zukunft der Europäischen Union aufmerksam. Einigt euch dann in der Gruppe auf
– ein Szenario, das ihr für wünschenswert für die zukünftige Entwicklung der EU haltet;
– ein Szenario, das ihr für wahrscheinlich für die zukünftige Entwicklung der EU haltet.
Begründet eure Entscheidungen ausführlich.

8

Frieden und Sicherheit

Die zahlreichen Kriege und Konflikte auf der Welt zeigen, dass bis heute Frieden und Sicherheit alles andere als selbstverständlich sind. Umweltzerstörung und Klimaveränderungen, Kriege und Konflikte, Hunger und Armut bedrohen die Menschen weltweit. Durch die Globalisierung, die man auch als Entgrenzung der Welt bezeichnet, wirken sich Krisen irgendwo auf der Welt auf die gesamte Weltgemeinschaft aus.

 ## Kompetenzen

Am Ende dieses Kapitels solltest du Folgendes können:
- ausgewählte Gefährdungen von Frieden und Sicherheit kennen und beurteilen
- verschiedene Institutionen und Akteure internationaler Politik kennen sowie deren Möglichkeiten zur Konfliktlösung in der internationalen Politik einschätzen
- einen Konflikt mit geeigneten Methoden untersuchen
- Maßnahmen der Friedenssicherung beurteilen

Was weißt du schon?
- Ergänze folgenden Satz in Einzelarbeit:
  – Frieden bedeutet für mich ...
- Mit euren Ergebnissen könnt ihr (in Partnerarbeit oder Gruppenarbeit) einen „Friedensbaum" gestalten, der im Laufe der Unterrichtsreihe ergänzt oder verändert wird. Dazu sammelt ihr auf separaten Zetteln die Merkmale und Voraussetzungen für Frieden und heftet die Zettel in Baumform auf ein Plakat: Was bildet den „Stamm", was die „Äste", was sind die „Blätter" oder „Früchte"?

8. Frieden und Sicherheit

8.1 Bedrohungen für den Weltfrieden
Terrorismus – der neue Krieg?

M 1 Was ist transnationaler Terrorismus?

Aiman az-Zawahiri
Ehemaliger Chef der Untergrundorganisation al-Dschihad. Seit dem Tod Osama Bin Ladens neuer Anführer der Terrororganisation al-Qaida.

Jihadisten
Islamische Kämpfer, die dem eigenen Selbstverständnis nach „auf dem Wege Gottes" religiös Andersdenkende bekriegen.

Osama Bin Laden
(1958 – 2011)
Saudi-arabischer Gründer und bis zu seinem Tod durch US-Soldaten Anführer der Gruppe Al-Qaida. Er plante u. a. die von al-Qaida-Terroristen ausgeführten Anschläge vom 11.9.2001.

Pentagon
Hauptsitz des US-amerikanischen Verteidigungsministeriums

Nairobi
Hauptstadt Kenias

Daressalam
größte Stadt in Tansania

Taliban
Islamistische Miliz, die von 1996 bis 2001 große Teile Afghanistans beherrschte.

🔵 Informiere Dich über die Terrormiliz „Islamischer Staat" (ISIS) und halte dazu ein Referat vor deiner Klasse.

Der transnationale Terrorismus wurde spätestens mit den Anschlägen von New York und Washington am 11. September 2001 zu einem der
5 wichtigsten Themen der internationalen Politik. Sein Vorläufer war der internationale Terrorismus, dessen bedeutsamstes Merkmal zahlreiche grenzüberschreitende Aktionen wa-
10 ren, bei denen häufig vollkommen unbeteiligte Bürgerinnen und Bürger fremder Staaten zu Schaden kamen. Der transnationale unterscheidet sich vom internationalen Terroris-
15 mus in erster Linie durch die stark abnehmende Bedeutung von staatlichen Unterstützern. Er ist „transnational", weil sich die terroristischen Gruppen auf substaatlicher Ebene
20 länderübergreifend miteinander vernetzen und sich dementsprechend aus Angehörigen verschiedener Nationalitäten zusammensetzen. An Waffen und Geld gelangen die transna-
25 tionalen Terroristen i. d. R. durch private Unterstützung oder durch den Aufbau eigener, substaatlicher Finanzierungs- und Logistiknetzwerke. [...]

30 **Die Terrororganisation al-Qaida**
Al-Qaida wurde als loser Verbund gleichgesinnter Jihadisten bereits 1988 in Afghanistan gegründet, doch entstand die strukturierte Organisa-
35 tion erst Mitte der 1990er-Jahre, als die Saudis, Kuwaitis und Jemeniten um Bin Laden und die Ägypter unter Aiman az-Zawahiri eine gemeinsame Strategie entwickelten. [...] Damit vereinte sich 1997 in der Organisa- 40 tion al-Qaida die große Erfahrung der Ägypter im bewaffneten Kampf mit der Finanzkraft Bin Ladens, der auf die Spenden reicher Unterstützer in den arabischen Staaten [...] zu- 45 rückgreifen konnte. [...] 1998 folgten dann die ersten großen Attentate der al-Qaida in Nairobi und Daressalam. [...] Zum Kulminationspunkt der damals einsetzenden Anschlagswelle 50 wurden aber die Attentate vom 11. September 2001, bei denen die Organisation entführte Passagierflugzeuge als Raketen einsetzte und so das World Trade Center in New York voll- 55 ständig zerstörte und das Pentagon in Washington D.C. stark beschädigte. [...] Schon kurz nach dem Angriff auf die [...] USA schlugen diese zurück, indem sie den Staat der Taliban in Af- 60 ghanistan stürzten. Damit verlor die al-Qaida ihr wichtigstes Rückzugsgebiet [...]. In den nächsten Jahren verübte sie von ihren neuen Refugien in Pakistan noch weitere Anschläge 65 [...], wurde aber immer schwächer. Die Initiative ging mehr und mehr auf die al-Qaida-Regionalorganisationen in der arabischen Welt über, die sich in Saudi-Arabien (2003), im Irak 70 (2004), in Algerien (2007) und im Jemen (2009) bildeten.

Guido Steinberg, IzpB Internationale Sicherheitspolitik, Informationen zur politischen Bildung Nr. 326/2015, S. 16

M 2 Die neuen Kriege

Als Krieg bezeichnet man einen gewaltsamen Massenkonflikt, der in der Regel folgende Merkmale aufweist: An den Kämpfen sind zwei oder mehr bewaffnete Streitkräfte beteiligt, wobei es sich mindestens auf einer Seite um reguläre staatlich gelenkte Einheiten handeln muss; auf beiden Seiten muss die Kriegführung planmäßig und zentral gesteuert werden und die bewaffneten Operationen müssen sich mit einer gewissen Kontinuität ereignen. Andernfalls handelt es sich lediglich um bewaffnete Konflikte.

Krieg bedeutet immer, dass Interessenkonflikte gewaltsam ausgetragen werden. Kriegsursachen sind häufig die Bekämpfung einer staatlichen Ordnung, Grenzstreitigkeiten, Autonomiebestrebungen, Konflikte um Ressourcen oder unterschiedliche Ideologien.

Führen zwei Staaten gegeneinander Krieg, so spricht man von zwischenstaatlichem Krieg. Kämpfen verschiedene Bevölkerungsgruppen innerhalb eines Staates gegeneinander, so handelt es sich um einen Bürgerkrieg. Ein neueres Phänomen ist der sogenannte asymmetrische Krieg. Bei dieser Form des Krieges tragen lokale Warlords, Rebellen- und Guerillagruppen, „Befreiungsarmeen" oder internationale Terrornetzwerke Gewalt in die Mitte auch fremder Gesellschaften hinein, um die staatliche Ordnung, eine Besatzungsmacht oder eine Bevölkerungsgruppe zu bekämpfen. Ein fruchtbares Umfeld zur Planung ihrer Aktivitäten finden diese Organisationen in schwachen Staaten, die Recht und Ordnung nicht oder nicht mehr durchsetzen können, weil zum Beispiel das nötige Geld zur Bezahlung von Polizisten und Richtern fehlt. Gebiete, die nur mangelhaft unter staatlicher Kontrolle stehen, werden als Rückzugs- und Ruheräume, als Orte für Trainings- und Ausbildungscamps genutzt. Auch lassen sich in solchen Staaten leichter illegale Geschäfte vom Drogenhandel bis zur Geldwäsche betreiben, um die eigene Anhängerschaft zu finanzieren. Die Staatengemeinschaft steht vor der schwierigen Frage, wie sie mit dieser Form der Gewalt, bei der die Grenzen zur Kriminalität fließend sind, umgehen sollen.

Abschiedsvideo eines Selbstmordattentäters. Selbstmordattentate gehören zur Strategie islamistischer Terrorgruppen.

Frieden
Der Begriff bedeutet zunächst nur die Abwesenheit von Krieg (negativer Frieden). Doch herrscht Einigkeit darüber, dass Frieden mehr ist als kein Krieg. Positiver Frieden ist erst dann gegeben, wenn Interessenkonflikte dauerhaft gewaltlos ausgetragen werden und ein Zustand der Gerechtigkeit herrscht.

Recherchiere über den Alltag von Kindern und Jugendlichen in Krisen- und Kriegsgebieten und erstelle eine Wandzeitung zu dem Thema.

Ordne zu, welche Elemente eures Friedensbaumes (Auftaktseite) dem negativen und positiven Frieden zuzuordnen sind.

Aufgaben

1. Werte die Tageszeitung nach aktuellen Meldungen zum Terrorismus aus und berichte in der Klasse darüber.
2. Erkläre den Unterschied zwischen transnationalem und herkömmlichem Terrorismus (M 1).
3. Beurteile, um welche Form des Krieges es sich beim internationalen Terrorismus handelt (M 2).

Gescheiterte Staaten als Sicherheitsrisiko? Der Fall Somalia

M 3   Informationen zu Somalia

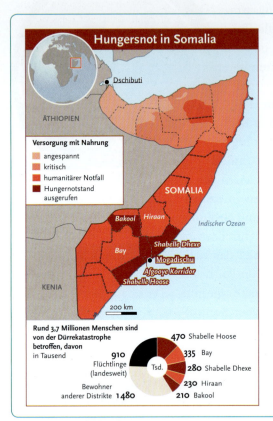

Pro-Kopf-Einkommen
Somalia 2002: $226 (Deutschland: ca. $36.000)
(von den 14 Ländern, deren Bruttoinlandsprodukt pro Kopf 2008 weniger als 1.000 US-Dollar beträgt, liegen 13 in Afrika)

Human Development Index des UNDP
Somalia wird zurzeit nicht bewertet. Die letzte Wertung stammt aus dem Jahr 2001: von 163 gewerteten Ländern lag Somalia auf Platz 161 (Deutschland aktuell Platz 9). Der Index setzt sich zusammen aus: Lebenserwartung, Alphabetisierungsrate, reale Kaufkraft pro Kopf

Verstädterung / Migration
Die meisten Somalier sind Nomaden. In den wenigen fruchtbaren Gegenden leben auch Bauern. Im Jahr 2010 lebten ca. 37 % der Somalier in Städten. 1 Mio. Somalier sind aus ihrem Land geflüchtet.

Bildung
Schätzungsweise 13 % der Jungen und 7 % der Mädchen besuchen eine Schule. Unterricht findet heute in Abwesenheit eines offiziellen Bildungssystems hauptsächlich in Koranschulen und privaten Einrichtungen statt.

Privateigentum
Ohne ein formelles Gewalt- und Rechtssystem kann auch das Eigentumsrecht nicht gewährleistet werden. Der Schutz des privaten Eigentums hängt von der privaten Fähigkeit ab, dieses zu schützen.

dpa-Grafik 15135, Quelle: OCHA, World Food Programme

Die Küste vor Somalia gilt aufgrund der Bedrohung durch Piraten als eines der gefährlichsten Gewässer der Welt. Besonders im Golf von Aden – zwischen dem Jemen und dem Norden Somalias –, der eine zentrale Schifffahrtsroute vor allem für Öllieferungen aus dem Nahen Osten bildet.

M 4   Hungersnot in Ostafrika: Selbst schuld? Von wegen!

Somalia, das ist doch der Piratenstaat, in dem die Regierung nicht einmal die eigene Hauptstadt Mogadischu kontrolliert. Ein Land, in dem islamistische Milizen den Ton angeben. Kein Wunder, dass sie dort hungern. Das ist nicht einmal völlig falsch. Aber es ist zu einfach. Diese Hungersnot ist mit großer Wahrscheinlichkeit nicht die Fortschreibung von etwas Altem, sondern der Beginn von etwas Neuem, der Anfang einer Globalisierung, die nicht durch Warenströme oder Nachrichten vermittelt wird – sondern durch Kohlendioxid in der Erdatmosphäre. Es sind amerikanische Flugzeuge, deutsche Autos und chinesische Kraftwerke, die Dürre und Hunger am Horn von Afrika verursachen oder zumindest dazu beitragen. Dies ist auch unsere Katastrophe. […] In der Katastrophe am Horn von Afrika (ist) das wiederzuerkennen, was Klimaforscher seit vielen Jahren vorhergesagt und immer häufiger auch beobachtet haben: die Folgen eines zunehmend unregelmäßigen Monsuns, der die Lebensgrundlage der Menschen in trockenen Erdregionen zerstört.

Frank Drieschner, Die Zeit, 14.7.2011

M 5 Somalia – ein gescheiterter Staat

Im Zuge zunehmender Islamisierung der Somali-Region kam es schon im 16. Jahrhundert zu kriegerischen Handlungen gegen den nördlichen, christlichen Nachbarn Äthiopien, die bis heute andauern. Die Folgen dieser Kriege zwischen Somalia und seinen Nachbarländern Äthiopien und Kenia sind ungeklärte Grenzverläufe, die relativ große Zersplitterung der Bevölkerungsgruppe der Somali und der andauernde Kampf um die Vorherrschaft in der Region, welcher im somalischen Bürgerkrieg von 1991 seinen letzten, bis heute nachwirkenden Höhepunkt erfahren hat.

Seither ist es keiner Regierung gelungen, ihre Macht zu behaupten. Im Februar 2011 startete die mit internationaler Hilfe in Mogadischu etablierte Übergangsregierung eine Offensive gegen die islamistischen Milizen Al Shabaab und Hizbul Islam. Diese finanzierten sich u.a. über Steuern, die sie in der Hauptstadt von Händlern und Firmen erpressten. Dem Staat fehlte das Geld, seine Sicherheitskräfte zu entlohnen, woraufhin viele zu Hause blieben oder zu den Milizen überliefen. Darum sind Attentate und Gewalt nach wie vor Alltag in Mogadischu.

Gescheiterter Staat
Staat mit zusammengebrochener Staatlichkeit, d. h. staatliches Gewaltmonopol, staatliche Dienstleistungen und politische Ordnung sind nicht mehr oder nur teilweise vorhanden.

Piraterie
Die Piraterie vor der Küste Somalias am Horn von Afrika bedroht wichtige internationale Schifffahrtsrouten sowie die Lieferung von Nahrungsmittelhilfe für Millionen Somalier. Rund tausend Piraten operieren von der Küste Somalias aus im Indischen Ozean und im Roten Meer. Sie kapern Schiffe und deren Besatzungen und erpressen Lösegeld für die Freigabe.

M 6 Von Fischen, Fischern und Piraten

„Früher waren wir ehrliche Fischer, aber seit Fremde unsere Meere leer fischen, müssen wir nach anderen Wegen suchen, um zu überleben", sagt Abdullah Hassan, 39 Jahre alt. Er lebt in der sogenannten Welthauptstadt der Piraterie, dem ehemaligen Fischerdorf Eyl mit seinen 18.000 Einwohnern im halbautonomen Gebiet Puntland im früheren Somalia. Mit dem Zusammenbruch der staatlichen Autorität in Somalia wurde die fischreiche Küste vor Somalia interessant für asiatische und europäische Fischtrawler. Da keine staatlichen Behörden die ausländischen Fischerboote davon abhalten konnten, wurden selbst die küstennahen Gebiete illegal und mit besonders brutalen Methoden so überfischt, dass die Lebensgrundlagen der somalischen Fischer faktisch vernichtet wurden. Die ökologischen Folgen der Überfischung sind ebenso katastrophal wie die wirtschaftlichen und sozialen. Die Piraterie hat sich deshalb zu einer alternativen Lebensgrundlage entwickelt, die finanziell einträglich ist und für viele Somalis einen Ausweg aus den ärmlichen Verhältnissen darstellt.

Aufgaben

1. Bearbeitet die Texte M 3 / M 4, M 5 und M 6 in Gruppen. Stellt jeweils dar, welche Ursachen und welche Folgen das im Text geschilderte Problem für den somalischen Staat und gegebenenfalls andere Staaten hat.
2. Bildet anschließend neue Gruppen, in denen jeweils mindestens ein Mitglied aus den alten Gruppen vertreten ist. Arbeitet nun gemeinsam eine Concept-Map aus, die die Zusammenhänge zwischen den von den einzelnen Gruppenmitgliedern eingebrachten Aspekten aufzeigt. Vergleicht eure Ergebnisse.
3. Wie könnte Somalia geholfen werden? Sammelt gemeinsam Vorschläge und bewertet sie mit Hilfe einer Punktabfrage.

Was wir wissen

Frieden – keine Selbstverständlichkeit

Frieden im engeren Sinne bedeutet die Abwesenheit von Krieg und Gewalt. Im weiteren Sinne ist Frieden ein Zustand, in dem Menschen unter Anerkennung und Wahrung der Menschenrechte frei von Unterdrückung zusammenleben können und Konflikte gewaltfrei gelöst werden. Doch nicht überall leben die Menschen friedlich zusammen.

Terrorismus
M 1

Seit den verheerenden terroristischen Anschlägen in den USA am 11. September 2001 gilt der internationale Terrorismus als eine der größten sicherheitspolitischen Herausforderungen der Gegenwart. Terroristen wollen durch geplante Gewaltanwendung (auch und gerade gegen Zivilisten) Angst und Schrecken erzeugen, um so politische oder religiöse Ziele zu erreichen. Ein Beispiel für ein global agierendes terroristisches Netzwerk ist Al-Qaida. Der islamisch-fundamentalistische Terrorismus kann als Abwehrbewegung gegenüber der Ausbreitung westlicher demokratischer Werte und Lebensweisen verstanden werden.

Wandel des Kriegsbildes
M 2

Klassische Kriege sind eine Form des Konfliktaustrags zwischen Staaten, in denen die Konfliktparteien organisiert und systematisch, unter Einsatz der Armee und umfangreicher militärischer Mittel, Gewalt gegeneinander anwenden. Diese Kriege, die noch Anfang des vergangenen Jahrhunderts unvorstellbares Leid über die Menschheit brachten, sind heute jedoch die Ausnahme. Gewaltsame Konflikte werden heute dagegen häufig als „neue" oder „asymmetrische" Kriege" bezeichnet. Die neuen Kriege tragen die Merkmale von Bürgerkriegen, denn meist kämpfen private Gruppen (Warlords, lokale Stammesfürsten, Guerillabewegungen oder Terrorgruppen) gegen andere Gruppen oder staatliche Einrichtungen.

Gescheiterte Staaten
M 3 – M 6

Gescheiterte Staaten, in denen es keine staatlichen Strukturen mehr gibt, können nicht für ihre innere und äußere Sicherheit sorgen. Sie müssen häufig eine Vielzahl von Problemen bewältigen, die sich gegenseitig verstärken. Ethnische Konflikte, Konflikte um Ressourcen, Umweltzerstörung, Armut und Vertreibung münden häufig in einen Teufelskreis der Gewalt, der zur Destabilisierung einer ganzen Region führen kann.

Was wir können

Bedrohungen des Friedens und der Teufelskreis der Konfliktursachen

> Innerstaatliche und zwischenstaatliche Kriege werden aus dem Streben ethnischer oder religiöser Gruppen nach mehr politischer Unabhängigkeit oder sogar Eigenstaatlichkeit geführt. Für ohnehin wirtschaftlich und politisch angeschlagene Staaten besteht die Gefahr des Staatszerfalls.

> Die weltweite Verknappung wirtschaftlicher Ressourcen wie Rohöl oder gar der lebensnotwendigen Ressource Wasser birgt für die Zukunft das Risiko zwischenstaatlicher oder innerstaatlicher Ressourcenkonflikte.

> Hunger und Elend als Folge von Naturkatastrophen, die nicht zuletzt durch den Klimawandel hervorgerufen werden, haben gewaltsame Verteilungskämpfe zur Folge. Hohes Bevölkerungswachstum und nicht-demokratische staatliche Strukturen verschärfen die Situation in den betroffenen Ländern.

> Migrationswellen bringen häufig auch die Nachbarstaaten in wirtschaftliche Schwierigkeiten. Die Instabilitäten eines Landes breiten sich so auf ganze Regionen aus.

> Das technische Wissen und die Bestandteile, die benötigt werden, um Massenvernichtungswaffen zu bauen, sind heute auf einem globalen schwarzen Markt insbesondere in schwachen Staaten zu erwerben.

> Internationale Bandenkriminalität und politisch oder anderweitig motivierter internationaler Terrorismus können die innere Sicherheit von Staaten erheblich gefährden.

Aufgaben

1. Erstellt eine Skizze, die die Bedrohungen des Friedens und die Vernetzung der Konfliktursachen (Teufelskreis) im 21. Jahrhundert verdeutlicht (Einzelarbeit).
2. Bildet anschließend Gruppen und einigt euch auf einen Aspekt eurer Skizzen. Erstellt dann ein Plakat, das aufzeigt, welche Handlungsmöglichkeiten es gibt, um das dargestellte Problem zu lösen.

8.2 Wie kann der Friede gesichert werden?
Welche Rolle soll die NATO im Syrienkonflikt spielen?

M 1 Schlagzeilen

Konflikt mit Syrien: NATO verlegt „Patriot"-Raketen in die Türkei
Die NATO unterstützt die Türkei beim Schutz gegen mögliche Angriffe aus Syrien. Die Allianz schickt „Patriot"-Raketen. Das haben die Außenminister des Militärbündnisses jetzt beschlossen.
Der Spiegel, 4.12.2012

NATO erwägt Militäreinsatz – Deutschland bremst
Greift die NATO bald im Syrien-Konflikt ein? Die USA, Großbritannien und die Türkei treiben einen militärischen Einsatz voran. Deutschland hingegen sieht eine Intervention im Bürgerkrieg skeptisch.
Stefanie Bolzen, Die Welt, 26.12.2012

M 2 Die NATO-Staaten

Globus Grafik 2727

M 3 Aus dem NATO-Vertrag

Beistandsklausel: Art. 5

Die Parteien vereinbaren, dass ein bewaffneter Angriff gegen eine oder mehrere von ihnen in Europa oder Nordamerika als ein Angriff gegen sie alle angesehen werden wird; sie vereinbaren daher, dass im Falle eines solchen bewaffneten Angriffs jede von ihnen in Ausübung des in Artikel 51 der Satzung der Vereinten Nationen anerkannten Rechts der individuellen oder kollektiven Selbstverteidigung der Partei oder den Parteien, die angegriffen werden, Beistand leistet, indem jede von ihnen unverzüglich für sich und im Zusammenwirken mit den anderen Parteien die Maßnahmen, einschließlich der Anwendung von Waffengewalt, trifft, die sie für erforderlich erachtet, um die Sicherheit des nordatlantischen Gebiets wiederherzustellen und zu erhalten.

A. Randelzhofer, Völkerrechtliche Verträge, Berlin 2007

M 4 Die Türkei, Syrien und der NATO-Bündnisfall

Jürgen Liminski: Die Eskalation im Nahen Osten – was muss passieren, damit für die NATO der Bündnisfall eintritt?

Cornelius Vogt: Na ja, man muss hier unterscheiden zwischen Theorie auf der einen Seite und Praxis auf der anderen Seite. In der Theorie genügt gewissermaßen der Blick in die Statuten der NATO und insbesondere in den Washingtoner Vertrag und da im ganz besonderen eben den Artikel fünf, der den Bündnisfall gewissermaßen versucht zu umreißen. Zur Praxis kann man sagen, na ja, es kommt immer auf den Einzelfall an, denn im Washingtoner Vertrag ist ja nur festgehalten, dass die Parteien des Vertrages, also die Mitglieder der NATO, alles tun sollen, um die Sicherheit des nordatlantischen Gebietes wiederherzustellen und zu erhalten, und sie sollen genau das machen, was sie dafür als erforderlich erachten, und genau bei dieser Formulierung stellt sich natürlich ein ganz großes Fragezeichen. Das kann also alles heißen, ich sage mal salopp von der Beileidskarte bis hin zur Entsendung eigener Soldaten zur Verteidigung eines Verbündeten.

Jürgen Liminski: Im Fall Libyen wurde zwar der Bündnisfall nicht erklärt, aber dennoch haben NATO-Partner den Rebellen geholfen und damit den Sturz des Diktators beschleunigt. Braucht man überhaupt den Bündnisfall, oder können einzelne NATO-Partner nicht auch ohne Erklärung eingreifen, eben so wie in Libyen?

Vogt: Das ist richtig, so wie Sie das beschreiben. Prinzipiell sind natürlich gerade die demokratisch verfassten westlichen Länder auch ihren eigenen Bevölkerungen gegenüber in der Pflicht, solche Entscheidungen über Krieg und Frieden zu legitimieren, und da gibt es verschiedene Wege: zunächst einmal die Charta der Vereinten Nationen mit dem Artikel 51 und letztlich dem Recht einer jeden Nation, sich selbst zu verteidigen gegen einen Angriff auf die eigene territoriale Integrität. Das ist eine Möglichkeit, so etwas zu legitimieren, und das wäre hier beispielsweise ja schon infrage gewesen mit diesem Zwischenfall an der türkisch-syrischen Grenze. Eine andere Möglichkeit ist, über eine Resolution des Sicherheitsrates der Vereinten Nationen zu gehen. Das müsste dann eine Resolution sein, in der in irgendeiner Form ein Wortlaut drin sein müsste, der den Einsatz aller notwendigen Mittel, so heißt es dann häufig, erlaubt, um Sicherheit wieder herzustellen. Nach einer solchen Resolution sieht es momentan im Fall Syrien nicht aus. Die Blockadehaltung von Russland und China dazu ist ja hinlänglich bekannt. Auf der anderen Seite gibt es auch, denke ich, innerhalb des westlichen Bündnisses einige Zurückhaltung, was eine Intervention in Syrien angeht.

Interview von Jürgen Liminski mit dem Politologen Cornelius Vogt, www.deutschlandfunk.de, 5.10.2012

Die NATO-Statuten erlauben die gemeinsame Verteidigung eines Mitglieds des Bündnisses. Nach dem Beschuss des NATO-Landes Türkei mit syrischen Granaten könnte dieser Fall theoretisch eintreten. Jürgen Liminski im Gespräch mit dem Politikwissenschaftler Cornelius Vogt von der Deutschen Gesellschaft für Auswärtige Politik.

Erstellt ein Referat zu Entwicklung und Stand des Syrien-Konflikts.

Aufgaben

1. Erläutere, auf welcher rechtlichen Grundlage eine NATO-Intervention in Syrien möglich wäre (M 3, M 4).
2. Diskutiert, ob die NATO in den Syrien-Konflikt eingreifen sollte (M 3, M 4).

Die NATO – ein Verteidigungsbündnis mit Zukunft?

M 5 Rückblick: Entstehung der NATO

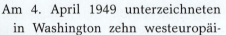

Der ehemalige norwegische Ministerpräsident Jens Stoltenberg ist seit dem 1. Oktober 2014 NATO-Generalsekretär.

Am 4. April 1949 unterzeichneten in Washington zehn westeuropäische Staaten sowie die USA und Kanada den Nordatlantikvertrag und gründeten damit die NATO (North Atlantic Treaty Organization). Der Kalte Krieg zwischen den von der Sowjetunion dominierten kommunistischen Staaten Osteuropas und dem nichtkommunistischen Westen war bereits voll entbrannt. Sieben weitere Staaten, unter ihnen die Bundesrepublik Deutschland, traten in den Folgejahren dem Bündnis bei.

Zu Zeiten des Kalten Krieges galt die NATO bei den Staaten des Warschauer Pakts, die bereits wenige Jahre nach seinem Ende ihr Interesse an einer Mitgliedschaft bekundeten, als aggressives Bündnis. Ziemlich genau 40 Jahre lang war es die Hauptaufgabe der NATO, einen potenziellen Gegner durch die eigene militärische Stärke abzuschrecken. Etwaige Angriffsabsichten sollten angesichts der Vergeltungsmöglichkeiten der Nordatlantischen Allianz von vornherein entmutigt werden. Als Voraussetzung für einen Erfolg dieser Politik galt, dass die Mitglieder der NATO weitaus höher gerüstet waren, als das etwa heute der Fall ist.

Bernhard von Plate, Informationen zur politischen Bildung Nr. 274, Internationale Beziehungen II, Bonn 1/2002, S. 18 ff.

M 6 Die NATO – ein Bündnis im Wandel

Warschauer Pakt
Militärbündnis der kommunistischen Staaten Europas unter Führung der damaligen Sowjetunion, das aufgrund der Wiederbewaffnung der Bundesrepublik Deutschland und gegen die NATO 1955 gegründet wurde. Mit der Auflösung des Ostblocks wurde 1991 auch das Bündnis aufgelöst.

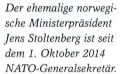

Nach dem Ende des Ost-West-Konfliktes und dem Zusammenbruch des Warschauer Paktes sah sich die NATO einem völlig neuen internationalen Umfeld gegenüber, das das Selbstverständnis und die strategische Ausrichtung des Verteidigungsbündnisses grundsätzlich in Frage stellte. Drei Entwicklungen waren für den Wandel und den Fortbestand der NATO prägend:

Mit dem Ende des Kalten Krieges stellte sich die Frage, wie die NATO mit ehemaligen, nun unabhängigen Staaten des Warschauer Paktes umgehen sollte. Diese strebten nun eine Mitgliedschaft in der NATO an, um Sicherheit vor dem aus ihrer Sicht (über)mächtigen Russland zu erhalten. Die NATO vergrößerte ihr Bündnisgebiet nach und nach immer weiter nach Osten und versuchte gleichzeitig, das Verhältnis zu Russland nicht zu stark zu belasten.

Gleichzeitig brach vor den Toren Westeuropas ein Krieg im ehemaligen Jugoslawien (1991 – 1999) aus. Die NATO entschloss sich erstmals zum Eingreifen auch außerhalb ihres eigenen Bündnisgebietes. Von den Vereinten Nationen wurde das Eingreifen legitimiert. So erfolgte der erste Kampfeinsatz in der Geschichte der NATO im August 1995 in Bosnien-Herzegowina.

Schon einige Jahre später stellte sich

eine neue Herausforderung: Wie sollte die NATO den Völkermord im Kosovo verhindern, wenn kein Mandat der Vereinten Nationen – Russland hatte in diesem Fall ein Veto im UN-Sicherheitsrat eingelegt – die NATO zum Eingreifen ermächtigte? Angesichts der sich abzeichnenden humanitären Katastrophe entschloss sich das Bündnis 1999, nunmehr auch ohne Mandat der Vereinten Nationen, Mord und Vertreibungen mit militärischen Mitteln zu verhindern. Spätestens nach dem Eingreifen im Kosovo zeigte sich, dass die NATO neben der Verteidigung des Bündnisgebietes ihre Aufgabe nun darin sah, in ganz Europa für Sicherheit und Stabilität zu sorgen, in Ausnahmefällen auch dann, wenn kein Mandat der Vereinten Nationen den Einsatz legitimierte. Die Anschläge vom 11. September 2001 auf die USA ließen auch diese Strategie als veraltet erscheinen. Zum ersten Mal in der Geschichte der NATO wurde der Bündnisfall festgestellt und die NATO engagiert sich seitdem auch im fernen Afghanistan. Insgesamt hat sich die NATO damit zu einer globalen Sicherheitsorganisation gewandelt, die ihre Ziele folgendermaßen definiert: „Der wesentliche und fortdauernde Zweck der NATO [...] besteht darin, die Freiheit und Sicherheit aller ihrer Mitglieder mit politischen und militärischen Mitteln zu erreichen [...]. Die Verwirklichung dieses Ziels kann durch Krisen und Konflikte, die die Sicherheit des euro-atlantischen Raums berühren, gefährdet werden." (Strategisches Konzept von 1999)

M 7   Bundeswehrbeteiligung an aktuellen* NATO-Missionen

seit 1999	Kosovo-Truppe (**KFOR**; engl. *Kosovo Force*): deutsche Beteiligung mit bis zu 1.850 Soldaten
seit 2001	militärische Operation **Operation Active Endeavour (OAE)** im Mittelmeerraum: deutsche Beteiligung mit Fregatten, Schnell- und U-Booten
seit Juni 2005	Mission **Air Policing Baltikum** (*engl. Baltic Air Policing*) zur Luftraumüberwachung und zum Luftraumschutz der baltischen Staaten: deutsche Beteiligung mit Phantom- und Eurofighter-Kampfflugzeugen
seit Juni 2010	Mission **Air Policing Island** (*engl. Icelandic Air Policing*) zur Überwachung und zum Schutz des isländischen Luftraums: deutsche Beteiligung mit Phantom-Kampfflugzeugen
seit Dezember 2012	NATO-Operation **Active Fence** (*Operation aktiver Zaun*) zum Schutz des NATO-Mitglieds Türkei vor Angriffen aus dem benachbarten Bürgerkriegsland Syrien: deutsche Beteiligung mit Patriot-Flugabwehrraketen und bis zu 400 Soldaten
seit 1. Januar 2015	Mission **Resolute Support (RS)** zur Ausbildung, Beratung und für das Training der afghanischen Sicherheitskräfte (engl. *Train, Advise, and Assist – TAA*); Folgemission des am 31. Dezember 2014 beendeten ISAF-Einsatzes: deutsche Beteiligung mit bis zu 850 Soldaten

* Stand: 13.7.2015; Quelle: Recherchen der Redaktion

Stelle Ziele und Verlauf einer ausgewählten NATO-Mission vor.

M 8 Die NATO-Strategie

Die NATO-Staaten haben in der portugiesischen Hauptstadt Lissabon im November 2010 eine neue Bündnisstrategie für das kommende Jahrzehnt beschlossen. Zentrale Punkte der neuen Strategie sind:

Neuartige Bedrohungen:
Die NATO reagiert mit der neuen Strategie auf „neuartige Bedrohungen" wie Angriffe von Terroristen, von Hackern aus dem Internet (sogenannte Cyber-Attacken) oder Mittelstreckenraketen.

Kollektive Verteidigung:
Grundprinzip bleibt die „kollektive Verteidigung" nach Artikel 5 des Nordatlantik-Vertrags von 1949. Ein bewaffneter Angriff auf einen oder mehrere Mitgliedstaaten ist danach ein Angriff auf alle. Diesen Bündnisfall hat die NATO nur einmal nach den Terrorangriffen auf die USA vom 11. September 2001 ausgerufen.

Ziel der atomaren Abrüstung:
Auf deutsches Drängen verankerte die NATO erstmals das Ziel der atomaren Abrüstung in ihrer Strategie. Dazu heißt es: „Wir sind entschlossen, eine sicherere Welt für alle anzustreben und die Bedingungen für eine Welt ohne Atomwaffen zu schaffen."

Festhalten am Prinzip der Abschreckung:
Atommächte wie Frankreich und die USA setzten durch, dass das Prinzip der Abschreckung ein zentrales Element der Strategie bleibt: „Solange Atomwaffen existieren, wird die NATO eine nukleare Allianz bleiben", heißt es in dem Text.

Neue Raketenabwehr:
Ein neuer NATO-Raketenschirm soll weite Teile Europas schützen. Dazu heißt es: „Wir entwickeln unsere Fähigkeit, unsere Bevölkerung und unser Territorium gegen einen Angriff mit ballistischen Raketen zu schützen." Der Iran wird auf Druck der Türkei nicht ausdrücklich als Bedrohung genannt.

Annäherung an Russland:
Die Allianz betont, die NATO stelle „keinerlei Bedrohung für Russland dar". Dies hatte Moskau angesichts der Osterweiterung des Bündnisses so empfunden. Kooperieren will das Bündnis beim Raketenschirm: „Wir suchen aktiv eine Zusammenarbeit mit Russland und anderen euro-atlantischen Partnern im Bereich der Raketenabwehr", heißt es in dem Text.

Krisenbewältigung:
Bei internationalen Krisen will die Allianz auch künftig eine Rolle spielen, allerdings will sie die Lehren aus dem blutigen Einsatz in Afghanistan ziehen. „Die NATO wird sich engagieren, wenn es möglich und nötig ist, um eine Krise zu verhindern oder zu bewältigen", heißt es in dem Text, ohne den bisher größten NATO-Einsatz ausdrücklich zu nennen.

AFP, www.n-tv.de (30.10.2010)

M 9   NATO-Gipfel in Wales 2014 – Readiness Action Plan

Angesichts der anhaltenden Spannungen mit Russland im Zusammenhang mit der Krise in der Ostukraine und der Halbinsel Krim fordern einige NATO-Mitglieder, das Strategische Konzept zu erneuern und gegenüber Russland neu auszurichten.

5. Um sicherzustellen, dass unser Bündnis bereit ist, auf die neuen sicherheitspolitischen Herausforderungen schnell und standhaft zu reagieren, haben wir heute den Aktionsplan der NATO zur Reaktionsfähigkeit gebilligt. [...] Damit wird auf die Herausforderungen durch Russland und auf ihre strategischen Auswirkungen eingegangen. Auch wird damit auf die Risiken und Bedrohungen aus unserer südlichen Nachbarschaft – dem Nahen Osten und Nordafrika – reagiert. [...]

7. Die Zusicherungsmaßnahmen beinhalten eine regelmäßige Präsenz und bedeutende militärische Aktivitäten von Luft-, Land-, und Seestreitkräften im östlichen Teil des Bündnisses auf Rotationsbasis. Sie werden die für Zusicherung und Abschreckung erforderliche elementare Basis sein und können in Reaktion auf Veränderungen in der Sicherheitslage flexibel und stufenweise angepasst werden. [...]

8. Wir werden die Reaktionsschnelligkeit unser[er] NATO-Reaktionskräfte (NRF) bedeutend steigern, indem wir Streitkräftekontingente entwickeln, die in der Lage sind, sich schnell in Bewegung zu setzen und auf potentielle Herausforderungen und Bedrohungen zu reagieren. [...] Wir werden außerdem sicherstellen, dass die Streitkräfte unseres Bündnisses die angemessene Reaktionsfähigkeit und Kohärenz wahren, die erforderlich ist, um die ganze Bandbreite der Aufträge der NATO zu erfüllen, einschließlich der Abschreckung von Aggressionen gegenüber NATO-Bündnispartnern und der Demonstration von Bereitschaft zur Verteidigung des Bündnisgebiets. [...]

14. Wir kommen überein, den Trend der rückläufigen Verteidigungshaushalte umzukehren.

Ständige Vertretung der Bundesrepublik Deutschland bei der Nordatlantikvertrags-Organisation, Gipfelerklärung von Wales – Treffen des Nordatlantikrats auf Ebene der Staats- und Regierungschefs in Wales, www.nato.diplo.de, 5.9.2014

NATO-Gipfel in Wales
Der NATO-Gipfel in Wales stand ganz unter dem Eindruck der damaligen Krise in der Ukraine.

Verteidigungshaushalte der Mitgliedsländer
Es wurde die Selbstverpflichtung erneuert, 2% des BIPs für die Verteidigung auszugeben und davon 20% für Forschung und Entwicklung sowie Neuanschaffungen.
Patrick Keller, Die NATO nach dem Gipfel von Wales: Anker transatlantischer Partnerschaft und europäischer Sicherheit, in: APuZ 50-51/2014, Transatlantische Beziehungen, 64. Jg., 8.12.2014, S. 41

Aufgaben

1. Stelle in einer Zeitleiste die veränderte Verteidigungsstrategie der NATO dar (M 8).
2. Erläutere die Ergebnisse aus Aufgabe 1 vor dem Hintergrund der historischen Entwicklung (M 5 – M 9).

Die Vereinten Nationen – Garant für den Weltfrieden?

M 10 Was sind die Vereinten Nationen?

Nach dem Zweiten Weltkrieg wurde 1945 die „United Nations Organization" (auf Deutsch „Vereinte Nationen", abgekürzt UNO oder VN) mit Sitz in New York gegründet. Man wollte verhindern, dass sich solche Weltkriege wiederholen. Heute sind fast alle Staaten der Erde in der UNO. Wenn es Probleme zwischen Staaten gibt, versucht die UNO zu vermitteln und damit einen Krieg zu verhindern. Die Ziele der UNO sind: die Erhaltung des Weltfriedens und die internationale Sicherheit, die freundschaftliche Zusammenarbeit der Mitglieder sowie der Schutz der Menschenrechte.

Der Sicherheitsrat trägt die Hauptverantwortung, wenn es darum geht, dass Streitigkeiten zwischen Ländern beigelegt werden sollen. Im Sicherheitsrat sind immer die USA, Russland, China, Frankreich und England vertreten.
Sie sind ständige Mitglieder. Andere Länder gehören nur zeitweise zum Sicherheitsrat. Die ständigen Mitglieder des Sicherheitsrates können ein Veto gegen Resolutionen einlegen, die von der Mehrheit der Mitgliedstaaten gefasst wurden. Damit wird dann dieser Beschluss aufgehoben.

aus: Gerd Schneider/Christine Toyka-Seid, Politik-Lexikon für Kinder, Bonn 2006, S. 281

Das UN-Hauptquartier in New York.

UN-Charta
Die Charta der Vereinten Nationen aus dem Jahr 1945 verbietet Gewalt (Kapitel I, Artikel 2). Es gelten nur zwei Ausnahmen: das Recht zur Selbstverteidigung im Fall eines bewaffneten Angriffs und der Einsatz von Waffengewalt, der vom UN-Sicherheitsrat durch eine sogenannte Resolution legitimiert wird. Eine UN-Resolution kommt jedoch nur zu Stande, wenn die fünf ständigen Mitglieder des UN-Sicherheitsrats (USA, Russland, China, Großbritannien und Frankreich) zustimmen.

M 11 Der Sicherheitsrat der Vereinten Nationen

Bergmoser + Höller Verlag AG, Zahlenbilder 615124

M 12 Mögliche Maßnahmen der UNO zur Friedenssicherung

→ **Friedensschaffende Maßnahmen**
Diplomatische Maßnahmen zur friedlichen Lösung eines Konflikts. Neben der Bereitstellung guter Dienste, Vermittlung und Schlichtung können sie auch diplomatische Isolationsmaßnahmen und Sanktionen umfassen.

→ **Friedenserzwingende Maßnahmen**
Maßnahmen zur Wiederherstellung des Friedens in Konfliktgebieten unter Einsatz militärischer Mittel. Die Zustimmung der Konfliktparteien ist nicht erforderlich.

→ **Friedenserhaltende Maßnahmen**
Aktivitäten zur Eindämmung, Entschärfung und/oder Beendigung von Feindseligkeiten zwischen Staaten oder in Staaten durch Intervention einer neutralen dritten Partei unter internationaler Organisation und Leitung. Militärische Streitkräfte und zivile Organisationen können die politische Streitbeilegung ergänzen und für die Wiederherstellung und Wahrung des Friedens sorgen. Friedenserhaltende Maßnahmen beinhalten die Stationierung einer Friedenstruppe im Krisengebiet. Die Zustimmung der Konfliktparteien ist erforderlich.

→ **Friedenskonsolidierende Maßnahmen**
Maßnahmen zur Bestimmung und Förderung von Strukturen, die geeignet sind, den Frieden zu festigen und zu konsolidieren, um das Wiederaufleben eines Konflikts zu verhindern. Diese können sowohl militärisches als auch ziviles Eingreifen erfordern.

Eine klare Grenzziehung zwischen den einzelnen „Typen" von Maßnahmen ist häufig schwierig. Friedenserhaltung setzt in vielen Fällen zunächst einmal die Schaffung von Frieden voraus, zugleich können vorausgehende oder begleitende „friedenserzwingende Maßnahmen" unerlässlich sein.

Arbeitsgemeinschaft Jugend und Bildung e.V. (Hg.), Frieden und Sicherheit, Wiesbaden 2003, S. 24

M 13 Die Blauhelmsoldaten – Markenzeichen der UNO

Die bekannten „Blauhelmsoldaten" der VN übernehmen in der Regel Aufgaben der Friedenserhaltung (Peace-Keeping). Dies bedeutet im Gegensatz zur Friedenserzwingung, dass die Soldaten den nach Beendigung eines Konflikts in einer Krisenregion oft brüchigen Frieden sichern sollen. Für das klassische Peace-Keeping gelten folgende Leitsätze:
- Die Entsendung erfolgt nur im Konsens mit den Konfliktparteien. Die Konfliktparteien müssen den Konflikt beenden wollen und sich einig über die Rolle der Blauhelmsoldaten sein (z. B. Sicherung der Grenze, Bildung einer Pufferzone zwischen den Konfliktparteien, Polizeiaufgaben, Beobachtung von Wahlen).
- Die Verantwortung für den Einsatz liegt bei den Vereinten Nationen, genauer beim VN-Generalsekretär, der die politische und operative Verantwortung trägt.
- Für die Blauhelmsoldaten gilt, dass sie strikt unparteiisch sein müssen, weshalb sich Länder, die in der Region eigene Interessen verfolgen, an den Missionen nicht beteiligen sollten.
- Die Blauhelmsoldaten dürfen nur leichte Waffen zur Selbstverteidigung tragen, um keiner Partei einen Vorwand zu bieten, die Soldaten in die Kampfhandlungen miteinzubeziehen.

Neben diesen reinen VN-Missionen gibt es noch viele Missionen, die zwar

Erkläre den Unterschied zwischen einem Bündnis (NATO) und einem System kollektiver Sicherheit (UNO).

Erklärfilm „Vereinte Nationen"

Mediencode: 71049-12

8. Frieden und Sicherheit

von den VN legitimiert sind (also ein VN-Mandat haben), aber von einzelnen Staaten (z. B. den USA), Bündnissen oder regionalen Organisationen wie der NATO oder der EU durchgeführt werden.

M 14 Blauhelme – im Einsatz weltweit

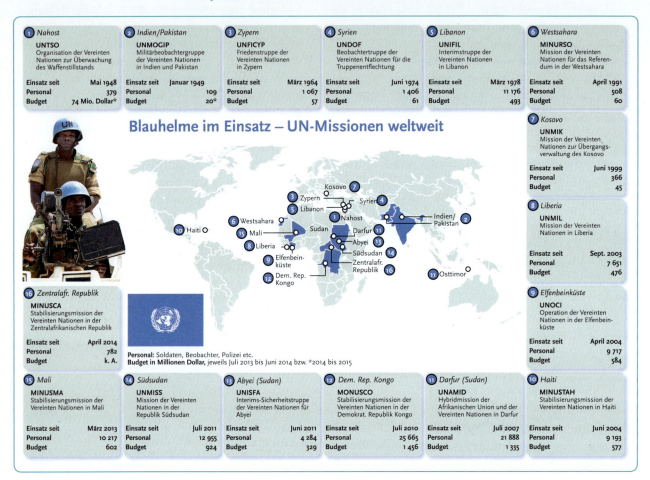

Globus-Grafik 5810;
Quelle: UN;
Stand: Juni 2014

● Stelle Auftrag und Arbeit einer aktuellen UN-Blauhelm-Mission vor.

M 15 Seltenes Votum: Sicherheitsrat verurteilt Gewalt in Syrien

Der UNO-Sicherheitsrat hat seltene Einigkeit im Syrien-Konflikt gezeigt. Er forderte sowohl Rebellen als auch die Assad-Regierung auf, die Gewalt unverzüglich einzustellen. Unterdessen wächst der Druck auf das wichtigste UNO-Gremium, Hilfslieferungen auf syrisches Gebiet zu erlauben. Der Krieg in Syrien hat im UNO-Sicherheitsrat immer wieder für heftige Debatten gesorgt, an deren Ende selten ein Ergebnis stand. Nun hat das mächtigste UNO-Gremium sich auf eine scharfe Verurteilung der Gewalt im Bürgerkriegsland geeinigt. Es forderte [...] ein sofortiges Ende der Gewalt in Syrien. In einer Erklärung verurteilte das Gremium Menschenrechtsverletzungen sowohl durch die syrische Regierung als auch durch die Rebellen. „Die eskalierende Gewalt ist vollkommen inakzeptabel und muss sofort gestoppt werden", hieß es in der Erklärung.

25 Bislang hat sich der Sicherheitsrat nicht auf eine einheitliche Position in dem Konflikt verständigen können. Russland und China verhinderten mit ihrem Veto eine Verurteilung oder Maßregelung der Regierung von 30 Präsident Baschar al-Assad. Bislang gab es Verurteilungen von wenigen konkreten Vorfällen, wie dem Massaker in Hula im Mai 2012 und oder den Beschuss von türkischem Staats- 35 gebiet im vergangenen Herbst.

fab/AP/Reuters, Spiegel Online, 19.4.2013

M 16   Probleme der Friedenssicherung durch die Vereinten Nationen

Die ursprüngliche und durchaus erfolgreiche Ausrichtung der VN auf die Verhinderung zwischenstaatlicher Kriege hat sich mit dem Wandel des 5 Kriegsbildes in Richtung innerstaatlicher Auseinandersetzungen radikal verändert. Gemäß Kapitel VII der Charta stünde den VN ein hinreichendes Instrumentarium an Maß- 10 nahmen bei Bedrohung oder Bruch des Friedens zur Verfügung, in der Praxis wurde aber von diesen Bestimmungen bisher kaum Gebrauch gemacht. Da den Vereinten Natio- 15 nen keine eigenen Truppen zur Verfügung stehen, dürfte eine zu beobachtende Praxis die Relevanz der VN im Bereich der Friedenssicherung nachhaltig bestimmen: die Tendenz, dass sich insbesondere die leistungs- 20 fähigen Industriestaaten verstärkt Friedensmissionen mandatieren lassen (oder auch nicht), um sie dann in eigener Verantwortung durchzuführen. Dies führt zu einer Konzen- 25 tration ihrer Kräfte auf Länder und Regionen, die für die betroffenen Staaten von unmittelbarem Interesse oder von Bedeutung sind. Den VN droht dabei nur noch eine Restkom- 30 petenz für vergessene Konflikte zuzufallen, für die sie dann – wie z. B. in Afrika zu beobachten – von den Industriestaaten zudem nur zögerlich unterstützt werden. 35

Johannes Varwick, Aus Politik und Zeitgeschichte,
B 43/2004

Thesen zur Rolle der UNO

Die Vereinten Nationen können auf viele erfolgreiche Blauhelm-Einsätze zurückblicken.

Wenn es den Weltsicherheitsrat nicht gäbe, müsste man ihn erfinden. Nur so kommen doch alle an einen Tisch.

Streng militärische Aufgaben überfordern die Vereinten Nationen.

Die Stärke der Vereinten Nationen ist der zivile Aufbau.

Der Sicherheitsrat kann keine Kriege verhindern.

Der Sicherheitsrat kann Waffenstillstand erzwingen und Verhandlungen in Gang setzen.

Der Weltsicherheitsrat blockiert sich doch oft durch das Vetorecht, das jedem der fünf ständigen Mitglieder zusteht.

Aufgaben

1. Beschreibe Aufbau und Ziele der Vereinten Nationen (M 10, M 11).
2. Erläutere, unter welchen Bedingungen die Blauhelmsoldaten der UNO eingesetzt werden können (M 12 – M 14).
3. Arbeitet in Gruppen. Einigt euch auf eine der in der Randspalte gestellten Thesen und schreibt auf, warum ihr sie für zutreffend / nicht zutreffend haltet. Diskutiert anschließend Stärken und Schwächen der UNO (M 11 – M 16).

Die Bundeswehr – eine Bilanz zum Afghanistaneinsatz

M 17 Momentaufnahme aus Afghanistan

M 18 ISAF – Stabilisierung und Wiederaufbau in Afghanistan

Operation Enduring Freedom
Die Operation Enduring Freedom („dauerhafte Freiheit") ist die erste und bisher einzige militärische Großoperation der USA als Reaktion auf die Anschläge vom 11. September 2001. Sie begann am 7.10.2001 mit dem Krieg gegen die Taliban in Afghanistan. Viele Streitkräfte von Verbündeten der USA nehmen mit verschiedenen Aufgaben an der Operation teil. Die erste Kriegsphase endete mit dem Fall der Hauptstadt Kabul und der Provinzhauptstädte Kandahar und Kunduz Ende 2001.

ISAF-Einsatz seit 31.12.2104 beendet
Mit dem Auslaufen der Resolution 2120 (2013) des UN-Sicherheitsrates sowie des Operationsplans fehlte die Rechtsgrundlage für den ISAF-Einsatz.

Erst Ende 2001 konnten die Kräfte der sogenannten „Nordallianz", unterstützt von den Vereinigten Staaten von Amerika und Großbritannien im Rahmen der Operation Enduring Freedom, das Taliban-Regime in Kabul stürzen. Die größten ethnischen Gruppen in Afghanistan einigten sich im Dezember 2001 während einer Konferenz auf dem Petersberg bei Bonn auf eine Übergangsregelung bis zum Aufbau dauerhafter stabiler Regierungsinstitutionen in Afghanistan. Das Petersberger Abkommen wurde Grundlage für die Resolution 1623 des Sicherheitsrats der Vereinten Nationen, der noch im Dezember 2001 die Aufstellung der International Security Assistance Force (ISAF) beschloss. Diese Mission stand unter Führung der NATO und auch die Bundeswehr beteiligte sich seit 2002 an diesem Einsatz. Ziel der ISAF war die Unterstützung der afghanischen Regierung sowie die Herstellung und Wahrung der inneren Sicherheit in Afghanistan. Außerdem sollte der Wiederaufbau des Landes und funktionierender demokratischer Regierungs- und Verwaltungsstrukturen (z.B. Polizei, Gerichte) begleitet werden. Die Resolution des Sicherheitsrates erlaubte dabei „friedenserzwingende Maßnahmen", also Maßnahmen zur Wiederherstellung des Friedens in Konfliktgebieten unter Anwendung militärischer Mittel. Ca. 90.000 Soldaten aus zahlreichen Ländern beteiligen sich an der Mission. Nach anfänglichen Erfolgen beim Wiederaufbau und der Befriedung zumindest von Teilen des Landes hat sich die Sicherheitslage in Afghanistan bis zum Jahr 2010 wieder deutlich verschlechtert, sodass immer mehr Beobachter von einem Krieg in Afghanistan sprachen, an dem auch deutsche Soldaten beteiligt waren.

M 19 Aus dem Alltag der Bundeswehr in Afghanistan

Seit 2002 sind mehr als 50 Bundeswehrsoldaten im Einsatz in Afghanistan ums Leben gekommen. Das Wiedererstarken der Taliban auch im Norden des Landes verhindert den weiteren Wiederaufbau des Landes. Ein Soldat berichtet von seinem Einsatz:

Als ich im März nach Kunduz kam, habe ich mir geschworen, alle meine Männer wieder nach Hause zu bringen. Das Versprechen konnte ich
5 nicht halten. Am Karfreitag gerieten wir in Isa Khel, das ist ein kleines Dorf in der Taliban-Hochburg Chahar Darreh, in einen Hinterhalt. Es ging alles sehr schnell. Innerhalb von
10 Sekunden wurden wir von mehreren Seiten angegriffen, drei meiner Kameraden fielen, es war der schwerste Tag meines Lebens. [...] Der Gegner nutzt unsere Schwäche, dass wir
15 gut sichtbar sind, gnadenlos aus. Am Anfang wollten wir noch etwas erreichen, dem Gegner vielleicht ein Stück des Raumes wegnehmen. Doch nach dem Tod meiner Män-
20 ner fragen wir uns manchmal, ob es das noch wert ist. Warum unser Leben riskieren, wenn die Taliban doch gleich wiederkommen, sobald wir weg sind? Wir kämpfen um unser Leben und um unseren Auftrag, wenn 25 es den überhaupt noch gibt. Am Ende kämpfen wir hier in Kunduz vor allem ums eigene Überleben. Dafür, dass nicht weitere meiner Männer sterben, dass ich wenigstens den 30 Rest meiner Truppe nach Hause bringen kann. Wir haben gelernt zu töten und tun dies auch. Wer auf uns schießt, den erschießen wir. Doch so einfach ist es oft nicht. Jeder von 35 uns kennt den Auftrag, wir sollen die Zivilbevölkerung so gut wie es geht schützen, schließlich kämpfen wir ja für sie. Doch wie macht man das, wenn man beschossen wird? Wie soll 40 ich meinen Männern erklären, dass sie mit dem Schießen warten sollen, bis wir in Lebensgefahr sind?

Fallschirmjägerbataillon 373, Der Spiegel, 19.4.2010

M 20 Erfolge der Entwicklungs- und Aufbauarbeit in Afghanistan

Entwicklungspolitisch sind in Afghanistan aus Sicht der Bundesregierung große Erfolge erzielt worden. Einige Beispiele:

Bildung:

Fast sieben Millionen Mädchen und Jungen wurden eingeschult. Mehr als 100.000 Lehrer wurden eingestellt – viele befinden sich noch in der Ausbildung. 200.000 Schüler lernen in neu gebauten Schulen. Die Provinzen Nordafghanistans – dem Schwerpunktgebiet der deutschen Entwicklungszusammenarbeit – weisen die höchsten Einschulungsraten im Land auf.

Resolute Support (RS)
Als Folgemission zum ISAF-Einsatz beteiligt sich Deutschland seit 1.1.2015 an der NATO-Mission zu Ausbildung, Beratung und Training von afghanischen Sicherheitskräften.

> **Gesundheit:**
> Die Kindersterblichkeit ist deutlich gesunken. Jedes Jahr überleben zusätzlich 100.000 Kinder mehr.

> **Trinkwasserversorgung:**
> 900.000 Menschen wurde – zum Teil zum ersten Mal überhaupt – Zugang zu Strom und sicherem Trinkwasser ermöglicht.

> **Wirtschaft:**
> Afghanistan beeindruckt durch zweistellige Raten wirtschaftlichen Wachstums; der grenzüberschreitende Handel nimmt kontinuierlich zu. 60.000 Mikrokredite wurden mit Förderung durch die deutsche Entwicklungszusammenarbeit an kleine und mittlere Unternehmen vergeben.

> **Verkehrsinfrastruktur:**
> Insbesondere im ländlichen Raum haben 1,3 Millionen Menschen durch den Bau von Infrastruktur Einkommens- und Beschäftigungsmöglichkeiten gefunden. Einer aktuellen Umfrage zufolge glauben 70 Prozent der Afghanen, dass sich ihr Land in die richtige Richtung bewegt.

www.bmz.de, 10.10.2010

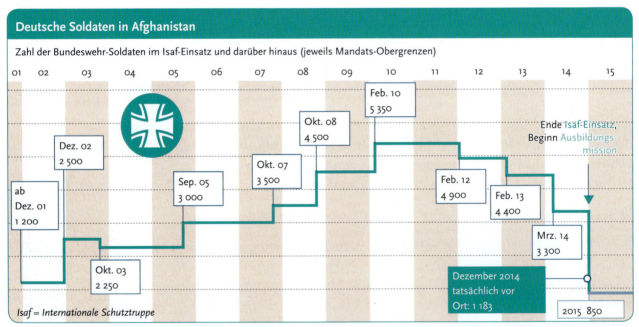

dpa-Grafik: 20483, Quelle: Bundeswehr

M 21 Der Auftrag der Bundeswehr

Wie die Bundeswehr eingesetzt werden darf, ist im Grundgesetz der Bundesrepublik Deutschland festgehalten. Es besagt, dass die Bundeswehr in erster Linie zur Verteidigung des Landes eingesetzt werden soll, sich aber auch an bewaffneten Auslandseinsätzen beteiligen darf. Als Voraussetzung für den Einsatz im Ausland gilt ein Beschluss eines „Systems gegenseitiger Sicherheit" (UNO) oder eines Verteidigungsbündnisses (NATO, EU) und die Zustimmung des Bundestags. Im Innern darf die Bundeswehr nur zur Amtshilfe bei Naturkatastrophen eingesetzt werden oder wenn der Bestand der Bundesrepublik Deutschland z. B. durch Aufständische gefährdet wird und die Polizei die Lage nicht mehr kontrollieren kann.

Das Bundesverteidigungsministerium hat die allgemeinen Aufgaben der Bundeswehr so beschrieben:

- die außenpolitische Handlungsfähigkeit zu sichern,
- einen Beitrag zur Stabilität im europäischen und globalen Rahmen zu leisten,
- die nationale Sicherheit und Verteidigung zu gewährleisten,
- zur Verteidigung der Verbündeten beizutragen und
- die multinationale Zusammenarbeit und Integration zu fördern.

Als konkrete Aufgaben bedeutet dies für die Bundeswehr:

- Internationale Konfliktverhütung und Krisenbewältigung, einschließlich des Kampfes gegen den internationalen Terrorismus,
- Unterstützung von Bündnispartnern,
- Schutz Deutschlands und seiner Bürgerinnen und Bürger,
- Rettung und Evakuierung,
- Partnerschaft und Kooperation,
- Hilfeleistungen (Amtshilfe, Naturkatastrophen, besonders schwere Unglücksfälle).

Aufgaben

1. Eine afghanische Schulklasse befragt dich, warum die Bundeswehr in ihrem Land ist. Entwirf einen Kurzvortrag, in dem du diese Frage beantwortest (M 18 – M 21).
2. Diskuskutiert, ob der Bundeswehr-Einsatz in Afghanistan ein Erfolg war.

Untersuche mithilfe der Methode auf der folgenden Seite einen internationalen Konflikt (Beispiel Afghanistan, Syrien, ...) und beschreibe Ursachen, Akteure, Verlauf und Lösung des Konflikts.

Methode

M 23 Analyse eines internationalen Konflikts

Wie analysiert man einen internationalen Konflikt?

In jedem Konflikt lassen sich drei Aspekte ausmachen:
- ein Widerspruch, d. h. eine Unvereinbarkeit von Zielen, Interessen bzw. Bedürfnissen,
- ein den Konflikt anzeigendes und allzu oft verschärfendes Verhalten (z. B. Konkurrenz, Aggressivität, Hass, Gewalt) der Konfliktparteien sowie
- eine auf den Konflikt bezogene und diesen – bewusst oder unbewusst – rechtfertigende Einstellung/Haltung. Diese ist eng verbunden mit den Wahrnehmungen und Annahmen der Konfliktparteien in Bezug auf ihre eigene Stellung im Konflikt und die Bewertung der anderen Parteien (z. B. Feindbilder).

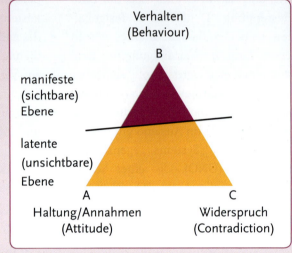

Konfliktdreieck nach Johan Galtung

Die drei Komponenten können im sogenannten Konfliktdreieck anschaulich dargestellt werden. Dieses weit verbreitete Werkzeug der Konfliktanalyse wurde von Johan Galtung entwickelt, einem der Mitbegründer der Friedens- und Konfliktforschung. Das Dreieck verdeutlicht den unauflöslichen Zusammenhang zwischen den drei Komponenten jedes Konflikts. Es wird erkennbar, dass ein „objektiver" Widerspruch allein nicht ausreicht, um einen Konflikt zu begründen. Mindestens eine Partei muss sich auch dieses Widerspruchs, konkret der Unvereinbarkeit ihrer Bedürfnisse, subjektiv bewusst sein und in ihrem Verhalten und ihrer Haltung auf eine Veränderung der für sie unbefriedigenden Situation dringen. Das Modell zeigt, dass eine erfolgreiche Konfliktbearbeitung an allen drei Ecken ansetzen muss.

Leitfragen zur Untersuchung eines Konflikts:

1. **Worin besteht der Gegenstand des Konflikts (Widerspruch) und worum wird gestritten?**
   - Vorgeschichte des Konflikts?
   - Wer sind die Akteure?
   - Welche Interessen und Ziele verfolgen sie?

2. **Welche Haltungen haben die Konfliktparteien?**
   - Wie begründen (legitimieren) die Konfliktparteien ihre Ziele (Tradition, Religion, Recht ...)?
   - Welche Einstellung haben die Akteure zu den verschiedenen Mitteln der Konfliktlösung?

3. **Wie verhalten sich die Konfliktparteien?**
   - Welche Standpunkte werden formuliert und mit welchen Mitteln werden diese durchgesetzt (Propaganda, Einschüchterung, militärische Mittel)?
   - Wie reagieren die Konfliktparteien auf unterschiedliche Mittel der Konfliktlösung?

4. **Welche Folgen ergeben sich für die Wahl einer geeigneten Konfliktlösung?**
   - Wie kann dem Konflikt begegnet werden?
   - Wie kann eine dauerhafte Konfliktlösung aussehen?
   - Welche Maßnahmen sind zu ergreifen?

5. **Welche Folgen hat dies für mein eigenes politisches Handeln?**
   - Was kann ich tun?

Der Internationale Strafgerichtshof – Chance für Frieden und Gerechtigkeit?

M 24 Anspruch und Wirklichkeit

> *Verbrechen gegen das Völkerrecht werden von Menschen und nicht von abstrakten Wesen begangen und nur durch Bestrafung jener Einzelpersonen, die solche Verbrechen begehen, kann den Bestimmungen des Völkerrechts Geltung verschaffen werden.*

Internationales Militärtribunal von Nürnberg, Prozess gegen die Hauptkriegsverbrecher, Urteil vom 1. Oktober 1946, Band 1, S. 189, 249

M 25 Der Internationale Strafgerichtshof

Der 1. Juli 2002 ist für viele Völkerrechtler und Menschenrechtsverfechter ein herausragendes Datum, denn seitdem gibt es den Interna-
5 tionalen Strafgerichtshof (ICC) mit Sitz in Den Haag. Seine komplette Arbeitsfähigkeit hat dieses bislang „fehlende Glied" des internationalen Rechts zwar erst einige Zeit
10 später erlangt, aber [...] zum ersten Mal müssen Massenmörder, die früher mit einiger Sicherheit unbehelligt blieben, nun eine rechtmäßige Aburteilung wegen individueller
15 Vergehen fürchten. Dieses Gericht ist die erste ständige Rechtsinstanz, die Einzelpersonen für schwere Menschenrechtsverletzungen [...] zur Verantwortung ziehen kann [...], und gilt
20 deshalb [...] als eine der bedeutsamsten Entwicklungen im Menschenrechtsschutz der letzten fünfzig Jahre. [...] Der ICC folgt dem Prinzip der Komplementarität: Er ersetzt nicht
25 die Rechtsprechung auf nationaler Ebene, sondern ergänzt sie lediglich, er zieht ein Verfahren nur an sich, wenn ein Land nicht willens oder in der Lage ist, eine bestimmte Straf-
tat zu verfolgen (Artikel 17). Der ICC 30 kann auch keine Verfahren nationaler Gerichte überprüfen. Er ist allein für schwere Pflichtverletzungen gegenüber der internationalen Gemeinschaft zuständig und darf sich laut 35 Statut einer Sache nur dann zuwenden, wenn der Staat, auf dessen Territorium sich die Tat ereignete, oder wenn das Land, dessen Staatsangehörigkeit der mutmaßliche Täter be- 40 sitzt, die Jurisdiktion des Gerichts anerkannt hat (Art. 12). Er ist befugt, aufgrund einer Staatenbeschwerde, einer Entscheidung des Sicherheitsrats oder der Initiative des An- 45 klägers tätig zu werden (Artikel 13). [...] Verbrechensarten: Die Jurisdiktion beschränkt sich auf vier besonders schwere Verbrechen (Artikel 5): Völkermord, Kriegsverbrechen, Ver- 50 brechen gegen die Menschlichkeit und Aggression (oder Verbrechen des Angriffskrieges). [...] Im Unterschied zum Internationalen Gerichtshof, der seinen Sitz ebenfalls in Den Haag hat 55 und vor allem Streitfälle zwischen Staaten regelt, kann der ICC nur Individuen aburteilen. Die beiden Ad-

---

Völkerrecht
Das Völkerrecht ist ein Sammelbegriff für alle Rechtsnormen, die das Verhältnis der (unabhängigen) Staaten untereinander und die Beziehungen zwischen den einzelnen Staaten und den internationalen Organisationen regeln. Im Gegensatz zum nationalen Recht kann das Völkerrecht nicht von einer zentralen Gewalt durchgesetzt werden, sondern ist von der Anerkennung der jeweiligen Staaten abhängig. [...] Von zentraler Bedeutung sind die Verfassung der Vereinten Nationen (UN-Charta) von 1945, die Menschenrechtserklärung der Vereinten Nationen, die Konventionen und Abkommen des Europarates.
Klaus Schubert, Martina Klein, Das Politiklexikon, Stichwort: Völkerrecht, 5. Auf., 2011, S. 317

ICC
International Criminal Court

Jurisdiktion
Rechtssprechung

Jurisdiktion
rechtssprechende Gewalt

USA und weitere Staaten gegen den ICC

Die USA sind der härteste, aber nicht alleinige Kritiker des ICC. Weitere Staaten wie die Volksrepublik China, Indien, Iran, Israel, Kuba, Nordkorea, Pakistan, Russland, Syrien und die Türkei haben das Römische Statut ebenso nicht ratifiziert. Durch den Abschluss bilateraler Verträge mit ICC-Vertragsparteien und anderen Staaten versuchen die USA eine Auslieferung von US-Staatsangehörigen an den ICC vorsorglich auszuschließen. Eine Zusammenarbeit mit dem Gericht wird US-Behörden verboten.

hoc-Tribunale [= für diesen Zweck speziell eingerichtet] für das ehemalige Jugoslawien (Den Haag) und Ruanda (Arusha) gelten als Vorläufer – auch bei der Arbeitsweise – für den Internationalen Strafgerichtshof, nur dass ihre Befugnisse geografisch begrenzt sind, während der ICC theoretisch (und von seinen Befürwortern gewünscht) überall auf der Welt „Zugriff" hat. Es ist ein ständiges Gericht.

Friederike Bauer, Der internationale Strafgerichtshof, in: Deutsche Gesellschaft für die Vereinten Nationen e.V., UN Basis Informationen, September 2004, S.1-6

M 26 Aufbau und Arbeitsweise des ICC

Rechtsgrundlage des ICC ist ein völkerrechtlicher Vertrag, dem jeder Staat freiwillig beitreten kann. Dieser Vertrag ist die Gründungsurkunde des ICC (s. Art. 1). Nach dem Ort, wo dieser Vertrag 1998 beschlossen wurde, nennt man ihn das „Römische Statut". Der ICC ist ein eigenständiges völkerrechtliches Organ, aber mit den UN durch einen Kooperationsvertrag verbunden. Sein oberstes Organ ist die „Versammlung der Vertragsstaaten". Der ICC ist ein unabhängiges Gericht. Einmal im Amt, unterliegen die Richter keinen Weisungen. Politische Einflüsse sollen so weit als möglich ausgeschlossen bleiben. Das Statut räumt dem Sicherheitsrat der UN zwei Befugnisse ein: 1. Antrag auf Einleitung von Ermittlungen nach Kap. VII der UN-Charta, wobei das Gericht bei der Ergebnisfindung unabhängig ist.

2. Ersuchen auf zeitweiligen Aufschub von Ermittlungen oder der Strafverfolgung auf der Grundlage des Statuts für ein Jahr (mit Verlängerungsmöglichkeit), wenn eine entsprechende Resolution des Rates nach Kap. VII der UN-Charta zugrunde liegt.

Nach: Otto Böhm, Volker Diekmann, Rainer Huhle, Michael Krennerich, Nürnberger Menschenrechtszentrum, Der Weg zum Internationalen Strafgerichtshof, 2006, S. 11

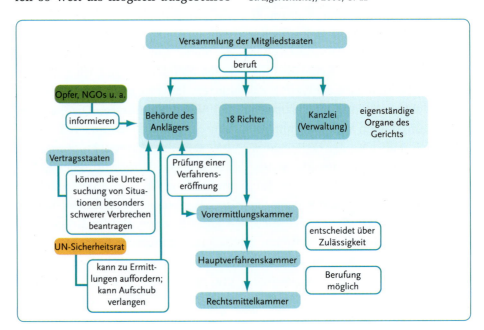

M 27 Wie straft der ICC?

Der Internationale Strafgerichtshof (ICC) kann gemäß Artikel 77 des Römischen Statuts folgende Gefängnisstrafen verhängen:
- Freiheitsentzug bis zu einer Höchstdauer von 30 Jahren;
- lebenslangen Freiheitsentzug, wenn dies durch die außergewöhnliche Schwere des Verbrechens und die persönlichen Verhältnisse des Verurteilten gerechtfertigt ist.

Daneben kann der Gerichtshof:
- Geldstrafen verhängen;
- anordnen, den Erlös, das Eigentum und die Vermögensgegenstände einzuziehen, die unmittelbar oder mittelbar aus dem angeklagten Verbrechen stammen, unbeschadet der Rechte gutgläubiger Dritter.

Ingomar Hauchler, Dirk Messner, Franz Nuscheler, Globale Trends 2004/2005, Frankfurt 2003, S. 256

Thomas Lubanga, ehemaliger Rebellenführer in der Demokratischen Republik Kongo, wurde am 10.7.2012 wegen der Verpflichtung von Kindersoldaten zu einer Haftstrafe von 14 Jahren verurteilt.

M 28 Kritikpunkte gegenüber dem ICC

Die Hauptkritikpunkte der USA am ICC sind folgende:
- Eingriffe in die staatliche Souveränität durch das Territorialprinzip (Zuständigkeit des ICC auch für Straftaten, die durch Staatsangehörige von Nicht-Unterzeichnerstaaten auf dem Territorium eines Unterzeichnerstaates begangen worden sein sollen) und das Komplementaritätsprinzip (Befugnis des ICC, eigenmächtig eine Beurteilung des Willens und der Fähigkeit der Strafverfolgungsorgane des betroffenen Staates abschließend vorzunehmen).
- Es fehle noch eine Definition des Tatbestands der Aggression im Statut.
- Die Kompetenzen des Sicherheitsrats würden umgangen.
- Es fehle eine demokratische Legitimation durch die Vereinten Nationen. Die weit überwiegende Mehrheit der Mitgliedstaaten setze sich aus totalitär geführten Staaten zusammen.
- Der rechtliche Schutz genüge nicht den Anforderungen der amerikanischen Verfassung, in der eine Jury eines der obersten Prinzipien sei.

Am 23.5.2014 wurde Germain Katanga wegen Beihilfe zu Kriegsverbrechen und Verbrechen gegen die Menschlichkeit bei einem Dorf in der Provinz Ituri (Demokratische Republik Kongo) zu 12 Jahren Gefängnis verurteilt.

Aufgaben

1. Beschreibe das Selbstverständnis, den Aufbau und die Arbeitsweise des Internationalen Strafgerichtshofs (M 25, M 26).
2. Erläutere im Zusammenhang mit den Befugnissen die Beziehung des ICC zum Sicherheitsrat der UN (M 25, M 26).
3. Fasse die Kritik der USA am ICC zusammen und nimm Stellung, ob du sie für berechtigt hältst (M 27, M 28).

○

Recherchiert in Gruppenarbeit, welche internationalen (Hilfs-)Organisationen sich für den Frieden einsetzen und mit welchen Mitteln sie dies tun. Erstellt dazu eine Wandzeitung.

Was wir wissen

Die NATO
M 2 – M 9

Die NATO wurde im April 1949 als politisch-militärisches Verteidigungsbündnis der westlich-demokratischen Staaten gegen die Ausdehnung des sowjetischen Einflussbereichs gegründet. Die Mitgliedsländer gehen eine gegenseitige Beistandsverpflichtung bei einem bewaffneten Angriff auf ein Mitglied ein. Aufgrund der veränderten Sicherheitslage hat die NATO 1999 eine neue Strategie beschlossen. Sie beinhaltet das ganze Spektrum militärischer Handlungsmöglichkeiten (Friedenserzwingung, Friedenserhaltung, Friedenskonsolidierung) auch außerhalb des Bündnisgebietes und – in Ausnahmefällen – ohne Mandat der Vereinten Nationen.

Die Vereinten Nationen
M 10 – M 16

Die Vereinten Nationen wurden am 24.10.1945 von 51 Staaten als globale Friedensorganisation gegründet. Heute sind fast alle Länder der Welt Mitglied der VN. Zu ihren Zielen gehört insbesondere die Wahrung des Weltfriedens und der internationalen Sicherheit durch ein allgemeines Gewaltverbot. Der Sicherheitsrat ist das wichtigste Organ der VN. Allein seine Beschlüsse (Resolutionen) sind für alle Staaten bindend. Der Sicherheitsrat besteht aus fünf ständigen Mitgliedern (USA, Großbritannien, Frankreich, China und Russland) und zehn nichtständigen Mitgliedern. Jedes ständige Mitglied ist mit einem Vetorecht ausgestattet, kann also Entscheidungen des Sicherheitsrates blockieren.
In der Generalversammlung haben alle Mitgliedstaaten eine Stimme. Die Generalversammlung kann jedoch nur Empfehlungen verabschieden, die völkerrechtlich nicht verbindlich sind.
Die Handlungsmöglichkeiten der VN lassen sich folgendermaßen umschreiben: friedensschaffende Maßnahmen (diplomatische Aktivitäten, Vermittlung, Schlichtung, politische Isolierung); friedenserzwingende Maßnahmen (wirtschaftliche Sanktionen, Einsatz von Waffengewalt); friedenserhaltende Maßnahmen (Überwachung eines Waffenstillstandes, Trennung der Konfliktparteien, Wahrnehmung von Polizeiaufgaben); friedenskonsolidierende Aufgaben (Aufbau zivil- und rechtsstaatlicher Strukturen, gemeinsame Projekte, Durchführung von Wahlen).

Rolle und Aufgaben der Bundeswehr
M 18 – M 22

Die Bundeswehr sieht heute ihre Hauptaufgabe weniger in der Landesverteidigung als vielmehr in der Abwehr möglicher Risiken für die Sicherheit Deutschlands und seiner Bündnispartner weltweit. Im Rahmen der Vereinten Nationen, der NATO oder der Europäischen Sicherheits- und Verteidigungspolitik nimmt Deutschland Aufgaben bei der Sicherung des Friedens wahr. Im Rahmen der von den Vereinten Nationen legitimierten und der NATO geführten „International Security Assistance Force" beteiligt sich die Bundeswehr an der Befriedung des Landes und am Wiederaufbau staatlicher Strukturen in Afghanistan. Der Einsatz in Afghanistan ist jedoch politisch umstritten.

Was wir können

Der am 1. Juli 2002 in Den Haag errichtete ICC ist die erste internationale und ständige Rechtsinstanz, die Einzelpersonen für schwere Menschenrechtsverletzungen wie Völkermord, Verbrechen gegen die Menschlichkeit oder Kriegsverbrechen zur Verantwortung ziehen kann. Der ICC ist kein Organ der Vereinten Nationen, sondern wurde von den beteiligten Staaten als unabhängige Instanz errichtet und ausgestattet; sie üben die Kontrolle aus. Die Richter und der Chefankläger werden auf neun Jahre gewählt (keine Wiederwahl).

Der Internationale Strafgerichtshof
M 25 – M 28

Konfliktfälle und ihre Regelung

1 Die ethnische Mehrheit eines Landes terrorisiert die Minderheiten, mehr als 100.000 Menschen werden grausam getötet oder gezwungen, in die Nachbarländer zu fliehen. Wirtschaftssanktionen und diplomatische Bemühungen werden von den Machthabern ignoriert.

2 Ein Land mit einem autoritären Regime wird verdächtigt, Atomwaffen zu produzieren. Es weigert sich, internationale Inspektionen zuzulassen.

3 Nach einem verheerenden Bürgerkrieg haben sich die Bürgerkriegsparteien einigen können und einen Friedensvertrag geschlossen, doch ist der Friede noch brüchig. Immer wieder kommt es zu Verletzungen des Waffenstillstandes durch einzelne Gruppen.

4 Ein Land beherbergt Terroristen, die wiederholt internationale Attentate mit großen Opferzahlen ausgeführt haben. Es weigert sich, die Terroristen auszuliefern.

5 Das Militär eines Landes marschiert in einem Nachbarland ein und besetzt staatliche Einrichtungen. Die Rohstoffvorkommen werden ausgebeutet und die Bevölkerung schikaniert.

Aufgabe

Ihr seid Regierungsberater und sollt entscheiden, welche Maßnahmen zur Konfliktlösung in den folgenden Fällen ergriffen werden sollen. Es kann sich dabei auch um eine Abfolge von Maßnahmen handeln. Entscheidet gegebenenfalls auch, welche internationale Organisation zur Durchführung der Maßnahmen betraut werden soll. Begründet eure Entscheidung ausführlich. Beachtet dabei auch mögliche Konsequenzen eurer Entscheidung.

Kleines Politiklexikon

Abgeordnete
Die gewählten Mitglieder eines Parlaments.

Arbeit
Der Begriff umschreibt in erster Linie Erwerbsarbeit. Diese sichert die Lebensgrundlage der Arbeitnehmerinnen und Arbeitnehmer und ihrer Familien. Wurde sie in früheren Zeiten vor allem als Mühsal und Plage empfunden, so ist die Arbeit heute ein wichtiger Bestandteil der Identität, denn in der Arbeit kann der Mensch seine Fähigkeiten unter Beweis stellen. Arbeit verleiht dem Leben einen Sinn.

Arbeitslosengeld
Unterstützungsleistung für arbeitslose Arbeitssuchende. Zu unterscheiden ist zwischen Versicherungsleistungen aus der Arbeitslosenversicherung (das ist in Deutschland das Arbeitslosengeld I, das in der Regel für ein Jahr gezahlt wird) und aus Steuergeldern finanzierten Mindestsicherungssystemen (dazu gehört das Arbeitslosengeld II, Hartz IV).

Armut
Von absoluter Armut spricht man, wenn einer Person weniger als 1,25 US-Dollar (ca. 1 Euro) pro Tag zur Verfügung steht. Von relativer Armut spricht man, wenn das Einkommen weniger als 60 % des Durchschnittseinkommens in einem Land (Staat) beträgt.

Asylrecht
Recht eines Ausländers, durch Gestattung des Aufenthalts in einem fremden Staat, vor unmittelbarer Bedrohung geschützt zu werden. In der Bundesrepublik Deutschland grundsätzlich durch Art. 16a I GG politisch Verfolgten garantiert.

Atypisches Beschäftigungsverhältnis
Unter atypischen Arbeitsverhältnissen werden Arbeitsverhältnisse verstanden, die vom Normalarbeitsverhältnis (unbefristete, sozialversicherungspflichtige Vollzeitstelle) abweichen. Darunter fallen Formen der Teilzeitarbeit, befristete Arbeitsverhältnisse, Leiharbeit und Telearbeit. Diese können für die betroffenen Arbeitnehmer/innen zu arbeitsrechtlichen Benachteiligungen, zu Wettbewerbsnachteilen auf dem Arbeitsmarkt (zum Beispiel mangelnde Weiterbildungs- und Aufstiegschancen) sowie geringeren Löhnen führen.

Bedürfnis
Bedürfnis ist der Wunsch, einen Mangel zu beseitigen. So liegt dem Bedürfnis zu trinken Durst als Mangelempfinden zugrunde.

Beruf
Tätigkeit, die ein Mensch in der Regel gegen Entgelt erbringt bzw. für die er ausgebildet, erzogen oder berufen ist. Im Allgemeinen dient die Ausübung eines Berufes der Sicherung des Lebensunterhaltes.

Binnenmarkt
Ein Wirtschaftsraum, in dem einheitliche Bedingungen für den Verkehr von Waren, Dienstleistungen und Kapital herrschen. Bürger können ihren Wohn- und Arbeitsort frei wählen. Der Binnenmarkt in der EU wurde zum 1. Januar 1993 verwirklicht.

Bruttoinlandsprodukt (BIP)
Messgröße, mit der die wirtschaftliche Leistungskraft eines Landes dargestellt wird. Das BIP umfasst den Geldwert aller in einem Jahr innerhalb der Landesgrenzen für den Endverbrauch produzierten Waren und Dienstleistungen (von Inländern und Ausländern). Um das BIP pro Kopf zu erhalten, teilt man das BIP eines Landes durch die Zahl der Einwohner.

Bürgerinitiative
Lockerer, zeitlich befristeter Zusammenschluss von Bürgerinnen und Bürgern, die wegen eines bestimmten Anliegens Einfluss auf die Politik nehmen möchten.

Bürgerliches Gesetzbuch (BGB)
In ihm stehen die wichtigsten rechtlichen Regelungen, die das Zusammenleben der Bürger betreffen, z. B. zu den Rechten und Pflichten beim Kaufvertrag.

Bund (Bundesstaat)
Der Zusammenschluss mehrerer Staaten zu einem Gesamtstaat, zum Beispiel die Bundesrepublik Deutschland mit allen Bundesländern.

Bundeskanzler
Der Chef der Bundesregierung. Er bestimmt die Richtlinien der Politik und trägt die Verantwortung dafür.

Bundespräsident
Das Staatsoberhaupt der Bundesrepublik. Er repräsentiert Deutschland nach außen. Außerdem gehören zu seinen Aufgaben die Ernennung und Entlassung der höchsten Staatsbeamten und die Unterzeichnung der vom Bundestag verabschiedeten Gesetze.

Bundesrat
Der Bundesrat ist ein Teil der Legislative. Über ihn wirken die Länder an der Gesetzgebung des Bundes mit. Der Bundesrat muss bei Gesetzen, die Länderinteressen berühren oder die Verfassung ändern, zustimmen, damit diese in Kraft treten können. Bei anderen Gesetzen kann er Einspruch erheben, der aber vom Bundestag überstimmt werden kann.

Bundestag
Name des deutschen Parlaments, s. dort!

Bundesverfassungsgericht
Höchstes deutsches Gericht mit Sitz in Karlsruhe. Das Bundesverfassungsgericht wacht darüber, dass Parlamente, Regierungen und Gerichte in Deutschland das Grundgesetz einhalten. Jeder Bürger kann eine Verfassungsbeschwerde beim Bundesverfassungsgericht einreichen.

Demografischer Wandel
So werden die Veränderungen in der Bevölkerungszusammensetzung hinsichtlich ihrer Größe und Struktur (z. B. Alterszusammensetzung) bezeichnet.

Demokratie

Das Wort stammt aus dem Griechischen und bedeutet Herrschaft des Volkes. Die Beteiligung aller Bürgerinnen und Bürger an allen Abstimmungen kann nur in sehr kleinen Staatsgesellschaften verwirklicht werden (direkte Demokratie). Wo dies nicht möglich ist, wählt das Volk Vertreter (Repräsentanten), die für das Volk handeln (repräsentative Demokratie).

Dienstleistungsgesellschaft

Eine Gesellschaft, in der der größte Teil der Bevölkerung nicht mehr im landwirtschaftlichen und industriellen, sondern im tertiären Sektor arbeitet.

Einkommen

Allgemein meint man damit das Arbeitseinkommen für Erwerbstätigkeit (Lohn, Gehalt, Gewinn). Darüber hinaus gibt es auch Einkommen als Entgelt für die Bodennutzung (Miete, Pacht) oder als Entgelt für die Nutzung von Kapital (Sparzinsen, Kreditzinsen). Einkommen, die der Staat ohne Gegenleistung bezahlt, nennt man Transfereinkommen.

Entwicklungsländer

Länder, die besonders arm sind. Kennzeichen dieser Länder sind häufig eine hohe Staatsverschuldung, daher sind auch das Gesundheits- und Bildungssystem häufig schlecht ausgestattet. Die Menschen sind schlechter ernährt und leben kürzer.

Europäische Union

Die Gemeinschaft von heute (2009) 27 europäischen Staaten wurde 1957 als Wirtschaftsbündnis gegründet. Neben der gemeinsamen Politik in allen wirtschaftlichen Bereichen wurde im Vertrag von Maastricht (1992) auch eine Zusammenarbeit in der Außen- und Sicherheitspolitik sowie der Justiz- und Innenpolitik beschlossen.

EU-Organe

Zu den wichtigsten Organen der Europäischen Union – vergleichbar mit den Verfassungsorganen in der Bundesrepublik Deutschland – gehören der Ministerrat, die Europäische Kommission, das Europäische Parlament, der Europäische Gerichtshof und der Europäische Rechnungshof. Der Europäische Rat hat eine große Bedeutung für die Entwicklung der Europäischen Union.

Europäische Zentralbank (EZB)

Die EZB wurde am 1.6.1998 gegründet und bildet zusammen mit den nationalen Notenbanken das Europäische System der Zentralbanken. Die EZB ist von politischen Weisungen unabhängig und seit der Einführung des Euro am 1.1.1999 für die Geldpolitik im Euro-Raum zuständig. Ihre Hauptaufgabe ist es, die Preisstabilität zu garantieren. Darüber hinaus unterstützt sie auch die allgemeine Wirtschaftspolitik.

Exekutive

Die ausführende Gewalt, d. h. Regierung und Verwaltung.

Föderalismus

Gliederung eines Staates in Gliedstaaten (in der Bundesrepublik Deutschland die Bundesländer) mit eigener Verfassung, Regierung und Parlament. Bezeichnet auch das Bestreben, die Rechte der Gliedstaaten zu wahren.

Familie

Gemeinschaft, die bei uns in der Regel aus den Eltern und Kindern besteht. Im weiteren Sinne ist eine Familie eine Gruppe von Menschen unterschiedlicher Generationen, die unter einem Dach zusammenleben, füreinander Verantwortung übernehmen und sich gegenseitig unterstützen. In unserer Gesellschaft gibt es viele unterschiedliche Formen der Familie: Kleinfamilie, Patchworkfamilie, Großfamilie, allein erziehende Mütter oder Väter mit ihren Kindern, Stieffamilie usw.

Fraktion

Vereinigung im Parlament, die aus den Abgeordneten einer Partei besteht. Auch Mitglieder verschiedener Parteien, die gleichgerichtete politische Ziele verfolgen, können sich zu einer Fraktion zusammenschließen.

Fünf-Prozent-Klausel

Vorschrift, dass alle Parteien bei einer Wahl mindestens fünf Prozent der gültigen Zweitstimmen erhalten müssen, um ins Parlament zu kommen, bzw. um an der Sitzverteilung teilnehmen zu können.

Geld

Geld ist ein allgemein anerkanntes und gültiges Zahlungsmittel, mit dem man Waren oder Dienstleistungen erwerben kann. Geld ist Tauschmittel, Wertaufbewahrungsmittel, Wertübertragungsmittel und Recheneinheit.

Geldpolitik

Ziel der Geldpolitik ist die Stabilität des Geldwertes (also eine niedrige Inflationsrate). Daneben soll die Geldpolitik auch die allgemeine Wirtschaftspolitik unterstützen. Die Geldpolitik ist Sache der Europäischen Zentralbank.

Gemeinde

Die Gemeinden (Kommunen) bilden das unterste politische Gemeinwesen in der Bundesrepublik Deutschland. Gemeinden besitzen das Recht der Selbstverwaltung (Art. 28 GG) und regeln im Rahmen der Gesetze alle Angelegenheiten der örtlichen Gemeinschaft in eigener Verantwortung.

Generationenvertrag

Bezeichnung für das Grundprinzip der gesetzlichen Rentenversicherung, nach dem der heute arbeitende Teil der Gesellschaft für die Rentenzahlungen an den nicht mehr arbeitenden Teil aufkommt.

Gerechtigkeit

Einstellung, Prinzip, Zustand, bei dem jede Person das erhält, was ihr zusteht. Wie dieser Zustand zu erreichen ist, ist umstritten. So unterscheidet man Chancengerechtigkeit, Leistungsgerechtigkeit, Bedarfsgerechtigkeit und Teilhabegerechtigkeit.

Geschäftsfähigkeit

Die Fähigkeit, gültige Rechtsgeschäfte abzuschließen. Die beschränkte Geschäftsfähigkeit beginnt mit der Vollendung des 7. und endet mit der Vollendung des 18. Lebensjahres. Mit Vollendung des 18. Lebensjahres erhält man die volle Geschäftsfähigkeit.

Gesellschaft

Eine Gesellschaft bezeichnet einen relativ dauerhaften Verbund von Gemeinschaften/Gruppen, die innerhalb einer politischen und wirtschaftlichen Ordnung leben und gemeinsame Normen und Werte teilen.

Gesetz

Ein Gesetz ist eine verbindliche Vorschrift, die das Ziel hat, das Zusammenleben der Menschen zu regeln. Es muss in einem dafür vorgesehenen Verfahren rechtmäßig zu Stande kommen. Gesetze werden von den Parlamenten (Bundestag, Landtag, Gemeindevertretung) beschlossen.

Gewaltenteilung

Verteilung der drei Gewalten Gesetzgebung (Legislative), Verwaltung (Exekutive) und Gerichtsbarkeit (Judikative) auf verschiedene, voneinander unabhängige Staatsorgane. In der Regel sind dies Parlament, Regierung und Verwaltung und eine unabhängige Richterschaft. In der Bundesrepublik Deutschland ist die klassische Gewaltenteilung teilweise durchbrochen (Gewaltenverschränkung).

Gewerkschaft

Freiwilliger Zusammenschluss von Arbeitnehmern, um gemeinsame wirtschaftliche, soziale und berufliche Interessen besser durchsetzen zu können.

Gleichberechtigung

Gleichberechtigt sind Menschen, wenn sie die gleichen Rechte haben. Der Begriff kann sich auf das Verhältnis von Frauen und Männern beziehen, aber auch auf Ausländer, Behinderte usw. Häufig besteht zudem ein Unterschied zwischen dem rechtlichen Anspruch und dem tatsächlichen Zustand.

Globalisierung

Die wachsende Verflechtung der Weltwirtschaft, ermöglicht u.a. durch die Ausweitung der Kommunikationsmedien und enger Verkehrsverbindungen. Die G. bewirkt auch in einigen Bereichen eine Vereinheitlichung der Lebensstile.

Grundgesetz

Die Verfassung der Bundesrepublik; sie regelt den Aufbau, die Aufgaben und das Zusammenspiel der Staatsorgane. Im Grundgesetz werden auch die Grundrechte garantiert.

Grundrechte

In der Verfassung garantierte Rechte, die für jeden Einzelnen gewährleistet werden, wie zum Beispiel die Meinungsfreiheit, die Versammlungsfreiheit und die Menschenwürde.

Güter

Güter sind ganz allgemein Mittel (z. B. Waren, Dienstleistungen, Rechte), mit denen Bedürfnisse befriedigt werden können. Sie haben einen Preis und sind in der Regel nicht unbegrenzt verfügbar. Nur wenige Güter auf der Erde (z. B. Luft, Sand in der Wüste) sind freie Güter, d. h. unbegrenzt vorhanden.

Haushalt

Die genaue Aufstellung der geplanten Einnahmen und Ausgaben für einen bestimmten Zeitraum (meist das kommende Jahr). Die Einnahmen werden nach den Quellen unterschieden, die Ausgaben nach dem Zweck der Verwendung.

Herrschaftsformen

Herrschaftsformen charakterisieren die tatsächliche Art und Weise der Herrschaftsausübung und berücksichtigen hierbei unter anderem, welche Personen oder Gruppen politische Macht ausüben. So übt in der Demokratie das Volk die politische Herrschaft aus.

Inflation

Prozess anhaltender Preisniveausteigerungen bzw. anhaltender Geldentwertung.

Integration

Im allgemeinen Sprachgebrauch versteht man darunter die Eingliederung oder Einbindung eines (fremden) Einzelnen oder einer Minderheit in eine größere Gruppe.

Interessenverband

Organisatorisch fester Zusammenschluss von Personen in einen bestimmten Lebensbereich, die ihre gemeinsamen Interessen in der Öffentlichkeit durchsetzen wollen. Dazu versuchen sie u. a. auf die Gesetzgebung Einfluss zu nehmen. Im Gegensatz zu Parteien nicht wählbar.

Internationaler Strafgerichtshof

Der Internationale Strafgerichtshof (IStGH) mit Sitz in Den Haag hat am 1. Juli 2002 seine Arbeit aufgenommen. Seine Hauptaufgabe ist die Verfolgung und Bestrafung schwerster Verbrechen mit internationaler Bedeutung von einzelnen Personen. Dazu gehören Völkermord, Verbrechen gegen die Menschlichkeit und Kriegsverbrechen. Er wird nur dann tätig, wenn der betroffene Staat nicht selbst Anklage erhebt. Die Rechtsprechung des IStGH ist nur für Staaten verbindlich, die das Gericht unterstützen.

Judikative

Die rechtsprechende Gewalt; sämtliche Gerichte der Bundesrepublik Deutschland.

Jugendstrafrecht

Das Jugendstrafrecht ist ein besonderes Strafrecht für Jugendliche, das im Jugendgerichtsgesetz (JGG) geregelt ist. Es findet Anwendung auf Jugendliche zwischen 14 und 18 Jahren. Auf Heranwachsende zwischen 18 und 21 Jahren kann es angewendet werden. Kinder unter 14 Jahre sind strafunmündig. Während Erwachsene mit Haft- oder Geldstrafen bestraft werden, sieht das JGG einen breiten Katalog von Strafmöglichkeiten vor, der Strafzweck der Erziehung steht im Vordergrund.

Kabinett

Der Kanzler, die Minister und politischen Beamten (Staatssekretäre).

Klimawandel

Mit dem Begriff Klimawandel bezeichnen wir heute meist die von natürlichen Schwankungen unabhängige Erderwärmung. Sie hat schwerwiegende Folgen für Menschen, Tiere und Pflanzen: Teile der Erde werden zu Wüsten, die Gefahr von Hurrikanen und Sturmfluten steigt, Tierarten werden aussterben.

Knappheit

Knappheit entsteht dadurch, dass unsere Wünsche und Bedürfnisse unbegrenzt, die vorhandenen Güter auf der Erde jedoch begrenzt sind. Knappheit ist also letztlich der Grund für die wirtschaftliche Betätigung des Menschen. Güter zur Befriedigung von Bedürfnissen müssen von den Menschen hergestellt werden, die Preise der Güter sind ein Gradmesser für ihre Knappheit.

Koalition

Zusammenschluss zweier oder mehrerer Parteien, die gemeinsam eine Regierung bilden und Gesetzentwürfe ausarbeiten.

Konflikt

Ein Konflikt ist ein Spannungszustand zwischen zwei oder mehreren Personen. Er entsteht dadurch, dass es zwischen den Personen oder Personengruppen unterschiedliche Zielvorstellungen und Interessen gibt, die zunächst unvereinbar gegeneinander stehen. Wenn man einige Regeln beim Streiten beachtet, können Konflikte leichter gelöst werden.

Konstruktives Misstrauensvotum

Der Bundestag kann den Bundeskanzler nur durch die Wahl eines neuen Kanzlers (konstruktiv!) zum Rücktritt zwingen.

Legislative

Die gesetzgebende Gewalt; sie wird in der Bundesrepublik Deutschland von Bundestag und Bundesrat ausgeübt (auf Landesebene von den Länderparlamenten).

Mandat

Auftrag; der Wähler beauftragt durch die Wahl einen Politiker, seine Interessen zu vertreten.

Markt

Der reale oder virtuelle Ort, an dem Angebot und Nachfrage nach Gütern und Leistungen aufeinandertreffen und Preise gebildet werden (z. B. Automarkt, Börse). Das Grundprinzip des Marktes ist der Tausch.

Marktwirtschaft

In der Marktwirtschaft steuern Angebot und Nachfrage, Wettbewerb und freie Preisbildung den Wirtschaftsprozess. Das Privateigentum an den Produktionsmitteln wird garantiert.

Massenmedien

Sammelbezeichnung für Presse, Rundfunk, Fernsehen und Internet. Allgemein Kommunikationsmittel, mit denen Informationen durch Schrift, Ton oder Bild einseitig an ein sehr breites Publikum übermittelt werden können.

Mediendemokratie

Form der Demokratie, in der die Artikulation und Diskussion von politischen Problemen in erster Linie von den Medien angestoßen und vermittelt wird.

Mehrheitswahlrecht

Danach ist gewählt, wer in seinem Wahlkreis die Mehrheit der Stimmen erhalten hat, die Minderheiten werden nicht berücksichtigt. Relative Mehrheit: Gewählt ist, wer die meisten Stimmen hat. Absolute Mehrheit: Gewählt ist, wer mehr als die Hälfte der Stimmen erzielt. Qualifizierte Mehrheit: Eine vereinbarte Mehrheit, z. B. 2/3 der Stimmen, muss erreicht werden.

Menschenrechte

Das sind die persönlichen Rechte, die jedem Menschen von Geburt an zustehen, z. B. das Recht auf Meinungsfreiheit.

Migration

Im Laufe der Geschichte haben sich immer wieder kleinere oder größere Gruppen von Menschen oder ganze Völker auf Wanderungen begeben. Dies hatte ganz unterschiedliche Gründe: So wurden die Menschen aus religiösen oder politischen Motiven verfolgt, andere waren arm und sahen für sich und ihre Kinder keine Zukunft mehr in ihrer Heimat. Alle diese Wanderungen (lat. migrare = wandern) nennt man Migration.

Monopol

Unter einem Monopol versteht man eine Marktform, in der ein Unternehmen als alleiniger Anbieter auftritt oder einen so großen Marktanteil besitzt, dass er allein die Preise kontrollieren kann und damit über eine besondere Marktmacht gegenüber den Nachfragern bzw. Konsumenten verfügt.

Nachhaltigkeit

Der Begriff bedeutet, dass man nicht mehr von einem Rohstoff (der Natur) verbrauchen soll, als nachwachsen kann. In Bezug auf die Umwelt heißt das, dass man den Ausgangszustand für die folgenden Generationen bewahren soll und die Umwelt nicht durch Abgase und Müll irreparabel schädigen darf.

NATO

(engl. North Atlantic Treaty Organization, Nordatlantikpakt)

Das Verteidigungsbündnis zwischen den USA, Kanada und den westeuropäischen Staaten wurde am 4.4.1949 gegründet. Die Mitglieder verpflichten sich im Falle eines Angriffs auf einen Mitgliedstaat zum gegenseitigen Beistand. Wichtigstes Gründungsmotiv war die Abwehr der Expansionsabsichten des Kommunismus, insbesondere die Verteidigung gegenüber der Sowjetunion und seinen Verbündeten. Heute hat die NATO zum Ziel, Frieden und Freiheit weltweit zu verteidigen, z. B. auch im Auftrag der Vereinten Nationen.

Ökologie

So bezeichnet man die Wissenschaft von den Wechselbeziehungen zwischen den Lebewesen und ihrer Umwelt.

Ökonomisches Prinzip

Das ökonomische Prinzip besagt, dass die vorhandenen Mittel (Geld, Zeit) optimal eingesetzt werden sollen, um ein bestimmtes Ergebnis zu erreichen. Bei vorgegebenen Mitteln soll ein möglichst hoher Ertrag erzielt werden (Maximalprinzip). Bei einem vorgegebenen Ertrag sollen möglichst geringe Mittel eingesetzt werden (Minimalprinzip).

Opposition

Alle Personen und Gruppen, die der Regierung im Parlament gegenüberstehen und sie kritisieren.

Parlament

Die Versammlung der vom Volk gewählten Abgeordneten. Das Parlament regt Gesetze an, bewilligt sie und kontrolliert die Regierung. In einer parlamentarischen Demokratie nimmt vor allem die Opposition die Kontrollfunktion wahr, da die Mehrheit im Parlament die Regierung trägt.

Parteien

Politische Gruppen, die über einen längeren Zeitraum Einfluss auf die politische Willensbildung nehmen. Sie sind bereit, in Parlamenten und Regierungen Verantwortung zu übernehmen.

Politik

Politik bedeutet die allgemeinverbindliche oder auf Allgemeinverbindlichkeit zielende Problemlösung oder Gestaltung des Gemeinwesens. Unterschieden werden drei Dimensionen der Politik: policy (Inhalte), polity (Rahmen), politics (Konflikte).

Preisbildung

Prozess, in dem sich in einer Marktwirtschaft auf den Märkten die Preise bilden. Preisbildung ist abhängig von Marktform und Anzahl der Anbieter und Nachfrager. Sie vermittelt zwischen Produktion und der Befriedigung bestehender Bedürfnisse.

Pressefreiheit

Garantie für die freie Berichterstattung und Veröffentlichung von Informationen und Meinungen. Sie ist im deutschen Grundgesetz festgeschrieben (Art. 5 GG) und gilt als Grundlage der Demokratie, da sich die Bürger nur mithilfe der Informationen an politischen Entscheidungen beteiligen können.

Rechtsfähigkeit

Mit der Geburt ist der Mensch Träger von Rechten und Pflichten.

Rechtsstaat

Ein Rechtsstaat ist ein Staat, in dem die öffentliche Gewalt an eine objektive Rechtsordnung gebunden ist. In einem Rechtsstaat ist die Macht des Staates begrenzt, um die Bürger vor gesetzloser Willkür zu schützen.

Schülervertretung

Die Schülervertretung (häufig SV abgekürzt) vertritt die Interessen der Schülerinnen und Schüler bei der Gestaltung des schulischen Lebens. Alle Schülerinnen und Schüler können an ihrer Interessenvertretung mitwirken. Die Gruppe der Klassen- und Jahrgangsstufensprecher bildet den Schülerrat, der das Schulsprecher-Team und die Vertreter in die verschiedenen Konferenzen wählt.

Soziale Marktwirtschaft

Wirtschaftsordnung in Deutschland. Die Soziale Marktwirtschaft verbindet die Freiheit auf dem Markt mit der Idee des sozialen Ausgleichs. Der Einzelne soll größtmögliche Freiheit haben, seine wirtschaftlichen Beziehungen nach seinen eigenen Interessen zu gestalten. Gleichzeitig greift der Staat in das Wirtschaftsgeschehen ein, wenn der Markt zu unerwünschten Ergebnissen führt. So schützt der Staat den wirtschaftlich Schwächeren, garantiert den Wettbewerb und betreibt Umweltpolitik. Die Soziale Marktwirtschaft wurde nach dem Zweiten Weltkrieg von dem Wirtschaftsprofessor Alfred Müller-Armack und von Ludwig Erhard, dem ersten deutschen Bundeswirtschaftsminister, entwickelt.

Sozialstaat

Bezeichnung für einen Staat, der seinen Bürgern ein Existenzminimum sichert, wenn sie in Not geraten sind, und für einen gerechten Ausgleich zwischen Reichen und Bedürftigen sorgt. In Deutschland geschieht dies z. B. durch die Sozialversicherungspflicht und durch staatliche Unterstützung, wie Sozialhilfe, Kindergeld oder Ausbildungs- und Arbeitsförderung.

Sozialversicherungssystem

Bezeichnung für die Gesamtheit gesetzlicher Pflichtversicherungen in Deutschland (Arbeitslosen-, Renten-, Kranken-, Pflege- und Unfallversicherung). Die Sozialversicherung versichert den Einzelnen gegen Risiken für seine Existenz. Sie ist organisiert nach dem Solidarprinzip. Sozialversicherungspflichtig sind alle abhängig Beschäftigten. Die Versicherungsbeiträge teilen sich Arbeitgeber und Arbeitnehmer.

Staat

Mit dem Begriff bezeichnet man eine Vereinigung vieler Menschen (Staatsvolk) innerhalb eines durch Grenzen bestimmten geografischen Raumes (Staatsgebiet) unter einer unabhängigen (souveränen) Staatsgewalt, die von den Staatsorganen (Regierung, Parlamente, Gerichte, Polizei) ausgeübt wird.

Staatsangehörigkeit

Zugehörigkeit zu einem Staat. Als Staatsbürger besitzt man bestimmte Rechte und Pflichten in dem jeweiligen Land. So darf man wählen oder gewählt werden, muss aber auch Steuern bezahlen oder zum Beispiel Wehr- oder Zivildienst leisten.

Steuern

Steuern sind Zwangsabgaben, die der Staat von seinen Bürgern und Unternehmen ohne eine spezielle Gegenleistung erhebt. Sie sind die Haupteinnahmequelle des Staates.

Streitbare/wehrhafte Demokratie

Begriff für eine Demokratie, die Mittel bereithält, um gegen Feinde der Demokratie vorzugehen. So können in Deutschland zum Beispiel Parteien oder Vereine verboten werden, die sich gegen die freiheitliche demokratische Grundordnung wenden.

Strukturwandel

Veränderungen der wertmäßigen Beiträge der einzelnen Wirtschaftssektoren (Land- und Forstwirtschaft, verarbeitendes Gewerbe und Dienstleistungen) zur Wirtschaftsleistung eines Landes. Der Anteil des Dienstleistungsbereichs nimmt dabei in Deutschland ständig zu. Beschleunigt und verstärkt wird der Strukturwandel durch neue Technologien sowie den zunehmenden internationalen Wettbewerb.

Subsidiaritätsprinzip

Prinzip, nach dem ein Problem auf der Ebene gelöst werden soll, auf der es entsteht. „Was der Einzelne tun kann, sollen nicht andere für ihn tun." Erst wenn auf dieser Ebene keine Abhilfe möglich ist, soll die nächst höhere Ebene sich des Problems annehmen (Familie, Gemeinde, Land, Bund, EU).

Tarifvertragsparteien

Dazu zählen Gewerkschaften (vertreten die Arbeitnehmer) und Arbeitgeberverbände (vertreten die Arbeitgeber). Im Rahmen der Tarifautonomie handeln diese beiden Interessengruppen in eigener Verantwortung Tarifverträge aus, die Löhne, Arbeitszeiten und sonstige Arbeitsbedingungen regeln sollen. Der Staat darf sich nicht einmischen.

Transfereinkommen

Als Transfereinkommen bezeichnet man Einkommen, welches durch den Staat oder andere Institutionen bereitgestellt wird, ohne dass eine konkrete Gegenleistung erfolgt. (Beispiel: Sozialhilfe, Arbeitslosengeld II etc.)

Unternehmen

Dauerhafte organisatorische Einheit zur Produktion bzw. zur Erbringung von Dienstleistungen, die mehrere Betriebe umfassen kann. Je nach Träger werden private, öffentliche oder gemeinwirtschaftliche Unternehmen unterschieden, je nach Rechtsform Einzel-, Personen- und Kapitalgesellschaften.

Verbände

Organisierte Gruppen, die auf die Politik Einfluss nehmen möchten, ohne politische Verantwortung zu übernehmen. Zur Verfolgung gemeinsamer Interessen werden Zusammenschlüsse gebildet, z. B. Berufsverbände.

Verbraucherschutz

Maßnahmen zum Schutz der Gesundheit der Verbraucher und zur Stärkung ihrer Rechte als Konsumenten. Mit bestimmten Gesetzen (z.B. zur Kennzeichnung von Lebensmitteln oder zur Gewährleistung), aber auch durch eine verbesserte Information und Aufklärung (z.B. durch Produktsiegel und Warentests) soll die Position der Verbraucher gegenüber den Anbietern verbessert werden.

Vereinte Nationen

(engl. United Nations Organization) Nach dem Zweiten Weltkrieg gegründete kollektive Sicherheitsorganisation zur Wahrung des Weltfriedens und der Menschenrechte. Fast alle Staaten sind Mitglieder der UNO.

Verhältniswahlrecht

Jede Partei bekommt so viele Sitze im Parlament, wie sie prozentual Stimmen von den Wählern erhalten hat. Auch Minderheiten werden berücksichtigt.

Vermittlungsausschuss

Bundesrepublik Deutschland: Ausschuss, der tätig wird, wenn ein Gesetzesbeschluss des Bundestages auf Einwände des Bundesrates stößt. Bundestag und Bundesrat entsenden je die Hälfte der 32 Mitglieder. Aufgabe des Vermittlungsausschusses ist es, Kompromisse auszuarbeiten. Europäische Union: Ausschuss, der tätig wird, wenn nach der Zweiten Lesung eines Gesetzes keine Einigung zwischen Europäischem Parlament und Ministerrat erzielt werden kann. Der Vermittlungsausschuss setzt sich aus den Mitgliedern des Rates und ebenso vielen Vertretern des Europäischen Parlaments zusammen, Vertreter der EU-Kommission nehmen beratend teil.

Vier Freiheiten

Wirtschaftliche Freiheiten des europäischen Binnenmarktes: Freiheit des Warenverkehrs, Personenfreizügigkeit, Dienstleistungsfreiheit, freier Kapital- und Zahlungsverkehr.

Volkspartei

Partei, die aufgrund ihres Programms für Wähler und Mitglieder aller gesellschaftlichen Schichten unterschiedlicher Weltanschauungen offen ist.

Währungsunion

Zusammenschluss souveräner Staaten mit vorher unterschiedlichen, aber ähnlich starken Währungen zu einem einheitlichen Währungsgebiet. Im Gegensatz zu einer Währungsreform bleibt der Geldwert beim Übergang zu einer Währungsunion erhalten.

Wahlen

Verfahren der Berufung von Personen in bestimmte Ämter durch Stimmabgabe einer Wählerschaft. In Demokratien werden die wichtigsten Staatsämter durch Wahlen besetzt. Freie Wahlen müssen die Bedingungen allgemein, frei, gleich und geheim erfüllen. Das genaue Wahlverfahren (Verhältniswahl, Mehrheitswahl) ist meist in Wahlgesetzen geregelt.

Werbung

Im wirtschaftlichen Sinne die Bekanntmachung von Gütern oder Dienstleistungen mit der Absicht, bei den Konsumenten eine Kaufhandlung auszulösen. Wird dies versteckt gemacht, spricht man von Schleichwerbung.

Wirtschaftskreislauf

Modell, in dem die Tauschvorgänge zwischen den Wirtschaftssubjekten (private Haushalte, Unternehmen, Staat, Banken; erweiterte Darstellung umfasst auch das Ausland) dargestellt werden.

Wirtschaftsordnung

Setzt sich zusammen aus den Regeln und Institutionen, die die Rahmenbedingungen wirtschaftlichen Handelns abstecken. Klassisch werden v. a. Fragen der Eigentumsrechte, der Preisbildung und der Steuerung von Wirtschaftsprozessen entschieden.

Wirtschaftssektoren

Die Wirtschaftswissenschaften unterteilen die Produktionsbereiche einer Volkswirtschaft in drei Wirtschaftssektoren: Der primäre Sektor beinhaltet die Produktgewinnung der Land- und Forstwirtschaft sowie Fischerei. Im sekundären Sektor werden Produkte hergestellt oder verarbeitet (Industrie und Handwerk, Bergbau und Baugewerbe). Der tertiäre Sektor umfasst die Dienstleistungen, zum Beispiel Handel, Verkehr, Kultur, Bildung und Gesundheitswesen.

Zentralverwaltungswirtschaft/ Planwirtschaft

Bezeichnung für Wirtschaftssysteme (z. B. der DDR), deren Produktion durch zentrale Pläne (einer staatlichen Planungsbehörde) gelenkt wird. Es gibt kein Privateigentum an Produktionsmitteln.

Register

A

Abgeordnete 202 f., 209
Abmahnung 85
Afghanistan 340 ff., 348
Agenda-Setting 91
Aktuelle Stunde 202, 213
Anarchie 279
Angebot 118 ff., 122
Angebotsorientierung 142
Angebotspolitik 145
Angebotsüberschuss 129
Arbeitgeberverbände 164 f.
Arbeitskampf 166
Arbeitslosengeld II (Hartz IV) 154 f.
Arbeitsproduktivität 167
Atomenergie 214 f.
Atomgesetz 216
Aufgaben des Rechts 273
Aufschwung 139
Ausschüsse 207 f.

B

Bank 119
Bedürfnis 102 f., 122
Beschluss 304 f.
Beteiligungsrechte von Kindern und
Jugendlichen 32
Betriebsrat 168 ff.
Binnenmarkt 310, 318
Blauhelme 338
Blauhelmsoldaten 337
Boom 139
Bruttoinlandsprodukt (BIP) 139 ff.,
147, 149, 162
Bundeskanzler 196, 198 ff., 212,
218, 221
Bundeskartellamt 131
Bundesländer 232
Bundespräsident 196, 199, 218,
221 f., 229 f.
Bundesrat 218, 221, 225, 229
Bundesregierung 199, 202, 209, 212,
214 f., 217 f., 229
Bundestag 196, 200, 202, 205 ff.,
212, 218, 221, 224, 229, 240
Bundestagsabgeordnete (siehe auch
Abgeordnete) 202
Bundestagswahl (siehe auch Wahlen,
Wahlsystem) 187, 196
Bundesverfassungsgericht 93, 226,
228, 230, 275, 278
Bundeswehr 340 f., 343, 348
– Auftrag 342

Bürgerbegehren 28
Bürgerentscheid 28
Bürgerinitiative 22 f.
Bürgerliches Gesetzbuch (BGB) 250,
274
Bürgermeister 30 f., 34, 41

C

Charta der Vereinten Nationen 336,
346

D

Datenschutz 74 ff.
Demokratie 29, 90, 96, 98, 193, 269,
273
– direkte 28
– repräsentative 29
Demokratiedefizit der EU 306, 308
Depression 139
Deutscher Bundestag (siehe auch
Bundestag) 196, 200, 202, 205 ff.,
212, 218, 221, 224, 229, 240
Deutscher Presserat 83 f., 88
Digitales Rundfunksystem 80
Dimensionen des Politischen 210
Direktwahl 34

E

E-Demokratie 90
Einfacher Wirtschaftskreislauf
120 f.
Einkommensverteilung 139, 154
Elterngeld 56 f.
Elternzeit 57
Embargo 292
Emissionshandel 149 f.
Empfehlungen 304 f.
Energiewende 180
E-Petition 90 f.
Erhard, Ludwig 134 ff., 144
Erststimme 187, 193
Erziehung 54
EU (siehe Europäische Union) 294,
338, 342
– Erweiterung 295, 298
EU-Außenminister 291
Euro 312, 318
Eurokrise 316, 318
Eurokurs 313
Euroländer 312, 316
Europäische Atomgemeinschaft
(EAG oder Euratom) 285
Europäische Bürgerinitiative 306, 308

Europäische Gemeinschaft für Kohle
und Stahl (EGKS) 285
Europäische Gemeinschaften (EG)
285
Europäische Gesetzgebung 305
Europäische Integration 289, 298
Europäische Kommission 284, 300,
303 f., 308
Europäische Symbole 287
Europäische Union (EU) 208,
284 ff., 288, 291, 294 ff., 298 ff.,
308, 310 ff.
Europäische Wirtschaftsgemein-
schaft (EWG) 285
Europäische Zentralbank (EZB)
314 f., 318
Europäischer Binnenmarkt (siehe
auch Binnenmarkt) 310 f., 318
Europäischer Gerichtshof (EuGH)
284, 301, 303, 308
Europäischer Rat 303 f., 308
Europäisches Parlament 301 f., 304,
306, 308
Europäischer Stabilitätsmechanis-
mus (ESM) 317 f.
Exekutive 225, 230
Existenzminimum 154

F

Familie 46, 48 f., 52 ff., 57, 60, 62
– Aufgabenverteilung 52, 60 ff.
Familienformen 47 f., 62
Familienpolitik 57, 62
Fernsehen 72 f.
Finanzen 41
Föderalismus 225, 233 ff., 240
Fragerechte des Bundestags 213
Fraktion 206, 209
Fraktionsdisziplin 206, 212
Freies Mandat 212
Freiheitsrechte 266
Frieden 323, 328
Friedenssicherung 336 ff.

G

Gandhi, Mahatma 265
Gemeinde 22, 26, 28, 30, 38 f., 41
– Aufbau 30
– Aufgaben 27, 41
– Finanzen 38, 40
Gemeindeordnung Rheinland-Pfalz
28, 30 f.
Gemeinderat 30 f., 34 f., 41

Gemeinsame Außen- und Sicherheitspolitik der EU (GASP) 291, 298
Generalversammlung 348
Generationenvertrag 66
Gerechtigkeit 155 f., 162, 248, 278
Gericht 252, 275
Gerichtsbarkeit 252
Gerichtsverfahren 246, 248, 262
Gerichtswesen 275, 278
Gescheiterte Staaten 326f f.
Gesetz 229, 232, 272, 278
Gesetzgebung 218, 229, 232
Gesetzgebungsprozess 214
Gesetzgebungsverfahren 228
Gesetzliche Sozialversicherung 153
Gewalt 255
Gewaltenteilung 224 f., 230
Gewaltmonopol 273, 278
Gewerkschaft 164 ff.
Gleichgewichtspreis 129
Globalisierung 114 ff., 146, 152 ff.
Große Anfrage 202
Grundgesetz 56, 62, 92, 98, 152, 174, 177, 193, 228, 234, 248 f., 262, 268 f., 271, 273, 275, 278
Grundrechte 152, 268, 270, 278, 285
Gruppe 206
Güter 98 ff., 124
– knappe 98 ff., 124
Gütesiegel 112

H
Hartz IV (Arbeitslosengeld II) 155
Haushalt 39, 120 f.
Haushaltsdefizit 316
Hoher Vertreter für Außen- und Sicherheitspolitik 298, 304

I
Interessenverbände 180 ff., 193
International Security Assistance Force (ISAF) 340
Internationaler Konflikt 344
Internationaler Strafgerichtshof (ICC) 349 ff.
Internet 70 f., 74, 76, 90 f.

J
Judikative 225, 230
Jugend- und Auszubildendenvertretung 168, 170
Jugendgemeinderat 32 f.
Jugendgericht 262

Jugendgerichtsgesetz 244, 250 f.
Jugendkriminalität 254 f., 262
Jugendrichter 246
Jugendschutz 276 ff.
Jugendschutzgesetz 276 ff.
Jugendstrafe 246, 257, 259
Jugendstrafprozess 246
Jugendstrafrecht 262
Jugendstraftat 257
Jugendstrafvollzug 259
Jugendvertretung 32
Jugendwahlrecht 37

K
Keynes, John Maynard 141
Kindergeld 57
Klassenrat 16 f.
Klassensprecher 10 ff., 20
Klassenversammlung 10, 15, 20
Koalitionsvertrag 197
Kommunalwahl 34, 36, 41
Kommune (siehe auch Gemeinde) 26
Konflikt 18, 20
Konfliktlösung 19 f.
Konfliktmodell 23
Konjunktur 139
Konjunkturpaket 143
Konjunkturzyklus 139
Konstruktives Misstrauensvotum 200, 203
Kontrollinstrumente 202, 212
Kontrollrecht 203, 207
Kopenhagener Kriterien 295
Krieg 323, 328

L
Landesregierung 236, 240
Landkreis 26
Landtag 240
Landtagswahl 36
Legislative 224, 230
Leistung 53
Lobbyismus 182 f.

M
Mandela, Nelson 265
Marke 110 f., 122
Markenartikel 110
Markt 124, 126
Marktwirtschaft 124, 132, 144
– freie 136
– Soziale 134 ff., 144, 152, 156 f., 162

Maslow, Abraham 102
Massenmedien (siehe auch Medien) 90 f.
Massenvernichtungswaffen 324, 328
Maximalprinzip 104 f.
Medien 76, 88, 90, 94, 98
Mediendemokratie 82
Mediennutzung 70
Mehrheit
– absolute 34
– relative 34
Mehrheitswahl 186, 193
Meinungsfreiheit 84 f., 86 f.
Menschenrechte 265, 267 f., 271, 278, 295
Menschenrechtskonvention 264
Minimalprinzip 104 f.
Ministerrat 301 f., 304, 308
Monopol 130

N
Nachfrage 124, 126, 140, 144
Nachfrageorientierung 142
Nachfragepolitik 145
Nachfrageüberhang 129
Nachhaltigkeit 117, 122, 148, 162
NATO (North Atlantic Treaty Organisation) 330, 332 f., 335, 338, 340, 342, 348
– Bündnisfall 331
– Missionen 333
– Staaten 330
– Strategie 334
– Vertrag 330
Nichtwähler 184 f.
Normenkontrollverfahren 227

O
Öffentliches Recht 274, 278
Ökologie 146, 148, 162
Ökologischer Fußabdruck 147
Ökonomisches Prinzip 104 f.
Oligopol 130
Operation Enduring Freedom (OEF) 340
Opposition 201, 203, 212, 228, 236
Ortsgemeinde 30

P
Partei 176 ff., 186, 212
Petition 90
Piraterie 327
Planwirtschaft 136, 144

Politikzyklus 220, 229
Politische Beteiligung 41
Politisches Urteil 188
Polypol 130
Preisbildung 144
Preis-Mengen-Diagramm 127 ff.
Pressefreiheit 83, 92 f., 98
Pressekodex 84, 88
Presserat 88
Privatautonomie 274
Privatrecht 274, 278

R
Rathaus 34
Recht 278
Rechtsordnung 278
Rechtsprechung 138, 248
Rechtsstaat 249
Regierungsbildung 196
Rezession 139
Rheinland-Pfalz 236, 240
Richterliche Unabhängigkeit 248
Richtlinien 304 f.
Richtlinienkompetenz 199
Rollenklischee 60

S
Schülermitwirkung 14
Schülerrichter 261
Schulgesetz 15
Sicherheitsrat 338, 348
Smith, Adam 124, 158
Solidarität 153
Soziale Rolle 52 f.
Soziale Sicherung 66, 72
Soziale Sicherungssysteme 153
Sozialisation 52
Sozialleistungen 153
Sozialstaat 155
Sozialstaatsgebot 152
Sozialsysteme 152
Sperrklausel 193
Spitzenkandidat 191 f.
Staat 138 f.
Staatsbankrott 316
Stabilitäts- und Wachstumsgesetz 139, 144
Stabilitäts- und Wachstumspakt 313, 316 f.
Standort Deutschland 159
Stellungnahmen 304
Stichwahl 34
Stiftung Warentest 113
Stimmzettel 35
Stoltenberg, Jens 336
Strafe 256

Strafgesetzbuch 244, 250, 254
Strafmündigkeit 251, 262
Strafprozess 252, 262
Strafrecht 248, 262
Straftat 254, 262
Straftheorien 256
Strafverfahren 249, 252 f., 262
Strafvollzug 258, 263
Strafzweck 256, 263
Streik 166
Streit 55
Strukturwandel 161
Subsidiaritätsprinzip 301
Suu Kyi, Daw Aung San 266
Syrien-Konflikt 290, 338

T
Tarifautonomie 164, 166, 170
Tarifkonflikt 170
Tarifverhandlungen 164, 170
Tarifvertrag 164 f.
Täter-Opfer-Ausgleich 260, 263
Terrorismus 328
Transnationaler Terrorismus 322
Türkei 299

U
Überhangmandate 189
Überschuldung 118
Ukraine 292 f.
Umweltpolitische Instrumente 150
Umweltschutz 114, 117, 146
UN-Charta 336, 346
UNO (United Nations Organisation, siehe auch Vereinte Nationen) 266, 336, 342
Unternehmen 120 f.
Untersuchungsausschuss 202, 208
Urheberrecht 84, 88

V
Verbandsgemeinde 30
Verbrauchsinformation 112
Vereinte Nationen (UNO) 336, 340, 348
– Friedenssicherung 336, 339
– Sicherheitsrat 336
Verfassungsbeschwerde 226
Verfassungsstreit 227
Verhältniswahl 186, 193
– personalisierte 187, 193
Vermittlungsausschuss 218, 221
Vermögenshaushalt 39
Verordnung 300, 304
Verschuldung 118, 122
Vertrag von Lissabon 286, 295, 307

Vertrag von Maastricht 286
Vertrauensfrage 200
Verwaltungshaushalt 39
Vier Freiheiten 310, 318
Völkerrecht 345

W
Wachstum 140, 146 f.
Wahl 34, 195
Wahlalter 36
Wahlbeteiligung 184 f.
Wahlen zum Europäischen Parlament 306
Wahlkampf 34, 190 f., 193
Wahlrecht
– aktives 34
– passives 34
Wahlrechtsgrundsätze 12
Wahlsystem zum Deutschen Bundestag 189, 193
Wahlsysteme 186, 193
Währungsreform 134
Währungsunion 313, 316
Wechselkurs 314
Werbefaustformel AIDA 108
Werbeslogan 100 ff.
Werbung 100 ff.
Wettbewerb 130 f., 144
Wirtschaftsordnung 132 f., 144
Wirtschaftspolitik 141, 144
Wirtschaftswachstum 146

Z
Zentralverwaltungswirtschaft 132
Zivilprozess 252 f., 262
Zivilrecht 274
Zivilrechtliche Verantwortlichkeit 262
Zweitstimme 189, 193